Prova, Verdade e Processo

Prova, Verdade e Processo

2023

Rui Soares Pereira
Professor da Faculdade de Direito da Universidade de Lisboa e da Academia Militar.
Jurisconsulto

ALMEDINA

PROVA, VERDADE E PROCESSO

AUTOR
Rui Soares Pereira
EDITOR
EDIÇÕES ALMEDINA, S.A.
Rua Fernandes Tomás, nºs 76, 78 e 80
3000-167 Coimbra
Tel.: 239 851 904 · Fax: 239 851 901
www.almedina.net · editora@almedina.net
DESIGN DE CAPA
FBA.
CAPA
EDIÇÕES ALMEDINA, S.A.
PRÉ-IMPRESSÃO
EDIÇÕES ALMEDINA, S.A.
IMPRESSÃO E ACABAMENTO

Junho, 2023
DEPÓSITO LEGAL
....

ISBN: 978-989-40-1291-7

ALMEDINA | GRUPOALMEDINA

SIGLAS E ABREVIATURAS

AAFDL	–	Associação Académica da Faculdade de Direito da Universidade de Lisboa
Ac.(s)	–	acórdão(s)
al.	–	alínea
als.	–	alíneas
AR	–	Assembleia da República
art.	–	artigo
arts.	–	artigos
CC	–	Código Civil
cfr.	–	confronte; conferir
coord.	–	coordenação/coordenador(es)
CP	–	Código Penal
CPC	–	Código de Processo Civil
CPP	–	Código de Processo Penal
CRP	–	Constituição da República Portuguesa
ed.	–	edição/editor(es)
FDUL	–	Faculdade de Direito da Universidade de Lisboa
GNR	–	Guarda Nacional Republicana
JI	–	Juiz de Instrução
LCC	–	Lei do Cibercrime
MP	–	Ministério Público
n.º(s)	–	número(s)
OPC	–	órgão(s) de polícia criminal

p.	–	página
pp.	–	páginas
PJ	–	Polícia Judiciária
Proc.	–	Processo
PSP	–	Polícia de Segurança Pública
STJ	–	Supremo Tribunal de Justiça
TC	–	Tribunal Constitucional
TEDH	–	Tribunal Europeu dos Direitos Humanos
TRE	–	Tribunal da Relação de Évora
TRC	–	Tribunal da Relação de Coimbra
TRG	–	Tribunal da Relação de Guimarães
TRL	–	Tribunal da Relação de Lisboa
TRP	–	Tribunal da Relação do Porto
UCE	–	Universidade Católica Editora
vol./vols.	–	volume/volumes

NOTA PRÉVIA

A presente obra reúne nove estudos sobre temas que têm feito parte do eixo das preocupações académicas e práticas do signatário: a prova, a verdade e o processo.

Esses três eixos dão o mote, não apenas ao título, mas também à respetiva estrutura da obra, que se encontra sistematizada em três grandes capítulos: o capítulo I, sobre a prova; o capítulo II, sobre a verdade; e o capítulo III, sobre o processo.

A sistematização seguida para os capítulos não decorre de uma tomada de posição acerca da correta ordenação ou dependência lógica destes blocos de temas.

Ao longo dos anos, o signatário foi dando à estampa (em fases distintas e em publicações diversas) alguns dos estudos constantes da presente obra.

Embora as versões desses estudos tenham sofrido pequenas correções formais e atualizações e a formatação tenha sido ajustada para lograr uniformização editorial, as posições assumidas conservam-se no essencial tal como quando foram publicados os textos.

No capítulo II sobre a verdade, foram incluídos dois estudos nunca publicados, embora o essencial das ideias neles refletidas tenham sido esboçadas em conferências e colóquios e aí discutidos com os demais oradores e participantes. Apesar da relação destes dois estudos com a prova e com o processo, entendeu-se ser preferível integrá-los no capítulo sobre a verdade. Afinal neles se deteta, tal como sucede também com o artigo sobre a crença e a convicção, a adesão pelo signatário a uma certa conceção de verdade e do Direito, com projeções na prova e no processo.

Espera-se que o leitor possa encontrar na presente obra, para além de um incentivo adicional à exploração dos temas nela incluídos, o repositório não acabado de algumas ideias fundamentais que têm animado as investigações do signatário.

A relevância e a valia das ideias contidas nos estudos serão certamente discutíveis e poderão vir a ser criticadas, mas também, por esse motivo, entendeu o signatário dá-las à estampa numa única obra para que o leitor as possa avaliar e discutir.

Uma palavra de agradecimento é devida ao Professor Kai Ambos, por ter proporcionado ao signatário uma estadia de investigação na *Georg-August-Universität Göttingen*, a qual permitiu, além do mais, rever e completar os estudos incluídos na presente obra. Agradece-se também ao Professor Paulo de Sousa Mendes o estímulo para aprofundar os temas da prova, da verdade e do processo.

Lisboa, 10 de abril de 2023

Rui Soares Pereira

ÍNDICE GERAL

Capítulo III – Processo

CAPÍTULO I – PROVA

Sumário

§ 1. A PROBÁTICA NA CIÊNCIA DO DIREITO E A RELEVÂNCIA DO RECURSO AO MÉTODO DO CASO PARA A TEORIA DA PROVA*

1. Introdução

I. As discussões em torno da chamada "probática", "ciência da prova" ou "teoria da prova" não constituem propriamente um lugar-comum da literatura jurídica e da jurisprudência nacionais.

Porém, a essa temática se referem, direta ou indiretamente, vários autores, em especial os que se dedicam aos temas de processo civil e processo penal e também à teorização da prova jurídica[1]. E poder-se-á ainda dizer que a jurisprudência (civil e penal), se à teoria da prova não se refere, naturalmente a pressupõe quando se verifica que os tribunais são chamados a analisar e a decidir aspetos mais ou menos controvertidos da prova.

* Publicada versão anterior na *Revista de Direito Civil*, 2.º, 2018, II, pp. 351-366.

[1] Veja-se, por exemplo, a problematização levada a cabo em Portugal no domínio da prova em geral, da livre apreciação da prova e das regras da experiência por LINHARES (2001), e LINHARES (1988), e por MENDES (2010), e MENDES (2014) e também a discussão sobre a incerteza factual, a prova civil e a prova penal realizada por MENDES (2016), e MENDES (2018), e por PEREIRA (2016), e PEREIRA (2017: 1091 e ss.). Muito relevante também é a problematização realizada na recente obra de TEIXEIRA DE SOUSA (2020).

II. Este dado não deve obnubilar a circunstância de a prova (desconsiderando aqueles aspetos tendencialmente mais procedimentais da prova que são regulados pelo chamado "direito probatório"[2]) figurar entre as áreas de reflexão mais negligenciadas pelos juristas e pelos estudos jurídicos, em especial (mas não só) nos países de tradição de *civil law*[3].

Não por acaso podemos encontrar, também no contexto da *Common Law*, sucessivas chamadas de atenção de autores como William Twining para a falta de impacto na comunidade académica (não obstante a frequente citação) de alguns artigos chave sobre a prova[4], para a comparativa ou até acrescida relevância da prova em confronto com outras tarefas inerentes à realização do direito (como a interpretação jurídica)[5] e até reptos lançados por autores como Peter Tillers no sentido de os teóricos da prova assumirem cada vez mais uma postura imperialista no contexto da ciência do direito[6].

III. No presente artigo pretendemos dar um modesto contributo para a discussão sobre a inclusão da probática na ciência do direito e para explicar a possível utilidade do recurso ao método do caso para a teoria da prova.

2. A probática e a ciência do direito

I. O tema da prova jurídica tem plena inserção na dogmática jurídica ou na ciência do direito, a qual vem sendo entendida como a ciência que *«procura orientar a resolução de casos concretos, nomeadamente através da determinação do*

[2] Contudo, sobre o direito probatório e a sua divisão em direito probatório material (onde se incluem temas muito relevantes como o ónus da prova) e direito probatório formal (que regula aspetos de cariz procedimental), cfr., por exemplo, Teixeira de Sousa (1995: 197-200), Varela et al. (1985: 443-445), e Freitas (2000: 189-198).

[3] Com esse diagnóstico e assinalando também algum tratamento negligente ou insuficiente da prova no universo anglo-saxónico, cfr. Calheiros (2015: 13-14). Embora exista alguma negligência na reflexão sobre a prova quando comparada com outros temas e as investigações realizadas no direito probatório sejam predominantemente centradas no direito probatório formal, valerá talvez não esquecer as importantes reflexões no direito probatório material, podendo até afirmar-se um investimento crescente da literatura jurídica neste último domínio.

[4] Twining (2006) e Twining (2009).

[5] Park/Saks (2006: 949).

[6] Tillers (2008).

significado das fontes do direito e do enunciado de proposições e de teorias que possibilitem a resolução desses casos»[7].

Não raras vezes, porém, se verifica que a análise realizada sobre a prova jurídica vem a ocorrer essencialmente no contexto do estudo das regras procedimentais de prova ou, talvez mais amplamente, do chamado "direito probatório"[8].

A análise das regras de prova e o estudo do direito probatório são muito relevantes e não se pode dizer que tenham apenas uma importância prática ou relativa ao foro judicial[9]. Todavia, a verdade é que pouco adiantam em relação à resolução dos problemas que assolam aquela área de investigação que, pelo menos desde JOHN HENRY WIGMORE, vem sendo designado por "probática" ou "ciência da prova" ou "teoria da prova"[10].

Este facto poderia ser desconsiderado não fosse o caso de se constatar que apenas a probática estará em condições de assegurar a possibilidade de se proceder a uma reflexão mais profunda sobre a prova, ou seja, que não fique limitada à tentativa de fornecimento de respostas dogmáticas a questões colocadas sobre as regras de prova e o direito probatório. Com efeito, o ângulo

[7] TEIXEIRA DE SOUSA (2012: 25). Adotando uma visão mais geral e menos concreta, LATORRE (1978: 139), fala antes da ciência do direito como a *«actividade dirigida a conhecer de forma racional e sistemática uma parcela daquela realidade, que é o Direito»*.

[8] Assim, por exemplo, as diversas obras que obtiveram consagração em Portugal, no domínio do processo civil, de CUNHA (1961), SERRA (1961/1962), e TEIXEIRA DE SOUSA (1995: 195-262), e, no domínio do processo penal, de MENDES (2013: 171-198), e ANTUNES (2016: 110-128).

[9] Entre muitos outros tópicos, permitimo-nos destacar alguns que têm vindo a ser investigados em dissertações de doutoramento, teses de mestrado e estudos monográficos por parte da literatura jurídica portuguesa mais recente, muitos deles absolutamente decisivos mesmo para uma reflexão mais aprofundada sobre a prova: os meios de prova (RODRIGUES (2016), FREITAS (1991), SAMPAIO (2010), e PIRES DE SOUSA (2013a), e 2017)), as presunções (PIRES DE SOUSA (2013b), TRINDADE (2016), e MARTINS (2017a), e (2017b)), as provas ilícitas e as proibições de prova (ALEXANDRE (1998), ANDRADE (1992), MORGADO (2016), e CAMPOS (2018)), o ónus da prova (ALEXANDRE (1991), MÚRIAS (2000), FARIA (2001), RANGEL (2006), e NUNES (2005)), o caso julgado (CAPELO (2015)), a fundamentação e a motivação da sentença (LOPES (2011)), a livre apreciação da prova e as regras da experiência (TEIXEIRA DE SOUSA (1984), e VIEIRA NEVES (2011)), o processo de formação da convição do julgador (REGO (2013), e RUÇO (2016)), e a prova da causalidade (PEREIRA (2017: 1091 e ss.), e MENDES (2018)).

[10] Apesar da distinção traçada na doutrina entre direito probatório material e direito probatório formal, verifica-se que mesmo os problemas mais complexos e intrincados do chamado "direito probatório material" não coincidem com as problemáticas a que se dirigem as reflexões realizadas no domínio da probática.

de análise adotado na probática não prescinde de ver na prova um *«meio de conhecimento da verdade sobre factos juridicamente relevantes em discussão, em sede judicial»*, sendo certo que nela podem ser incluídas diversas problemáticas que habitualmente não figuram nas investigações realizadas em direito probatório, tais como *«a história da prova, a relação entre lógica e retórica na indagação dos factos no processo, os mecanismos racionais de apreciação de prova, entre muitas outras»* [11].

II. Ao serem convocadas algumas temáticas, como a da medida da prova[12] ou dos modelos de prova[13], a reflexão situar-se-á e deverá ser feita, tal como outros autores que têm percorrido esse trajeto no tratamento de outros tópicos, no âmbito da ciência ou teoria da prova.

Ora, estando em causa na prova (civil ou penal) um momento ou uma etapa do processo de realização do direito, também aqui se justificará não perder de vista a dialética dos polos em que se centra a questão metodológica no direito, ou seja, o problema e o sistema, ambos entendidos como elementos irredutíveis do discurso judicativo e que mutuamente se densificam[14].

Mas não só: seguindo o mandamento da autonomia do direito[15], dever-se-á adotar uma perspetiva especificamente jurídica do problema da prova que, mesmo aceitando os relevantes contributos de outros pensamentos não jurídicos, afaste o risco de virem esses contributos a traduzir-se numa verdadeira tutoria ou numa tradução direta e acrítica destes pensamentos para o direito[16].

III. A ciência ou teoria da prova, embora extravase o domínio do conhecimento do direito-norma (e das interpretações doutrinais e jurisprudenciais a esse respeito)[17], está longe de representar algo que se situa fora da competência

11 Calheiros (2015: 15).

12 Mendes (2016).

13 Pereira (2016).

14 Bronze (2012a: 21-25).

15 Sobre a autonomia do direito e o seu sentido, cfr. Castanheira Neves (2008b).

16 Castanheira Neves (2008f: 548-550 e 559), que conclui: *«o problema do direito, com toda a sua problemática particular e na complexidade das suas dimensões, só numa perspetiva especificamente jurídica, não numa qualquer outra que ao direito seja exterior, mesmo que tradicionalmente e aparentemente análoga, se poderá compreender e resolver»*.

17 Ou seja, não se deixe captar exclusivamente no quadro de uma caracterização da ciência jurídica focada na análise da legislação e da forma como o direito é aplicado e na determinação de como devem ser resolvidos os casos de acordo com critérios jurídicos.

dos juristas, encontrando efetivo respaldo na dogmática ou ciência jurídica, mais concretamente na parte por vezes designada de "teoria da decisão jurídica"[18].

Entre os vários modelos de aplicação do direito, têm vindo a ganhar terreno (ainda que com algumas resistências)[19] no contexto dos sistemas continentais (mas não só) aqueles modelos que se afastam de uma aplicação logicista (dedutivista) e que assentam, quer em conceções prático-argumentativas, quer em descrições fenomenológicas do processo de realização do direito. Nesses modelos desvela-se a importância da racionalidade prática, a qual assimila *«as dimensões positivas de contributos vários provenientes das diversas modalidades da racionalidade prática em geral»*[20] e comporta duas partes essenciais: a teoria da controvérsia e a teoria da prova[21].

Não por acaso vários autores tendem a ver a controvérsia probatória (civil ou penal) como uma mera especificação da controvérsia global, na qual aquela terá de se considerar inserida[22].

IV. Contudo, sendo o problema central da ciência do direito o da decidibilidade[23] (e não o da verdade no sentido de obtenção de enunciados independentes da situação em que são realizados, descritivos, com validade universal mesmo que não absoluta), a ciência ou teoria da prova terá também de refletir

[18] Sobre a teoria da decisão jurídica (ou modelo empírico da dogmática ou da ciência do direito) e a sua relação com a aplicação do direito, cfr. Ferraz Júnior (2016: 272-284), (2015a: 156-171), e (2014: 109-130).

[19] Lamego (2016: 173 e ss.).

[20] Bronze (2012a: 19).

[21] Giuliani (1966), e (1990).

[22] Linhares (2001), e, mais recentemente, Linhares (2012).

[23] Ferraz Júnior (2014: 48-55). Assim, por exemplo, também Machado (1995: 365): *«a dogmática jurídica moderna, representando embora uma forma de pensamento valorativamente orientada, visa tornar os problemas jurídicos concretos "decidíveis" – mediante a redução das alternativas de decisão possíveis – num quadro de objectiva raacionalidade, já descortinando os princípios jurídicos que estão na base das normas legais e dando-nos em espectáculo racional coerente o jogo desses princípios, já "concretizando" esses mesmos princípios e normas través de tipologias de casos que exemplificam e perspectivam as respectivas valorações mediante a referência a pontos de conexão que são características de facto de situações de vida»*. No entanto, como alerta, Ascensão (2013: 235), *«a ordem jurídica é muito mais rica e ultrapassa a solução do caso»* e *«o direito não está só na aplicação»*.

a tentativa de recurso a uma técnica que seja utilizável e que possa adquirir validade em virtude da sua relevância prática[24].

Só assim se poderá dizer que a ciência ou teoria da prova também cumpre o desiderato assinalado à ciência do direito e que a permite distinguir (como sua pedra de toque) de outras disciplinas e de outras ciências: ensinar a resolver através de critérios jurídicos e utilizando o método jurídico casos concretos, procedendo, não à descoberta e explicação da realidade jurídica, mas sim à construção e compreensão do caso concreto, o que, no plano das decisões jurídicas, terá de significar o recurso a argumentos racionais que permitam justificar um certo dever ser[25].

Não bastará, por isso, a *«elaboração e recolha de pontos de vista e argumentos relevantes»* (externos ou não ao direito) para resolver os problemas colocados no contexto de uma teoria da prova: quaisquer *topoi* (lugares comuns) terão de ser complementados ou obter apoio jurídico num sistema de valores, sendo certo que esse complemento parece obrigar à colocação de questões que conduzem o jurista inevitavelmente *«para o domínio do pensamento filosófico e dos seus particulares modos de conhecimento»* e que aquele não se deve aventurar a esclarecer e consolidar[26]. Longe de ser um adorno cultural, a reflexão filosófica ajudará o jurista a aprofundar *«os fundamentos e o sentido da sua forma de conhecer e da sua maneira de atuar»* e a pensar *«sobre a inserção da ciência jurídica e da sua atividade prática no quadro geral do saber e da vida humana»*[27].

3. O recurso ao método do caso para a teoria da prova

I. A perspetiva sobre a ciência ou teoria da prova de que se parte deve supor também, por isso, uma determinada metodologia de análise que, estribada no método jurídico[28], esteja orientada para aquilo que vem sendo designado

[24] Ferraz Júnior (2014: 48-51).
[25] Teixeira de Sousa (2012: 26-29).
[26] Engisch (1988: 384-387).
[27] LaTorre (1978: 258).
[28] Sobre o método jurídico e a sua situação actual (em especial no campo da realização do direito), cfr. Castanheira Neves (1995a: 315-331), e (1993: 9 e segs).

por "modelos de decisão jurídica"[29] no processo de realização do direito ou por modelos adequados à construção da decisão de casos concretos[30], mas sem quaisquer constrangimentos decorrentes da *«repartição de competências entre a metódica jurística e a metódica filosófica»* que o teórico do direito deverá respeitar[31].

Na construção desses modelos de decisão jurídica, que devem ser vistos como hipóteses de decisão de casos concretos, terão de confluir, retomando uma distinção antiga proposta por THEODOR VIEHWEG, não apenas questões dogmáticas (que permitem exprimir opiniões e dogmas racionalizados por referência aos valores jurídicos do sistema interno), mas também questões de pendor mais especulativo e que possam de alguma forma dar satisfação a uma certa abordagem jurídica crítico-valorativa (as questões zetéticas)[32].

Na esteira de outros autores[33], rejeitamos, desta forma, as orientações daqueles que veem a metodologia jurídica como uma doutrina da aplicação prática do direito que se deve abster de quaisquer reflexões filosóficas (ou provenientes de outras disciplinas) e, ao invés, entendem que a mesma se deve limitar a fornecer representações do direito que sejam próprias do senso comum[34]. Isto é, entendemos que, também na probática (que integra ainda o fenómeno jurídico[35]), dever-se-á desenvolver um esforço de correlação

29 Sobre os modelos de decisão jurídica, cfr. CORDEIRO (2002), e (1987).

30 Acerca da necessária reflexão justmetodológica (também em relação à decisão judicial) a realizar pela ciência do direito, cfr. CASTANHEIRA NEVES (1993: 17-34), e BRONZE (1993).

31 ENGISCH (1988: 387).

32 FERRAZ JÚNIOR (2014: 52-53).

33 LARENZ (1997: 342) – *«Para cada metodologia, mesmo que esta disso se não mostre consciente, poder-se-ia indicar uma filosofia do Direito a ela adequada. E também na discussão metodológica actual torna-se notórias, sem excepção (...), as posturas jusfilosóficas de base»* –, e CASTANHEIRA NEVES (1995: 335) – *«O que nos levará a concluir que o M.J., na complexidade dos seus pressupostos, das suas estruturas e das suas dimensões intencionais culmina numa* filosofia. *Mais do que uma mera hermenêutica e para além de uma estrita dogmática, o M.J., ao propor-se a tarefa global do problema do direito, não recusa menos reduzir-se a uma simples teconlogia, porquanto, sendo essencialmente uma prática normativa de projeção judicativo-decisória, não pode deixar de convocar uma fundamentante reflexão prática (uma "filosofia prática") por que, regulativa e constitutivamente, se oriente»*. Aliás, sobre a crise da filosofia e as possibilidades de recuperação da filosofia do direito, cfr. do mesmo autor (2003), e (2008c).

34 LAMEGO (2016: 255).

35 FERRAZ JÚNIOR (2016: 22): *«é preciso reconhecer que o fenômeno jurídico, com toda a sua complexidade, admite tanto o enfoque zetético, quanto o enfoque dogmático, em sua investigação. Isso explica*

funcional[36] (mas sem diluição ou redução[37]) entre, por um lado, a problematização (e delimitação problemática) do campo temático da prova onde ganham sentido as questões zetéticas que dissolvem e legitimam através de uma análise crítico-valorativa as opiniões e os dogmas e, por outro lado, a aceitação das opiniões e dos dogmas temporariamente considerados não atacáveis onde as questões dogmáticas adquirem todo o fulgor.

II. Porém, atenta a situação metodológica atual, essa correlação funcional não se alcançará fazendo apenas tentativas de ligação à filosofia do direito, que o jurista teria de *«abranger no seu olhar»* e de *«manter presente na sua visão como pano de fundo das suas reflexões»* [38].

O direito e o pensamento jurídico não podem dispensar uma filosofia[39]. E tão pouco será suficiente a construção de pontes com outras disciplinas abertas ao questionamento (sem compromisso com os dogmas socialmente vinculantes) e pertencentes ao campo das investigações zetéticas do fenómeno jurídico[40]. O diálogo entre o direito e outras disciplinas que o assumem como objeto de análise (respeitada a autonomia daquele ou o seu *qua tale*[41]) será certamente importante até no sentido de se poder defender uma certa "pragmática da pluralidade"[42]. Mas a correlação funcional referida deve fazer-se no quadro de uma orientação do pensamento jurídico que, assente numa filosofia prática, não esqueça e reconheça a *«índole prático-constitutiva da atividade jurídica da realização do direito»* e que aí defina como objeto problemático, não

que sejam várias as ciências que o tomem por objeto. Em algumas delas, predomina o enfoque zetético, em outras, o dogmático».

36 Ferraz Júnior (2014: 54-55).

37 Larenz (1997: 342) – *«a relação entre metodologia e filosofia do Direito não pode no entanto ser vista como uma dependência unilateral da metodologia de determinados pressupostos jusfilosóficos»*.

38 Engisch (1988: 387).

39 Castanheira Neves (2008g: 584).

40 Sobre esssas disciplinas e distinguindo limites para a zetética empírica e a zetética analítica, cfr. Ferraz Júnior (2016: 22-25).

41 Castanheira Neves (2008b: 43).

42 Tal pluralidade tem sido defendida por Linhares em várias ocasiões, nomeadamente em: (2007); (2009); (2010a); (2010b).

a norma[43], mas o caso, sem que tal signifique naturalmente a desconvocação do respetivo sistema de normatividade[44].

Ou seja, aquela correlação implica a tomada em consideração, também para a prova jurídica, de uma metodologia assente numa racionalidade prática, mas não apenas tópica e retórica argumentativa, hermenêutica em sentido estrito ou exclusivamente teleológica: terá de assentar numa racionalidade especificamente jurídica para a qual é mobilizada uma dialética (contínua) entre sistema e problema. O sistema obriga a que *«a realização do direito interrogue continuamente e se faça intérprete, no seu juízo normativo concreto, do* consenso *jurídico-comunitário das intenções axiológico-normativas da "consciência jurídica geral", com as suas expectativas jurídico-sociais de validade e justiça»*. E o problema jurídico concreto permitirá atribuir ao sentido normativo da norma previamente determinado *«apenas um valor hipotético»*, o qual será *«submetido como que a uma experimentação problemático-decisória em referência à relevância jurídica material do caso concreto»*. Com esta racionalidade podem então ser diluídos *«os limites entre "o direito que é" e "o direito que deve ser"»*[45]. Mais: sendo o problema metodológico-jurídico o problema da realização concreta do direito[46], deverão ser tomadas em consideração as duas dimensões constitutivas do direito (a dimensão metodológica e a dimensão de validade normativa) e a relação entre a norma e o caso dever-se-á saldar na perspetivação daquela no caso e na interrogação da norma através da perspetiva problemática do caso e não o inverso[47].

[43] Com os diversos significados que a mesma poderá ter e não apenas traduzindo a ideia de regras e princípios. Sobre a oposição entre regras e princípios, cfr. as reflexões de Lamego (2016: 57-70), e Teixeira de Sousa (2012: 246-251). Coincidindo com este último autor na rejeição da distinção entre regras e princípios assente numa lógica de "tudo ou nada", cfr. Aguilar (2016: 180).

[44] Castanheira Neves (1995a: 315-324). Noutro texto refere o mesmo autor (1995b: 435), que *«não há problema sem uma* normatividade *(alimentada por uma axiologia) referida a uma* factualidade *(sustentada numa certa realidade)»*.

[45] Castanheira Neves (1993: 79-81).

[46] Ascensão (2013: 234): *«a Ciência do Direito é uma ciência prática. Os seus objectivos não são meramente de teor. Ela constrói, valora, especula, mas sempre para tornar possível, directa ou indirectamente, o momento final da solução do caso»*.

[47] Castanheira Neves (2008e: 395-396 e 405-406).

Isto significa, desde logo[48], uma centralização do pensamento jurídico no problema concreto (e uma visão da decisão jurídica concreta como um juízo normativo autónomo cujo ponto de partida é o caso concreto), a qual deverá implicar entender a decisão jurídica essencialmente *«como o resultado de uma* téchné *judicativa que procura "razões" ou fundamentos para um caso concreto numa também concreta e histórico-social situação de diálogo –* téchné *judicativa a que a convocação do critério da norma se vê igualmente submetida, num confronto dialógico entre os casos decididos pelo legislador e o caso decidendo»*[49].

Assim sendo, parece-nos que a referida correlação funcional poderá ser alcançada e de forma mais eficaz recorrendo ao que vem sendo designado por "método do caso".

III. Do ponto de vista da formação jurídica, o método do caso apresenta várias vantagens, incluindo ao nível do que pode ser designado como *«competências indispensáveis à atividade do jurista»*, referindo-se a esse propósito que os estudantes nele iniciados adquirirão pelo *«contacto com casos semelhantes»* uma maior *«capacidade de destrinçar os factos juridicamente relevantes e de discernir a subtileza jurídica de pequenas variações na matéria de facto»* (competência de ordem analítica), ser-lhes-á através da *«exposição a casos diferentes»* cultivado *«o raciocínio analógico»* e veiculada *«a indução de princípios gerais»* (competência de ordem sintética) e receberão, por força da *«divergência de opiniões judiciais e* [d]*a pluralidade de argumentos jurídicos»*, o incentivo para um *«espírito crítico em relação à jurisprudência e uma conceção argumentativa do direito, centrada na ponderação de valores e princípios em vez da manipulação de enunciados legais»* (competência de natureza normativa)[50].

Contudo, não é apenas ao nível da formação (ou da pedagogia jurídica) que o método do caso revela toda a sua potencialidade: o método tem virtualidades dogmáticas evidentes, designadamente quando é utilizado em complemento com o método jurídico de matriz continental. Com efeito, este método assume

[48] Adotando uma visão mais ampla sobre a relevância metodológica do caso, no sentido de que não há sequer verdadeiramente norma antes do caso, embora possam existir programas de norma, e que a norma só surge com o caso e a norma do caso corresponde por isso à norma no caso, cfr. Aguilar (2016).

[49] Castanheira Neves (2008e: 408-409).

[50] Ribeiro/Martins/Marques (2016: 9-10).

o caso como objeto problemático e dele procura retirar extrapolações tendo em conta os dados do sistema jurídico, desta forma atribuindo ao caso a prioridade intencional e metodológica do pensamento jurídico, mas sem que tal tenha de implicar (tal como corretamente sublinham algumas correntes jurisprudencialistas[51]) uma perda no processo metodológico da unidade ou da recíproca exigência e condicionamento entre a norma e o problema jurídico concreto[52]. Neste método também se atribui prioridade ao caso concreto da vida em detrimento da norma, que passa a pronunciar-se sobre a validade jurídica do caso[53].

IV. No que tange especificamente à prova jurídica, sabe-se que ela convoca, não apenas a ideia de *«constatação demonstrada de fato ocorrido»* (sentido objetivo de prova), como também a ideia de *«aprovar ou fazer aprovar»* (sentido subjetivo de prova)[54].

Os dois sentidos com que a prova surge referida (no fundo, o de comprovação dos factos no processo e o de criação no espírito do julgador de uma convicção sobre esses factos) devem então encontrar expressão adequada numa metodologia que seja capaz de considerá-la, quer na sua vertente de demonstração da realidade dos factos (objetiva), quer na sua vertente de convencimento do julgador (subjetiva).

Por outro lado, estando afastada a possibilidade de recuperação da distinção entre questão-de-facto e questão-de-direito tal como esta distinção costumava ser formulada e justificada[55] e mostrando-se insuficientes as tentativas mais recentes de absorver a normatividade jurídica por uma racionalidade narrativa e/ou hermenêutica (opondo, por exemplo, a consistência narrativa à

[51] Sobre as diversas modalidades de jurisprudencialismo possíveis (casuísmo, hermenêutica jurídica, pragmatismo prático-normativo, judicatismo decisório e judicatismo sistemático-problemático e dialéctico) e fornecendo uma proposta de um modelo metódico da realização do direito fundado nesta última modalidade, cfr. CASTANHEIRA NEVES (1993: em especial, 155 e ss.).

[52] CASTANHEIRA NEVES (1993: 70-81).

[53] CASTANHEIRA NEVES (2008a: 47-48).

[54] FERRAZ JÚNIOR (2016: 281-282).

[55] Assim também LATORRE (1978: 115-117). Porém, de uma forma mais detalhada e demonstrando a razão pela qual tal distinção não pode mais ser afirmada nos moldes em que havia sido formulada, cfr. CASTANHEIRA NEVES (1993: 163-286), e (2008d).

consistência normativa[56] ou a coerência narrativa a uma coerência normativa[57] ou procedendo a uma narrativização da juridicidade em todos os seus níveis[58]), a solução terá de passar também no domínio da prova por uma metodologia que assente numa perspetiva unitária dessa normatividade[59].

Ora, a adoção do método do caso, longe de traduzir uma conversão metodológica do pensamento jurídico numa mera casuística (tanto mais que o problema concreto convoca sempre, numa ineliminável dialética recíproca, o sistema de normatividade) ou mesmo numa desesperante casuística em que por vezes redundam certas construções provenientes ou estribadas no pensamento problemático da escola tópico-retórica[60], também não implica uma convocação mais ou menos criteriosa de jurisprudência desligada dos objetivos da dogmática jurídica ou de uma intencionalidade normativa própria do direito. O referente e o fundamento do juízo decisório não podem deixar de ser, respetivamente, o sistema jurídico e o sentido do direito[61].

Tão-pouco a adoção daquele método fomenta a chamada à colação de um caso de cariz meramente ilustrativo para então se poder veicular uma posição previamente definida ou uma qualquer pré-compreensão (fundada, por exemplo, na doutrina ou na jurisprudência) quanto à melhor solução para certo tema[62]. Obrigará sim, tal como exige o terceiro momento ou instância

[56] Dworkin (1977), (1985), e (1986).

[57] MacCormick (1978), (1984), e (2005: em especial, 214-236).

[58] Jackson, em diversas ocasiões: (1997), (1988), (1991), (1995), (1996), (1998), (2009).

[59] Castanheira Neves (2008g: 602).

[60] Sobre a tópica e a retórica jurídicas e as conceções prático-argumentativas sobre o processo de aplicação do direito, cfr. Lamego (2016: 180-192), Atienza (2014), Ferraz Júnior (2015b), Teixeira (2012: 147-222), e Borges (1992). Porém, para uma crítica à escola tópico-retórica (mesmo a filiada em construções mais recentes com as de Chaim Perelman, Stephen Toulmin, Neil MacCormick e Robert Alexy) no sentido de que poderá a retórica dizer aos juristas alguma coisa mas não tudo, cfr. Castanheira Neves (1993: 72-74), e Bronze (2012b).

[61] Bronze (2012c: 168).

[62] Recorde-se, em todo o caso, que para alguma doutrina nada impede que o aplicador do direito pretenda tomar qualquer decisão previamente à justificação dessa mesma decisão, ou seja, que a descoberta da decisão surja antes da justificação da decisão construída pelo decisor – Teixeira de Sousa (2012: 448-449). Assim também o assinala Castanheira Neves (2008e: 408-409), referindo-se ao pensamento hermenêutico-prático de Esser (que aquele autor não assume como sendo uma modalidade jurisprudencialista totalmente aceitável e correta), para quem a decisão concreta deveria orientar-se sobretudo por uma pré-compreensão ou um pré-juízo quanto à justeza da solução.

da racionalidade prática (o momento da concretização material do direito) e que retira grande parte do sentido do debate entre o pensamento sistemático e o pensamento tópico[63], a *«compreender e assumir metodicamente a dialética entre* sistema *e* problema, *enquanto coordenadas metodologicamente complementares e irredutíveis do* judicium *jurídico»*, excluindo dessa forma, como sugere certa corrente jurisprudencialista, *«tanto uma pura tópica como um estrito normativismo»*[64].

V. No essencial, poder-se-á dizer que o método do caso (que é um verdadeiro método e não apenas um estilo de pensar ou uma mera técnica de pensamento como a tópica[65]) tem o condão de potenciar o desenvolvimento e o aprofundamento das coordenadas gerais a ter em conta *«no cotejo com o problema, a sua articulação específica, a ponderação da sua força normativa relativa na situação singular»* e implica que seja através do caso *«que se procura conhecer e se vai vislumbrar a ordem jurídica»*[66].

Repare-se que os casos exigem a recolha das respostas (opiniões ou dogmas) temporariamente consideradas inatacáveis e, quando sejam representativos de um determinado problema, permitem igualmente questionar essas respostas suscitando perguntas que, partindo por exemplo de uma fundamentante reflexão prática, poderão perfeitamente vir a ter o condão de as fundamentar e legitimar. Recorrendo ao método do caso será então possível alcançar a já referida almejada correlação funcional entre as questões zetéticas e as questões dogmáticas e fazer um teste no campo da prova da utilidade da referida corrente jurisprudencialista.

Mas não só: a necessidade de uma teoria do caso perfila-se mesmo ao nível da investigação criminal e da realização do direito em matéria penal, já que, na lógica da investigação, ao invés de um silogismo dedutivo ou de uma mera indução, *«faz-se uma inferência a partir de uma afirmação sobre um caso particular com os conhecimentos disponíveis, que configuram uma regra, para atingir outra afirmação mais profunda acerca do mesmo caso particular»*, o que vem a traduzir-se

[63] TEIXEIRA (2012: 19-20).
[64] CASTANHEIRA NEVES (1995a: 324-325).
[65] FERRAZ JÚNIOR (2016: 289-292). A tópica basta-se, como refere ASCENSÃO (2013: 479), *«com nexos fragmentários, sem necessidade de partir do todo»*.
[66] FRADA (2006: 12 e 134).

numa lógica mais próxima da abdução, numa lógica da singularidade e numa lógica de possibilidade[67].

4. Conclusões gerais

I. Procurámos dar um modesto contributo para a discussão sobre a inclusão da probática na ciência do direito e para explicar a possível utilidade do recurso ao método do caso para a teoria da prova.

II. No que respeita ao primeiro ponto, podemos assumir que o tema da prova jurídica tem plena inserção na dogmática jurídica ou na ciência do direito.

Contudo, valerá a pena não esquecer que apenas a probática estará em condições de assegurar a possibilidade de se proceder a uma reflexão mais profunda sobre a prova, ou seja, que não fique limitada à tentativa de fornecimento de respostas dogmáticas a questões colocadas sobre as regras de prova e o direito probatório.

Note-se que essa reflexão não poderá perder de vista a dialética dos polos em que se centra a questão metodológica no direito, ou seja, o problema e o sistema. Além disso, de acordo com o mandamento da autonomia do direito, dever-se-á adotar uma perspetiva especificamente jurídica do problema da prova.

A teoria da prova encontra efetivo respaldo na dogmática ou ciência jurídica, sendo que os modelos mais recentes de aplicação do direito acentuam a lógica de uma racionalidade prática. Não obstante, a ciência ou teoria da prova terá também de refletir a tentativa de recurso a uma técnica que seja utilizável e que possa adquirir validade em virtude da sua relevância prática. Para além de pontos de vista e argumentos relevantes (externos ou não ao direito), deverá então ser procurado apoio num sistema de valores, o que não pode deixar de implicar uma reflexão filosófica.

[67] Palma (2014: 7-10).

III. Em relação ao método do caso, a sua utilidade para a teoria da prova é fruto de várias ponderações.

Desde logo, a imposição de uma metodologia de análise também no domínio da prova orientada para os modelos de decisão jurídica, os quais supõem que se desenvolva um esforço de correlação funcional entre as chamadas questões zetéticas (no fundo, a problematização) e as chamadas questões dogmáticas. Esta correlação implica a tomada em consideração também para a prova jurídica de uma metodologia assente numa racionalidade prática, especificamente jurídica, para a qual é mobilizada uma dialética (contínua) entre sistema e problema. Como a relação entre a norma e o caso dever-se-á saldar na perspetivação daquela no caso e na interrogação da norma através da perspetiva problemática do caso e não o inverso, julgamos que a forma mais adequada e eficaz de alcançar a referida correlação funcional será o recurso ao método do caso.

Para além das vantagens ao nível da formação (ou da pedagogia jurídica) ou das virtualidades dogmáticas sobejamente assinaladas (em especial se usado em complemento com o método jurídico de matriz continental), o método do caso encontra plena utilidade também no campo da teoria da prova. Obriga a compreender e assumir metodicamente a dialética entre sistema e problema, tal como propugna uma certa corrente jurisprudencialista (a do judicatismo sistemático-problemático e dialético). O método do caso torna então possível alcançar a já almejada correlação funcional entre as questões zetéticas e as questões dogmáticas e fazer um teste no campo da prova da utilidade desta corrente jurisprudencialista.

Referências

AGUILAR, Francisco,
(2016) *A Norma do Caso como Norma no Caso,* Coimbra: Almedina.

ALEXANDRE, Isabel,
(1991) *O Ónus da Prova na Acção Civil enxertada em Processo Penal,* Lisboa: Edições Cosmos.
(1998) *Provas Ilícitas em Processo Civil,* Coimbra: Almedina.

ANDRADE, Manuel da Costa,
(1992) *Sobre as proibições de prova em processo penal,* Coimbra: Coimbra Editora.

Antunes, Maria João,
(2016) *Direito Processual Penal*, Coimbra: Almedina.

Ascensão, José de Oliveira,
(2013) *O Direito: Introdução e Teoria Geral*, 13.ª ed., Coimbra: Almedina.

Atienza, Manuel,
(2014) *As Razões do Direito. Teoria da Argumentação Jurídica*, 2.ª ed., Rio de Janeiro: Gen/ Forense Universitária.

Borges, Hermenegildo Ferreira,
(1992) *Retórica, Direito e Democracia*, Lisboa.

Bronze, Fernando José,
(1993) *A Metodonomologia entre a Semelhança e a Diferença (Reflexão Problematizante dos Polos da Radical Matriz Analógica do Discurso Jurídico)*, Coimbra: Coimbra Editora.
(2012a) "Breves considerações sobre o estado actual da questão metodonomológica", in *Analogias*, Coimbra: Coimbra Editora, pp. 9-29.
(2012b) "As margens e o rio (da retórica jurídica à metodonomologia)", in *Analogias*, Coimbra: Coimbra Editora, pp. 81-117.
(2012c) "Racionalidade e metodonomologia", in *Analogias*, Coimbra: Coimbra Editora, pp. 151-176.

Calheiros, Maria Clara,
(2015) *Para uma Teoria da Prova*, Coimbra: Coimbra Editora.

Campos, Sara Rodrigues,
(2018) *(In)admissibilidade de Provas Ilícitas – Dissemelhança na Produção de Prova no Direito Processual?*, Coimbra: Almedina.

Capelo, Maria José,
(2015) *A Sentença entre a Autoridade e a Prova*, Coimbra: Almedina.

Cordeiro, António Menezes,
(1987) "Tendências actuais da interpretação da lei: do juíz-autómato aos modelos de decisão jurídica", in *Revista juridica*, N.ºs 9-10, pp. 7-15.
(2002) Introdução à edição portuguesa da obra de Claus-Wilhelm Canaris, *Pensamento Sistemático e Conceito de Sistema na Ciência do Direito*, 3.ª ed., Lisboa: Fundação Calouste Gulbenkian, pp. CVII-CXII.

Cunha, Paulo,
(1961) *Do Conceito de Prova em Processo Civil*, Lisboa: Edições Ática, 1961.

DWORKIN, Ronald,
(1977) *Taking Rights Seriously*, Cambridge, Mass.: Harvard University Press.
(1985) *A Matter of Principle*, Cambridge, Mass.: Harvard University Press.
(1986) *Law's Empire*, London: Fontana Press.

ENGISCH, Karl,
(1988) *Introdução ao Pensamento Jurídico*, 6.ª ed., Lisboa: Fundação Calouste Gulbenkian.

FARIA, Rita Lynce de,
(2001) *A Inversão do Ónus da Prova no Direito Civil Português*, Lisboa: Lex.

FERRAZ JÚNIOR, Tercio Sampaio,
(2014) *A Ciência do Direito*, 3.ª ed., São Paulo: Atlas.
(2015a) *Função Social da Dogmática Jurídica*, 2.ª ed., São Paulo: Atlas.
(2015b) *Direito, Retórica e Comunicação: subsídios para uma pragmática do discurso jurídico*, 3.ª ed., São Paulo: Atlas.
(2016) *Introdução ao estudo do direito: técnica, decisão, dominação*, 9.ª ed., São Paulo: Atlas.

FRADA, Manuel Carneiro da,
(2006) *Direito Civil – Responsabilidade Civil: o método do caso*, Coimbra: Almedina.

FREITAS, José Lebre de,
(1991) *A Confissão no Direito Probatório: um estudo de direito positivo*, Coimbra: Coimbra Editora.
(2000) *A Acção Declarativa Comum à Luz do Código Revisto*, Coimbra: Coimbra Editora.

GIULIANI, Alessandro,
(1966) "La logique comme théorie de la controverse", in *Archives de Philosophie du Droit*, vol XI, pp. 87-113.
(1990) "La logique de la controverse dans la procedure judiciaire", in *Controvérsias Científicas e Filosóficas* (ed. Fernando Gil), Lisboa: Fragmentos, pp. 31–40.

JACKSON, Bernard S.,
(1997) *Semiotics and Legal Theory*, Liverpool, UK: Deborah Charles Publications (reimpressão da edição publicada em 1985 por Routledge and Kegan Paul).
(1985) *Law, Fact and Narrative Coherence*, Liverpool, UK: Deborah Charles Publications.
(1991) "Narrative models in legal proof", in *Narrative and the Legal Discourse. A Reader in Storytelling and the Law* (org. David Ray Papke), Liverpool: Deborah Charles Publications, pp.158-178.
(1995) *Making Sense in Law: Linguistic, Psychological and Semiotic Perspectives*, Liverpool, UK: Deborah Charles Publications.
(1996) *Making Sense in Jurisprudence*, Liverpool, UK: Deborah Charles Publications, 1996.
(1998) "Truth or Proof?: The criminal verdict", in *International Journal for the Semiotics of Law*, vol. XI, 33, pp. 227-273.

(2009) "Bentham, Verdade e Semiótica Jurídica", in *Liber Amicorum de José de Sousa e Brito em comemoração do 70.º Aniversário: estudos de Direito e Filosofia* (org. Augusto Silva Dias et al.), Coimbra: Almedina, pp. 133-160.

Lamego, José,
(2016) *Elementos de Metodologia Jurídica*, Coimbra: Almedina.

Larenz, Karl,
(1997) *Metodologia da Ciência do Direito*, 3.ª ed, Lisboa: Fundação Calouste Gulbenkian.

LaTorre, Angel,
(1978) *Introdução ao Direito*, Coimbra: Almedina.

Linhares, José Manuel Aroso,
(1988) *Regras de Experiência e Liberdade Objectiva do Juízo de Prova*, Boletim da Faculdade de Direito, Coimbra, suplemento, vol. 31, pp. 1-364.
(2001) *Entre a Reescrita Pós-Moderna da Modernidade e o Tratamento Narrativo da Diferença ou a Prova como um Exercício de «Passagem» nos Limites da Juridicidade (Imagens e reflexos pré-metodológicos deste percurso)*, Coimbra: Coimbra Editora.
(2007) *Constelação de discursos ou sobreposição de comunidades interpretativas? A caixa negra do pensamento jurídico contemporâneo*, Porto: Edição do Instituto da Conferência.
(2009) "Imaginação Literária e "Justiça Poética". Um discurso da «área aberta»?", in *Boletim da Faculdade de Direito da Universidade de Coimbra*, vol. 85, pp. 111-149.
(2010a) "Law in/as Literature as Alternative Humanistic Discourse. The Unavoidable Resistance to Legal Scientific Pragmatism or the Fertile Promise of a *Communitas* Without Law?", in *Law and Literature, A Discussion on Purposes and Method. Proceedings of the Special WS on Law and Literature held at 24th IVR World Conference in Beijing, September 2009* (ed. M. Paola Mittica), pp. 22–42.
(2010b) "Jurisdição, diferendo e área aberta. A caminho de uma "teoria" do direito como moldura?", in *Estudos em Homenagem ao Prof. Doutor Jorge de Figueiredo Dias* (org. Manuel da Costa Andrade et al.), vol. IV, Coimbra: Coimbra Editora, pp. 443-477.
(2012) "Evidence (or proof?) as law´s gaping wound: a false persistent aporia?", in *Boletim da Faculdade de Direito da Universidade de Coimbra*, vol. 88, tomo I, pp. 65-89.

Lopes, José Mouraz,
(2011) *A Fundamentação da Sentença no Sistema Penal Português: legitimar, diferenciar, simplificar*, Coimbra: Almedina.

MacCormick, Neil,
(1978) *Legal Reasoning and Legal Theory*, Oxford: Oxford University Press.
(1984) "Coherence in Legal Justification', in *Theory of Legal Science* (ed. A. Peczenik et al.), Dordrecht: D. Reidel Publishing, pp. 235-251.
(2005) *Rhetoric and the Rule of Law. A Theory of Legal Reasoning*, Oxford: Oxford University Press.

MACHADO, João Baptista,
(1995) *Introdução ao Direito e ao Discurso Legitimador*, Coimbra: Almedina.

MARTINS, João Marques,
(2017a) *Prova por Presunções Judiciais na Responsabilidade Civil Aquiliana*, Cascais: Principia.
(2017b) *Presunções Judiciais na Responsabilidade Civil Extracontratual*, Cascais: Principia.

MENDES, Paulo de Sousa,
(2010) "A Prova Penal e as Regras da Experiência", in *Estudos em Homenagem ao Prof. Doutor Jorge de Figueiredo Dias*, vol. III (org. Manuel da Costa Andrade et al.), Coimbra: Coimbra Editora, pp. 997-1011.
(2013) *Lições de Direito Processual Penal*, Coimbra: Almedina.
(2014) "A prova e as regras da experiência", in *Direito da Investigação Criminal e da Prova* (coord. Maria Fernanda Palma et al.), Coimbra: Almedina, pp. 115-130.
(2016) "A incerteza factual e a prova no processo penal", in *Liber amicorum: Manuel Simas Santos* (coord. André Paulino Piton e Ana Teresa Carneiro), Lisboa: Rei dos Livros, pp. 1057-1079.
(2018) *Causalidade Complexa e Prova Penal*, Coimbra: Almedina.

MORGADO, Pedro Trigo,
(2016) *Admissibilidade da Prova Ilícita em Processo Civil*, Lisboa: Petrony.

MÚRIAS, Pedro Ferreira,
(2000) *Por uma distribuição fundamentada do ónus da prova*, Lisboa: Lex.

NEVES, António Castanheira,
(1993) *Metodologia Jurídica. Problemas Fundamentais*, Coimbra: Coimbra Editora.
(1995a) "Método jurídico", in *Digesta*, vol. 2, Coimbra: Coimbra Editora, pp. 283-336.
(1995b) "Direito de resposta", in *Digesta*, vol. 2, Coimbra: Coimbra Editora, pp. 433-442.
(2003) *A crise actual da filosofia do direito no contexto da crise global da filosofia: tópicos para a possibilidade de uma reflexiva reabilitação*, Coimbra: Coimbra Editora, 2003.
(2008a) "O papel do jurista no nosso tempo", in *Digesta*, vol. 3, Coimbra: Coimbra Editora, pp. 9-50.
(2008b) "Direito hoje e com que sentido? O problema actual da autonomia do direito", in *Digesta*, vol. 3, Coimbra: Coimbra Editora, pp. 43-72.
(2008c) "Uma reflexão filosófica sobre o direito – "o deserto está a crescer ..." ou a recuperação da filosofia do direito?", in *Digesta*, vol. 3, Coimbra: Coimbra Editora, pp. 73-100.
(2008d) "Matéria de Facto – Matéria de Direito", in *Digesta*, vol. 3, Coimbra: Coimbra Editora, pp. 321-336.
(2008e) "O sentido actual da metodologia jurídica", in *Digesta*, vol. 3, Coimbra: Coimbra Editora, pp. 381-411.
(2008f) "Por um outro pensamento jurídico: comentário a uma tópica jurídica – clareira para a emergência do direito, de António Carlos Nedel", in *Digesta*, vol. 3, Coimbra: Coimbra Editora, pp. 545-560.

(2008g) "Arguição nas Provas de Doutoramento de José Manuel Aroso Linhares – Universidade de Coimbra", in *Digesta*, vol. 3, Coimbra: Coimbra Editora, pp. 581-605.

NEVES, Rosa Vieira,
(2011) *A Livre Apreciação da Prova e a Obrigação de Fundamentação da Convicção (na decisão penal)*, Coimbra: Coimbra Editora.

NUNES, Manuel Rosário,
(2005) *O Ónus da Prova nas Acções de Responsabilidade Civil por Actos Médicos*, Coimbra: Almedina.

PALMA, Maria Fernanda,
(2014) "Introdução ao direito da investigação criminal e da prova", in *Direito da Investigação Criminal e da Prova* (coord. Maria Fernanda Palma et al.), Coimbra: Almedina, pp. 7-18.

PARK, Roger C. / Michael J. SAKS,
(2006) "Evidence scholarship reconsidered: results of the interdisciplinary turn", in *Boston College Law Review*, vol. 47, pp. 949-1031.

PEREIRA, Rui Soares,
(2016) "Modelos de prova e prova da causalidade", in *VI Jornadas de Teoria do Direito, Filosofia do Direito e Filosofia Social – Juízo ou decisão? O problema da realização jurisdicional do direito*, ATFD e Instituto Jurídico da Faculdade de Direito da Universidade de Coimbra, pp. 447-483.
(2017) *O Nexo de Causalidade na Responsabilidade Delitual: fundamento e limites do juízo de condicionalidade*, Coimbra: Almedina.

RANGEL, Rui de Freitas,
(2006) *O ónus da prova no processo civil*, 3.ª ed., Coimbra: Almedina.

REGO, Margarida Lima,
(2013) "Decisões em ambiente de incerteza: probabilidade e convicção na formação das decisões judiciais", in *Julgar*, n.º 21, pp. 119-147.

RIBEIRO, Gonçalo de Almeida / Patrícia Fragoso MARTINS / Pedro Garcia MARQUES,
(2016) *Método do Caso: uma Introdução ao Direito*, 3.ª ed., Lisboa: UCE Editora.

RODRIGUES, Fernando Pereira,
(2016) *Os meios de prova em processo civil*, 2.ª ed., Coimbra: Almedina.

RUÇO, Alberto Vicente,
(2016) *Prova e Formação da Convicção do Juiz*, Coimbra: Almedina.

SAMPAIO, J. M. Gonçalves,
(2010) *A Prova por Documentos Particulares – Na Doutrina, Na Lei e Na Jurisprudência*, 3.ª ed., Coimbra: Almedina.

SERRA, Adriano Vaz,
(1961/1962) "Provas: direito probatório material", in *Boletim do Ministério da Justiça*, n.º 110 (Nov. 1961), pp. 61-256; n.º 111 (Dez. 1961), pp. 5-194; n.º 112 (Jan. 1962), pp. 33-293.

SOUSA, Luís Pires de,
(2013a) *Prova testemunhal*, Coimbra: Almedina.
(2013b) *Prova por presunção no direito civil*, 2.ª ed., Coimbra: Almedina.
(2017) *O valor probatório do documento eletrónico no processo civil*, 2.ª ed., Coimbra: Almedina.

SOUSA, Miguel Teixeira de,
(1984) *A livre apreciação da prova em processo civil*, Braga: Livraria Cruz.
(1995) *As Partes, o Objecto e a Prova na Acção Declarativa*, Lisboa: Lex.
(2012) *Introdução ao Direito*, Coimbra: Almedina.
(2020) *A Prova em Processo Civil: ensaio sobre o raciocínio probatório*, São Paulo: Editora Revista dos Tribunais.

TEIXEIRA, António Braz,
(2012) B*reve Tratado da Razão Jurídica*, Sintra: Zéfiro.

TILLERS, Peter,
(2008) "Introduction of William Twining", March 10, 2008, Cardozo Legal Studies Research Paper No. 230, in *Seton Hall Law Review*, vol. 38, p. 871, 2008, disponível em SSRN: http://ssrn.com/abstract=1104564TRINDADE, Cláudia Alves,
(2016) *A Prova de Estados Subjetivos no Processo Civil – Presunções e regras de experiência*, Coimbra: Almedina.

TWINING, William,
(2006) "Taking Facts Seriously", in *William Twining, Rethinking Evidence: Exploratory Essays*, Cambridge: Cambridge University Press, pp. 14-34.
(2009) "Taking Facts Seriously – Again", in *Innovations in Evidence and Proof. Integrating Theory, Research and Teaching* (ed. Paul Roberts and Mike Redmayne), Oxford: Hart Publishing, pp. 65-86.

VARELA, João de Matos Antunes / José Miguel BEZERRA / SAMPAIO E NORA,
(1985) *Manual de Processo Civil*, 2.ª ed., Coimbra: Coimbra Editora.

§ 2. OS MODELOS DE PROVA: PROBLEMATIZAÇÃO SOBRE A SUA ESCOLHA E APLICAÇÃO CONSIDERANDO UM CASO PARADIGMÁTICO*

1. Introdução: enquadramento e metodologia

I. A expressão "modelos" – que aqui intencionalmente se mobiliza para o domínio da prova em processo penal – costuma significar basicamente a referência a padrões, sejam estes entendidos enquanto esquemas da forma de ocorrência de um facto natural ou social (também designados por "objetos-modelo" e que traduzem relevâncias observáveis e verificáveis) ou como teorias relativas à esquematização adotada (os chamados "modelos teóricos" que correspondem a esboços hipotéticos de coisas e factos supostamente reais). Ambos não são a realidade e realizam uma seleção, na medida em que dão relevância a alguns aspetos em detrimento de outros[1].

Ora, se bem que alguns autores sustentem a possibilidade de transpor para o campo da ciência jurídica os dois modelos ou sentidos de modelo com que trabalha a ciência em geral[2], para a reflexão a realizar em seguida sobre os modelos

* Publicada versão anterior em *Fundamentos de direito probatório em matéria penal* (ed. Kai Ambos e Ezequiel Malarino; coord. da versão portuguesa Paulo de Sousa Mendes e Rui Soares Pereira), São Paulo: Tirant lo Blanc, 2020, pp. 61-94 , e em *Prova Penal Teórica e Prática* (coord. Paulo de Sousa Mendes e Rui Soares Pereira), Coimbra: Almedina, 2019, pp. 41-76.

1 BUNGE (1974: 30).

2 FERRAZ JÚNIOR (2014: 132-133).

de prova iremos apenas adotar o sentido de modelos que corresponde ao dos modelos teóricos: ou seja, dos modelos que implicam a construção de uma teoria ou de um esboço hipotético relativamente a uma determinada esquematização.

II. O sentido adotado de modelos como modelos teóricos parece conformar-se melhor com os chamados "modelos jurídicos de decisão" no processo de realização do direito[3] e da reflexão jusmetodológica que sobre eles deve incidir[4], pois no direito os modelos teóricos podem ser agrupados em modelos abrangentes que (para além de outros aspetos) podem exprimir um certo modo de encarar a questão da decidibilidade (que tem vindo a ser erigida a problema central da ciência do direito[5]), em especial a relativa à busca das condições de possibilidade de uma decisão hipotética para um conflito hipotético[6]. Ao mesmo tempo aquele sentido comporta uma vantagem não desprezível: permite atribuir à construção teórica sobre a prova que *infra* se procurará melhor caracterizar e testar apenas o sentido de esboço hipotético de algo supostamente real e não como traduzindo um esquema ou uma representação (gráfica, simbólica ou outra) da forma como a chamada "controvérsia probatória" se desenrola ou pode desenrolar num processo judicial.

Adota-se, portanto, uma perspetiva que procura ver os modelos de prova (também e sobretudo) como correspondendo a modelos de decisão que são indispensáveis no domínio específico da realização do direito onde se desenrola a controvérsia probatória e que ficam também sujeitos à referida reflexão jusmetodológica.

III. Para discutir o tema dos modelos de prova julgámos pertinente partir de um caso, mas optámos por um caso real.

Para além de facilitar a elaboração de esquemas sobre a forma de ocorrência do processo de prova[7] (no caso penal), o recurso a um caso torna mais

[3] Sobre os modelos de decisão jurídica, cfr. Cordeiro (2002: CVII-CXII), e (1987).

[4] Acerca da necessária reflexão justmetodológica (também em relação à decisão judicial) a realizar pela ciência do direito, cfr. Neves (1993: 17-34), e Bronze (1993).

[5] Ferraz Júnior (2014: 48-55). No entanto, como alerta Ascensão (2013: 235), *«a ordem jurídica é muito mais rica e ultrapassa a solução do caso»* e *«o direito não está só na aplicação»*.

[6] Ferraz Júnior (2015: 117-118), e (2014: 55-56).

[7] Sobre as vantagens do método do caso, em especial a sua relevância para a teoria da prova, cfr. Pereira (2018: 357-365).

justificada e premente a necessidade de construção de esboços hipotéticos ou de teorias sobre como esse processo de prova se pode e deve desenrolar.

Obedecendo tão quanto possível a uma seleção criteriosa de um caso tipo (e não meramente académico) escolheu-se um caso relativamente recente e particularmente mediático em Portugal[8]: o caso do crime que ocorreu em Montes Claros, Coimbra, (doravante, referido abreviadamente como "caso de Montes Claros")[9].

Trata-se de um caso iniciado há vários anos e no qual terão sido proferidas, pelo menos[10], quatro decisões: uma pelo Tribunal de Júri, que absolveu a arguida; outra pelo TRC, que condenou a arguida; outra ainda pelo STJ, que reenviou o processo para novo julgamento, tendo em consideração a existência de vícios; e finalmente uma pelo Tribunal de Júri, que absolveu novamente a arguida.

IV. No essencial, o caso em questão pode descrever-se da seguinte maneira: o MP deduziu acusação, em processo comum e com intervenção do júri, contra uma inspetora da PJ, colocada na Diretoria do Norte, sita no Porto, a quem imputou a prática, como autora material, de um crime de homicídio qualificado[11] cometido contra a avó do marido e de um crime de peculato[12]; realizado o julgamento em primeira instância, o Tribunal do Júri absolveu a arguida dos crimes que lhe haviam sido imputados na acusação pelo MP, invocando essencialmente ser impossível, por falta de prova, afirmar a convicção da culpabilidade da arguida exigível para uma condenação e que essa

[8] Diversas referências ao caso podem ser encontradas na imprensa escrita e digital portuguesa. *Colorandi causa*, cfr. http://www.asbeiras.pt/tag/ana-saltao/; http://www.cmjornal.pt/pesquisa?q=Ana%20Salt%C3%A3o.

[9] Autos de processo comum com o n.º 849/12.1JACBR.C1 da Comarca de Coimbra; Ac. TRC de 27.05.2015, 4.ª Secção, Proc. n.º 849/12.1JACBR.C1 (Olga Maurício); Ac. STJ de 17.03.2016, 3.ª Secção Criminal, Proc. 849/12.1JACBR.C1 (Pires da Graça), disponível em www.dgsi.pt.

[10] Naturalmente outras decisões terão sido tomadas ao longo do processo (como a decisão do TRC que ordenou a repetição do julgamento pelo Tribunal de Júri), assumindo-se aqui como relevantes apenas aquelas decisões a que tivémos acesso na internet e os elementos que nos foram gentilmente disponibilizados pela defesa da arguida a nosso pedido. Apesar de termos tido também acesso ao segundo acórdão do Tribunal de Júri, o mesmo não foi tomado em consideração na análise realizada.

[11] Previsto e punido nos arts. 131.º e 132.º, n.ºs 1 e 2, als. *c), e), h)* e *j)*, ambos do CP.

[12] Previsto e punido no art. 375.º, n.º 1 do CP.

conclusão seria imposta por recurso ao princípio *in dubio pro reo* por ser mínima, em seu entender, a probabilidade de a arguida ter cometido os crimes imputados nos termos que constavam da acusação; o MP interpôs recurso do acórdão do Tribunal do Júri, impugnando todos os pontos da matéria de facto dados como não provados, por considerar que o Tribunal do Júri teria feito um errado julgamento da matéria de facto; o TRC julgou procedente o recurso e decidiu revogar o acórdão do Tribunal do Júri, alterando a decisão da matéria de facto e condenando a arguida na pena única de 17 anos de prisão, pela prática de um crime de homicídio qualificado e de um crime de peculato; inconformada com a condenação, a arguida interpôs recurso do acórdão do TRC para o STJ, o qual decidiu, em 17.03.2016, reenviar o processo para novo julgamento, tendo em consideração a existência de vícios que assinalou à decisão recorrida decorrentes, por um lado, de conflitos entre factos provados (tal como já havia sido assinalado pelo procurador do MP junto do STJ), e, por outro lado, da insuficiência da matéria de facto enumerada no aresto recorrido; realizado o novo julgamento pelo Tribunal do Júri a arguida veio a ser absolvida dos crimes imputados.

Embora recolhido na jurisprudência portuguesa e sem que com a escolha realizada pretendamos menorizar outros casos (discutidos noutros ordenamentos jurídicos ou Portugal[13]), a verdade é que o caso suscita várias interrogações relevantes em matéria de prova.

Para além do facto de ter sido proferida uma decisão absolutória penal por um Tribunal de Júri, os acórdãos do TRC e do STJ contêm, a nosso ver, novidades e aspetos relevantes vários para o tema dos modelos de prova, em particular no que se refere à argumentação e à técnica de recurso que foram utilizados pela defesa na interposição de recurso para o STJ e à decisão que foi tomada pelo STJ criticando a decisão da segunda instância quanto à insuficiência da matéria de facto e a desconsideração de várias questões relevantes não clarificadas, que convidam à reflexão.

[13] Por exemplo, os casos portugueses Joana e Rui Pedro, o caso italiano e internacionalmente conhecido Amanda Knox, ou o já clássico caso norte-americano O.J. Simpson. Talvez pudessem também ter sido convocados estes casos. Mas cada caso terá as suas particularidades e também as suas especificidades (Engisch (1988: 364)), sendo certo que para tornar útil a sua convocação obrigaria à demonstração de coincidências entre os casos naqueles aspetos que devem ser considerados essenciais, o que poderá não ser fácil estando em causa modelos de prova.

V. Neste contexto, o caso do crime de Montes Claros pode ser considerado um caso paradigmático a vários níveis: no essencial e para o que nos interessa, permite interrogar vários aspetos essenciais em matéria de prova e, em especial, problematizar a seleção e utilização de modelos de prova no contexto judicial.

Para esse efeito, não importará propriamente fazer uma análise crítica (positiva ou negativa) das quatro decisões que foram tomadas no caso à luz do direito probatório aplicável, muito menos em benefício ou em desfavor da arguida, da entidade encarregue da investigação (a PJ) ou da entidade acusadora (o MP), dos tribunais ou sequer do sistema jurídico-processual positivo português.

Ao invés, julgamos que o ângulo de análise deve, no contexto de uma reflexão mais profunda característica da ciência ou teoria da prova e não do direito probatório[14], ser outro. Tendo por base o caso de Montes Claros, será possível, por um lado, aferir da viabilidade de sustentação de teorias (em especial híbridas ou integradas) da prova e, por outro lado, trazer à discussão eventuais melhorias a introduzir nas teorias de prova escolhidas para dar resposta às exigências dos sistemas jurídico-processuais positivos em matéria de prova jurídica.

2. Os modelos de prova: as diferentes racionalidades e as tendências de maior integração e formalização

2.1. As críticas aos modelos formais tradicionais e aos modelos narrativos de prova[15]

I. A prova é tradicionalmente considerada produto de uma racionalidade lógica.

Todavia, os modelos de prova dotados de racionalidade lógica não são os únicos modelos de prova admissíveis. Por exemplo, uma perspetiva sobre a prova possível é a construção relativa às narrativas jurídicas.

[14] Sobre a diferença entre a ciência ou teoria da prova (probática) e o direito probatório, cfr. Pereira (2018: 353-355).

[15] Para uma apreciação crítica mais detalhada destes modelos, cfr. Pereira (2013).

Além disso, os modelos de prova dotados de racionalidade lógica não são necessariamente apropriados, ainda que baseados na lógica informal (indutiva, retórica ou argumentativa[16]).

Em primeiro lugar, os modelos de prova dotados de racionalidade lógica não fornecem uma perspetiva holística da prova, que poderá ser bastante útil, por exemplo em questões de causalidade[17].

Em segundo lugar, a utilização frequente de juízos de probabilidade em certos modelos lógicos como forma de compensar o facto de a prova ser bastantes vezes inconclusiva, incompleta, inconsistente, não fidedigna e obscura não é isenta de dificuldades.

Em terceiro lugar, se assumirmos uma perspetiva narrativa da racionalidade, poderemos considerar como sendo mais adequado um modelo narrativo de prova, baseado, por exemplo, no *«storytelling»*.

Por um lado, os seres humanos fazem uso de narrativas para construir e compreender a realidade.

Por outro lado, a narrativa tem uma natureza essencial e inevitável para a persuasão e compreensão, fornecendo uma ferramenta poderosa para a compreensão do direito e do processo de decisão jurídica.

Finalmente, existem dados empíricos suficientes que demonstram que, perante a incerteza factual, os jurados e os juízes tentam atribuir sentido à prova disponível compondo a explicação mais convincente e plausível[18].

[16] Na linha das obras de: PERELMAN/OLBRECHTS-TYTECA (1958); TOULMIN (2003), e TOULMIN (1984); MACCORMICK (1978); e ALEXY (1978). Para uma perspetiva geral destas teorias, cfr. ATIENZA (2005: 45-202), e TEIXEIRA (2012: 176-211).

[17] Sobre o tema do nexo de causalidade e sua prova, cfr. PEREIRA (2017: 1091 e ss.).

[18] Por exemplo, de acordo com o *«modelo narrativo»* – cfr. HASTIE/PENROD/PENNINGTON (1983), PENNINGTON/HASTIE (1993) e PENNINGTON/HASTIE (1991/1992). Mais recentemente, os chamados *«modelos de satisfação de restrições paralelas»* (*«parallel constraint satisfaction models»*), desenvolvidos sobretudo pelas duplas GLÖCKNER/BETSCH (2008) e HOLYOAK/SIMON (1999), e SIMON (2004), que constituem modelos similares ao *«modelo narrativo»* desenvolvido por PENNINGTON e HASTIE, permitem sustentar a ideia segundo a qual os decisores constroem activamente representações mentais coerentes da situação, modificando conscientemente a sua própria perspetiva acerca da prova. Os decisores não se limitam a inferir a prova, raciocinando por vezes ao contrário, isto é, das opções para a prova. A informação que suporta a interpretação preferida é destacada, ao passo que a importância e a fidedignidade da informação contrária a essa interpretação são ofuscadas.

II. Os modelos narrativos de prova, por si sós, podem também não ser adequados ou suficientes.

Em primeiro lugar, os modelos narrativos baseiam-se na inferência abdutiva[19] ou na chamada *«inferência para a melhor explicação»* (IBE)[20], que é uma modalidade de inferência lógica que permite ir *«de dados que descrevem algo para uma hipótese que melhor explica os dados»* e para a qual existem dois modelos computacionais bem diferentes e complexos considerados aptos para lidar com ela: as redes bayesianas (*«Bayesian networks»*) e a coerência explanatória (*«explanatory coherence»*) [21].

Em segundo lugar, os modelos narrativos baseiam-se no *«storytelling»* que traz para o discurso jurídico um elemento manipulativo[22].

Em terceiro lugar, tanto o *«modelo narrativo»* como os *«modelos de satisfação de restrições paralelas»* em que se baseiam as abordagens narrativas são considerados problemáticos do ponto de vista da prova e das decisões jurídicas[23].

[19] A inferência abdutiva é considerada um dos três principais tipos de inferência (inferência dedutiva, inferência indutiva ou retrodução e inferência abdutiva). Tal como a inferência indutiva, a inferência abdutiva é uma inferência não necessária (ou seja, aquilo que é inferido não é necessariamente verdadeiro *«if the premises from which it is inferred are true»*). E, tal como a inferência indutiva, a inferência abdutiva é ampliativa (ou probabilística ou hipotética), *«meaning that the conclusion goes beyond what is (logically) contained in the premises (which is why they are non-necessary inferences)»*. Contudo, *«in abduction there is an implicit or explicit appeal to explanatory considerations, whereas in induction there is not; in induction, there is only an appeal to observed frequencies or statistics»* – Douven (2011). Cfr. Kaufmann (2002: 187-191), sobre a relação entre a abdução e a analogia.

[20] Pardo/Allen (2008).

[21] Thagard (2004: 232).

[22] Cfr. Whalen-Bridge (2010: 234-235), Bex et al. (2010: 134), e Smejkalová (2011: 2-3).

[23] Por exemplo, Glöckner/Engel (2008) referem-se a riscos de distorções na informação que induzem as pessoas a serem excessivamente confiantes nos seus julgamentos e referem que existem dificuldades inerentes ao tipo específico de informação processada. Outros autores sugerem que os modelos narrativos aumentam a probabilidade de preconceitos e de parcialidade, tornando o processo de prova menos objetivo (Anderson/Schum/Twining (2005: 262-288)), que os referidos modelos não apresentam critérios firmes que permitam decidir qual a explicação ou narrativa mais coerente, correndo o risco de serem então tautológicos (Schum (2001: 1645-1681)), e que os modelos em questão não se compatibilizam com a possibilidade verificada em certos sistemas jurídicos de o sucesso ou insucesso de um processo não se encontrar dependente de qualquer comparação, mas sim do não convencimento do julgador de acordo com o respetivo *standard* de prova (Lempert (1986: 439-477)).

Registe-se que os problemas inerentes ao uso do *«modelo narrativo»* ou dos *«modelos de satisfação de restrições paralelas»* também se verificam nos sistemas jurídicos em que o apuramento dos factos e a valoração da prova são habitualmente feitos por juízes e só excecionalmente por jurados[24]. Com efeito, a utilização preferencial de juízes na administração da justiça não é garantia que: a) os juízes não construam narrativas e que as probabilidades de persuasão destas narrativas não sejam ainda mais baixas, pelo facto de não serem avaliadas por outras pessoas antes da tomada da decisão (no caso dos tribunais singulares) ou por serem partilhadas por um grupo de pessoas mais restrito do que aquele que normalmente é exigido para a composição do júri (no caso dos tribunais coletivos); b) os juízes sejam suficientemente sensíveis às mudanças no valor probatório da prova; c) os juízes não compensem estas mudanças com graves *«coherence shifts»* quando a prova aponta na direção contrária do veredicto que preferem; d) os juízes estejam mais atentos a medidas que aumentem a possibilidade de avaliação probabilística da prova.

2.2. Os modelos híbridos e integrados de prova

I. Perante a inadequação e insuficiência dos modelos lógicos tradicionais e dos modelos narrativos de prova, vários autores têm procurado encontrar modelos de prova mais satisfatórios.

Sabendo-se que diferentes racionalidades correspondem a diferentes formas de pensamento jurídico e metodológico[25], é natural que essas diferentes

[24] Estes sistemas jurídicos, entre os quais encontramos o caso português, também conhecem a figura do júri, composto parcialmente – mas não apenas – por juízes e cuja existência a CRP reconhece como forma de participação do povo na administração da justiça. A exclusão da intervenção destes tribunais apenas pode ocorrer por razões que, em princípio, nada têm que ver com a incapacidade das pessoas de integrar matematicamente a prova e com a opção de encontrar um sentido e de construir histórias coerentes a partir da prova. Segundo o art. 207.º da CRP, a intervenção do júri é excluída nos casos de terrorismo e de criminalidade altamente organizada, incluindo tráfico de droga –Albuquerque (2009: 77). Outra excepção surge no art. 40.º da Lei n.º 34/87, de 16 de Julho (Crimes da responsabilidade de titulares de cargos políticos), em que a intervenção do júri é expressamente excluída para o julgamento de crimes que fazem parte do âmbito da lei. Mas a doutrina e a jurisprudência discutem a conformidade desta solução com o preceito constitucional acima referido.

[25] Neves (1993: em especial 34-81).

racionalidades possam também possibilitar (até pelo entrelaçamento evidente entre a prova e o raciocínio jurídico)[26], modelos de prova diversos.

A esse propósito, tem vindo a falar-se, embora se trate certamente (como em muitas outras) de uma divisão feita apenas por comodidade e para arrumação provisória e falível das coisas[27], em duas abordagens principais ao raciocinar com a prova jurídica: a abordagem baseada nos chamados "argumentos probatórios" (*«evidential arguments»*) e a abordagem baseada nas chamadas "narrativas" (*«stories»*) ou cenários. A abordagem baseada nos *«argumentos probatórios»* seria considerada probatória, atomística, raciocinando com e sobre os dados probatórios, dotada de uma perspetiva bem desenvolvida do pronto de vista lógico e concetual do processo racional e dialético da prova e como tendo sido poucas vezes testado empiricamente no processo de prova. Por seu turno, a abordagem baseada nas *«narrativas»* seria considerada causal, holística, raciocinando sobre as ações e os eventos, relativamente não desenvolvida, em especial os aspetos dialéticos da comparação de histórias alternativas e bastante testada do ponto de vista empírico no processo de prova[28]. No essencial, a abordagem argumentativa, que teria uma clara presença nos diagramas de Wigmore e de outros autores mais recentes, enfatizaria os argumentos suportados na prova para suportar ou atacar certas conclusões, ao passo que a abordagem narrativa, que encontra apoio nos estudos empíricos levados a cabo por Pennington e Hastie e Bennet e Feldman, permitiria a interpretação da prova em termos de cenários (narrativas) que fornecem uma perspetiva coerente do que sucedeu, antes e depois de ter sucedido[29].

Outras abordagens (algumas delas, meramente complementares) sobre a prova podem também ser referidas, tais como: a da ciência forense, a das teorias da probabilidade e da prova, a das abordagens feministas à prova e a da perspetiva da análise económica do direito[30]. Fiquemos para já,

26 Klami/Sorvettula/Hatakka (1991).

27 Cunha (2012: 106).

28 Para uma visão geral da *evidential arguments based approach* e da *stories based approach*, cfr. Bex et al. (2010: 128-135), e Bex (2011: 33-82).

29 Verheij et al. (2016: 36).

30 Analisando as diversas abordagens sobre a prova, incluindo algumas delas claramente interdisciplinares, e concluindo pela utilidade *«of different types of evidence scholarship (...) to the extent that it helps to explain or advance the truth-seeking functions of trials, rather than to posit or seek extrinsic effects from rules that traditionally have been understood as protecting the accuracy of verdicts»*,

contudo, pelas principais abordagens, deixando para outra ocasião as abordagens complementares.

II. As abordagens principais baseadas nos *«argumentos probatórios»* e nas *«narrativas»* são habitualmente apresentadas como separadas e independentes.

Não obstante, alguns autores têm vindo a sugerir a utilização simultânea destas abordagens e a apontar a importância de serem desenvolvidas teorias híbridas ou integradas, designadamente por considerarem artificial a distinção entre as abordagens.

Em especial, investigações levadas a cabo no domínio da inteligência artificial e da sua relação com o direito apontam para a ideia de ser possível criar uma ponte integrada entre estas abordagens e formalizar e computar essa integração, com grande vantagem para os investigadores e julgadores.

2.3. A teoria híbrida da prova criminal e os desenvolvimentos subsequentes no sentido de uma maior integração

2.3.1. Apresentação geral

Em 2009, foi sugerida e apresentada uma teoria híbrida para a prova criminal por FLORIS J. BEX[31], a qual tem sido desenvolvida por BEX e outros em diversas ocasiões.

Essa teoria, embora possa ser vista de alguma forma como uma continuação de propostas anteriores no sentido de combinar diferentes formas de raciocínio da prova para os factos, caracteriza-se essencialmente por procurar capturar e fazer uma integração das diversas abordagens probatórias mais representativas (primeiro, das abordagens probatórias narrativas com as abordagens probatórias argumentativas e, mais recentemente, equacionando nessa integração também as abordagens probatórias assentes nas probabilidades), recorrer a um modelo híbrido ou integrado de funcionamento racional

cfr. PARK/SAKS (2006). Considerando três tipos de abordagens e dividindo-as consoante as abordagens enfatizem os argumentos, os cenários (narrativas) ou as probabilidades, cfr., por exemplo, ANDERSON/SCHUM/TWINING (2005), KAPTEIN/PRAKEN/VERHEIJ (2009), e DAWID/TWINING/VAVSILIKI (2011).

[31] BEX (2009).

e dialético e por procurar combinar as vantagens das várias abordagens probatórias e, ao mesmo tempo, tudo fazer para evitar os inconvenientes de cada uma destas abordagens individualmente consideradas.

2.3.2. Os pontos de partida da teoria

BEX e outros, assumindo que o processo de prova judicial corresponde a uma inferência à procura da melhor explicação (IBE[32]), partiram da referida divisão entre as duas abordagens consideradas como principais quando se reflete sobre a possibilidade de raciocinar com a prova jurídica (a abordagem probatória argumentativa, baseada no que designam por *«argumentos probatórios»*, e a abordagem probatória narrativa, baseada no que apelidam de *«narrativas»*), assinalando que estas abordagens, embora comuns na literatura jurídica da prova, seriam habitualmente apresentadas pelos diferentes autores como separadas e independentes, sendo tal resultado de uma distinção artificial que muitos fazem entre estas duas abordagens.

Opondo-se a essa forma de analisar o problema, BEX e outros vieram então sustentar a possibilidade de criar uma ponte integrada entre estas abordagens e formalizar e computar essa integração. Os seus pontos de partida foram então os seguintes: 1) a artificialidade da distinção entre as abordagens principais baseadas nos *«argumentos probatórios»* e as baseadas nas *«narrativas»*; 2) a possibilidade de integração entre as abordagens principais baseadas nos *«argumentos probatórios»* e nas *«narrativas»*.

Mais tarde, para além de equacionarem a possibilidade de estender o modelo por si proposto ao domínio dos ónus, dos *standards* de prova (inicialmente excluídos por terem concluído que suscitavam questões jurídicas substantivas não compreendidas em qualquer modelo formal de raciocínio) e dos *«legal shifts»*[33] e às próprias consequências jurídicas[34], aqueles autores vieram sugerir algumas modificações na teoria no sentido de uma maior integração

[32] Porém, para uma discussão do processo de raciocínio abdutivo da chamada "inference to the best explanation" e as objecções levantadas contra o chamado "IBE reasoning", cfr. PARDO/ALLEN (2008).

[33] BEX/WALTON (2010), e BEX/VERHEIJ (2011a).

[34] BEX/VERHEIJ (2013).

daqueles elementos[35] e ponderar aliás a inclusão como elemento de integração as probabilidades sobretudo para ser possível lidar com situações de incerteza, reduzir erros de raciocínio e facilitar a comunicação entre investigadores, julgadores e peritos[36].

2.3.3. O funcionamento do modelo híbrido ou integrado de prova

I. O modelo híbrido ou integrado que tem sido proposto por Bex e outros, com mais ou menos elementos ou apetrechos, obedece a um funcionamento que pode ser considerado racional e dialético e, por isso mesmo, bastante vantajoso quando comparado com outras abordagens que procuram combinar elementos ou as próprias abordagens bayesianas.

Simplificadamente, sustentam aqueles autores que os factos a explicar de um determinado caso, os «*explananda*», devem ser aceites se forem aceitáveis as narrativas à luz dos argumentos probatórios do caso. Partindo então de diferentes narrativas, entendidas estas enquanto possibilidades alternativas de explicação dos factos do caso[37], os argumentos devem ser utilizados para verificar a coerência de cada narrativa. As narrativas devem ser comparadas e será escolhida a que melhor explica o facto[38].

Porém, na opinião daqueles autores a escolha entre as narrativas possíveis não depende apenas da sua conformidade com a prova ou da capacidade da narrativa para explicar todas as observações no caso, como poderia sugerir um tipo de raciocínio IBE. Deve ser também o resultado da coerência das próprias narrativas. Ora, uma narrativa pode ser considerada coerente se for consistente (ou seja, não contiver contradições internas), completa (isto é, não existem partes relevantes em falta) e plausível (ou seja, as relações explanatórias individuais são prováveis, credíveis e verosimilhantes, pois conforma-se

[35] Bex (2015: 13) – «*allows for causal and evidential arguments as well as mixed causal-evidential arguments, while still adhering to the constraints imposed by Pearl's C-E system*» e também «*allows for a natural rendering of the diferent modes of reasoning employed in the process of proof*» –, e (2014) – «*both causal-abductive and evidential argumentation were captured in a structured argumentation framework*».

[36] Primeiro fez-se referência a essa possibilidade em Bex (2015), e mais tarde veio a ser expressamente discutida e formalmente proposta em Verheij et al. (2016).

[37] Porém, para uma noção mais refinada de narrativas apresentada mais tarde pelos mesmos autores, cfr. Bex/Bench-Capon (2017), e Bex/Verheij (2013).

[38] Bex/Verheij (2012: 327-329).

com o nosso conhecimento sobre o mundo e podem ser expressas em termos de uma generalização)[39]. E os argumentos podem e devem ser usados para testar a coerência da narrativa[40].

Além disso, no que respeita ao processo de apuramento dos factos, o modelo híbrido ou integrado proposto pressupõe que *«o conhecimento sobre o mundo é usado de duas maneiras fundamentais»*, nomeadamente *«conhecimento de regras de inferência pragmáticas (não necessariamente formais), generalizações que garantem inferências de premissas para conclusões»*, e *«conhecimento de cenários relevantes ou clusters de eventos»*[41]. Por outras palavras, sugerem aqueles autores fazer uso dos chamados "esquemas de argumentação" (*«argumentation schemes»*) e dos chamados "esquemas narrativos" (*«story schemes»*) no processo de apuramento dos factos, uma vez que na sua opinião precisamos para esse efeito de generalizações e de cenários, respetivamente. Os esquemas de argumentação seriam responsáveis por apresentar argumentos baseados no conhecimento geral e analisados através da formulação de questões críticas e da apresentação de contraexemplos, em caso de resposta insatisfatória a essas questões, e apontariam os casos em que se mostra necessário completar partes dos argumentos apresentados. E os esquemas narrativos teriam o condão de apresentar padrões gerais e sistemáticos de eventos tipo e servirem de modelo a possíveis hipóteses sobre o que teria sucedido num determinado caso, podendo também servir para chamar a atenção para as partes da narrativa consideradas incompletas ou para formular questões críticas.

II. Por regra, o processo de prova parte da existência de indícios, dos quais emergem um ou mais factos que necessitam de ser explicados, e que conduzem à construção de várias hipóteses explicativas.

Perante estas hipóteses torna-se de facto necessário analisá-las criticamente à luz do suporte probatório existente (*«evidential support»*), por forma a determinar se as mesmas são ou não suportadas pelos elementos de prova. Com isto alcança-se logo muito: evita-se o convencimento alcançado através

[39] A dependência da coerência da narrativa dos três subcritérios acima mencionados pode ser também encontrada nas investigações de PENNINGTON e HASTIE e WAGENAAR, KOPPEN e VAN CROMBAG – BEX et al. (2010: 132).

[40] BEX/VERHEIJ (2012: 332).

[41] BEX/VERHEIJ (2012: 336).

de uma forma não racional e a construção de generalizações falsas. Para o efeito de suportar uma determinada narrativa, são construídos argumentos, com base nos indícios de prova recolhidos e raciocinando no sentido de uma conclusão. Associados aos argumentos estão as generalizações que justificam as inferências realizadas. Mas como também deve ser considerada a prova contrária à narrativa construída e desafiadas as fontes de dúvida através de contra-argumentos, podemos chegar à conclusão de que a prova não suporta a narrativa ou inclusive a contradiz. Os argumentos permitem analisar a credibilidade de elementos individuais da prova e a sua relevância para a narrativa.

Porém, como referem aqueles autores, a escolha entre as narrativas possíveis não deve depender apenas da sua conformidade com a prova. Deve resultar também da coerência das próprias narrativas, no sentido de as mesmas se conformarem com o nosso conhecimento sobre o mundo. E uma narrativa será coerente se for consistente, completa e plausível, podendo ser usados argumentos para testar a coerência da narrativa.

III. Segundo Bex e outros, os *«esquemas de argumentação podem surgir de várias fontes, como, por exemplo, a lógica ou a epistemologia»* e *«representam formas estereotipadas de raciocínio sobre as quais existe um consenso, pelo menos na comunidade (filosófica) relevante»*. Esses esquemas denotam *«uma relação inferencial entre proposições»*. Desses *«padrões estereotipados»* poderão resultar *«típicas fontes de dúvida»*, as quais *«são expressas como questões críticas»*[42].

Por sua vez, os esquemas narrativos (*«story schemes»*) são, para Bex e outros, *«padrões gerais de (tipos de) eventos que podem servir como pano de fundo para histórias particulares»*. Estes esquemas denotam *«relações de coerência entre eventos ou tipos de eventos»*. Através desses esquemas podem ser criados *«modelos possíveis»* de hipóteses explicativas: a) olhando *«para casos semelhantes específicos»*; b) procurando *«uma explicação para um evento na forma de um esquema narrativo existente»*; c) construindo (nos casos mais difíceis) *«um novo cenário do zero»*, embora não seja incomum encontrar *«algum tipo de esquema narrativo que pode ser recuperado da memória»*. Para além disso, *«auxiliando na inferência abdutiva, os esquemas narrativos podem (...) ser usados para analisar criticamente as narrativas existentes e,*

[42] Bex/Verheij (2012: 336-337).

em particular, a coerência das narrativas», bem como para colocar *«questões críticas associadas com o esquema narrativo»*[43].

A necessidade de dirigir questões críticas ao caso resulta, desde logo, do facto de as narrativas trazerem, como se viu, tendencialmente um elemento manipulativo para o discurso jurídico: a boa história transforma-se em história verdadeira.

Ora, para evitar este problema, a teoria híbrida da prova sugere que devem ser criadas fontes de dúvida em relação às narrativas, através da formulação de questões críticas, capazes de abalar qualquer hipótese explicativa do caso que tenha sido avançada, por mais coerente que a mesma aparente ser. Mas estas questões críticas não devem ser dirigidas apenas às narrativas. Segundo a teoria híbrida também devem ser criadas fontes de dúvida em relação aos esquemas de argumentação. Em geral, poderá, pois, dizer-se que, para a teoria híbrida, as fontes de dúvida são importantes e podem ser colocadas em qualquer fase do processo de prova.

Assim, partindo de uma concreta narrativa sobre o caso, que seja suficientemente concreta e coerente sobre o que se passou, devemos, em primeiro lugar, formular a seguinte questão: a narrativa torna suficientemente explícitos os factos do caso?

Mas a crença na narrativa deve fundar-se na prova existente, pelo que, em segundo lugar, surge a seguinte questão: a narrativa encontra-se suficientemente suportada pela prova? Por regra, nem todos os elementos da narrativa que se constrói estão suportados na prova, mas podem ser indiretamente justificados. É aliás comum a crítica feita em processo penal à utilização na acusação e na decisão de fórmulas conclusivas relativamente à intenção de praticar o crime ou à consciência da ilicitude por parte do arguido. No entanto, essa conclusão poderá ser totalmente legítima num cenário em que as mesmas encaixam numa determinada narrativa sobre o caso, suportada por prova adicional. Os chamados *«evidential gaps»* (lacunas da prova) podem, pois, ser superados através da conjugação de outros factos, salvo tratando-se de factos cuja prova é essencial, como por exemplo a descoberta do cadáver num crime de homicídio.

Em terceiro lugar, é necessário avaliar a força da prova e a sua relevância para os factos do caso, pelo que importa perguntar: os raciocínios da prova

[43] Bex/Verheij (2012: 337-339).

para os factos na narrativa estribam-se em esquemas e generalizações válidos e fundados? Existem exceções à utilização desses esquemas e generalizações, que desconectam a prova dos factos?

Em quarto lugar, é necessário verificar a coerência da narrativa, o que significa perguntar: a narrativa é coerente, consistente, completa e plausível? Existem elementos de prova que a contrariem? A narrativa foi testada através das suas consequências?

Em quinto lugar, haverá que ter em consideração possíveis cenários alternativos, o que significa perguntar: foram procuradas explicações alternativas e, em caso afirmativo, foram as mesmas suficientemente analisadas? O que justifica a escolha desta narrativa sobre as outras alternativas?

Em sexto e último lugar, devem ser avaliadas quaisquer razões conflituantes (depoimentos ou histórias contraditórias), o que significa perguntar pelo seguinte: foram avaliadas todas as razões opostas? Em caso afirmativo, as considerações feitas foram tornadas explícitas?

IV. Mais recentemente vieram aqueles autores procurar incrementar a integração dos argumentos e das narrativas e sobretudo ponderar se o modelo deveria ser completado com a inclusão, entre outros aperfeiçoamentos verificados, das probabilidades, nomeadamente para lidar com situações de incerteza e desta forma contribuir também para reduzir erros de raciocínio e falhas de comunicação entre julgadores e peritos.

Em relação a este último especto, que integra uma novidade da construção de Bex e outros, mas corresponde ainda a um *work in progress* (que não dispensará, como os próprios admitem, a resolução de questões difíceis sobre o uso na investigação criminal e nas decisões penais de prova assente em probabilidades e prova não assente em probabilidades), pode dizer-se que aqueles autores procuraram sobretudo estudar e sublinhar as diferentes conexões entre os argumentos, as narrativas ou cenários e as probabilidades), a fim de equacionarem um modelo de prova enquadrável no contexto da teoria da probabilidade, concluindo que uma boa combinação entre os argumentos e as probabilidades e entre estas e os cenários ou narrativas poderia alcançar-se através do recurso às redes bayesianas[44].

[44] Verheij et al. (2016: 66-67).

Com efeito, as redes bayesianas ou as representações gráficas de distribuição de probabilidades apresentam a vantagem de captarem as independências entre variáveis no domínio do discurso, mas fazem-no – convém dizê-lo – com vários inconvenientes: o principal inconveniente parece ser o do necessário conhecimento do formalismo das redes bayesianas, o que obriga muitas vezes a recorrer a alguém capaz de construir um modelo que tenha o conhecimento matemático relevante para esse efeito. Ao invés, as abordagens argumentativas apresentam-se como menos inclinadas para a matemática. Não obstante, Bex e outros têm vindo a propor heurísticas para a construção de redes bayesianas a partir de argumentos estruturados. Segundo os mesmos autores, na maior parte das vezes os argumentos representam inferências sucessivas baseadas na prova, podendo obedecer a regras causais ou probatórias. Ora, essas inferências podem, na sua opinião, ser transformadas em redes bayesianas e depois explicadas e desenvolvidas por especialistas nestas redes em conjugação com os demais, após a realização de uma interpretação probabilística dos elementos da argumentação[45]. Simplesmente, as limitações destas redes, a complexidade inerente à sua utilização e computação e, em especial, a dificuldade em explicar estas redes aos investigadores e julgadores obrigarão a esforços subsequentes que os próprios se propõem realizar em investigações posteriores[46].

2.3.4. As vantagens de um modelo híbrido ou integrado de prova

Em termos de vantagens, a teoria híbrida ou integrada desenvolvida por Bex e outros parece estar em melhores condições do que os outros modelos de prova, desde logo (mas não só, tendo em consideração as recentes investigações no sentido da inclusão das próprias probabilidades) pelo facto de procurar fornecer uma integração real entre as *«narrativas»* e os *«argumentos»*.

Assim, na teoria híbrida, tal como proposta por aqueles autores, as *«narrativas»* e os *«argumentos»* devem ser entendidos como *«vasos comunicantes»*[47]. Se estamos preocupados apenas com uma situação individual ou um evento,

[45] Bex/Renooij (2016).

[46] Verheij et al. (2016: 67).

[47] Bex/Verheij (2011b: 82).

o mais natural será fazer uso dos *«argumentos probatórios»*. Mas noutros pontos da investigação poderá ser necessária uma *«narrativa»* para preencher as lacunas da prova (os *«evidential gaps»*).

Por isso, defendem aqueles autores que a teoria híbrida combina as vantagens da abordagem baseada na *«narrativa»* e da abordagem baseada no *«argumento»* e permitiria resolver a maioria dos problemas destas duas abordagens, pois: a) *«possibilita discussões argumentativas sobre elementos individuais do caso (i.e. elementos de prova, generalizações, elementos de narrativas)»*; b) *«as narrativas organizam os dados probatórios e fornecem uma visão geral sobre o caso»*, *«podem ser usadas para abduzir cenários hipotéticos relativamente complexos»* e *«a natureza causal das narrativas permite a previsão de consequências da narrativa»*; c) podemos usar argumentos *«para raciocinar sobre as narrativas (...) e assim garantir a coerência das narrativas de forma dialética»*; d) «[os] *eventos e as relações assumidos numa narrativa podem ser debatidos usando argumentos e, portanto, pode ser alcançado um consenso cognitivo não apenas sobre generalizações probatórias, mas também sobre o conhecimento geral subjacente a uma narrativa»*; e) a utilização de *«argumentos probatórios (...) permite definições precisas dos vários critérios que podem ser usados para comparar histórias»*; f) *«o suporte probatório e a contradição probatória fornecem uma noção clara de como uma narrativa se pode ajustar à prova e a plausibilidade e completude de uma narrativa garantem que a narrativa esteja de acordo com o conhecimento geral do senso comum sobre o mundo»*[48].

Por outro lado, o modelo tem vindo a ser estendido aos ónus e *standards* de prova e aos *«legal shifts»* no processo de prova e às consequências jurídicas[49]

[48] Bex (2011: 100).

[49] Importa referir que, por exemplo, em (2010), Bex et al. identificaram previamente algumas insuficiências do *«hybrid model»* no que respeita ao *standard* de prova. Segundo Bex et al., o modelo não refere quando é que o standard de prova relevante é atingido, já que: a) não garante que a melhor história seja suficientemente boa para ser considerada como sendo verdadeira; b) não fornece um critério para escolher entre argumentos rebatíveis. Porém, os autores não deixaram então de salientar que se trata de questões jurídicas substantivas e não propriamente matéria de inferência, *«so it lies outside any formal model of reasoning»* – Bex et al. (2010: 150). Por outro lado, em artigos mais recentes, Bex et al. têm desenvolvido o seu modelo no que respeita aos ónus e *standards* de prova e também aos chamados *«legal shifts»* no processo de prova – Bex/Walton (2010), e Bex/Verheij (2011a). Por último, têm procurado estender o modelo híbrido às próprias consequências jurídicas – Bex/Verheij (2013).

e, mais recentemente, surgiram também propostas de inclusão nesse modelo das probabilidades[50].

2.3.5. Avaliação crítica

I. Em geral, os pontos de partida, o funcionamento e as vantagens da teoria híbrida ou integrada de BEX e outros justificam considerá-la muito apelativa: nela encontram assento os argumentos, as narrativas e as probabilidades, ou seja, o que são hoje considerados os três *«enquadramentos normativos para o raciocínio probatório»*[51].

Porém, isto não significa que a teoria de BEX e outros esteja livre de qualquer crítica profunda, como já noutras ocasiões deram nota alguns autores[52], e sobretudo que não se procure dar sentido às críticas justificadamente apresentadas, mais não seja com o intuito de encontrar vias de superação dessas críticas para que a teoria possa (se possível) manter a sua utilidade[53].

Umas dessas críticas tem a ver com o facto de aqueles autores não tomarem em consideração que existe um necessário entrelaçamento entre a prova e o raciocínio jurídico, pese embora de facto apresentem a sua teoria como uma das formas de raciocinar com a prova, fazendo aliás parte do conspecto de teorias que tem como propósito *«fornecer um método racional e sistemático para raciocinar com a prova num contexto jurídico»*, e a caracterizarem como retirando *«ideias da psicologia de como as pessoas raciocinam com a prova e as colocam num enquadramento normativo de argumentação estruturada e dialética»*[54].

Diferentes racionalidades exprimem formas de pensamento e métodos diferentes, pelo que também os modelos de prova, enquanto esboços hipotéticos ou de teorias sobre como o processo de prova se poderia ou deveria desenrolar, terão de se conformar com a específica racionalidade (prática) que o direito convoca e não devem representar meras traduções de pensamentos

[50] Primeiro em BEX (2015: 21-22), e depois em VERHEIJ et al. (2016).
[51] VERHEIJ et al. (2016).
[52] LINHARES (2012).
[53] PEREIRA (2013).
[54] BEX/BEX-REIMERT (2016: 349).

de outras disciplinas (como a psicologia ou outras) e realizadas em desrespeito da autonomia do direito.

II. O modelo híbrido, atenta a integração proposta entre os argumentos e as narrativas, não pode deixar de configurar um claro modelo argumentativo-narrativo[55].

Desde logo, a criação de uma ponte entre «*narrativas*» e «*argumentos*» realizada pelo modelo híbrido parte do pressuposto que a combinação de «*narrativas causais*» com «*argumentos*» e a sua abertura à crítica constitui uma forma racional de pensar. Mas mais do que isso: aquele modelo assume a necessidade dos «*argumentos*» e das «*narrativas*» e, ao mesmo tempo, reconhece a interação entre a prova, os «*argumentos*» e as «*narrativas*». As «*narrativas*» são consideradas como fornecendo uma perspetiva holística ou geral dos possíveis cenários do caso e ajudando a dar sentido a uma massa probatória complexa. Por seu turno, os «*argumentos*» são considerados como fornecendo uma perspetiva atomística e ajudando a conectar de forma natural os dados probatórios com os factos do caso[56].

A circunstância de se tratar de um modelo que assume uma perspetiva argumentativa-narrativa não será, por si só, problemático, pois, como já noutra ocasião se procurou demonstrar, podem ser superadas as limitações e as insuficiências de abordagens assentes em outras racionalidades que não a exclusivamente jurídica desde que, como sugerem algumas correntes jurisprudencialistas, seja fornecida uma justificação ou um fundamento normativo e seja tida em conta a índole de uma particular verdade prática da determinação factual[57].

Recentemente equacionaram aqueles autores a possibilidade de atribuição de um lugar às probabilidades no modelo híbrido ou integrado, admitindo que a interação entre os elementos poderia fazer-se afinal entre a prova, os «*argumentos*» e as «*narrativas*» e também as probabilidades[58]. Mais uma vez não nos parece existir aqui uma dificuldade insuperável ou incontornável.

[55] Bex/Verheij (2011b: 72, 77, 81, 82), e Bex/Verheij (2012: 326-329, 340, 350).
[56] Bex et al. (2010: 148-150).
[57] Pereira (2013).
[58] Verheij et al. (2016).

3. As perspetivas de aplicação de modelos híbridos ou integrados de prova ao caso do crime de Montes Claros

3.1. Justificação

Uma teoria híbrida ou integrada da prova pretende constituir um avanço relativamente aos modelos lógicos tradicionais e aos modelos narrativos de prova e, ao mesmo tempo, proporcionar, o que não sucede com todos os modelos híbridos de prova, mas é sugerido por Bex e outros, uma integração real entre as diferentes abordagens principais (a abordagem baseada nos argumentos e a abordagem baseada nas narrativas) e agora também com a inclusão das probabilidades.

Ora, o caso de Montes Claros, enquanto caso paradigmático (e representativo) das complexas discussões travadas em processos judiciais no sentido de afirmar ou contradizer a responsabilidade (aqui criminal) de alguém, poderá, em nossa opinião, ajudar a identificar e a iluminar aquilo que, se bem vemos, constitui uma das maiores dificuldades em matéria de prova: a escolha e a aplicação (no caso em processo criminal) de modelos de prova, na fase de investigação (incluindo aqui o inquérito e a instrução) e/ou na fase de julgamento.

Além disso, as críticas e observações apresentadas pelas instâncias e pelo STJ parecem sugerir a necessidade de recurso a um modelo de prova mais sofisticado do que aquele que porventura terá sido usado nas investigações e por alguns julgadores. Existem sérias divergências nos pontos de partida assumidos sobre o processo de prova: pelos investigadores e a acusação do MP e pelo tribunal de primeira instância; por este tribunal e pelo TRC; e por este tribunal e o STJ.

3.2. A possível utilidade de um modelo híbrido ou integrado de prova para o caso

I. Um modelo híbrido ou integrado da prova poderá representar um avanço relativamente aos habituais (ou tradicionais) modelos de prova, mas não permite reduzir a complexidade factual subjacente e facultar ao tribunal elementos adicionais que lhe permitissem ter um conhecimento mais preciso do sucedido.

Assim, num caso como o do crime de Montes Claros, a utilização de um modelo híbrido ou integrado não teria permitido à PJ e ao MP facilitar a vida do tribunal em relação a saber, por exemplo, se a arguida esteve ou não envolvida no homicídio da avó do marido, e, em caso afirmativo, a que título se teria verificado esse envolvimento.

Mas esse também não é o objetivo nem a pedra de toque do modelo híbrido: não pretende propriamente fornecer ferramentas ao investigador ou ao julgador para melhorar o conhecimento dos factos, mas sobretudo ajudá-lo a lidar com a prova de uma forma metódica (ou sistemática[59]), racionalmente justificada e passível de formalização e computação.

Além disso, o recurso a qualquer modelo híbrido ou integrado de prova não tornaria por si só dispensável a tarefa difícil de refletir sobre o (real e o expectável) processo de formação de convicção do investigador, da entidade acusadora ou do julgador, mesmo admitindo que o modelo pudesse vir a formular exigências (acrescidas) destinadas a assegurar que a eleição e a escolha de uma determinada narrativa ou a ponderação do valor da prova não se tornem fruto de processos arbitrários ou que racionalmente não podem ser explicados. No caso do modelo híbrido ou integrado sugerido por Bex e outros parece existir algum esforço mais recente no sentido de incluir e até considerar como fazendo parte do raciocínio implicado no seu modelo os ónus e *standards* de prova e também os chamados «*legal shifts*» no processo de prova. Ou seja, procura absorver alguns dos pontos mais difíceis da teoria da prova e do direito probatório material. E não opera uma separação completa de águas entre o processo de prova e a determinação de consequências jurídicas, desta feita demonstrando também que poderá perfeitamente acolher a ideia de inserção da controvérsia probatória na controvérsia global, na qual aquela terá de se considerar inserida[60], e uma perspetiva unitária da normatividade jurídica.

Também não é seguro que a adoção de um modelo híbrido ou integrado garanta a inexistência de críticas provenientes dos tribunais quanto aos procedimentos adotados no processo de prova (durante a investigação ou no

[59] Propondo-se analisar se a teoria híbrida poderia ser usada como método sistemático de raciocínio sobre a prova em processos judiciais, nomeadamente no domínio do direito europeu de asílio, cfr. Bex/Bex-Reimert (2016).

[60] Linhares (2011), e, mais recentemente, Linhares (2012).

julgamento) ou de virem a ser apontadas, como foram no caso do crime de Montes Claros (com ou sem razão), insuficiências na enumeração da matéria provada e não provada realizada.

II. A virtualidade que a adoção de um modelo híbrido ou integrado poderia eventualmente ter, por exemplo, no caso do crime de Montes Claros, seria permitir aos investigadores e ao MP fazer apelo, na tentativa de explicação do homicídio e do suposto envolvimento da arguida, a um modelo que é considerado mais completo e racional do que os modelos tradicionais e ao qual é apontada a vantagem, não desprezível face a outros modelos híbridos mas que não poderá também ser excessivamente empolada para efeitos práticos, de reconhecer a existência de uma necessária interação entre a prova, os argumentos e as narrativas (e agora também as probabilidades).

Na verdade, o modelo conforma-se, não só com as práticas normalmente utilizadas pelos investigadores ou julgadores de facto de combinação de narrativas com argumentos e probabilidades, como também com a necessidade de fornecer uma real integração entre as narrativas, os argumentos e as probabilidades que permita conduzir a uma abordagem racional em relação à prova jurídica e sem os inconvenientes da adoção em separado de cada uma das abordagens.

Talvez um modelo híbrido ou integrado pudesse ter também evitado algumas das críticas que vieram a ser dirigidas pelo tribunal de primeira instância à PJ e ao MP, obrigando-os a adotar um procedimento epistemologicamente mais reforçado e suscetível de conduzir a conclusões mais suportadas e racionais.

Por último, admite-se que a invocação do modelo sugerido pela teoria híbrida ou integrada da prova teria permitido às instâncias explicar, eventualmente de forma mais metódica e racional, mas sem dispensar naturalmente as considerações feitas a respeito da prova indiciária, as razões que, em seu entender, não poderiam deixar de conduzir a uma decisão que absolvesse ou condenasse a arguida dos crimes que lhe foram imputados e do pedido cível formulado pelo MP.

Vejamos com maior detalhe algumas dessas virtualidades.

3.3. A teoria híbrida ou integrada da prova em ação: algumas aplicações possíveis no caso

I. Em primeiro lugar, o recurso ao modelo da teoria híbrida ou integrada da prova obrigaria sempre os investigadores, a entidade acusadora e os julgadores a apresentarem ou a equacionarem diversas narrativas possíveis para o sucedido, o que poderia ter evitado ou tornado patentemente injusta a crítica do tribunal de primeira instância à PJ segundo a qual esta teria sido formulada, na investigação, uma única hipótese para a explicação do sucedido.

Atendendo à inexistência de indícios de arrombamento ou de furto e de conflitos entre a vítima e outras pessoas, seria difícil equacionar uma narrativa alternativa para o sucedido. A própria arguida não foi capaz de construir uma narrativa alternativa, tendo-se limitado, como a mesma referiu, perante a certeza de que não matou, a analisar as provas/indícios que poderiam apontar no sentido contrário, a perceber a respetiva lógica, a desmontá-las e a demonstrar e comprovar os resultados. Mas ainda assim outras narrativas poderiam e deveriam ter surgido no contexto, pelo menos, da investigação criminal.

II. Em segundo lugar, no modelo da teoria híbrida ou integrada da prova a escolha da narrativa teria de ser o produto de um processo dialético.

Por um lado, entre as narrativas possíveis apresentadas como hipóteses explicativas (no caso foi apenas uma) deveriam ser escolhidas as que revelassem capacidade de explicar todas as observações do caso.

No caso em apreço, tendo sido apresentada apenas uma hipótese explicativa, haveria que determinar quais as observações do caso que careceriam de ser explicadas por essa hipótese. Ora, tal teria obrigado a desenvolver um esforço suplementar para a explicação de alguns aspetos do caso, insuficientemente explicados na perspetiva do tribunal de primeira instância, da magistrada do MP junto do STJ (a arguida iria apoderar-se da arma de uma colega para "matar" a avó do marido, sem ficar apurado o motivo de tal homicídio) e do próprio STJ, nomeadamente a adequação da motivação constante da narrativa da acusação aos contornos do crime (mas não considerada provada sequer pelo TRC) e a virtualidade da narrativa apresentada permitir valorar adequadamente os factos ocorridos no dia do homicídio e nos dias seguintes.

Em vários pontos do acórdão, o tribunal de primeira instância questiona a força probatória e a relevância para o caso de certos elementos invocados na acusação.

Desde logo, segundo o tribunal não houve perícia que tivesse confirmado que a arma e munições utilizadas no homicídio e que a arguida teria alegadamente subtraído pertenciam à colega inspetora.

O TRC não concordou, mas a arguida no recurso suscitou fontes de dúvida quanto ao número de disparos, à possibilidade de serem estimadas probabilidades de cápsulas serem de uma arma Glock, à certeza de as 36 munições distribuídas à inspetora serem do mesmo calibre das outras 14 munições, e ao facto de ter existido qualquer furto (a colega não verificava se a arma estava no estojo, o método de abertura para furto não seria conhecido nem de fácil execução e seria incompatível com o facto de a inspetora ter aberto a gaveta com a chave).

O mesmo parece ter entendido o STJ ao elencar um conjunto de questões relativas à arma e munições.

Além disso, considerou o tribunal que não deveria ser atribuído um valor probatório acrescido ao facto de a arguida ter estado incontactável na tarde do dia do homicídio, por ser tal facto compatível com a alegação feita pela arguida de que se encontraria a descansar e de que o seu telemóvel tinha problemas técnicos e por não ser crível que uma inspetora da PJ, pretendendo cometer um crime que implica uma deslocação de automóvel, tivesse desligado o telemóvel e ainda assim se fizesse transportar com o mesmo.

O TRC e o MP na sua resposta sustentaram que tal assume relevância, invocando até o MP que ficar a descansar e só ir buscar a filha ao final do dia se trataria de uma conduta que fugia à rotina habitual da arguida, mas talvez o facto de o telemóvel ter estado desligado seja um indício pouco consistente ou, pelo menos, insuficiente para, por si só, daí se poder inferir que tenha ido a Coimbra matar a avó do marido.

De igual modo, entendeu o tribunal de primeira instância existirem fundadas dúvidas sobre uma alegada troca de roupa efetuada pela arguida, contrariando assim a tese da acusação segundo a qual a arguida teria procedido à entrega à equipa da PJ do blusão utilizado no homicídio da avó do marido devido ao facto de este não apresentar qualquer vestígio visível que a pudesse relacionar com o homicídio e ainda de um par de calças e um par de sapatilhas, ambos escuros, mas já não o par de calças e o par de sapatilhas, ambos claros, que foram por si utilizados no homicídio.

Considerou ainda o tribunal que não deveria ser atribuído especial relevo ao facto de a arguida se ter atrasado a ir buscar a filha ao infantário, por ser aliás compaginável com o estado de saúde da arguida e a necessidade de descanso.

O MP, na sua resposta ao recurso, defendeu que essa versão colidia com o que era habitual a arguida fazer (estaria fora do respetivo padrão de normalidade) e não se justificaria que, tendo acordado, não fosse logo buscar a filha ao infantário.

Para o STJ, para se poder imputar causalmente o homicídio à arguida seriam necessários vários factos relevantes que não constavam da enumeração dos factos provados e não provados do TRC, os quais deveriam ser objeto de julgamento.

Por último, sustentou o tribunal que não se encontrava minimamente provada a relação entre a lesão verificada na mão direita da arguida e o homicídio, apesar de ter também considerado inverosímeis, neste particular, as declarações da arguida e a versão por si apresentada.

O TRC procurou manter essa relação, mas a arguida suscitou vários aspetos críticos relacionados com a possibilidade de o tipo de lesão verificado poder ser compatível com uma deficiente empunhadura de uma arma de fogo.

Acresce que relevaria saber se a narrativa seria coerente, tendo em consideração eventuais elementos que a pudessem contrariar e as consequências da narrativa.

De acordo com o tribunal de primeira instância, existiam alguns elementos que parecem contrariar a narrativa escolhida pelos investigadores e pelo MP, tornando-a por isso incoerente, como é o caso de a arma e munições da colega inspetora alegadamente subtraídas pela arguida terem sido consideradas, até uma determinada data (o dia seguinte ao homicídio), perdidas pela própria Diretoria do Norte da PJ, nunca tendo sido equacionado o seu desaparecimento como furto, aliás menos provável no entender do tribunal.

O TRC considerou perfeitamente coerente e demonstrado o furto, mas a arguida e a magistrada do MP junto do STJ suscitaram sérias dúvidas quanto a ter ocorrido furto.

De igual modo, seria de equacionar a existência de possíveis cenários alternativos, se os mesmos foram suficientemente analisados e qual a razão da escolha daquela narrativa em detrimento de outras alternativas.

No caso em apreço, não foram aparentemente equacionados cenários alternativos pelos investigadores e pelo MP, tendo aliás a investigação, segundo o tribunal de primeira instância, partido de uma única hipótese explicativa do sucedido, a qual assentou em diversos vícios de raciocínio.

E, em relação às declarações e explicações da arguida, considerou-as o tribunal em várias situações inverosímeis, como a respeitante à lesão verificada na sua mão direita.

A própria arguida, em sede de recurso, afirmou que não teria nenhuma hipótese explicativa alternativa: ou seja, não teria uma tese para contrapor, mas apenas a certeza de que não cometeu o crime de que foi acusada e, não conseguindo provar um facto negativo, procurou exibir as provas que possuía e contrariar as provas existentes contra si.

Por fim, interessaria avaliar eventuais razões conflituantes ou opostas, nomeadamente a existência de depoimentos ou histórias contraditórias.

Neste particular, poderá dizer-se, desde logo, que o tribunal de primeira instância aponta à acusação uma contradição: a assunção de que, na ida da Maia para Coimbra, a arguida conseguiria demorar menos de 1h30, mas teria demorado mais de 3h para fazer a viagem de regresso.

Apesar de o TRC ter desvalorizado esse aspeto e de na resposta ao recurso para o STJ o MP ter afirmado que não ficou demonstrada essa impossibilidade nem que a arguida não pudesse ter realizado o percurso pela autoestrada sem deixar rasto, a verdade é que, a demonstrar-se ter ocorrido o encontro às 14h30 entre a arguida e a vizinha (como sustentava a arguida estar provado), essa possibilidade, na falta de mais elementos, seria menos provável.

Daí também algumas das questões formuladas pelo STJ.

Além disso, no que respeita à alegada troca de roupa efetuada pela arguida (não entregou as calças e sapatilhas de cor clara que utilizou no dia do homicídio mas sim um par de calças e um par de sapatilhas de cor escura), considerou o tribunal de primeira instância que, embora o depoimento de uma testemunha, que visualizou a roupa da arguida à porta do infantário da filha da arguida e afirmou que a mesma usava roupa clara, tivesse merecido na sua globalidade toda a credibilidade, existiriam fundadas dúvidas sobre a ocorrência dessa troca (por não ser crível que a arguida tivesse procedido à entrega aos investigadores do blusão mas já não das calças e das sapatilhas, pelo facto de o marido da arguida ter referido desconhecer que a mesma tivesse sequer sapatilhas de cor clara e pela circunstância de o estado de saúde da arguida aconselhar à utilização de roupa mais escura), dúvidas que, segundo o tribunal, não poderiam deixar de ser resolvidas a favor da arguida.

4. As questões ainda em aberto no modelo híbrido ou integrado de prova: em especial a integração das probabilidades

I. Um caso como o de Montes Claros torna evidente a premência de modelos de prova mais sofisticados, o que poderá saldar-se numa vantagem para as teorias, como a de Bex e outros, que procuram fornecer essa sofisticação.

Porém, para além de ser testada uma representação esquemática da aplicação do modelo híbrido ou integrado ao caso, entendemos que alguns aspetos sobre o tema deverão ser ainda desenvolvidos.

Em primeiro lugar, saber se o contraponto entre, por um lado, modelos de prova narrativos, argumentativos e assentes em probabilidades e, por outro lado, modelos híbridos ou integrados é real ou apenas caricatural e, em caso afirmativo, em que medida se pode dizer que a teoria híbrida ou integrada da prova de Bex e outros estará verdadeiramente melhor posicionada do que outros modelos de prova para constituir o tal esboço hipotético ou a teoria sobre como o processo de prova se deve desenrolar.

Perfunctoriamente, o contraponto entre modelos parece ser vantajoso do ponto de vista argumentativo e de explicação da utilidade dos modelos de prova e dos problemas que importa resolver, sendo certo que nada impede que seja adotado outro tipo de contraponto ou contrapontos análogos[61].

Além disso, a teoria híbrida da prova está bem cotada junto dos investigadores dedicados às relações entre a inteligência artificial e o direito (com eventual vantagem de poder vir a ser formalizada e computada) e é também

[61] Por exemplo, as propostas mais antigas de combinação de raciocínio causal e raciocínio probatório (Poole (1989), e (1994)) e ainda a abordagem dual que foi proposta por Spottswood (2014) de incorporação de características, quer da abordagem bayesiana (o «*bayesian model*»), quer da abordagem narrativa (o «*story model*»), mas tendo em consideração os desenvolvimentos na ciência cognitiva que apontam para a interação de dois sistemas de cognição, o que permitiria, segundo o autor, ultrapassar no domínio da prova dos factos a tradicional discussão entre bayesianos e abducionistas e forneceria racionais convincentes para algumas características do direito da prova.

analisada e considerada por alguns estudiosos da prova nos ordenamentos jurídicos anglo-saxónicos.

Segundo Bex, apresenta ainda, quando comparada com as abordagens bayesianas tradicionais à prova mais algumas vantagens não despiciendas: por um lado, o facto de não serem necessárias probabilidades prévias (frequentemente não disponíveis) e a dificuldade de compreensão das abordagens bayesianas por quem não tenha formação matemática, como os investigadores e os juízes; por outro lado, a circunstância de ser capaz a teoria híbrida ou integrada de fazer mais facilmente a ponte, por se traduzir numa teoria formal e lógica, entre conceções informais de narrativa e argumento e os modelos matemáticos quantitativos como as redes bayesianas, desta feita reforçando relações de recíproca influência entre as abordagens probabilísticas e as abordagens lógicas[62].

II. Em segundo lugar, saber se o recurso a esta teoria não poderá dar azo a algumas observações críticas provenientes do domínio da teoria do direito e da filosofia do direito que poderiam ser evitadas caso não assentasse em certas premissas discutíveis (*v.g.*, uma certa noção estrita de narrativa, a perspetiva racionalista da prova de que parte, a aceitação que faz da dicotomia entre facto e direito e a cisão que realiza entre juízo probatório e juízo decisório)[63].

Parecem ser, contudo, críticas superáveis mesmo nesse domínio[64] e mais ainda se o modelo híbrido ou integrado de prova for apenas visto como um modelo teórico útil para o investigador e julgador e passível de formalização e computação e, ao mesmo tempo, representativo do modo como se poderá desenrolar o processo de prova.

Aliás, não será outro o sentido a adotar em relação à própria investigação criminal, na medida em que apesar de todas as tentativas «*de impor procedimentos e regras ao raciocínio investigatório, a sua imensa criatividade apenas permite uma conclusão de* poder ser»[65].

[62] Bex (2015: 21-22).
[63] Nesse sentido, por exemplo, Linhares (2012).
[64] Pereira (2013).
[65] Palma (2014a: 11-13), que distingue 3 (três) momentos para que o raciocínio da investigação criminal se possa tornar consistente: o momento inicial da formulação das hipóteses de solução, em que deverá vigorar uma amplitude de conhecimento das circunstâncias do

III. Em terceiro lugar, saber se as exigências em matéria de prova são diferentes quando se está a pensar na tarefa de investigar, na de deduzir acusação ou na de julgar, o que poderá ter de justificar a introdução de alterações adicionais no modelo e aumentar a complexidade do seu funcionamento.

À partida, as exigências formuladas ao investigador serão idênticas às impostas ao julgador do ponto de vista da orientação da sua atividade pelos critérios jurídicos que definem o que é crime[66].

Mas ainda que existam diferenças entre a investigação criminal e as demais atividades referidas, não parece existir motivo que impeça ver a teoria híbrida ou integrada como um esboço hipotético que, procedendo a uma descrição sobre como o processo de prova se poderia desenrolar de forma racional e lógica, poderá vir a constituir um guião útil para trabalhar de forma metódica com a prova, seja qual for a fase processual que esteja em causa[67].

IV. Em quarto lugar, saber se à luz das recentes alterações e ponderações realizadas pelos autores em questão – no sentido de maior reforço da integração dos elementos do modelo e da possível inclusão das próprias probabilidades no contexto até de uma teoria da probabilidade – existirão outros pontos concretos em que o recurso à teoria híbrida ou integrada da prova poderia ser útil para um caso como o de Montes Claros.

Algumas pistas de investigação ainda por explorar prendem-se, segundo antevemos, com temas que constituem hoje alguns dos pontos mais debatidos e não dilucidados no campo da prova penal (tais como, a incerteza factual e a prova[68] e também o da causalidade civil e penal – complexa ou não – e a

caso e o conhecimento de anteriores casos idênticos e as convicções dos investigadores e dos tribunais sobre a sua solução e ainda as convicções comuns; o momento intermédio do avanço decisivo da investigação criminal, no qual se seleccionam as hipóteses com menor plausibilidade e surgem então narrativas consistentes ou modelos plausíveis de explicação dos factos; um momento final de exposição do resultado da investigação, em que será formulado o silogismo da abdução, com vista a demonstrar a validade da conclusão apesar de assente apenas no conhecimento possível limitado ao caso.

66 Palma (2014b: 22-23).

67 Aparentemente assim o considera também Bex, ao referir (2015: 21): «*one of the goals of the integrated theory is to capture and facilitate the way in which investigators and decision makers reason in real cases. Much of our reasoning is qualitative, and it therefore makes sense to capture it in a qualitative framework*».

68 Mendes (2016).

sua prova[69]), mas sobre esses temas, na falta de investigações subsequentes sobre as redes bayesianas e as formas de superar alguns dos inconvenientes já assinalados, preferimos neste momento nada adiantar.

Referências

ALBUQUERQUE, Paulo Pinto de,
(2009) *Comentário do Código de Processo Penal*, 3.ª ed., Lisboa: UCE.

ALEXY, Robert,
(1978) *Theorie der juristischen Argumentation. Die Theorie des rationalen Diskurses als Theorie der juristischen Begründung*, Frankfurt am Main: Surkamp.

ANDERSON, Terence / David SCHUM / William TWINING,
(2005) *Analysis of Evidence*, 2nd ed., Cambridge: Cambridge University Press.

ASCENSÃO, José de Oliveira,
(2013) *O Direito: Introdução e Teoria Geral*, 13.ª ed., Coimbra: Almedina.

ATIENZA, Manuel,
(2005) *Las Razones del Derecho. Teorías de la argumentación jurídica*, Mexico: Universidad Nacional Autónoma de México.

BEX, Floris J.,
(2015) "An integrated theory of causal stories and evidential Arguments", in *Proceedings of the 15th International Conference on Artificial Intelligence and Law (ICAIL 2015)*, New York: ACM Press, pp. 13-22.
(2014) "Towards an integrated theory of causal scenarios and evidential arguments", in *Proceedings of COMMA 2014, Frontiers in Artificial Intelligence and Applications*, vol. 266, pp. 11-18.
(2011) *Arguments, Stories and Criminal Evidence*, Dordrecht, Heidelberg, London, New York: Springer.
(2009) *Evidence for a Good Story: A Hybrid Theory of Arguments, Stories and Criminal Evidence*, Doctoral dissertation, Faculty of Law, University of Groningen.

BEX, Floris J. et al.,
(2010) "A Hybrid Formal Theory of Arguments, Stories and Criminal Evidence", in *Artificial Intelligence and Law*, vol. 18, 2, pp. 123-152.

69 PEREIRA (2013), e PEREIRA (2017: 1091 e ss.), e MENDES (2018).

BEX, Floris J. / Bart VERHEIJ,

(2013) "Legal stories and the process of proof", in *Artificial Intelligence and Law*, vol. 21, 3, pp. 253-278.

(2012) "Solving a Murder Case by Asking Critical Questions: An Approach to Fact-Finding in Terms of Argumentation and Story Schemes", in *Argumentation*, vol. 26, 3, pp. 325-353.

(2011a) "Legal shifts in the process of proof", in *Proceedings of the 13th ICAIL, Pittsburgh, USA*, New York: ACM Press, pp. 11–20.

(2011b) "Arguments, Stories and Evidence: Critical Questions for Fact-Finding", in *Proceedings of the 7th Conference of the International Society for the Study of Argumentation (ISSA 2010)* (ed. F.H. Van Eemeren et al.), Amsterdam: Rozenberg/Sic Sat, pp. 71-84.

BEX, Floris J. / Douglas WALTON,

(2010) "Burdens and Standards of Proof for Inference to the Best Explanation", in *Proceeding of the 2010 conference on Legal Knowledge and Information Systems: JURIX 2010: The Twenty-Third Annual Conference* (ed. Radboud G. F. Winkels), The Netherlands: IOS Press Amsterdam, pp. 37-46.

BEX, Floris J. / Silja RENOOIJ,

(2016) "From Arguments to Constraints on a Bayesian Network", in *Proceedings of the Sixth International Conference on Computional Models of Argument*, vol. 287, pp. 95-106.

BEX, Floris J. / T. BENCH-CAPON,

(2017) "Arguing with Stories", in *Narration as Argument* (ed. P. Olmos), Springer, pp. 31-45.

BEX, Floris J. / V.M BEX-REIMERT,

(2016) "Evidence Assessment in Refugee Law with Stories and Arguments", in *Informal Logic*, vol. 36, 3, pp. 349-370.

BRONZE, Fernando José,

(1993) *A Metodonomologia entre a Semelhança e a Diferença (Reflexão Problematizante dos Polos da Radical Matriz Analógica do Discurso Jurídico)*, Coimbra: Coimbra Editora.

BUNGE, Mario,

(1974) *Teoria e Realidade*, São Paulo: Perspectiva.

CORDEIRO, António Menezes,

(2002) Introdução à edição portuguesa da obra de Claus-Wilhelm Canaris, *Pensamento Sistemático e Conceito de Sistema na Ciência do Direito*, 3.ª ed., Lisboa: Fundação Calouste Gulbenkian, pp. CVII-CXII.

(1987) "Tendências actuais da interpretação da lei: do juíz-autómato aos modelos de decisão jurídica", in *Revista juridica*, n.ºs 9-10, pp. 7-15.

CUNHA, Paulo Ferreira da,
(2012) "Horizontes interdisciplinares da filosofia jurídica", in *Estudos em Homenagem a Miguel Galvão Teles*, vol. 1, Coimbra: Almedina, pp. 95-116.

DAWID, A. P. / William TWINING / M. VAVSILIKI,
(2011) *Evidence, Inference and Enquiry*, Oxford: Oxford University Press.

DOUVEN, Igor,
(2011) "Abduction", in *The Stanford Encyclopedia of Philosophy* (Spring 2011 Edition), Edward N. Zalta (ed.), URL = http://plato.stanford.edu/archives/spr2011/entries/abduction/

ENGISCH, Karl,
(1988) *Introdução ao Pensamento Jurídico*, 6.ª ed., Lisboa: Fundação Calouste Gulbenkian.

FERRAZ JÚNIOR, Tercio Sampaio,
(2015) *Função Social da Dogmática Jurídica*, 2.ª ed., São Paulo: Atlas.
(2014) A *Ciência do Direito*, 3.ª ed., São Paulo: Atlas.

GLÖCKNER, Andreas / Cristoph ENGEL,
(2008) "Can We Trust Intuitive Jurors? Standards of Proof and the Probative Value of Evidence in Coherence Based Reasoning" (October 1, 2008), in *MPI Collective Goods Preprint*, No. 2008/36, disponível em SSRN: http://ssrn.com/abstract=1307580

GLÖCKNER, Andreas / Tilmann BETSCH,
(2008) "Modeling option and strategy choices with connectionist networks: Towards an integrative model of automatic and deliberate decision making", in *Judgment and Decision Making*, vol. 3, pp. 215–228.

HASTIE, Reid / Steven PENROD / Nancy PENNINGTON,
(1983) *Inside the jury*, Cambridge, Massachusetts: Cambridge University Press.

HOLYOAK, K. J. / Dan SIMON,
(1999) "Bidirectional reasoning in decision making by constraint satisfaction", in *Journal of Experimental Psychology: General*, vol. 128, pp. 3-31.

KAPTEIN, H. / Henry PRAKEN / Bart VERHEIJ,
(2009) *Legal Evidence and Proof: Statistics, Stories, Logic*, Farnham: Ashgate.

KAUFMANN, Arthur,
(2002) "Prolegómenos a uma lógica jurídica e a uma ontologia das relações: fundamento de uma teoria do direito baseada na pessoa", in *Boletim da Faculdade de Direito da Universidade de Coimbra*, vol. 78, pp. 183-208.

KLAMI, Hannu Tapani / Johanna SORVETTULA / Minna HATAKKA,
(1991) "Evidence and Legal Reasoning: on the intertwinement of the probable and the reasonable", in *Law and Philosophy*, vol. 10, pp. 73-107.

LEMPERT, Richard,
(1986) "The New Evidence Scholarship: Analyzing the Process of Proof", in *Boston University Law Review*, vol. 66, pp. 439-477.

LINHARES, José Aroso,
(2012) "Evidence (or proof?) as law's gaping wound: a false persistent aporia?", in *Boletim da Faculdade de Direito da Universidade de Coimbra*, vol. 88, tomo I, pp. 65-89.
(2001) *Entre a Reescrita Pós-Moderna da Modernidade e o Tratamento Narrativo da Diferença ou a Prova como um Exercício de «Passagem» nos Limites da Juridicidade (Imagens e reflexos pré- metodológicos deste percurso)*, Coimbra: Coimbra Editora.

MACCORMICK, Neil,
(1978) *Legal Reasoning and Legal Theory*, Oxford: Oxford University Press.

MENDES, Paulo de Sousa,
(2018) *Causalidade Complexa e Prova Penal*, Coimbra: Almedina.
(2016) "A incerteza factual e a prova no processo penal", in *Liber Amicorum: Manuel Simas Santos* (coord. André Paulino Piton e Ana Teresa Carneiro), Lisboa: Rei dos Livros, pp. 1057-1079.

NEVES, António Castanheira,
(1993) *Metodologia Jurídica. Problemas Fundamentais*, Coimbra: Coimbra Editora.

PALMA, Maria Fernanda,
(2014a) "Introdução ao direito da investigação criminal e da prova", in *Direito da Investigação Criminal e da Prova* (coord. Maria Fernanda Palma et al.), Coimbra: Almedina, pp. 7--18.
(2014b) "A teoria do crime como teoria da decisão penal e o Direito da Investigação Criminal", in *Direito da Investigação Criminal e da Prova* (coord. Maria Fernanda Palma et al.), Coimbra: Almedina, pp. 19-25.

PARDO, Michael S. / Ronald J. ALLEN,
(2008) "Juridical Proof and the Best Explanation", in *Law and Philosophy*, vol. 27, pp. 223-268.

PARK, Roger C. / Michael J. SAKS,
(2006) "Evidence scholarship reconsidered: results of the interdisciplinary turn", in *Boston College Law Review*, vol. 47, pp. 949-1031.

PENNINGTON, Nancy / Reid HASTIE,
(1993) "The story model for juror decision making", in *Inside the juror: the psychology of juror decision making* (ed. Reid Hastie), Cambridge, Massachusetts: Cambridge University Press, pp. 192-221.
(1991/1992) "A Cognitive Theory of Juror Decision Making: The Story Model", in *Cardozo Law Review*, vol. 13, pp. 519-557.

PEREIRA, Rui Soares,
(2018) "A probática na ciência do direito e a relevância do recurso ao método do caso para a teoria da prova", in *Revista de Direito Civil*, 2.º, II, pp. 351-366.
(2017) O *Nexo de Causalidade na Responsabilidade Delitual: Fundamento e Limites do Juízo de Condicionalidade*, Coimbra: Almedina.
(2013) "Evidence models and proof of causation", in *Law, Probability and Risk*, vol. 12, 3-4, pp. 229-257.

PERELMAN, Chaïm / L. OLBRECHTS-TYTECA,
(1958) *Traité de l'argumentation. La nouvelle rethorique*, Paris: PUF.

POOLE, David,
(1994) "Representing diagnosis knowledge", in *Annals of Mathematics and Artificial Intelligence*, vol. 11, 1-4, pp. 33-50.
(1989) "Explanation and prediction: an architecture for default and abductive reasoning", in *Computational Intelligence*, vol. 5, 2, pp. 97-110.

SCHUM, David A.,
(2011) "Species of Abductive Reasoning in Fact Investigation in Law", in *Cardozo Law Review*, vol. 22, 5-6, pp. 1645-1681.

SIMON, Dan,
(2004) "A Third View of the Black Box: Cognitive Coherence in Legal Decision Making", in *University of Chicago Law Review*, vol. 71, pp. 511-586, disponível em SSRN: http://ssrn.com/abstract=541263

SMEJKALOVÁ, Terezie,
(2011) "Story-telling in judicial discourse" (June 21, 2011), in *Comparative Legilinguistics*, vol. 2011, 5, disponível em SSRN: http://ssrn.com/abstract=1891910

SPOTTSWOOD, Mark,
(2014) "Bridging the Gap Between Bayesian and Story-Comparison Models of Juridical Inference", in *Law, Probability and Risk*, vol. 13, 1, pp. 47-64.

TEIXEIRA, António Braz,
(2012) *Breve Tratado da Razão Jurídica*, Sintra: Zéfiro.

THAGARD, Paul,
(2004) "Causal Inference In Legal Decision Making: Explanatory Coherence Vs. Bayesian Networks", in *Applied Artificial Intelligence*, vol. 18, 3-4, pp. 231-249.

TOULMIN, Stephen,
(2003) *The Uses of Argument*, updated ed., New York: Cambridge University Press.
(1984) *An Introduction to Reasoning*, 2nd ed., New York: Macmillan Publishing Company.

VERHEIJ, Bart et al.,
(2016) "Arguments, scenarios and probabilities: connections between three normative frameworks for evidential reasoning", in *Law, Probability and Risk*, vol. 15, pp. 35–70.

WHALEN-BRIDGE, Helena,
(2010) "The Lost Narrative: The Connection Between Legal Narrative and Legal Ethics", in *Journal of the Association of the Legal Writing Directors*, vol. 7, pp. 229-246.

§ 3. ACERCA DO VALOR PROBATÓRIO DA CONFISSÃO DO ARGUIDO*

«Que tenho eu que ver com os homens, para que me oiçam as Confissões, como se houvessem de me curar das minhas enfermidades? Que gente curiosa para conhecer a vida alheia e que indolente para corrigir a sua! Porque pretendem que lhes declare quem sou, se não desejam também ouvir de Vós quem eles são? Ouvindo-me a falar de mim, como hão-de saber que lhes declaro a verdade, se ninguém sabe o que se passa num homem, a não ser o espírito desse homem que nele habita?»

Santo Agostinho, *Confissões*, tradução do original latino por J. Oliveira Santos e A. Ambrósio de Pina, 12.ª ed., Braga: Livraria Apostolado da Imprensa, 1990, Livro X, 3., pp. 240-241.

1. Introdução

1.1. Breves considerações sobre a confissão no Direito Civil e no Direito Processual Civil

1.1.1. Noção e objeto da confissão

De acordo com o art. 352.º do CC, a confissão representa o *«reconhecimento que a parte faz da realidade de um facto que lhe é desfavorável e favorece a parte contrária»*. Como escreveu Anselmo de Castro, *«no propósito da lei a confissão é, assim, declaração de ciência ou de verdade e não de vontade. Daí lhe ser desnecessária a consciência e a representação dos seus efeitos, tanto bastando a vontade de a emitir»*[1].

* Publicada versão anterior em *Direito da Investigação Criminal e da Prova* (coord. Maria Fernanda Palma et al.), Coimbra: Almedina, 2014, pp. 183-222.

[1] Castro (1982: 324).

O reconhecimento da parte tem sempre por objeto um facto (não abrange o direito da parte contrária nem o pedido) e esse facto tem de ser desfavorável ao confitente, isto é, tratar-se de um facto que a parte tenha interesse em contestar.

1.1.2. Modalidades da confissão

Quanto ao modo da sua realização, a confissão pode ser judicial (quando feita em juízo) ou extrajudicial (quando feita fora dele).

No que respeita ao conteúdo, a confissão pode ser simples (quando o facto é reconhecido sem qualquer reserva ou condição ou sem a invocação de qualquer facto suscetível de afetar o seu efeito), qualificada (quando o facto é reconhecido com outra qualificação ou eficácia jurídica) ou complexa (quando, conjuntamente com o reconhecimento do facto, a parte alega um outro que destrói o efeito da confissão)[2].

1.1.3. Inadmissibilidade da confissão

Existem casos em que a confissão é considerada inadmissível, designadamente quando: a) for declarada insuficiente por lei ou recair sobre facto cujo reconhecimento ou investigação a lei proíba; b) recair sobre factos relativos a direitos indisponíveis; c) o facto confessado for impossível ou notoriamente inexistente (art. 354.º do CC).

1.1.4. Características da confissão

Habitualmente são apontadas duas características à confissão. Em primeiro lugar, temos a característica da indivisibilidade ou incindibilidade, expressa no art. 360.º do CC[3], e que «*significa (...) poder dividir-se a confissão mas cum onere probandi partem divisam*»[4].

[2] Sousa (1997: 242).

[3] O art. 360.º do CC estatui o seguinte: «*Se a declaração confessória, judicial ou extrajudicial, for acompanhada da narração de outros factos ou circunstâncias tendentes a infirmar a eficácia do facto confessado ou a modificar ou extinguir os seus efeitos, a parte que dela quiser aproveitar-se como prova*

Duas justificações costumam ser apresentadas para o princípio da indivisibilidade da confissão. Por um lado, uma justificação lógica que, partindo da unidade da declaração confessória, torna razoável que haja um reconhecimento sem reserva em relação a uma declaração singular[5]. Por outro lado, uma justificação prática, de estimular o reconhecimento de factos desfavoráveis ao declarante, que desapareceria caso a contraparte pudesse aceitar só os factos que lhe são favoráveis[6].

Em segundo lugar, temos a característica da irretratabilidade, expressa no art. 567.º do CPC[7] e que significa que, uma vez feita, a confissão não pode ser retirada pelos confitentes, encontrando a sua justificação no efeito probatório da confissão[8]. A irretratabilidade não depende de ter havido ou não aceitação da confissão pela parte contrária, mas se, por exemplo, o réu na contestação confessar um facto articulado pelo autor na petição inicial pode retirar a confissão enquanto o autor a não aceitar especificadamente (referindo expressamente os factos alegados pela outra parte e de preferência indicando os artigos do articulado).

No que respeita à confissão judicial, que nos interessa mais, o alcance da irretratabilidade não é apenas o resultante do princípio da aquisição processual[9], tornando ainda *«inadmissível uma nova declaração de ciência sobre o mesmo facto que possa pôr em causa os efeitos legais resultantes, ou susceptíveis de resultar, da anterior, sem prejuízo da possibilidade de impugnação desta»*[10].

plena tem de aceitar também como verdadeiros os outros factos ou circunstâncias, salvo se provar a sua inexactidão».

4 Castro (1982: 329).

5 Rodrigues (2011: 36-37).

6 Rodrigues (2011: 38).

7 O art. 567.º do CPC estabelece que «[a] *confissão é irretractável», embora ressalve a possibilidade de «as confissões expressas de factos, feitas nos articulados, pode[re]m ser retiradas, enquanto a parte contrária as não tiver aceitado especificadamente».*

8 Como escreveu Freitas (1991: 348), «[p]*roduzida uma declaração que lhes é contrária, essa declaração é imediatamente tida por relevante para o direito, ainda que não produza logo os seus efeitos por se integrar numa fatispécie de formação sucessiva cuja perfeição dependa dum acto da contraparte».*

9 Previsto no art. 515.º do CPC, aplicável também à confissão com força de prova livre e por força do qual, uma vez produzidos, os meios de prova não podem mais ser retirados, devendo ser considerados pelo tribunal na decisão sobre a matéria de facto.

10 Freitas (2000: 237).

1.1.5. Valor probatório da confissão

O valor probatório da confissão não depende de o confitente ter *animus confitendi*, já que a validade da confissão não depende da intenção de confessar. É essa a razão pela qual a confissão é havida como declaração de ciência e não como pura declaração de vontade.

Acerca da força probatória da confissão, do art. 358.º do CC[11] resulta que a confissão tem força probatória plena quando, para além dos requisitos de capacidade e de legitimidade do art. 353.º do CC, for: a) judicial, escrita ou reduzida a escrito; b) extrajudicial, conste de documento, autêntico ou particular (subscrito pelo confitente), e seja feita à parte contrária ou quem a represente[12].

Para os nossos propósitos, interessa-nos sobretudo o valor probatório das confissões judiciais. Se estas forem escritas, têm força probatória plena contra o confitente, o que significa que o facto sobre que versa a confissão se considera «*provado plenamente, passando à categoria de facto sobre o qual não é admissível qualquer dúvida ou discussão, isto é, de facto inquestionavelmente adquirido para o processo*». Neste caso, «*a confissão obriga o confitente e vincula o juiz e oferece à parte contrária uma prova que supera todas as outras*»[13]. Mas, tratando-se de confissões judiciais não escritas, o tribunal aprecia-as livremente.

1.1.6. Invalidade e revogação da confissão

O confitente não pode impugnar a confissão alegando não ser verdadeiro o facto confessado, mas pode invocar falta ou vícios da vontade numa ação de declaração de nulidade ou de anulação da confissão, sendo certo que

[11] O art. 358.º do CC estatui o seguinte: «*1. A confissão judicial escrita tem força probatória plena contra o confitente. 2. A confissão extrajudicial, em documento autêntico ou particular, considera-se provada nos termos aplicáveis a estes documentos e, se for feita à parte contrária ou a quem a represente, tem força probatória plena. 3. A confissão extrajudicial não constante de documento não pode ser provada por testemunhas nos casos em que não é admitida a prova testemunhal; quando esta seja admitida, a força probatória da confissão é livremente apreciada pelo tribunal. 4. A confissão judicial que não seja escrita e a confissão extrajudicial feita a terceiro ou contida em testamento são apreciadas livremente pelo tribunal*».

[12] Freitas (2000: 232-237).

[13] Rodrigues (2011: 41).

esta declaração pode ocorrer mesmo após o trânsito em julgado da decisão (art. 359.º do CC)[14].

A confissão também pode ser revogada, através da mesma ação de declaração de nulidade ou de anulação, se for inexistente, em caso de simulação e se for efetuada por dolo (para beneficiar a parte contrária e lesar terceiros).

1.1.7. Procedimento na confissão judicial

A confissão judicial pode ser feita pela própria parte em qualquer ato processual ou por simples requerimento ou pelo mandatário com poderes gerais (se feita em articulado) ou com poderes especiais (se noutro ato processual).

Por regra o depoimento é prestado na audiência de discussão e julgamento. Mas o depoimento pode ser prestado na audiência preliminar, fora das audiências em caso de necessidade ou por teleconferência em caso de conveniência (art. 556.º do CPC).

Para que sinta a importância moral do juramento que vai prestar e o dever de ser fiel à verdade, a parte que depõe presta juramento, sendo ainda advertida «*das sanções aplicáveis às falsas declarações*» (art. 559.º, n.º 1 do CPC). E o interrogatório incide sobre os factos que devam ser objeto do depoimento, respondendo o depoente com precisão e clareza às perguntas feitas (arts. 560.º e 561.º do CPC).

1.2. Delimitação do tema e indicação da sequência

I. A confissão adquire, no Direito Processual Penal, um conjunto de especificidades, que tornam difícil a importação dos conceitos e dos regimes do Direito Civil e do Direito Processual Civil.

[14] Trata-se assim de mais um caso de recurso de revisão (art. 771.º, al. d) do CPC). Mas a acção de declaração de nulidade ou de anulação da confissão «*não impede o prosseguimento da causa em que a confissão se fez*» (art. 566.º do CPC). E, sendo o vício invocado o erro, o confitente não precisa de satisfazer os requisitos para a anulação dos negócios jurídicos, pelo facto de a confissão constituir uma declaração de ciência. O erro passível de ser invocado pelo confitente é apenas e tão só o erro de facto, já que não releva o erro sobre as consequências jurídicas da confissão – Castro (1982: 332, nota 1).

No Direito Processual Penal português, a problemática da confissão do arguido surge relacionada com o estatuto do arguido e com as declarações do arguido. O *locus* normativo da discussão é o art. 344.º do CPP.

Mas existem outros momentos em que a confissão do arguido avulta, sendo certo que a doutrina e a jurisprudência atribuem valor diferente à confissão em função do momento processual.

No inquérito, a confissão poderá servir de base à indiciação que se exige para a acusação ou, então, pouco vale. Por seu turno, na instrução, ainda que produzida perante um juiz, a confissão do arguido também pouco vale[15]. Finalmente, no julgamento, a confissão surge regulada no art. 344.º do CPP.

II. A presente intervenção tem por objeto o problema do valor probatório da confissão do arguido, mais propriamente da confissão que tenha sido realizada na audiência de julgamento.

Apesar de estarmos cientes das alterações ao CPP recentemente propostas pelo Governo à AR, no sentido de admitir o aproveitamento das declarações do arguido que tenham sido prestadas em fases anteriores ao julgamento[16], não as iremos ter em conta nesta intervenção por três motivos. Em primeiro lugar, porque essa problemática já foi discutida nas intervenções dos Professores Augusto Silva Dias e Paulo de Sousa Mendes. Em segundo lugar, porque o Governo não propôs qualquer alteração ao art. 344.º do CPP, que, em nosso entender, constitui a norma chave da confissão do arguido no processo penal português e também porque a problemática que a proposta do Governo suscita não é exatamente a da confissão: na proposta do Governo as declarações do arguido que tenham sido prestadas em fases anteriores não vão seguir o regime da confissão efetuada nos termos e para os efeitos previstos no art. 344.º, referindo-se expressamente a este propósito na exposição de

[15] No Ac. TRL de 12.07.1994, Proc. 0073595 (Sousa Nogueira), cujo sumário se encontra disponível em www.dgsi.pt, refere-se o seguinte: «*As declarações e depoimentos prestados em instrução apenas são valorados em ordem à configuração de indiciação suficiente para a pronúncia, fundamentando-a e esgotando aí a sua função primordial. Se, relacionados e conjugados persuadirem da culpabilidade dos agentes, fazendo nascer a convicção de que viriam a ser condenados*».

[16] Trata-se da Proposta de Lei n.º 77/XII. O texto do diploma (exposição de motivos e articulado), os pareceres e as audições solicitadas, bem como as propostas de alteração entretanto apresentadas na AR podem ser consultados em http://www.parlamento.pt/ActividadeParlamentar/Paginas/DetalheIniciativa.aspx?BID=37090.

motivos que *«as declarações que, nos termos legais, possam e venham a ser utilizadas em julgamento, estão sujeitas à livre apreciação da prova, assim se autonomizando da figura da confissão prevista no artigo 344.º»*, entendimento que a alteração proposta para o n.º 2 do art. 357.º do CPP concretiza quando dispõe que *«as declarações anteriormente prestadas pelo arguido reproduzidas ou lidas em audiência não valem como confissão nos termos e para os efeitos do artigo 344.º»*. Em terceiro lugar, porque se trata ainda de uma proposta de lei do Governo, que está a ser debatida e discutida na AR, e fora dela, havendo que aguardar por mais desenvolvimentos. Vamos, portanto, ater-nos ao que por ora continua a dispor o CPP, designadamente na fase de julgamento.

Com vista ao tratamento do problema do valor probatório da confissão do arguido, começaremos por fazer um breve enquadramento da confissão no Direito Processual Penal português. Em seguida, serão dedicados alguns parágrafos à temática da (livre) valoração da confissão pelo tribunal. Depois, serão apresentados alguns casos e algumas divergências encontradas na jurisprudência nacional em torno do valor probatório da confissão do arguido e que, a nosso ver, mesmo sem a pretensão de deles procurar retirar grandes conclusões dogmáticas, ajudam a compreender, se não o problema, pelo menos a sua dimensão: em primeiro lugar, a temática dos limites da confissão, que tem expressão designadamente no problema do valor da confissão do arguido relativamente ao concreto teor de álcool no sangue; em segundo lugar, a temática da (im)possibilidade de o tribunal não considerar provados os factos imputados na acusação; em terceiro lugar, a temática da (im)possibilidade de o tribunal considerar provados factos que conduzem à absolvição do arguido; em quarto lugar, a temática da possibilidade de produção de prova adicional; em quinto lugar, a temática da (im?)possibilidade de valoração das chamadas "conversas informais"; em sexto lugar, gostaríamos de fazer referência a um caso (insólito) relativo a um recurso de revisão. Finalmente, procuraremos fazer uma síntese conclusiva da exposição realizada.

Não vamos tratar da problemática das declarações de coarguido, matéria que tem amplo tratamento na dissertação de Medina de Seiça[17].

[17] Seiça (1999).

2. A confissão no Direito Processual Penal português

2.1. Noção de confissão

Para o processo penal a confissão representa a obtenção da prova sobre os factos imputados ao arguido na acusação e/ou na pronúncia através das suas declarações.

2.2. Objeto da confissão

A confissão tem por objeto os factos constantes da acusação e/ou da pronúncia. Entende-se que a confissão não abrange a qualificação jurídica, já que *«a aceitação dos factos não importa a aceitação da incriminação imputada»*[18].

2.3. Momento da confissão

No que se refere ao momento da confissão, para além da audiência de julgamento, fala-se na possibilidade de: a) confissões na contestação, em momento anterior à audiência ou extrajudiciais, que não têm os efeitos previstos no art. 344.º do CPP, pois este regime depende da renovação diante do Tribunal da vontade do arguido, no respeito pelo princípio da imediação (cf. arts. 355.º e 357.º do CPP); b) confissão em declarações para memória futura, que releva para efeitos do art. 344.º do CPP se ao tempo em que foi produzida já tinha havido pronúncia ou, pelo menos, acusação, definindo o objeto do processo; c) confissão nos articulados pelo mandatário relevante apenas para efeitos civis; d) confissão por interposta pessoa.

2.4. Formalidades da confissão

Em termos de formalidades da confissão, o art. 344.º do CPP estabelece que devem ser explicadas ao arguido as consequências da confissão e que a confissão deve reunir um conjunto de características: ser livre, incondicional e integral.

[18] Albuquerque (2009: 863).

Se o arguido declarar na audiência que pretende confessar os factos que lhe são imputados, o juiz deve perguntar-lhe se o faz de livre vontade e fora de qualquer coação e se quer fazer uma confissão integral e sem reservas. Se o arguido responder que sim, o juiz deve ainda informar o arguido dos efeitos jurídicos da confissão.

2.5. Consequências da violação das formalidades da confissão

As formalidades do art. 344.º do CPP terão de ser cumpridas sob pena de nulidade.

Trata-se de nulidade dependente de arguição, nos termos da al. *a)* do n.º 3 do art. 120.º do CPP. Porém, em casos residuais, poderemos estar perante verdadeira proibição de prova, designadamente quando a confissão tiver sido obtida mediante tortura, coação, ofensa da integridade física ou moral ou promessa de vantagem legalmente inadmissível (cfr. art. 126.º, n.ºs 1 e 2 do CPP)[19].

2.6. Modalidades da confissão

Existem duas grandes modalidades de confissão: a confissão integral e sem reservas e a confissão parcial ou com reservas.

De acordo com Maia Gonçalves, a confissão integral é *«aquela que abrange todos os factos imputados»*, ao passo que a confissão sem reservas pressupõe que o arguido não acrescente factos novos suscetíveis de dar aos factos imputados um tratamento diferente do pretendido[20].

Noutra formulação, poderá dizer-se que a confissão com reservas *«é a confissão dos factos a que se acrescentam outros que com aqueles formam uma unidade da acção concreta»*[21]. Seguindo este entendimento, não será possível, por exemplo, considerar sem reservas a confissão do arguido relativamente a factos integradores de ofensas corporais quando aquele acrescente novos factos que configuram legítima defesa.

[19] Ac. STJ de 11.07.1990, Proc. 040890 (José Saraiva), disponível em www.dgsi.pt.

[20] Gonçalves (2009: 789).

[21] Magistrados do MP do DJP (2009: 865).

A jurisprudência refere ainda que a confissão sem reservas corresponde à confissão que *«não admite condições ou alterações aos factos admitidos, tal como constam da acusação»*[22].

Repare-se que a confissão com reservas, na forma como por vezes tem sido entendida, tem alguma correspondência com a confissão complexa do Direito Civil e do Direito Processual Civil, em que, conjuntamente com o reconhecimento do facto, a parte alega um outro que em princípio destrói o efeito da confissão[23].

A confissão integral e sem reservas em princípio implica: a) renúncia à restante produção de prova e consideração como provados dos factos constantes da acusação e/ou da pronúncia; b) passagem às alegações orais, embora seja discutível se não poderá haver produção de prova relativamente a factos relevantes para a determinação da sanção[24].

Já não será assim nos casos do n.º 3 do art. 344.º do CPP, ou seja, quando estejamos perante: a) vários arguidos, sem que exista, quanto a todos, confissão integral, sem reservas e coerente entre si; b) suspeita do carácter livre da confissão, *v.g.*, dúvidas sobre imputabilidade plena ou sobre a veracidade dos factos confessados; c) crime punível com pena de prisão superior a 5 anos.

[22] Ac. TRE de 20.06.2006, Proc. 718/06-1 (Alberto Borges), disponível em www.dgsi.pt.

[23] Sousa (1995: 242).

[24] Em rigor poderá dizer-se que, por regra, a confissão livre, integral e sem reservas terá os seguintes efeitos processuais e tributários: a) prova plena dos factos confessados; b) proibição de produzir outras provas sobre tais factos; c) redução dos actos da audiência às alegações finais; d) havendo lugar a condenação, à produção de prova tendo em vista unicamente a determinação da sanção; e) redução da taxa de justiça a metade; f) havendo pedido de indemnização cível, redução das provas a produzir unicamente sobre a determinação da responsabilidade do demandado que não seja arguido; g) havendo lugar à condenação no pedido cível, liquidação do montante indemnizatório – Magistrados do MP do DJP (2009: 865). A confissão integral e sem reservas também pode ter efeitos substantivos, designadamente a atenuação especial da pena, sobretudo quando for acompanhada de arrependimento (art. 72.º, n.º 2, al. *c)* do CP) ou quando se entender que a confissão, feita logo no início da audiência, revela espírito de colaboração com a justiça e poupa as vítimas a uma vitimização secundária e o Estado a gastos acrescidos de tempo e dinheiro – Albuquerque (2009: 867).

2.7. Indivisibilidade da confissão

A propósito da indivisibilidade ou incindibilidade da confissão costuma afirmar-se que o art. 360.º do CC *«não é aplicável ao processo penal»*, dado que este *«contém um preceito próprio sobre a confissão do arguido»* – o art. 344.º do CPP[25].

Para alguma jurisprudência, *«a natureza indivisível da confissão integral e sem reservas (...) não permite que sejam julgados não provados factos que vieram ao processo por via daquelas declarações ou da contestação»*, pelo que *«[n]ão explicando o tribunal porque é que considera provados alguns factos, com base naquela confissão, e como não provados outros que foram invocados na contestação (...) ocorre erro notório na apreciação da prova»*[26].

2.8. Valor probatório da confissão?

I. Costuma dizer-se que o valor probatório ou os efeitos probatórios da confissão do arguido dependem da fase processual e da forma da confissão.

Assim, na fase de inquérito ou da instrução, a confissão do arguido fica sujeita à livre apreciação da autoridade que dirige a respetiva fase processual e não dispensa a continuação da recolha e produção de prova[27].

Já na fase de julgamento, mais propriamente na audiência, o valor da confissão, a existir[28], será o prescrito no art. 344.º do CPP. As confissões realizadas em fases anteriores não podem ser usadas em julgamento, exceto no

[25] Ac. STJ de 28.01.1993, Proc. 043170 (Alves Ribeiro), cujo sumário se encontra disponível em www.dgsi.pt. Numa formulação menos moderada, poderá dizer-se que *«[o] princípio da indivisibilidade da confissão consagrado na lei civil – ver artigo 360 do Código Civil – nada tem a ver com a confissão do arguido em processo penal relativamente à qual vigora o princípio da livre apreciação pelo tribunal do seu valor probatório»* – Ac. TRP de 13.02.2002, Proc. 0141010 (Veiga Reis), cujo sumário se encontra disponível em www.dgsi.pt.

[26] Ac. STJ de 26.01.2005, *apud* Gonçalves (2009: 791).

[27] A fim de evitar *«situações em que o tribunal na fase de julgamento seja colocado perante uma alteração da situação confessória do arguido sem que no processo existam outros meios de prova»* – Silva (2008: 206).

[28] Por exemplo, Mendes (2010: em especial 1008-1009), entende que o art. 344.º integra uma regra legal de prova com valor probatório *«muito ténue, nunca se aproximando da prova pleníssima, nem sequer da prova plena»*, quando muito de prova bastante, já que o julgador pode suspeitar do carácter livre da confissão por ter dúvidas da imputabilidade plena do arguido ou da veracidade dos factos confessados.

caso dos n.ºs 1 e 2 do art. 357.º do CPP, mas de qualquer modo sem os efeitos previstos no art. 344.º do mesmo diploma, e estando sujeitas à livre apreciação do julgador. Por seu turno, em relação às confissões realizadas na audiência importa distinguir.

II. Nos casos do n.º 2 do art. 344.º do CPP, costuma entender-se que será suficiente a confissão para prova de todos os factos, ou seja, faz prova plena.

Nesses casos, o que se encontra sujeito à livre convicção do julgador é apenas a aceitação da confissão como livre, integral e sem reservas. Se o julgador considerar a confissão livre, integral, verdadeira e sem reservas e se não se tratar de um dos casos do n.º 3 do art. 344.º do CPP, terá de dar como provados todos os factos constantes da acusação e/ou pronúncia e relativos à culpabilidade, sem prejuízo da necessidade de produção de prova sobre a personalidade e condições socioeconómicas do arguido. Como tende a referir a jurisprudência, *«a partir do momento em que o tribunal aceita a confissão do arguido como livre e confere a inverificação das excepções previstas no nº 3 do art. 344º, – e ressalvada a ocorrência de alguma circunstância superveniente que possa pôr irremediavelmente em causa a validade da confissão – esta passa a ter plena eficácia probatória»*[29]. Alguns autores vão, porém, mais longe, sustentando que *«deve findar, logo aí, a produção de prova sobre os factos – seja da acusação, seja da defesa –, inviabilizando também que o tribunal ordene oficiosamente a produção de quaisquer provas suplementares»*[30].

Talvez esta última afirmação seja excessiva. É verdade que, existindo confissão nos termos do n.º 2 do art. 344.º do CPP, *«a apreciação jurídica da causa passará a estar balizada pelos factos confessados, sendo com base neles e nos relativos aos antecedentes criminais ou à condição sócio-económica que se encontrem documentados nos autos que o tribunal irá determinar a sanção»*. Mas podem existir *«outros motivos para decretar a absolvição (p. ex. o de tais factos não constituírem crime) ou a extinção do procedimento criminal (p. ex. o decurso do prazo prescricional) – que o tribunal haverá de proceder à determinação da sanção aplicável»*[31].

[29] Ac. TRP de 26.11.2008, Proc. 0812537 (Maria Leonor Esteves), disponível em www.dgsi.pt.

[30] Magistrados do MP do DJP (2009: 863).

[31] Ac. TRP de 26.11.2008, Proc. 0812537 (Maria Leonor Esteves), disponível em www.dgsi.pt.

III. Nos casos do n.º 3 do art. 344.º do CPP ou tratando-se de confissão parcial ou com reservas, entende-se que o julgador decidirá, *«em sua livre convicção, se deve ter lugar e em que medida, quanto aos factos confessados, a produção da prova»*.

A confissão com valor de prova livre constitui um ato distinto da confissão com valor de prova plena. Para além de ter requisitos de forma e pressupostos mais amplos, «[a] *sua eficácia probatória exige que o juiz a confronte com todos os outros elementos de prova produzidos sobre o facto confessado para que tire a sua conclusão sobre se este se verificou ou não»*[32].

Mas agora podemos perguntar: será que, confessando o arguido, livremente e sem reservas, alguns factos deverão os factos parcialmente confessados ser considerados imediatamente assentes, *«só se admitindo a produção de prova sobre os que não foram confessados»*, como já se sustentou entre nós?[33]

3. A (livre) valoração da confissão pelo tribunal

3.1. A história do art. 344.º do CPP

O art. 344.º, introduzido no CPP na sequência da Lei de Autorização Legislativa n.º 43/86, de 26 de setembro, foi uma norma muito criticada e porventura criticável.

No art. 2.º, n.º 2, al. 69, da Lei n.º 43/86, de 26 de setembro, a AR autorizou o Governo a aprovar um novo CPP e a revogar a legislação vigente nessa matéria, com o sentido e a extensão de, além do mais, se proceder ao *«[e]stabelecimento da possibilidade de a confissão total e sem reservas da culpabilidade pelo arguido – formalizada em momento inicial do julgamento em termos que não levantem dúvidas de autenticidade, e sempre que ao crime não caiba abstractamente pena de prisão superior a três anos – evitar a produção da prova, permitindo que se passe imediatamente à determinação da sanção»*[34].

[32] Freitas (2000: 247).
[33] Magistrados do MP do DJP (2009: 863).
[34] Santos/Henriques (2004: 363).

Na sequência desta autorização legislativa, o Governo fez aprovar o CPP contendo o artigo 344.º[35].

Repare-se que diferentemente do que se dispunha na Lei de Autorização Legislativa, que pretendia apenas que fosse estabelecida a possibilidade de existir confissão total e sem reservas pelo arguido e que esta fosse formalizada em termos tais que não levantassem dúvidas sobre a autenticidade da confissão, o CPP veio dispor sobre a necessidade de o julgador assegurar que a confissão do arguido é livre e fora de qualquer coação e que a mesma é integral e sem reservas.

À partida dir-se-ia que o Governo, embora respeitando o sentido e a extensão da autorização legislativa, terá ido mais longe ou terá sido talvez mais especioso. Porém, a solução que o Governo encontrou e que se encontra vertida no art. 344.º do CPP parece conjugar-se mal com a ideia de a confissão ter a natureza de declaração de ciência e não de declaração de vontade. Simplesmente, haverá que ter em conta que, mesmo no Direito Civil e no Direito Processual Civil, como nos dá conta Lebre de Freitas, alguns autores alemães defendem para a confissão um duplo *Tatbestand* (declaração de ciência e também declaração de vontade) e outros autores veem na confissão um *Tatbestand* alternativo (declaração de ciência ou declaração de vontade), além de que a confissão pode ser impugnada por falta ou vícios da vontade (art. 359.º do CC)[36]. Mas deixemos este ponto.

3.2. Confissão fatal?

Há pouco mais de 20 anos, Francisco Veloso criticou abertamente o art. 344.º do CPP, num artigo intitulado "A Confissão Fatal"[37].

Para o autor, o art. 344.º do CPP teria a virtualidade (negativa) de permitir mandar o arguido *«para a cadeia, sem julgamento em forma, sem produção de provas,*

[35] No Relatório do Código, II, al. b), consta o seguinte: «*abundam no processo penal as situações em que a busca do consenso, da pacificação e da reafirmação estabilizadora das normas, assente ma reconciliação, vale como um imperativo ético-jurídico. Expressões do eco encontrado no presente Código por tais ideias são, entre outras: o relevo atribuído à confissão livre e integral, a qual pode dispensar toda a ulterior produção da prova*» – *Apud* Santos/Henriques (2004: 363).

[36] Freitas (2000: 239, nota 30).

[37] Veloso (1989).

além da sua confissão, em audiência, mas logo de imediato sentenciado e condenado». O legislador, (mal) inspirado no direito anglo-saxónico, só não dispensaria, segundo Francisco Veloso, as alegações do MP, do assistente e do defensor. E, sendo esse o caso, perguntava Francisco Veloso: *«porque não se "ata a corda ao pescoço" do réu (...), logo que ele confessa, em qualquer altura do processo? Que economia de "trabalho" forense! Será que ele não pode em qualquer altura fazer "uma confissão integral e sem reservas, de livre vontade e fora de qualquer coacção", como diz o artigo 344.º? Será que, então, não pode o tribunal, ou quem suas vezes faça (...), para obstar ao erro, "suspeitar do carácter livre da confissão, nomeadamente por ter dúvidas sobre a imputabilidade plena do arguido ou da veracidade dos factos confessados" (...), dado que a lei atribui ao tribunal poderes divinatórios?»*[38].

Dúvidas não parecem existir de que com o art. 344.º do CPP o legislador quis piscar, e efetivamente piscou, os olhos às soluções de direito anglo-americano, designadamente ao *guilty-plea* americano e ao *plea-bargaining* inglês. Esse era aliás um dos fundamentos da crítica de Francisco Veloso: em concreto, o facto de o art. 344.º do CPP representar uma cópia do direito anglo-saxónico, o qual, no entender de Francisco Veloso, ao contemplar o *guilty-plea* e o *plea-bargaining*, conservaria ressaibos de justiça privada e não respeitaria o princípio de que é ao Estado e apenas ao Estado que pertence o direito de punir.

Todavia, o piscar de olhos é mais limitado do que a leitura do artigo de Francisco Veloso eventualmente inculcará. O legislador foi cauteloso em relação à confissão do arguido: sujeitou ao controle do julgador a liberdade do arguido na prestação da confissão. Vale por dizer que o legislador optou por prevenir confissões falsas ou sem qualquer correspondência com a realidade. É certo que como refere Francisco Veloso, na sequência aliás de Ernst von Beling (1866-1932), podem ser muitas as confissões realizadas por razões que nada têm a ver com o amor à verdade ou terem conteúdo falso, o que se compatibiliza com dificuldade com um sistema processual penal que se opõe à condenação de inocentes, e que muitas vezes o julgador não se aperceberá da falsidade da confissão. Mas já não se acompanha Francisco Veloso quando afirma que *«o dever de proceder segundo a lei e os elementos objectivos, de que dispõe* [o julgador], *não lhe permitirão sempre o deixar de a "engolir"»*, por muita

[38] Veloso (1989).

desconfiança que a confissão suscite ao magistrado[39]. O Tribunal pode e deve controlar o carácter da confissão e a veracidade dos factos confessados.

3.3. Sentido da valoração da confissão pelo tribunal

Fazendo fé no sumário do Ac. STJ de 02.10.1996[40], parece ter-se discutido neste aresto se, em face da redação considerada pouco precisa do art. 344.º do CPP, o juiz teria de aceitar automaticamente qualquer confissão integral e sem reservas do arguido, como meio supremo e definitivo que levasse à sua condenação, ou se, ao invés, a confissão do arguido seria avaliada e valorada livremente pelo Tribunal, de harmonia com o princípio da íntima convicção.

Ora, se lermos o que sustenta Germano Marques da Silva a propósito do valor probatório das declarações do arguido, constatamos que aquele autor começa por afirmar que se o arguido decidir prestar declarações o valor probatório destas será livremente apreciado pelo Tribunal, sendo tal princípio sempre válido, independentemente da fase processual e da forma da confissão[41]. Mas, certamente que, com esta afirmação não se pretende negar o efeito de prova (plena) que tem uma confissão nos termos do n.º 2 do art. 344.º do CPP: os factos confessados na audiência têm necessariamente de ser julgados provados.

Isto significa que importa distinguir o efeito (probatório) da confissão e a liberdade de apreciação crítica da confissão. Com efeito, uma coisa é a liberdade que o juiz tem de apreciar a liberdade do arguido para confessar, a capacidade do arguido para entender a confissão e eventualmente o grau de

[39] Veloso (1989).

[40] Ac. STJ de 02.10.1996, Proc. 046635 (Pires Salpico), cujo sumário se encontra disponível em www.dgsi.pt: «*I – A redacção pouco precisa de que o artigo 344 do CPP, parece sancionar o entendimento segundo o qual o juiz terá de aceitar automaticamente qualquer "confissão" integral e sem reservas do arguido, como meio supremo e definitivo que leve à sua condenação. II – Contudo, a confissão do arguido, por si só, não basta para a final condenação. III – O valor probatório da confissão do arguido, como os demais elementos de prova produzidos, são avaliados e valorados livremente pelo Tribunal, de harmonia com o princípio da íntima convicção, perfilhado abertamente em todos os sistemas dos países civilizados*».

[41] Segundo Silva (2008: 206), «*mesmo nos casos em que a lei atribui efeitos especiais à confissão integral e sem reservas, com a consequente dispensa de produção de outra prova, tal apenas sucede num momento posterior ao funcionamento do princípio da livre apreciação da confissão pelo tribunal para determinar se a mesma reveste ou não as características de "confissão livre, integral e sem reservas"*».

esclarecimento do arguido sobre as consequências jurídicas da sua confissão ou até da veracidade dos factos confessados. Outra, bem distinta, é a liberdade, que nesses casos o juiz não parece ter, de deixar de considerar como assentes os factos objeto de uma confissão integral e sem reservas, pois entende-se que, aceite pelo juiz, a confissão transforma-se em prova plena[42].

Vale isto por dizer, na esteira de jurisprudência e doutrina recentes[43], que o efeito (probatório) da confissão não conduz à aceitação acrítica da confissão. Assim, pode ter lugar a confissão e ainda assim a convicção do julgador orientar-se noutro sentido, designadamente porque, não obstante a confissão, persistem dúvidas sobre a veracidade dos factos confessados. Isso mesmo resulta do disposto na al. *b)* do n.º 3 e no n.º 4 do art. 344.º do CPP e parece constituir exigência do princípio da investigação e da autonomia do juízo jurisdicional.

Porventura a posição de autores, como Paulo de Sousa Mendes[44], que recusam atribuir valor de prova plena à confissão e admitem apenas que esta possa eventualmente ter valor de prova bastante, pelo facto de o julgador poder suspeitar do carácter livre da confissão, nomeadamente por ter dúvidas sobre a imputabilidade plena do arguido ou sobre a veracidade dos factos confessados, pode ser explicada à luz da distinção acima referida. Na averiguação das declarações do arguido, confessórias ou outras, o Tribunal deverá exercer sempre a devida apreciação crítica quanto à sua consistência, pertinência e fidedignidade. Só que esse limite, como refere Damião da Cunha, não lhe retira o sentido de consenso, ou torna irrelevante a confissão enquanto *«afirmação pessoal de transmissão de conhecimentos e de interpretação de um conjunto de factos, que 'converge' com aquilo que é descrito na acusação, pelo que, por esta via, se transforma numa concreta forma de contribuição para a realização do Direito»*[45].

[42] Magistrados do MP do DJP (2009: 864). Não será, por isso, talvez rigoroso argumentar, como faz Ferreira (1988: 251), que *«o valor probatório da confissão se deverá considerar sempre livremente apreciável pelo tribunal pois mesmo nos casos em que esta assume força probatória pleníssima com a consequente dispensa de produção de outra prova, tal apenas sucede num momento posterior ao funcionamento do princípio da livre apreciação da confissão para, determinar se a mesma reveste ou não as características de "integral, sem reservas e coerente"»*.

[43] Ac. TRG de 16.11.2009, Proc. 464/07.1GTVCT (Fernando Ventura), disponível em www.dgsi.pt, e Cunha (2002: 388-392).

[44] Mendes (2010: 1008-1009).

[45] Cunha (2002: 391).

Portanto, se a confissão transmitiu exatamente o consenso do arguido, que não funda dúvidas ao Tribunal, a mesma confissão deve ser aceite e valorada como confissão.

Mas significa isso que uma confissão integral e sem reservas é o meio supremo e definitivo que conduz à condenação do arguido ou que a confissão do arguido é, por si só, bastante para a condenação?

Os casos e as divergências encontrados na jurisprudência revelam que esta pergunta não obtém uma resposta fácil.

4. Alguns casos e divergências jurisprudenciais em torno do valor probatório da confissão do arguido

Os casos e as divergências, que apresentaremos e discutiremos *infra*, são sobretudo resultado da análise e reflexão da jurisprudência dos nossos Tribunais Superiores sobre a confissão do arguido. Não se dispõe da mestria nem do tempo para os identificar a todos, pelo que vamos concentrar-nos naqueles que, de acordo com a pesquisa levada a cabo, parecem surgir com mais frequência na jurisprudência nacional.

4.1. Os limites da confissão

I. Vamos começar por discutir a questão dos limites da confissão, analisando designadamente o problema do valor da confissão do arguido relativamente ao concreto teor de álcool no sangue, o qual constitui um tema bastante discutido nos nossos Tribunais.

Imagine-se a seguinte situação real[46]: A havia sido acusado de um crime de condução em estado de embriaguez. Numa operação de fiscalização, A foi sujeito a medição do ar expirado pelo aparelho, o qual registou o valor de 1,33 gr/l de TAS. Exercido o direito a requerer contraprova através de novo exame ao ar expirado, A foi 12 minutos depois sujeito a nova medição, obtendo-se então um registo de 1,24 gr/l de TAS. Realizado julgamento sumário, A *«declarou pretender confessar os factos que lhe são imputados no auto de notícia»*.

[46] Ac. TRP de 02.07.2008, Proc. 0813031 (Joaquim Gomes), disponível em www.dgsi.pt.

Seguiu-se o seguinte despacho judicial: «*Atenta a confissão integral e sem reservas assumida pelo arguido, nos termos do disposto no artº 344º, nºs 1 e 2, als. a) e b) do CPP,* [determina-se] *a renúncia à produção de prova relativamente aos factos que lhe são imputados, considerando-se* [estes] *como provados*». Todavia, e em contradição com essa última declaração, veio a ser proferida sentença dando como não provado que A era portador da TAS imputada (1,24 g/l) e como provado que a sua taxa era de «*pelo menos 1,15 g/l*». A foi então absolvido do crime que lhe havia sido imputado. O Tribunal *a quo* entendeu que a admissão da confissão não abrangeria a TAS registada, alegando que se encontra «*fora das capacidades do ser humano medir a taxa de álcool no sangue*». *Quid iuris?*

II. Segundo o decidido no Ac. TRP de 02.07.2008[47], nada impede que o arguido submetido a julgamento sob a acusação da prática de um crime de condução em estado de embriaguez confesse livremente a concreta taxa de álcool no sangue com que conduzia. Tudo depende de o Tribunal, na sua convicção, suspeitar ou não da veracidade desses factos confessados. Mas, havendo confissão integral e sem reservas quanto ao objeto da acusação, nos casos em que a mesma tem a cominação plena e total, nomeadamente quanto ao quantitativo da taxa de álcool no sangue, não pode o Tribunal dar como assente outro valor distinto, em virtude desses factos confessados estarem subtraídos à livre apreciação do julgador[48]. Ou seja, nos casos em que não tenha manifestado qualquer reserva quanto à confissão integral e sem reservas do arguido relativamente aos factos que lhe eram imputados pelo MP na acusação, o Tribunal não pode dar como provada uma taxa diferente da constante da acusação, tanto mais que a posição que o arguido tem enquanto sujeito processual no CPP sugere uma «*recusa terminante* [deste] *(...) em conceder,*

[47] Ac. TRP de 02.07.2008, Proc. 0813031 (Joaquim Gomes), disponível em www.dgsi.pt. Na mesma linha, cfr. Acs. TRP de 23.04.2008, Proc. 0840644 (Custódio Silva), e de 28.05.2008, Proc. 0811729 (Manuel Braz), ambos disponíveis em www.dgsi.pt.

[48] Na mesma linha, decidiu o Ac. TRL de 27.01.2011, Proc. 282/10.0GAMFR.L1-9 (Cid Geraldo), disponível em www.dgsi.pt, que «*se na acusação por crime de condução em estado de embriaguez se imputa ao arguido determinada taxa de álcool no sangue e o arguido na audiência de julgamento confessa integralmente e sem reservas os factos imputados, com a consequente renúncia à produção da prova relativa a esses factos, o tribunal não pode dar como provada uma taxa de álcool no sangue inferior àquela*».

num jeito inaceitavelmente paternalista, (pseudo) tutelas ao arguido contra si próprio ou – o que é dizer o mesmo – contra a livre determinação da sua vontade»[49].

Porém, no Ac. TRC de 04.02.2009[50] questionou-se o seguinte: a presença e quantificação da taxa de álcool no sangue integra matéria exterior ao espaço cognitivo de qualquer pessoa? Para o TRC não. Se é verdade que os sentidos não permitem quantificar valores biológicos como a TAS, também é verdade que, existindo reflexos somáticos do consumo de álcool, o ser humano pode formular padrões experimentais de autoaferição da influência etílica, a partir de um conjunto de índices que não carecem de instrumentos sofisticados[51]. Mas, para o TRC, sendo a experiência uma construção diária a partir da multiplicação de eventos, o grau de ingestão de álcool não escapa a esse domínio. Neste quadro de circunstâncias, nada justifica que se afirme a absoluta incapacidade para formular uma declaração de ciência e de verdade relativamente a essa conduta[52].

[49] Ac. TRL de 09.05.2010, Proc. 25/09.0PCSVC.L1-3 (Carlos Almeida), disponível em www.dgsi.pt.

[50] Ac. TRC de 04.02.2009, Proc. 264/08.1GASEI.C1 (Fernando Ventura), disponível em www.dgsi.pt. Neste aresto, o TRC adoptou uma decisão favorável à decisão recorrida, que foi mantida embora criticada por se considerar não ser possível aceitar a coexistência de confissão integral e sem reservas e a ausência de prova de facto imputado na acusação ao confitente. Para o TRC o que justifica a manutenção da decisão recorrida é o facto de no caso em apreço não ter existido verdadeiramente confissão integral e sem reservas, como teria, erradamente, decidido o Tribunal *a quo*, mas sim confissão parcial, circunscrita à ingestão de bebidas alcoólicas. Porém, segundo o TRC, se o Tribunal *a quo* considera à partida que o facto é insusceptível de ser reconhecido por qualquer pessoa está a dizer que não existem razões de ciência para tal declaração e, então, não existe confissão. Ora, segundo o TRC, essa situação não se distingue daquela em que o arguido afirma que não tem condições de saber se o facto é verdadeiro ou não mas quer concedê-lo, de forma a beneficiar dessa postura e do seu relevo atenuante. Mas para o TRC nem isso acontece. Enquanto afirmação de uma realidade, a declaração confessória envolve a representação intelectual do facto cuja verdade se reconhece. Por isso, a confissão estrutura-se como uma declaração de ciência e de verdade, feita necessariamente a partir da cognição do declarante e não da de terceiros.

[51] O TRC admite que este raciocínio apenas consente que se admita a confissão da ingestão de álcool e da sua influência mas nunca de uma taxa precisa, em particular quando próxima do limite legal da penalização – Ac. TRC de 04.02.2009, Proc. 264/08.1GASEI.C1 (Fernando Ventura), disponível em www.dgsi.pt.

[52] Ac. TRC de 04.02.2009, Proc. 264/08.1GASEI.C1 (Fernando Ventura), disponível em www.dgsi.pt.

Na mesma linha, decidiu o Ac. TRG de 16.11.2009[53], embora acrescentando o seguinte: «*Sendo o arguido em julgamento confrontado com uma acusação alicerçada num teste de alcoolemia, também esse elemento entra no seu espaço cognitivo, completando a recordação volitiva e sensorial. A partir daí, pode o arguido legitimamente tê-lo em conta na reconstituição interior do facto, ao ponto de atingir certeza quanto ao acerto da TAS registada e declará-lo em conformidade através de confissão integral e sem reservas. Não será, por certo, uma certeza absoluta, mas sim a mesma avaliação de probabilidade preponderante para além de qualquer dúvida razoável que incide sobre o julgador*». É no mínimo duvidosa esta argumentação[54].

Mais recentemente, no Ac. TRC de 10.11.2010[55], reafirmou-se esta posição. Aditou-se, no entanto, nesse aresto mais um elemento: o arguido só não poderá confessar a concreta taxa caso não tenha sido feita a medição por aparelho; depois de medida o arguido pode aceitar e confessar a taxa indicada pelo aparelho.

III. Porém, esta linha jurisprudencial foi questionada no Ac. TRC de 04.05.2011[56] (e também nos Acs. TRP de 07.11.2012, de 04.07.2012, de 09.02.2011 e de 20.01.2010[57]). No primeiro dos arestos, invocou-se que «*sendo*

[53] Ac. TRG de 16.11.2009, Proc. 464/07.1GTVCT (Fernando Ventura), disponível em www.dgsi.pt.

[54] Igualmente duvidosa parece-nos ser a argumentação mais à frente desenvolvida no referido aresto a partir daqueloutra acima citada: «*Não se esqueça que a confissão não tem apenas um valor probatório: o seu relevo projecta-se igualmente no domínio da medida da pena, enquanto expressão da atitude do arguido perante o desvalor da conduta e a censura jurídico-penal, em termos de minorar as exigências de prevenção especial. E, ao que nos parece, essas dimensões da confissão penal não podem deixar de estar em sintonia. (...) A prova por confissão passa pela declaração autoinculpatória; quando assim não acontece estamos perante simples declarações. Por isso mesmo, i.e. pela proximidade da condenação que acarreta, sentiu o legislador necessidade de regular especificadamente a sua produção (...). Por último, não sendo proibido ao condutor ingerir quaisquer bebidas alcoólicas, (...) antes censurado no plano contra-ordenacional a ultrapassagem da taxa de álcool no sangue entre (...), haverá que reconhecer ao condutor não só a capacidade como também o dever de proceder à auto-avaliação das consequências das bebidas consumidas, o que, salvo melhor opinião, significa que o legislador aceita que qualquer condutor tem condições para percepcionar esses valores, mesmo que por aproximação*» – Ac. TRG de 16.11.2009, Proc. 464/07.1GTVCT (Fernando Ventura), disponível em www.dgsi.pt.

[55] Ac. TRC de 10.11.2010, Proc. 98/10.3GTCBR.C1 (Jorge Dias), disponível em www.dgsi.pt.

[56] Ac. TRC de 04.05.2011, Proc. 332/10.0 GCPBL.C1 (Brízida Martins), disponível em www.dgsi.pt.

[57] Acs. TRP de 07.11.2012, Proc. 73/12.3PDMAI.P1 (Elsa Paixão), de 04.07.2012, Proc. 187/12.0GBAMT.P1 (José Carreto), de 09.02.2011, Proc. 41/10.0GBMCD.P1 (Paula

a taxa de alcoolémia determinável pelo alcoolímetro ou por meio de análise ao sangue, a confissão do arguido, feita na audiência de julgamento, não pode abranger tal taxa, pois falta-lhe, para o efeito, razão de ciência». Segundo os arestos referidos, da conjugação do n.º 2 do art. 140.º e do n.º 1 do art. 128.º do CPP ressalta que as declarações do arguido e o depoimento das testemunhas só assumem relevância em relação aos factos que sejam do conhecimento daquele que os relata[58]. O conhecimento direto de um facto, de acordo com aqueles arestos, só se verificaria em relação a factos que foram apreendidos através de perceção sensorial, isto é, através da visão ou audição. Em consequência, *«tudo o que esteja para além desses limites ou constitui declaração ou depoimento irrelevante, não podendo valer mais do que uma mera opinião, ou constitui raciocínio lógico-dedutivo que, se pertinente, o tribunal também terá de fazer e de forma autónoma»*[59]. Por outras palavras: apenas se pode confessar aquilo que, efetivamente, é suscetível de ser confessado. O crime de condução de veículo em estado de embriaguez prevê no tipo legal uma taxa de álcool no sangue igual ou superior 1,2 g/l. Tal elemento implica a efetivação de uma medição metrológica por recurso a instrumentos tecnológicos ou através de análise ao sangue[60]. Ora, o arguido apenas pode confessar factos de que pode ter ciência direta. A confissão só pode incidir sobre factos que são do conhecimento direto do confitente, isto é, *«que foram apreendidos através da percepção sensorial»*, o que significa, no caso de crime de condução em estado de embriaguez, que a confissão do arguido só relevará *«relativamente às quantidades, qualidades e circunstâncias em que o agente ingeriu bebidas alcoólicas»*[61]. Esses são os únicos factos de que o arguido pode ter ciência direta, o que permitirá que o arguido confesse, por exemplo: que ingeriu vários copos de vinho ou outras bebidas alcoólicas ou que estava

Guerreiro), e de 20.01.2010, Proc. 24/09.2GAMAI.P1 (Jorge Gonçalves), todos disponíveis em www.dgsi.pt.

[58] Sendo que outro entendimento seria susceptível de conduzir a que a verdade material pudesse ser alicerçada na confissão de factos não verdadeiros ou cuja veracidade o arguido não tivesse capacidade para afirmar por ultrapassarem aquilo que é capaz de apreender.

[59] Ac. TRC de 04.05.2011, Proc. 332/10.0 GCPBL.C1 (Brízida Martins), disponível em www.dgsi.pt.

[60] E tal medição entra em linha de conta com variáveis como sejam a massa corporal do indivíduo e a circunstância de ter ou não ingerido outras substâncias designadamente alimentos sólidos.

[61] Ac. TRP de 07.11.2012, Proc. 73/12.3PDMAI.P1 (Elsa Paixão), disponível em www.dgsi.pt.

convencido de que, se fiscalizado, acusaria uma taxa muito superior ao legalmente permitido e que tendo feito o teste do álcool acusou uma taxa de x g/l de álcool no sangue. Mas já não parece que possa confessar, por hipótese, que conduzia com uma determinada taxa de álcool no sangue, pois falta-lhe, para o efeito, razão de ciência[62].

Em bom rigor, já existia jurisprudência anterior a contestar a possibilidade de a confissão do arguido abranger a concreta taxa[63]. E no Ac. TRP de 26.11.2008[64] havia sido já decidido o seguinte: a confissão (livre, integral e sem reservas) feita pelo arguido só tem pleno valor probatório relativamente aos factos dos quais ele tenha/possa ter conhecimento; não tendo ele capacidade para saber qual a TAS de que era portador, mas apenas aquela que teria acusado quando foi submetido ao teste de alcoolemia, o Tribunal *a quo*, ao aceitar a confissão, só está vinculado, por força do disposto na al. *a)* do n.º 2 do art. 344.º do CPP, a considerar como provado que o arguido acusou a TAS que ele admitiu ter acusado; logo, a confissão feita pelo arguido, só por si, não obstaria a que o Tribunal *a quo* desse como provado que ele era portador de um valor de TAS diferente daquele que constava da acusação.

4.2. A (im)possibilidade de o tribunal não considerar provados os factos imputados na acusação e/ou na pronúncia

I. Vamos agora analisar o problema de saber se, perante uma confissão integral e sem reservas dos factos objeto da acusação por parte do arguido – e salvas as exceções previstas no n.º 3 do art. 344.º do CPP –, o juiz pode ou não (como decidiu o Ac. TRE de 14.04.2009)[65] deixar de considerar como provados todos os factos a este imputados na acusação e/ou na pronúncia.

[62] Como se decidiu no Ac. TRP de 04.07.2012, Proc. 187/12.0GBAMT.P1 (José Carreto), disponível em www.dgsi.pt, «*o meio / modo de obtenção de prova no que a este crime respeita não pode ser outro senão o da medição por aparelhos, tanto mais que a prova da concreta taxa de álcool no sangue, só pode, nos termos legais, ser feita através de teste no ar expirado ou por meio de análise ao sangue – art º 152º e ss C.E. - donde a confissão não pode ter o valor absoluto que se lhe quer conceder*».

[63] Ac. TRP de 15.10.2008, Proc. 0813607 (Luís Teixeira), disponível em www.dgsi.pt.

[64] Ac. TRP de 26.11.2008, Proc. 0812537 (Maria Leonor Esteves), disponível em www.dgsi.pt.

[65] Ac. TRE de 14.04.2009, Proc. 276/08.5GDLLE.E1 (Alberto Borges), disponível em www.dgsi.pt.

Ou seja, nos casos em que o Tribunal aceita a confissão integral e sem reservas do arguido quanto aos factos que lhe são imputados (a ponto de considerar desnecessária outra prova), pode ainda assim – e não obstante a confissão do arguido ter como consequência necessária a aceitação de todos os factos imputados, sem quaisquer reservas ou condições –, o Tribunal colocar reservas a tal confissão e corrigir a matéria de facto, dando como não provado, por exemplo, que "o arguido sabia que, ao agir da forma descrita, estava a cometer um crime"?

O problema tem sido muito discutido.

Por regra, a jurisprudência e a doutrina têm entendido que, consignada em ata a confissão do arguido, integral e sem reservas, com a consequente renúncia à produção de prova, têm os factos imputados de ser considerados provados, sem qualquer exclusão[66]. A confissão, sendo integral e sem reservas, inclui todos os factos da acusação e/ou da pronúncia, nomeadamente os que se referem à intenção com que o arguido atuou[67]. Mas a aplicação desta regra tem suscitado dúvidas e está longe de ser considerada intuitiva.

Existe jurisprudência que responde afirmativamente, invocando que, se assim não fosse, jamais se poderia dizer que a confissão abrangeria a totalidade dos factos (*v.g.*, Ac. TRP de 09.09.2009)[68]. Mas também existe jurisprudência contrária.

II. No Ac. TRE de 20.06.2006[69] discutiu-se um caso em que o arguido havia sido acusado, além do mais, da prática de um crime de condução perigosa, mas

[66] Ac. TRP de 09.09.2009, Proc. 1259/08.0PAPVZ.P1 (Custódio Silva), disponível em www.dgsi.pt.

[67] Ac. TRC de 24.03.1999, Proc. 47/99 (Serafim Alexandre), disponível em www.dgsi.pt.

[68] Ac. TRP de 09.09.2009, Proc. 1259/08.0PAPVZ.P1 (Custódio Silva), disponível em www.dgsi.pt, segundo o qual tal solução redundaria, imediatamente, na impossibilidade de admitir a confissão, sem ser pelas razões enunciadas no art. 344.º, n.º 3, al. *b)* do CPP, e na sua conversão numa mera confissão parcial. E, por isso, conclui-se naquele aresto: a confissão é dos factos relevantes e sendo integral é de todos eles, sem qualquer exceção.

[69] Ac. TRE de 20.06.2006, Proc. 718/06-1 (Alberto Borges), disponível em www.dgsi.pt. O MP havia interposto recurso da decisão de primeira instância, invocando a existência de contradição insanável da fundamentação, por o Tribunal *a quo* ter dado como não provado *«que o arguido tivesse, no caso concreto, criado um verdadeiro risco de produção de acidente do qual poderiam, muito provavelmente, resultar para estes lesões na sua integridade física»* e, simultaneamente, ter referido que na determinação dos factos considerados provados atendeu, fundamentalmente,

acabou por ser absolvido devido ao facto de o Tribunal *a quo* ter considerado como não provado que «*o arguido tivesse, no caso concreto, criado um verdadeiro risco de produção de acidente do qual poderiam, muito provavelmente, resultar para estes lesões na sua integridade física*».

Discutiu-se neste aresto se, tendo o arguido confessado os factos – integralmente e sem reservas – na audiência de julgamento, poderia o Tribunal *a quo* dar como não provado um facto que constava da acusação, mais propriamente que o «*arguido agiu deliberada, livre e conscientemente, bem sabendo que com a sua conduta impedia a circulação em segurança de todas as pessoas e veículos que circulavam naquela via e que criava, deste modo, um verdadeiro risco de produção de acidente do qual poderiam, muito provavelmente, resultar para estes lesões na sua integridade física*».

Para o TRE, a confissão integral e sem reservas implica a aceitação de todos os factos que lhe são imputados e, sendo sem reservas, não admite condições ou alterações aos factos admitidos: significa, necessariamente, que assumiu os factos que lhe eram imputados (tal como lhe eram imputados). Daí que das duas uma: ou o arguido confessou os factos – integralmente e sem reservas – e então o Tribunal *a quo* não poderia dar tal facto como não provado e, consequentemente, absolver o arguido do crime de condução perigosa que lhe era imputado, ou o arguido não confessou os factos (integralmente e sem reservas) e então sempre a fundamentação da convicção do Tribunal *a quo* estaria em contradição com a matéria de facto dada como provada. Além disso, o facto não provado estaria, segundo o TRE, em contradição com diversos factos (provados) que constavam da sentença recorrida, pelo que se verificaria ainda contradição insanável da fundamentação. Em face do exposto, o TRE decidiu anular o julgamento e determinar o reenvio dos autos a fim de, em novo julgamento, ser sanado o vício de contradição insanável da fundamentação.

III. No Ac. TRP de 02.07.2008[70] colocou-se o problema de saber se após confissão do arguido, quanto aos factos indicados na acusação, poderiam os

ao teor de todos os documentos juntos aos autos e às declarações do arguido, prestadas no decurso da audiência de julgamento, que confessou integralmente e sem reservas os factos que lhe foram imputados.

[70] Ac. TRP de 02.07.2008, Proc. 0813031 (Joaquim Gomes), disponível em www.dgsi.pt. O arguido havia sido condenado, como autor material, de um crime de condução de veículo em estado de embriaguez. O MP interpôs recurso dessa decisão, além do mais, a fim de ser

mesmos ser alterados, designadamente quanto à taxa de álcool no sangue, mediante a aplicação de uma margem de erro.

Para o TRP, o n.º 2 do art. 344.º do CPP integra uma restrição legal ao princípio da livre apreciação da prova, estabelecido no art. 127.º do mesmo diploma. Nesta medida, conclui o TRP: havendo confissão integral e sem reservas, quanto ao objeto da acusação nos casos em que a mesma tem a cominação plena e total, nomeadamente quanto ao quantitativo da taxa de álcool no sangue, não pode o Tribunal dar como assente outro valor distinto, em virtude desses factos confessados estarem subtraídos à livre apreciação do julgador. Mas esta questão é muito debatida e não tem recebido respostas únicas[71].

4.3. A (im?)possibilidade de o tribunal considerar provados factos que conduzem à absolvição do arguido

I. Outra dúvida suscitada na jurisprudência respeita à questão de saber se, perante a exigência formulada no art. 344.º do CPP de em caso de confissão integral e sem reservas se deverem ter por provados os factos da acusação

dada como provada a taxa de alcoolemia constante no registo de alcoolímetro, invocando que: a) o arguido declarou em audiência pretender confessar os factos que lhe eram imputados e que, após o cumprimento do disposto no n.º 1 do art. 344.º do CPP, confessou integralmente e sem reservas tais factos; b) face àquela confissão integral e sem reservas por parte do arguido, teria sido, nos termos e para os efeitos do disposto nos n.º 1 e 2 do art. 344.º do CPP, dispensada a produção da prova relativa aos mesmos factos; c) não se verificando qualquer das exceções do art. 344.º, n.º 3 do CPP, estaria o Tribunal *a quo* obrigado, em cumprimento do disposto na al. *a)* do seu n.º 2, a dar como provados todos os factos que ao arguido vinham imputados, designadamente que este conduzia o veículo aí aludido com uma TAS de 1,52 g/l.

[71] Por exemplo, no Ac. TRP de 26.11.2008, Proc. 0812537 (Maria Leonor Esteves), disponível em www.dgsi.pt, considerou-se que *«a incerteza irremovível e inultrapassável relativamente à existência e concreta expressão do desvio entre o valor da indicação e o valor padrão, inerente às medições ainda que efectuadas por alcoolímetros que obedeçam a todas as normas regulamentares, constitui fundamento para que se proceda - por aplicação dos princípios e regras probatórias que regem o processo penal – ao desconto do valor do erro máximo admissível definido no quadro anexo à Portaria nº 1556/2007 ao valor de TAS indicado no talão emitido pelo alcoolímetro»*. Na mesma linha, decidiu-se no Ac. TRE de 20.11.2012, Proc. 10/12.5GFELV.E1 (Ana Barata Brito), disponível em www.dgsi.pt, que «[n]*ão enferma de erro notório na apreciação da prova a sentença que procede a desconto da margem de erro admissível na taxa de alcoolemia detectada a arguido que confessou os factos da acusação»*.

(ou da pronúncia), tal significa ou não (como decidiu o Ac. TRC de 23.06.2004)[72] que o Tribunal não possa e não deva, por exigência do art. 340.º do mesmo diploma, averiguar toda a verdade possível sobre os pressupostos do crime não contidos naquela e decidir de acordo com eles. No fundo, está em causa discutir se os pressupostos do crime podem ou não ser considerados como fazendo parte da confissão.

Por exemplo, no Ac. TRP de 29.05.2002[73] estava em discussão o seguinte problema: a arguida havia sido acusada de conduzir um veículo automóvel sem habilitação legal, agindo livre, deliberada e conscientemente e bem sabendo que a sua conduta era punida por lei. Na audiência de julgamento, a arguida manifestou a intenção de confessar integralmente e sem reservas a prática dos factos da acusação. E terá justificado a sua conduta dizendo que pegou na viatura do seu namorado porque este foi acometido de uma forte crise de apendicite e, receando pelo seu falecimento, terá procurado socorrê-lo. O Tribunal *a quo* aceitou a confissão integral e sem reservas da arguida e decidiu que estavam provados os factos que lhe foram imputados na acusação, dispensando a produção de outras provas. Não obstante, com base na justificação apresentada pela arguida, o Tribunal *a quo* entendeu que se verificava estado de necessidade desculpante, pelo que absolveu a arguida do crime de condução ilegal de veículo. Interposto recurso desta decisão pelo MP, o TRP entendeu que existiu erro notório do Tribunal *a quo* na apreciação da prova: se a confissão foi sem reservas apenas se terão como provados os factos constantes da acusação, não sendo possível considerar como provados factos que integram estado de necessidade desculpante.

Na mesma linha, no Ac. TRC de 18.04.2012[74] decidiu-se o seguinte: «*Quando o arguido nas suas declarações, embora reconhecendo os factos objectivos, invoca para a sua prática uma causa de exclusão da ilicitude e da culpa e, por conseguinte não confessa o facto subjetivo imputado, não podem ter-se por confessados integralmente os factos da acusação que integram a prática do crime*». Na situação em causa, o arguido havia sido condenado pela prática de um crime de condução sem habilitação legal e da sentença constava que teria confessado integralmente

[72] Ac. TRC de 23.06.2004, Proc. 1923/04 (Serafim Alexandre), disponível em www.dgsi.pt.

[73] Ac. TRP de 29.05.2002, Proc. 0240258 (Dias Cabral), disponível em www.dgsi.pt.

[74] Ac. TRC de 18.04.2012, Proc. 54/11.4PTLRA.C1 (Jorge Dias), disponível em www.dgsi.pt.

e sem reservas em julgamento os factos da acusação. Apesar da confissão, o arguido teria declarado que apenas conduziu para socorrer uma criança que tinha passado mal a noite, tendo sido intercetado quando se dirigia para o hospital. Perante as declarações do arguido, que foram reapreciadas em recurso, o TRC entendeu que o arguido não teria compreendido as consequências jurídicas de uma confissão integral e sem reservas e não teria tido a consciência do exato significado do que lhe era perguntado, pelo que considerou que não poderiam ter-se por confessados os factos que integram a prática do crime, nomeadamente o elemento subjetivo tido por provado: o dolo do arguido.

O que pensar destas decisões?

II. A confissão integral e sem reservas corresponde à confissão *«que abrange todos os factos imputados»* e pressupõe que o arguido não acrescente factos novos suscetíveis de dar aos factos imputados um tratamento diferente do pretendido[75]. Nesta medida, como refere Paulo Pinto de Albuquerque[76], faz sentido que o Tribunal possa absolver o arguido por razões de natureza processual (pressupostos processuais ou nulidades) ou de natureza substantiva (relativas à qualificação jurídica dos factos), mas já não fará sentido que o Tribunal absolva o arguido por ter dado como não provados factos que o arguido confessou ou factos relativos a causas de exclusão da ilicitude ou da culpa.

Mas e se o arguido não tiver formulado qualquer reserva ou condição à sua confissão e tiver sido o Tribunal, e não o arguido, a considerar a existência no processo de prova da verificação de uma causa de exclusão da ilicitude ou da culpa, e, por isso, decidir absolver o arguido, deverá então considerar-se a confissão do arguido como sendo uma confissão com reservas ou meramente parcial? Talvez não. A confissão, seja qual for a modalidade em causa, terá de ter por objeto apenas os factos constantes da acusação e/ou da pronúncia e que sejam desfavoráveis ao arguido, pelo que, em princípio, não poderá abranger matéria relativa a causas de exclusão da ilicitude ou da culpa. Em qualquer dos casos, no Ac. TRC de 23.06.2004[77] decidiu-se a este respeito: *«O facto de,*

[75] Gonçalves (2009: 789).

[76] Albuquerque (2009: 867).

[77] Ac. TRC de 23.06.2004, Proc. 1923/04 (Serafim Alexandre), disponível em www.dgsi.pt.

nos termos do art.º 344º do CPP (confissão do arguido) se deverem ter por provados os factos da acusação (ou da pronúncia), tal não significa que o tribunal não possa e não deva, por exigência do art.º 340º, do mesmo diploma, averiguar toda a verdade possível sobre os pressupostos do crime não contidos naquela e decidir de acordo com eles».

4.4. A possibilidade de produção de prova adicional

Um outro problema que surge na jurisprudência é o de saber se a confissão integral e sem reservas do arguido obsta ou não à produção ulterior de prova em audiência, nomeadamente se a confissão: a) impede ou não (como decidiu o Ac. TRP de 13.01.1993)[78] o Tribunal de procurar esclarecer-se acerca das condições socioeconómicas e de comportamento do arguido e indagar sobre a extensão dos danos sofridos pelo ofendido; b) impede ou não (como decidiu o Ac. STJ de 09.10.1991)[79] a prova da defesa, para o efeito da escolha e da medida da reação criminal a aplicar.

Por exemplo, no Ac. TRP de 13.01.1993[80] entendeu-se que, ainda que a confissão do arguido seja integral e sem reservas, o Tribunal não está impedido de *«procurar esclarecer-se acerca das condições socio-económicas e comportamento daquele e indagar sobre a extensão dos danos sofridos pelo ofendido»*.

Por seu turno, na situação descrita no Ac. STJ de 09.10.1991[81] havia sido o arguido acusado pelo MP da prática, na forma tentada, de um crime de furto qualificado. Na audiência de julgamento, o arguido terá confessado a totalidade da matéria apurada e mostrou-se arrependido. Em face da confissão integral e sem reservas do arguido, o MP prescindiu do depoimento de todas as testemunhas. Em seguida, o Tribunal dispensou a produção da prova relativamente à matéria da acusação, passando a ouvir as testemunhas de defesa, quanto às condições sociais e personalidade do arguido. No final, o Tribunal decidiu condenar o arguido pela prática de um crime de furto qualificado, na forma tentada. O arguido interpôs recurso da decisão, invocando, além do mais, que: a) o Tribunal, dada a sua confissão integral e sem reservas dos factos constantes do libelo acusatório, dispensou a prova da acusação tornando-a

78 Ac. TRP de 13.01.1993, Proc. 9220643 (Vaz dos Santos), disponível em www.dgsi.pt.
79 Ac. STJ de 09.10.1991, Proc. 042083 (Ferreira Dias), disponível em www.dgsi.pt.
80 Ac. TRP de 13.01.1993, Proc. 9220643 (Vaz dos Santos), disponível em www.dgsi.pt.
81 Ac. STJ de 09.10.1991, Proc. 042083 (Ferreira Dias), disponível em www.dgsi.pt.

incontroversa; b) as testemunhas de acusação tinham conhecimento de factos essenciais para uma correta escolha da reação criminal, nomeadamente da suspensão da execução da pena; c) não foram recolhidos elementos essenciais para os efeitos dos arts. 71.º e 48.º do CP; d) o Tribunal limitou-se a ouvir duas testemunhas abonatórias (entre elas a mãe do arguido) cuja força probatória não tem hipóteses de igualar a das testemunhas dispensadas, violando-se o disposto nos arts. 323.º e 327.º do CPP ao interpretar-se o art. 344.º do mesmo diploma.

Dando de barato que teriam sido cumpridas na íntegra as formalidades prescritas no art. 344.º, apesar de tal não resultar da respetiva ata, o STJ analisou a questão de saber se, em face da confissão integral e sem reservas operada pelo arguido, o Tribunal *a quo* poderia ter decidido, em sua livre convicção, que não devia ter lugar a produção de prova relativamente à acusação e ordenado a produção de prova sobre tudo o que se relacionasse com as condições sociais e personalidade do arguido, circunstâncias indispensáveis para o exato doseamento da pena a aplicar. O STJ entendeu – e creio que bem – que quer na hipótese de confissão integral e sem reservas – com ou sem a verificação dos óbices descritos no n.º 3 do art. 344.º do CPP –, quer no caso da confissão parcial ou com reservas, o Tribunal manterá intacta a sua liberdade de apreciação quanto à questão de admitir ou não a confissão. Mas depois afirma e – aí cremos que de forma imperfeita – que, sendo assim, a confissão, mesmo no caso de ser admitida, não impede a produção de prova em audiência, mormente no que concerne à prova da defesa para o efeito da escolha e da medida da reação criminal a aplicar. Cremos que se confundem dois planos. Uma coisa é a liberdade de que o Tribunal goza no que respeita a admitir ou não a confissão, isto é, o poder apreciar a liberdade do arguido para confessar, a capacidade do arguido para entender a confissão e eventualmente o grau de esclarecimento do arguido sobre as consequências jurídicas da sua confissão. Outra coisa é a possibilidade e necessidade que o Tribunal tem de ordenar a produção de prova quanto à factualidade relevante para a escolha e a medida da pena. Esta possibilidade e necessidade surge porque a confissão, que tem por objeto os factos imputados ao arguido na acusação e/ou na pronúncia, não abrange os factos relevantes para a escolha e a medida da pena. Abrange apenas os factos imputados ao arguido na acusação e/ou na pronúncia.

4.5. A (im)possibilidade de valoração das "conversas informais"

I. Gostaríamos agora de analisar um tema muito discutido na jurisprudência nacional: a questão de saber se pode ou não ser valorada a (eventual) confissão do crime pelo arguido feita perante um OPC, com base na qual foi levantado o auto de notícia que o deu como agente daquele crime, caso o arguido se tenha remetido ao silêncio na audiência de julgamento.

Por exemplo, no caso do Ac. TRE de 13.01.2004[82], o arguido havia sido acusado da prática de um crime de condução sem habilitação legal de um automóvel. No julgamento, um soldado da GNR afirmou que, no exercício das suas funções, procedeu a diligências para apurar quem era o condutor do veículo que se tinha despistado. Tais diligências conduziram ao arguido, o qual, espontaneamente e no local onde foi encontrado, de viva-voz, lhe terá dito ter sido ele quem guiava a viatura. Acontece que em julgamento o arguido acabou por se remeter ao silêncio.

O Tribunal *a quo* considerou que não podia valorar o depoimento do soldado da GNR na parte relativa à confissão daquele, uma vez que tal violaria o disposto no n.º 7 do art. 356.º do CPP. Neste contexto, o arguido foi absolvido do crime que lhe fora imputado pelo MP.

Não se conformando com esta decisão, o MP interpôs recurso, por entender que o Tribunal *a quo* não poderia considerar provável que o arguido tivesse cometido o crime e ao mesmo tempo absolvê-lo. Além disso, no seu recurso o MP defendeu que o soldado da GNR não se teria limitado a reproduzir o depoimento de outrem e que o Tribunal poderia valorar livremente o depoimento indireto do referido soldado da GNR, que relatou «*uma conversa tida com o arguido, em que este admit*[iu] *a prática dos factos que lhe eram imputados, sendo que este, uma vez chamado a depor, se recus*[ou] *a fazê-lo no exercício do seu direito ao silêncio*».

Naturalmente não nos interessa discutir a eventual contradição existente na fundamentação do Tribunal *a quo*. A questão que nos interessa ponderar consiste em saber se, ao proibir a inquirição na qualidade de testemunha do OPC que recebeu e exarou em auto as declarações prestadas pelo arguido, o n.º 7 do art. 356.º do CPP também proíbe que a testemunha relate ao Tribunal

[82] Ac. TRE de 13.01.2004, Proc. 2175/03-1 (Manuel Nabais), disponível em www.dgsi.pt.

as diligências que diretamente realizou em ordem a concluir que o arguido era a pessoa que tinha cometido o crime.

No caso do acórdão, parece que o soldado da GNR não se terá limitado a reproduzir o depoimento de outrem. E será que o Tribunal pode valorar (ainda que livremente) o depoimento de uma testemunha que relate uma conversa tida com o arguido, em que este tenha admitido a prática dos factos que lhe eram imputados, quando este, tendo sido chamado a depor, se recuse a fazê-lo no exercício do seu direito ao silêncio?

No recurso que interpôs o MP sustentou isso mesmo e concluiu que, face ao depoimento do soldado da GNR e ao silêncio do arguido, existiam elementos suficientes para se proceder à condenação deste.

O TRE entendeu, porém, que importava distinguir, no depoimento da testemunha, três situações: a referente aos factos de que o soldado da GNR tomou conhecimento através das diligências por ele levadas a cabo, na sequência do acidente em causa (depoimento direto, que será apreciado segundo as regras da experiência e a livre convicção do Tribunal, nos termos do art. 127.º do CPP); a respeitante ao que o legal representante do *stand* terá dito ao soldado da GNR, ou seja, que o carro se encontrava na posse do arguido (depoimento indireto, que não pode, nessa parte, servir como meio de prova já que o legal representante não foi chamado a depor); e, finalmente, a relativa à "conversa informal" que o soldado da GNR terá mantido com o arguido, no decurso da qual este terá admitido a prática dos factos que lhe foram imputados na acusação.

No que concerne a esta última situação, estamos perante a questão do valor da prova resultante de "conversas informais" dos OPC com o suspeito ou alguém em vias de assumir a qualidade de arguido, ou mesmo já depois de como tal constituído, à margem, pois, da tramitação dos autos de inquérito, em conexão ou não com o denominado testemunho de ouvir dizer. Para o MP, precisamente porque se trata de "conversas informais", não há que falar em «*declarações cuja leitura não é permitida*», nos termos do n.º 7 do art. 356.º do CPP, pelo que os agentes podem ser inquiridos.[83]

[83] A menos que se lograsse obter prova convincente de que os agentes deliberadamente optaram por aquele meio de prova para fugir à proibição da leitura de declarações do arguido em julgamento. Aliás, diz também o MP, «*falta demonstrar que o artº 129º do CPP proíbe o depoimento por ouvir dizer quando quem diz é o arguido*». Por outro lado,

O TRE, divergindo deste entendimento e seguindo a linha do STJ, segundo a qual as "conversas informais" do arguido com agentes da PJ devem ser pura e simplesmente expurgadas de consideração e só podem ter valor probatório se transpostas para o processo em forma de auto e com respeito pelas regras legais de recolha de prova, em obediência ao princípio da legalidade, considerou que o uso de "conversas informais" não documentadas e fora de qualquer controlo traduzir-se-ia em fraude à lei. Para o TRE, se a inquirição, no processo, de uma pessoa suspeita da prática de um crime, com violação ou omissão das formalidades previstas nos n.ºs 1 a 3 do art. 58.º do CPP (atuais n.ºs 1, 2 e 4 do art. 58.º do CPP), implica, por exigência das garantias de defesa, que as declarações prestadas pela pessoa visada não possam ser utilizadas como prova contra ela, não se divisa qualquer razão plausível para que uma "conversa informal" com uma pessoa que ainda não tem o estatuto de arguido nem tem, por isso e nomeadamente, o direito de ser assistida por defensor, ou tendo tal estatuto não foi assistida por defensor, não tenha o mesmo tratamento. De acordo com o TRE, o "relato" das diligências realizadas pelo soldado da GNR incide sobre a confissão do arguido. E, dado que em julgamento o arguido se teria remetido ao silêncio, na perspetiva do TRE ficou inviabilizada a prova resultante da sua (eventual) confissão. Extrair ilações do silêncio do arguido, equivaleria, no entender do TRE, a negar-lhe o direito ao silêncio. E, por isso, o TRE concluiu: tendo-se o arguido remetido ao silêncio na audiência de julgamento, não pode ser valorada a sua (eventual) confissão do crime, feita perante um OPC, com base na qual foi levantado o auto de notícia que o deu como agente daquele crime.

II. No Ac. TRC de 09.07.2008[84] discutiu-se também essa questão: qual o valor probatório do depoimento prestado em audiência de julgamento

considera o MP que, estando os arguidos presentes na audiência, «*puderam, por isso, tomar posição perante os depoimentos prestados pelos [...] agentes e contribuir desse modo para minar a credibilidade desses depoimentos, já de si de relevo probatório muito reduzido*». E a circunstância de o arguido ter optado pelo direito ao silêncio não alteraria, segundo o MP, os dados do problema – Ac. TRE de 13.01.2004, Proc. 2175/03-1 (Manuel Nabais), disponível em www.dgsi.pt.

[84] Ac. TRC de 09.07.2008, Proc. 601/07.6GBCNT.C1 (Jorge Dias), disponível em www.dgsi.pt. O acórdão foi proferido por maioria e contou com um voto de vencido, sendo a factualidade relevante a seguinte: O arguido havia sido acusado da prática de um crime de condução de

por um agente da autoridade sobre o que ouviu de um interveniente em acidente de viação, que posteriormente veio a ser constituído arguido nos autos.

Para o TRC, um depoimento de um OPC, com o conteúdo do que ouviu da pessoa que inquiriu sobre o acidente de viação e que depois veio a ser constituída arguida, constitui prova que é legalmente admissível, sendo valorado dentro da livre apreciação pelo Tribunal, nos termos do art. 127.º do CPP. Trata-se de um meio legal de obtenção de prova. Para o TRC uma coisa é a leitura não permitida de declarações que tiverem recebido ou a proibição de inquirição das pessoas que a qualquer título tenham participado na sua recolha sobre o conteúdo dessas declarações. Outra é a obtenção de conhecimento dos factos pelos agentes da autoridade por modo diferente das declarações do arguido reduzidas a auto. As testemunhas, OPC, podem depor sobre factos de que possuam conhecimento direto obtido por meios diferentes das declarações que receberam do arguido no decurso do processo.

veículo em estado de embriaguez. Realizada a audiência de julgamento, considerou o Tribunal *a quo* provado, com base nas declarações de um militar da GNR que esteve no local depois do acidente em conjugação com o depoimento da testemunha vítima do acidente, que um indivíduo que não foi possível identificar teria conduzido um veículo que interveio num acidente de viação. Com base no talão do alcoolímetro, o Tribunal *a quo* considerou também que o arguido teria sido fiscalizado pela GNR e teria apresentado uma TAS de 2,82 g/l, e, segundo as regras da experiência, que o arguido bem saberia que se encontrava sob a influência do álcool. Mas, segundo o Tribunal *a quo*, não se teria provado que o arguido tivesse conduzido o veículo interveniente no acidente de viação. Com efeito, o militar da GNR reconheceu não ter assistido ao acidente e afirmou ter tomado conhecimento de ser o arguido o condutor do veículo porque *"foi ele que [o] informou"*. E a vítima do acidente de viação afirmou que não seria capaz de reconhecer o arguido ainda que o visse, pois não conseguiu ver nada, nem a matrícula nem o condutor do veículo. Neste contexto, considerou o Tribunal *a quo* que existiria apenas a "confissão" do arguido ao militar autuante como prova de que seria o mesmo o condutor do veículo em causa. Mas entendeu o Tribunal *a quo* não ser tal meio de prova atendível, por ter considerado que não poderiam as chamadas "conversas informais" dos arguidos com os agentes policiais ser valoradas em sede probatória. Para o Tribunal *a quo* o uso de "conversas informais" não documentadas e fora de qualquer controlo traduziria fraude à lei. Por isso, o Tribunal *a quo* absolveu o arguido da prática do crime de condução de veículo em estado de embriaguez. O MP interpôs recurso da decisão, invocando que: a) a testemunha ao referir no seu depoimento aquilo que o arguido lhe disse se teria limitado a agir dentro das suas competências, no sentido de descobrir o agente do crime; b) se trataria de um depoimento que deve ser valorado e não perante um depoimento inatendível; c) ao não ter valorado tal depoimento o Tribunal *a quo* teria feito uma interpretação errada do disposto no n.º 2 do art. 55.º e no art. 129.º do CPP.

Numa fase de pura recolha informal de indícios, que não é dirigida contra ninguém em concreto, as informações recolhidas pelas autoridades policiais são necessariamente "informais", dada a inexistência de inquérito. Ainda que provenham de eventual suspeito, essas informações não são declarações em sentido processual, precisamente porque não há ainda processo. Segundo o TRC, o que o art. 129.º do CPP proíbe são os testemunhos que visam suprir o silêncio do arguido, não os depoimentos de agentes de autoridade que relatam o conteúdo de diligências de investigação. O que se pretende através da proibição do depoimento indireto é que o Tribunal não acolha como prova um depoimento que se limita a reproduzir o que se ouvir dizer a outra pessoa. Para que seja valorado, exige-se a confirmação, com a consequente audição das pessoas de quem se ouviu dizer. No caso em apreço, a prova produzida imporia, de acordo com o TRC, que se tivesse dado como provado que o arguido era o condutor do veículo automóvel na altura em que se deu o acidente. E, por isso, o TRC concluiu: deve ser valorado em audiência de julgamento o depoimento de um agente da autoridade que, no exercício das suas funções, ao tomar conta de uma ocorrência, foi informado por um interveniente em acidente de viação, que era ele o condutor.

Por seu turno, o Juiz Desembargador que votou vencido entendeu que as "conversas informais" são conversas que não foram reduzidas a auto, pelo que são inexistentes. À luz do processo penal português, não seria simplesmente possível criar uma nova categoria processual de "conversas ou de atos informais", que seriam, aliás, de todo incongruentes com o estatuto processual conferido ao arguido. E a especial posição dos OPC implicaria uma impossibilidade conatural de se aceitarem "conversas informais". Se a conversa com os OPC tiver ocorrido antes de ter sido constituído arguido, por maioria de razão não poderão tais conversas ser usadas como meio de prova. Usá-las com tal fim violaria, flagrantemente, o estatuto do arguido. Admitir as "conversas informais" seria o mesmo que estar a obrigar o arguido a falar contra a sua própria vontade. Com base nestes argumentos concluiu o Senhor Juiz Desembargador que bem andou o Tribunal *a quo* ao não ter valorado a factualidade relatada pelo agente da autoridade, no segmento em que o arguido lhe confessou ser ele o condutor do veículo.

III. Vejamos agora o caso do Ac. TRG 31.05.2010[85].

Juntamente com um outro indivíduo cuja identidade não se apurou, o arguido imobilizou o veículo do ofendido e identificou-se perante este como agente da PJ. De seguida, revistaram o veículo, sem o consentimento do ofendido, tendo o indivíduo não identificado exigido que o ofendido lhe entregasse o dinheiro que tinha consigo. Como o ofendido recusou inicialmente a entrega do dinheiro, o arguido e o outro indivíduo, previamente acordados e em comunhão de esforços e com o mesmo desígnio criminoso, disseram-lhe que se não entregasse o dinheiro iria ter problemas, fazendo com que temesse pela sua integridade física. O ofendido entregou-lhes então uma determinada quantia em dinheiro. O arguido e o outro indivíduo ainda lhe retiraram um telemóvel, no momento em que lhe revistaram o veículo. O ofendido participou a ocorrência a um agente da PSP, tendo-lhe fornecido a matrícula do carro em que circulavam o arguido e o indivíduo não identificado. Na audiência de julgamento, prestaram depoimento o ofendido e o agente da PSP. Este afirmou que, a partir da matrícula que lhe foi fornecida, identificou o proprietário do veículo, a cuja casa de imediato se dirigiu. Esclareceu que, uma vez aí chegado, foi informado pelo dito proprietário que o seu filho, o arguido, que, como habitualmente, conduzia o carro em causa, ainda não tinha chegado. Afirmou que passados 10/15 minutos chegou o arguido ao volante do automóvel, que, instado, acabou por admitir a sua participação nos factos, atribuindo embora ao coarguido a sua autoria. O Tribunal *a quo* condenou então o arguido pela prática de um crime de roubo.

Inconformado com a decisão do Tribunal *a quo*, o arguido interpôs recurso, suscitando, além do mais, a questão da proibição de valoração das declarações do agente da PSP, por violação do disposto no n.º 7 do art. 356.º do CPP.

A questão que foi colocada ao TRG consistiu em saber se pode ser valorado ou não o depoimento de uma testemunha, agente da PSP, na parte em que este relatou que, após instado, o arguido *«acabou por admitir a sua participação nos factos, atribuindo embora ao co-arguido (...) a sua autoria»*.

Para o TRG, não está em causa a proibição que o n.º 7 do art. 356.º e o n.º 2 do art. 357.º do CPP determinam relativamente à prestação de depoimento

[85] Ac. TRG de 31.05.2010, Proc. 670/07PBGMR.G1 (Cruz Bucho), disponível em www.dgsi.pt.

pelos OPC sobre declarações que perante eles tenham sido prestadas[86]. O que está em causa, na perspetiva do TRG, é o tema das "conversas informais", não reduzidas a auto e consideradas processualmente inexistentes, e da sua valoração pelo Tribunal. E, seguindo a jurisprudência e a doutrina maioritárias, o TRG considerou inadmissíveis os depoimentos dos OPC que tenham por base "conversas informais". Além disso, para o TRG não interessaria distinguir entre "conversas informais" ocorridas na fase anterior à constituição de arguido e "conversas informais" ocorridas em momento posterior àquela constituição: ambas são inadmissíveis. Seguindo os Acs. STJ de 09.07.2003[87] e de 11.07.2001[88] e a doutrina maioritária, o TRG entendeu que o princípio da legalidade do processo e o estatuto do arguido impediriam que fossem consideradas como prova depoimentos de OPC, mesmo que sob a forma de "conversas informais", já que entendimento contrário implicaria que pudessem ser tomadas em conta, para efeitos de prova, declarações do arguido que não o poderiam ser caso constassem de auto cuja leitura não fosse permitida em audiência nos termos do art. 357.º, conjugado com o art. 355.º e o n.º 7 do art. 356.º todos do CPP. Para o TRG, tal solução constituiria manifesta ofensa do fim prosseguido pela lei com estas disposições, revelado pelo seu espírito, designadamente a salvaguarda dos princípios da oralidade, da imediação, da publicidade, do contraditório e da concentração[89].

4.6. O caso do recurso de revisão

No Ac. STJ de 23.11.2010[90] discutiu-se o seguinte problema: o arguido havia sido condenado pela prática de um crime de condução de veículo sem habilitação legal. Não se conformando com a decisão, o arguido terá interposto recurso de revisão, invocando que, ao contrário do que havia declarado na audiência de julgamento, confissão essa que foi decisiva para a condenação

[86] Sobre esta temática, cfr., entre outros, Damião da Cunha (1997), artigo que também interessa para o problema em discussão.

[87] Ac, STJ de 09.07.2003, Proc. 03P615 (Armando Leandro), disponível em www.dgsi.pt.

[88] Ac, STJ de 11.07.2001, Proc. 01P1796 (Lourenço Martins), disponível em www.dgsi.pt.

[89] Cfr. ainda o Ac. TRG de 11.04.2011, Proc. 625/07.3GAEPS.G1 (Tomé Branco), disponível em www.dgsi.pt.

[90] Ac. STJ de 23.11.2010, Proc. 1359/10.7GBBCL-A.S1 (Maia Costa), disponível em www.dgsi.pt.

do mesmo, à data dos factos estaria habilitado, não só a conduzir o veículo em questão, como inclusive outras categorias de veículos. Dado o insólito da questão, o arguido invocou ainda que apenas confessou a prática do crime pelo qual foi condenado porque, em tempos, quando ainda era emigrante perdeu a sua documentação nunca tendo logrado pedir uma segunda via da sua carta de condução, o que o teria levado a pressupor, dado o lapso temporal decorrido, que a mesma teria caducado.

Para o STJ não existiu dúvida que a confissão integral e sem reservas do arguido em julgamento, na qual a convicção do Tribunal se baseou exclusivamente, se mostraria contrária aos factos e que a mesma havia sido proferida em prejuízo do próprio arguido. Apesar de se tratar de uma situação insólita, pois o arguido não podia deixar de saber que estava habilitado a conduzir, ainda assim entendeu o STJ que o arguido poderia beneficiar do recurso de revisão (art. 449.º, n.º 1, al. *d)* do CPP). Segundo o STJ, ainda que a conduta do arguido tenha revelado uma boa dose de ingenuidade e de incapacidade para se defender, a sua confissão não estaria inserida numa estratégia processual de ocultação deliberada de provas para seu proveito, pois aquele comportamento só o poderia prejudicar, como de facto prejudicou. Ao confessar falsamente que não tinha carta de condução, o arguido não o teria feito, na perspetiva do STJ, para prosseguir uma estratégia ardilosa para enganar o Tribunal e beneficiar desse engano, tanto mais que acabou por ficar desfavorecido. Por isso, entendeu o STJ que o arguido não estaria impedido de se fazer valer do recurso de revisão.

5. Síntese conclusiva

A confissão no Direito Processual Penal português não se compreende apenas tendo em conta os quadros do instituto da confissão no Direito Civil e no Direito Processual Civil.

Há uma certa originalidade na formulação escolhida para o art. 344.º do CPP que, evidenciando alguma inspiração anglo-saxónica, dela se afasta na medida em que o legislador preveniu a possibilidade de confissões falsas ou sem qualquer correspondência com a realidade. O legislador foi cauteloso em relação à confissão do arguido, estabelecendo a possibilidade e o dever de o Tribunal controlar o carácter da confissão e a veracidade dos factos confessados.

No processo penal português a confissão do arguido representa a obtenção da prova sobre os factos imputados ao arguido através das suas declarações, constituindo objeto da confissão os factos constantes da acusação e/ou da pronúncia, sem abranger a qualificação jurídica.

O art. 344.º do CPP estabelece que devem ser explicadas ao arguido as consequências da confissão e que a confissão deve reunir um conjunto de características: ser livre, incondicional e integral. E as formalidades prescritas no art. 344.º do CPP terão que ser cumpridas sob pena de nulidade, integrando nalguns casos verdadeira proibição de prova.

Na fase de julgamento, mais propriamente na audiência, o valor da confissão depende da modalidade da confissão: prova plena (se a confissão for integral e sem reservas e não se verificar uma das situações do n.º 3 do art. 344.º do CPP) ou prova livre (se se verificar uma das situações do n.º 3 do art. 344.º do CPP ou a confissão for parcial ou com reservas). Nos casos do n.º 2 do art. 344.º do CPP, o que se encontra sujeito à livre convicção do julgador é apenas a aceitação da confissão como livre, integral e sem reservas. Se o julgador considerar a confissão livre, integral, verdadeira e sem reservas e não se tratar de um dos casos do n.º 3 do art. 344.º do CPP, em princípio terá de considerar provados todos os factos constantes da acusação e/ou pronúncia.

Uma coisa é a liberdade que o juiz tem de apreciar a liberdade do arguido para confessar, a capacidade do arguido para entender a confissão e eventualmente o grau de esclarecimento do arguido sobre as consequências jurídicas da sua confissão ou até da veracidade dos factos confessados. Outra, bem distinta, é a liberdade, que o juiz nesses casos não terá, de não considerar como assentes os factos objeto de uma confissão integral e sem reservas.

É duvidoso saber qual o valor da confissão do arguido relativamente ao concreto teor de álcool no sangue, uma vez que «*sendo a taxa de alcoolémia determinável pelo alcoolímetro ou por meio de análise ao sangue, a confissão do arguido, feita na audiência de julgamento, não pode abranger tal taxa, pois falta-lhe, para o efeito, razão de ciência*»[91].

[91] Ac. TRC de 04.05.2011, Proc. 332/10.0 GCPBL.C1 (Brízida Martins), disponível em www.dgsi.pt.

Nos casos em que o Tribunal aceita a confissão integral e sem reservas do arguido quanto aos factos que lhe são imputados (a ponto de considerar desnecessária outra prova), em princípio não poderá colocar reservas a tal confissão e corrigir a matéria de facto, dando como não provados os factos da acusação e/ou da pronúncia.

É também discutível que o Tribunal possa, no caso de confissão integral e sem reservas, averiguar toda a verdade possível sobre os pressupostos do crime não contidos naquela e decidir de acordo com eles.

O Tribunal pode ordenar a produção de prova quanto à factualidade relevante para a escolha e a medida da pena, já que a confissão, que tem por objeto os factos imputados ao arguido na acusação e/ou na pronúncia, não abrange os factos relevantes para a escolha e a medida da pena.

É difícil sustentar a possibilidade de valoração de (eventual) confissão do crime pelo arguido feita perante um OPC, com base na qual foi levantado o auto de notícia que o deu como agente daquele crime, nos casos em que o arguido se remeteu ao silêncio na audiência de julgamento, uma vez que estamos perante "conversas informais" processualmente inexistentes. Além disso, o princípio da legalidade do processo e o estatuto do arguido impedem que sejam considerados como prova depoimentos de OPC, encarregados de atos de investigação, referindo declarações do arguido (ou de alguém que devesse ser constituído como tal – cfr. arts. 58.º e 59.º do CPP), mesmo que sob a forma de "conversas informais", feitas a esses OPC, quando essas declarações não tiverem sido reduzidas a auto.

Referências

ALBUQUERQUE, Paulo Pinto de,
(2009) *Comentário do Código de Processo Penal*, 3.ª ed., Lisboa: UCE.

CASTRO, Anselmo de,
(1982) *Direito Processual Civil Declaratório*, vol. III, Coimbra: Almedina.

CUNHA, José Damião da,
(1997) "O regime processual de leitura de declarações na audiência de julgamento (arts. 356º e 357º do CPP)", in *Revista Portuguesa de Ciência Criminal*, ano 7, fasc. 3, Julho-Setembro 1997, pp. 403-443.

(2002) *O caso julgado parcial – questão da culpabilidade e questão da sanção num processo de estrutura acusatória*, Porto: UCE.

Ferreira, Manuel Marques,
(1988) "Meios de Prova", in *Jornadas de direito processual penal: o novo código de processo penal* (org. Centro de Estudos Judiciários), pp. 219-270.

Freitas, José Lebre de,
(1991) *A Confissão no Direito Probatório*, Coimbra: Coimbra Editora.
(2000) *A Acção Declarativa Comum à luz do Código Revisto*, Coimbra: Coimbra Editora.

Gonçalves, Manuel Maia,
(2009) *Código de Processo Penal Anotado*, 17.ª ed., Coimbra: Almedina.

Magistrados do Ministério Público do Distrito Judicial do Porto,
(2009) *Código de Processo Penal: comentários e notas práticas*, Coimbra: Coimbra Editora.

Mendes, Paulo de Sousa,
(2010) "A Prova Penal e as Regras da Experiência", in *Estudos em Homenagem ao Prof. Doutor Jorge de Figueiredo Dias* (org. Manuel da Costa Andrade et al.), vol. III, pp. 997-1011.

Rodrigues, Fernando Pereira,
(2011) *A Prova em Direito Civil*, Coimbra: Almedina.

Santos, Manuel Simas / Manuel Leal Henriques,
(2004) *Código de Processo Penal Anotado*, vol. II, Lisboa: Rei dos Livros.

Seiça, António Medina de,
(1999) *O conhecimento probatório do co-arguido*, Coimbra.

Silva, Germano Marques da,
(2008) *Curso de Processo Penal*, vol. II, 4.ª ed., Lisboa: Verbo, 2008.

Sousa, Miguel Teixeira de,
(1995) *As Partes, o Objecto e a Prova na Acção Declarativa*, Lisboa: Lex.

Veloso, Francisco,
(1989) "A Confissão Fatal", in *Revista de Investigação Criminal*, n.º 30, pp. 17-18.

CAPÍTULO II – VERDADE

Sumário

§ 4. ENTRE A VERDADE E A PROVA: ENSAIO SOBRE O JUÍZO PROBATÓRIO E A SUA COMPATIBILIZAÇÃO COM UMA PERSPETIVA PRAGMATISTA DA VERDADE*

1. Introdução

I. A discussão sobre o fim do julgamento e a decisão judicial, não sendo nova, assume ainda hoje grande relevância, em particular no que respeita à questão de saber se o julgamento e a sentença (civil ou criminal) têm um significado de verdade ou apenas um significado de prova ou de falta dela.

O tema da verdade surge ou é trazido à colação amiúde em conferências ou seminários nacionais ou internacionais votados ao domínio da prova jurídica ou do Direito Probatório civil ou penal. Não raras vezes também é suscitado em aulas (de processo civil ou de processo penal) que têm por objeto a prova.

* O presente estudo corresponde a um desenvolvimento de um texto inédito e que serviu de base à intervenção realizada no dia 18 de abril de 2015, no âmbito das Sétimas Jornadas de Teoria do Direito, Filosofia do Direito e Filosofia Social, que tiveram lugar nos dias 17 e 18 de abril de 2015, na FDUL. São devidos agradecimentos aos participantes das Sétimas Jornadas que apresentaram comentários críticos em relação à intervenção realizada e às pessoas que têm incentivado a realização de reflexões nos domínios da Filosofia do Direito, da Teoria do Direito e do Direito Probatório.

II. Tal como sucede com outros temas[1], verifica-se que a questão possui um estatuto de relevância que é simultaneamente teórico e prático.

Por essa razão também os chamados "práticos do direito" têm apresentado as suas perspetivas sobre o problema e as suas propostas para o solucionar.

Porém, as preocupações manifestadas e as abordagens apresentadas divergem consoante o plano de análise (teórico ou prático) que venha a ser adotado.

III. O contraste é notório entre, por um lado, os filósofos e teóricos do Direito e, por outro lado, os práticos do Direito.

Os filósofos e teóricos do Direito têm mostrado preocupação com a questão da verdade no processo judicial, mas muitas vezes sem destrinçarem a temática da verdade no Direito da temática da verdade do Direito[2] e sem se darem conta dos (ou investirem grande tempo com os) processos envolvidos no julgamento e na decisão judicial.

De modo diverso, os práticos do Direito (ou os também comummente designados "operadores jurídicos") e os processualistas têm frequentemente visto a questão da verdade como não sendo uma questão muito problemática e concentram-se essencialmente nos aspetos relativos à prática profissional[3].

Para os primeiros, a discussão do tema da verdade deverá ocorrer não só no plano epistemológico, como no plano da Filosofia e da Teoria do Direito, estando relacionado com problemáticas muito diversas (tais como, a linguagem no Direito[4], o erro das decisões[5], a coerência e o coerentismo jurídico como teoria alternativa da justificação de decisões sobre questões de direito e sobre questões de facto[6]) no seio das quais o tema terá de ser debatido e encontrar solução.

[1] Recorde-se o caso da equidade e a chamada de atenção para a importância de ser analisada, não só no plano da Teoria do Direito, mas também no plano da prática jurídica – cfr. Frada (2012: 110).

[2] Calheiros (2015: 70): *«É preciso (...) fazer aqui uma diferenciação importante entre a aplicação das teorias da verdade à questão de saber se o Direito é, em si mesmo, apofântico (isto é, se o Direito – as normas jurídicas – pode ser dito verdadeiro ou falso) e o problema da verdade no direito».*

[3] Jackson (1988: 23).

[4] Assim, por exemplo, Aguiar e Silva (2001: 33-47).

[5] Laudan (2008: 1 e 3).

[6] Amaya (2015), e Amaya (2013: 32 e ss.).

Já para os segundos trata-se de um tema de explicação relativamente fácil, na medida em que no processo, existindo apenas enunciados linguísticos, a verdade deverá ser sempre vista como uma verdade contingente, institucional e resultante da discussão ou do consenso possível em termos processuais, pelo que a conclusão obtida nunca poderá ser considerada um absoluto[7].

IV. Tendo presente esta dualidade de preocupações e esta divergência de pontos de vista, não se justifica efetuar, neste estudo, uma análise de todas as conexões existentes entre o tema da verdade, nas suas múltiplas manifestações, e o Direito.

Seria, aliás, impossível um empreendimento desses, tendo em conta a (inabarcável) bibliografia que existe sobre um tema tão antigo como o tema da verdade.

Realisticamente mais não será possível do que tentar fornecer uma justificação teórica possível para uma certa reabilitação da verdade no Direito ou que permita atribuir sentido às convicções habitualmente manifestadas segundo as quais o processo judicial tem por objetivo a verdade ou, pelo menos, que num processo judicial, sendo aquele objetivo inalcançável, a verdade não pode deixar ainda assim de assumir alguma relevância.

V. É assumida a premissa segundo a qual continua a justificar-se falar de verdade no processo judicial.

No que se segue procurar-se-á demonstrar, por um lado, que o juízo probatório que está presente no julgamento e na sentença manifesta uma verdade que reflete as experiências dos participantes processuais em relação à verdade

[7] Registe-se a seguinte passagem de Damele (2012: 103-104): «*se a realidade é, necessariamente, convencional, então, e com maior razão, não haverá nenhuma "verdade" para além de um dado contexto, social ou culturalmente determinado. Esta última afirmação poderá ser óbvia no âmbito jurídico. Os juristas, os juízes, os chamados "operadores jurídicos", estão acostumados a discutir sobre "a verdade judicial" de um dado caso, subententendo o facto, óbvio, de o acerto ou desacerto dos factos estar sempre, no contexto de um processo judicial, dependente dos constrangimentos institucionais típicos do processo ou, em palavras mais singelas, das regras processuais*». Também Aguiar e Silva (2012: 116) refere com interesse para a compreensão da perspetiva dos operadores jurídicos: «*o facto de os micro-relatos jurídicos apresentarem uma estrutura narrativa significa que se trata de uma articulação, argumentativa, dos acontecimentos, que não deve ser equiparada aos próprios acontecimentos. O drama é o da natureza mediada e, necessariamente construída e contingente, que sempre apresentam os factos carreados para o processo judicial*».

e é produzida através de procedimentos institucionais e, por outro lado, que o julgador e demais participantes processuais partilham a convicção de estarem a jogar um jogo de verdade e que o processo racional de decisão jurídica tem como objetivo a aceitação desta no sistema jurídico.

Para além da importância que assume para a compreensão do fim do julgamento e da decisão judicial, essa demonstração torna também viável, em nosso entender, uma outra discussão com indiscutível relevância para uma conceção realista do Direito[8], a que vários autores de forma consciente ou inconsciente vêm aderindo, e que se espera também conseguir abordar sucintamente neste estudo. Trata-se de saber se a verdade que é manifestada pelo juízo probatório, embora com particularidades e especificidades, está ou não construída ao jeito da tradição pragmatista clássica (Charles Sanders Peirce [1839-1914], William James [1842-1910] e John Dewey [1859-1952]) e/ou moderna (*v.g.*, Hilary Putnam [1926-2016], Jürgen Habermas e Robert Brandom). No fundo se aquela verdade pode ser entendida como uma verdade que está suportada pela intuição de existência de uma realidade independente das nossas crenças subjetivas[9], a qual se encontra ligada, tal como a objetividade, às nossas práticas sociais de justificação, mas não se confunde com estas, e que não assenta também numa perspetiva relativista negadora da existência da verdade, dos factos objetivos e das afirmações de validade universal ou sequer numa perspetiva convencionalista.

VI. Para fazer aquela demonstração e travar esta discussão iremos percorrer quatro etapas de análise.

Numa primeira etapa, será feita a explicação do problema da verdade no contexto do Direito, ou seja, do problema de perceber como se relaciona (se é que se relaciona) o sistema jurídico com a verdade, qual o conceito de verdade adotado pelo Direito e quais os critérios para a verdade que são considerados juridicamente relevantes. Para tal, importa desde logo expor sumariamente as diversas teorias que costumam surgir em confronto sobre o tema da verdade no Direito (as teorias da correspondência, as teorias da coerência, as teorias

[8] Sobre as relações entre a corrente filosófica pragmatista e o movimento do realismo jurídico norte-americano e, em particular, o contributo de Charles Sanders Peirce para este movimento, cfr. Kevelson (1986).

[9] Intuição defendida, desde logo, por William James – Kenny (2011: 147).

do consenso ou consensuais e as teorias procedimentais) e, no final, fazer um pequeno balanço sobre essas mesmas teorias. E, admitindo a existência de especificidades no Direito com reflexos na conceção da verdade adotada pelo jurista e pelo Direito – conclusão que já se antecipa –, interessa também: identificar quais são as particularidades do Direito face à moral; explicar as diferentes representações da verdade (ontológica e cognitiva) e as preocupações subjacentes ao Direito com as chamadas estruturas cognitivas da verdade (**2.**).

Na segunda etapa, procurar-se-á responder à questão de saber se o julgamento constitui ou não uma forma de determinação da verdade e, em caso afirmativo, de que tipo de verdade. Para o efeito, interessa: por um lado, fazer referência à distinção habitualmente realizada entre a verdade formal e a verdade material; por outro lado, chamar a atenção para as diferenças entre a questão da verdade em julgamento e questão da verdade no laboratório; finalmente, trazer à discussão a questão da presença no julgamento de uma pluralidade de narrativas e de uma narrativização da pragmática, sublinhando que essas circunstâncias assumem relevância para se compreender a razão da dificuldade que existe em associar o julgamento a uma forma de determinação da verdade (**3.**).

Na terceira etapa, discutir-se-á se a sentença (civil ou criminal) traduz, representa ou significa a verdade ou somente a prova jurídica. Para o efeito, importa: por um lado, explicar a relação entre a verdade e a prova jurídica; por outro lado, chamar a atenção para a distinção entre a verdade na decisão judicial e a verdade da decisão judicial; por outro lado ainda, fazer uma referência à visão da verdade da decisão judicial como tratando-se de mera justificação; finalmente, aludir ao problema e ao porquê da necessária inserção da controvérsia probatória na controvérsia global (**4.**).

Na quarta etapa, será apresentada uma síntese conclusiva do percurso efetuado e será ainda (mas apenas) tentada a compatibilização do juízo probatório que está presente no julgamento e na sentença com uma perspetiva pragmatista da verdade (**5.**).

Embora cada etapa seja dotada de autonomia, só percorrendo as quatro etapas teremos, ao menos, tentado fazer um esforço para compreender o apelo moderno à chamada "quaternidade filosófica clássica", sugerida como crítica (alegadamente justa) aos designados membros da *«guilda teológica»* e fundada na ideia (supostamente justificada) segundo a qual *«para se dizer a verdade é preciso saber-se contar até quatro»*[10].

2. A verdade no contexto do Direito

2.1. O problema da verdade

I. No domínio filosófico, o problema da verdade, considerado um dos temas básicos e mais permanentes[11] da filosofia ocidental (que pode ser encontrado retratado inclusive no poema de PARMÉNIDES[12]), tem gerado, como é sabido, as maiores discussões[13].

[10] SLOTERDIJK (2015: 11-12).

[11] Ou debatidos – DAMELE (2012: 97).

[12] A passagem relevante dos fragmentos do poema de PARMÉNIDES DE ELEIA (séc. VI-V, a.C.) é a seguinte (cfr. GOMES (1994: 175-176)): *«1. (...) A divindade recebeu-me com benevolência, tomou a minha mão direita, apertou-a na sua e disse: "Benvindo sejas, jovem, a quem as imortais aurigas trouxeram, tu, a quem este carro trouxe à nossa morada! Não foi uma sorte funesta que te guiou para estas paragens, mas sim o amor da Justiça e da Verdade. Deves ser elucidado sobre todas as coisas, já do coração incomovível da Verdade, já das humanas opiniões. Não deve dar-se o menor crédito às opiniões, mas devem conhecer-se para que, pelo estudo, saibamos qual o juízo a fazer da opinião. Afasta o pensamento dessa via, e não deixes que o hábito te leve a olhar para este caminho às cegas, às surdas, dizendo palavras insensatas! Aplica a razão para responderes ao enigma de que falei, à coragem só resta um caminho; medita o que se subtrai à visão e o que deixa ver-se! Não lograrás cindir o ser da sua continuidade, que nem se dissipa, nem se une. 2. Pois bem, vou falar, escuta e retém as minhas palavras, nas quais aprenderás as duas vias da indagação; a primeira afirma que o Ser é, e que o Ser não pode deixar de ser, sendo esta a via da Verdade, que faz a certeza; a segunda afirma que o Ser não é, que o Não-ser é, sendo esta via um estreito sendeiro, onde nada podemos aprender, uma vez que o Não-ser é inapreensível, estando para além de nós, inefável ... 3. Ser e pensar são um e o mesmo. (...)"»*. Nesta passagem, constata-se uma defesa da identidade entre ser e verdade, ou seja, a sustentação da ideia segundo a qual ser significa ser verdade (ZUBIRI, 1999: 15-19), inaugurando-se, através da chamada "Via da Verdade", uma nova era da filosofia: a era da ontologia, da metafísica ou da ciência do ser (KENNY (2010: 35)).

[13] Em geral, sobre o problema da verdade, cfr. AA.VV. (2001), AA.VV. (2005), e UPMEIER (2010: 136-147). Procurando abordar o tema da verdade em articulação com outros aspetos da filosofia do conhecimento e da intelecção e da teoria da realidade e sem desconsiderar a visão clássica do tema, cfr. ZUBIRI (1999). Isso sucede porque ZUBIRI considera que o marco adequado para o tratamento da verdade é o tema da intelecção, desenvolvido na sua trilogia: ZUBIRI (1980); ZUBIRI (1982); e ZUBIRI (1983). Cfr. PINTOR-RAMOS (1994: 21-30). Segundo o diagnóstico feito pelo Prof. NUNO NABAIS na sua apresentação sobre as "teorias da verdade" que teve lugar no dia 26.02.2015 na Faculdade de Ciências da Universidade de Lisboa, no âmbito do Seminário do Programa do Doutoramento Filosofia da Ciência, Tecnologia,

Na tradição realista (tal como na idealista), o uso predicacional da verdade explica-se em termos de uma relação de correspondência, ou seja, que linguagem e mundo (ou se se preferir sujeito e objeto), embora com estruturas entitativas próprias e em si mesmos heterogéneos, são trivialmente correspondentes a ponto de ser possível recorrer à definição da verdade como *adequatio rei et intellectus* (correspondência entre realidade e intelecto), sendo que essa correspondência entre a linguagem e o mundo (ou entre o entendimento e as coisas), dada através da exigência de uma relação de adequação que exige a coincidência dos termos num certo tipo de unidade[14], *«pode ser adequadamente expandida de modo a explicar exaustivamente o fenómeno da verdade»*[15]. Tal é possível porque se acredita na existência de uma verdade ontológica[16] que permite estabelecer a ligação entre a linguagem e o mundo (ou o entendimento e as

Arte e Sociedade, para além de não existir uma tradição na filosofia que seja homogénea nesta matéria, o tema da verdade está hoje desconsiderado na literatura, sendo igualmente difícil encontrar um *mainstream* (ou "nova onda") sobre o qual se possa "cavalgar" intelectualmente, ainda que existam várias obras dedicadas à verdade. Este último problema assumirá talvez menor relevância, pois, como afirmou Putnam (2002a: 19), *«qualquer «nova onda» de filósofos ignora, simplesmente, os discernimentos da onda anterior, no decurso do desenvolvimento dos que lhes pertencem»*, levando assim ao esquecimento desses discernimentos. Contra a desconsideração do tema da verdade está, em todo o caso, por exemplo, a filosofia de Zubiri (1999: 164), na qual se conclui: *«En este sentido, pienso que la verdad es un ingrediente esencial del hombre, y que todo intento – teórico o práctico – de aplastar la verdad sería en el fondo un intento – teórico y práctico – de aplastar al hombre. Estos intentos son un homicidio, que a la larga o a la corta se cobran la vida del proprio hombre»*.

[14] Pintor-Ramos (1994: 23-24). Na filosofia escolástica, em especial na obra de São Tomás de Aquino (1225-1274), surge uma distinção (entre, por um lado, a verdade suma e primeira que está no intelecto de Deus e, por outro lado, a verdade derivada que está no intelecto humano) que é considerada de extrema importância para a compreensão correcta da correspondência que pode existir entre a realidade e o intelecto, já que, embora se possa sustentar que a circunstância de a razão de uma pessoa refletir uma coisa tal como ela é em si mesma significa um encontro dessa pessoa com a verdade, esse encontro limita-se a *«um pequeno sector daquilo que realmente existe»* e não significará um encontro com *«a verdade na sua grandeza e integralidade»* – Ratzinger (2011: 158).

[15] Russell (2013: LV).

[16] Segundo Zubiri (2001: 37), a verdade ontológica pode significar a conformidade da realidade com um conceito. Essa verdade distingue-se da verdade lógica, que também se preocupa com a conformidade entre uma afirmação e as coisas, procurando, porém, funcionar, não como uma inteligência que mede a realidade, como sucede no caso da verdade ontológica, mas como um termo que mede a inteligência. No campo da verdade lógica poderá então falar-se em verdade quando se esteja na *«posesión intelectual de la índole de las cosas»*, ou seja, se dê o caso da inteligência revestir a forma própria das coisas – Zubiri (1974: 13).

coisas), sendo estes considerados originariamente heterogéneos e separados[17], o que significa que a verdade assume uma estrutura constitutivamente dual a partir da qual se vai procurar alcançar um certo tipo de unificação que permita explicar uma relação ambígua de familiaridade-estranheza entre ambos os termos[18].

Porém, mesmo admitindo a possibilidade de pressupor uma conformação ou uma conformidade entre linguagem e mundo (ou entre entendimento e coisas)[19] que permitisse afirmar a existência de uma relação entre ambos[20], tem-se entendido que, sendo o lugar originário da verdade o juízo predicativo[21] – visto este como conformidade ou referência de uma proposição

[17] Não assim na construção de ZUBIRI (1982: 261-270), já que, embora reconheça existir uma diferença entre a inteligência e o real, não considera tratar-se de uma separação. ZUBIRI defende que a verdade dual se caracteriza pela coincidência entre a inteligência e a realidade e que na estrutura complexa dessa verdade encontramos um meio que tem uma função de mediação entre a afirmação e o que a coisa é na realidade. É a partir da realidade que se estabelece a distância entre a inteligência e a coisa, o que torna possível dizer que o juízo afirma, não apenas a realidade, mas o que a coisa apreendida como real é na realidade. A inteligência situa-se relativamente à coisa como distanciada na realidade, pelo que é na realidade que encontramos uma coincidência (ou unidade) entre a afirmação e a coisa na realidade. Essa coincidência está na linha da própria intelecção. Por isso, ZUBIRI sustenta que a intelecção afirmativa tem uma estrutura medial, que consiste no movimento intelectivo no qual inteligimos o que a coisa real é na realidade.

[18] PINTOR-RAMOS (1994: 28-29).

[19] O que KANT recusou, depois de ter posto em causa com a revolução copernicana a correspondência entre o sujeito e o objeto, abandonando a teoria clássica da referência-similitude, o que veio a permitir inaugurar *«o justificacionalismo como perspetiva epistemológica nuclear na análise do conhecimento»* – CARRILHO (1990: 34-37).

[20] Na formulação atribuída a MIGUEL PSELLUS, a adequação do que se pensa ao que se pensa, do intelecto ao real, ou seja, o verdadeiro e não a verdade – VITORINO (2015: 85-86). ZUBIRI (1999: 20-21), embora colocando em dúvida que a atribuição seja correcta, cita SÃO TOMÁS DE AQUINO que atribui a ISAAC ISRAELI essa definição de verdade.

[21] No sentido de a verdade ser predicativa, cfr., entre nós, VITORINO (2015: 93). Ou se se quiser mera qualidade da predicação – ZUBIRI (1982: 254). No fundo, sustenta-se a recusa de um conceito extralinguístico de verdade. Todavia, essa recusa não parece constituir uma necessidade nem deve a posição oposta ser tida como um anacronismo. Nesse sentido, escreveu RATZINGER (2009: 99): *«Na filosofia actual, há muitos pontos fecundos, que partem do princípio segundo o qual o homem não é prisioneiro do jogo mutável das interpretações. Ele pode e deve buscar o caminho de saída para a realidade que está por detrás das palavras e que destas transparece. Não se trata de decisionismo, mas de dar voz às autênticas interrogações humanas. Ao invés, uma filosofia que se fecha à questão da verdade deve ser rejeitada como um produto do decisionismo. A tarefa da filosofia não pode ser a de se sujeitar a um cânone metodológico, válido porventura nos sectores particulares do pensamento. A*

à realidade expressada (ou seja, aquilo que se designa por verdade lógica e que se distingue da verdade ontológica por se preocupar com a conformidade das afirmações com as coisas e não da realidade com os conceitos)[22] –, não é possível individuar as entidades a que correspondam afirmações ou crenças verdadeiras ou apresentar uma semântica aceitável para falar destas entidades[23]. Como escreveu JÜRGEN HABERMAS, por força da *«constituição linguística do espírito humano»* ficamos *«presos no espaço dos motivos»*, estando, por isso, impedidos *«de nos colocarmos, por assim dizer, de vista desarmada num local entre a linguagem e a realidade»*, o que impossibilita também *«um acesso imediato às condições de validade das expressões»*[24]. Socorrendo-se de uma definição da verdade que tem como objetivo alcançar referências que assegurem a certeza de um determinado predicado ou de uma proposição, mostra-se então necessário, para obter alguma conformidade ou referência dessa proposição com a realidade por ela expressada, recorrer a pressupostos metaproposicionais, os quais não são, porém, considerados como capazes de fundar a verdade[25].

II. A ideia da verdade como correspondência veio a ser posta em causa por IMMANUEL KANT (1724-1804), em virtude da revolução copernicana

filosofia tem o dever de pensar a cientificidade na sua integralidade, de aferi-la criticamente e, ao mesmo tempo, de transcendê-la de um modo racionalmente responsável rumo àquilo que a ela, em geral, confere sentido». Manifestando-se claramente contra essa tendência de recusa de um conceito extralinguístico de verdade encontra-se, por exemplo, a filosofia de ZUBIRI.

[22] Sobre a distinção entre verdade lógica e verdade ontológica, cfr. ZUBIRI (2001: 37). Porém, segundo informa CARRILHO (1990: 32-33), na Metafísica de ARISTÓTELES é possível encontrar também uma conceção lógica da verdade a par de uma conceção ontológica da verdade, referindo que, embora o juízo seja comum no que tange ao lugar da verdade, o diferente sentido dado ao verbo "ser" conduz que na primeira se verifica um juízo de atribuição e na segunda ocorre um juízo de existência.

[23] DAVIDSON (1999: 15). Aliás, como demonstrou PUTNAM (1998: 115), *«é possível interpretar a nossa linguagem, no sentido de «interpretar» utilizado na teoria de modelos contemporânea, de modo que as frases de qualquer teoria consistente «concordem com a realidade» segundo uma correspondência própria»* e é também *«possível encontrar uma correspondência segundo a qual todas as frases da nossa linguagem conservem as suas actuais condições de verdade (até à equivalência lógica)»*.

[24] HABERMAS (2010: 21). Repare-se que esta afirmação de HABERMAS não equivale a dizer, como fez RORTY (*apud* BERNSTEIN (2010: 107)), que as verdades terão surgido apenas com a utilização da linguagem, uma vez que HABERMAS não pretende, como RORTY, ver-se livre de verdades e factos e dispensar a objetividade em favor da solidariedade.

[25] PINTOR-RAMOS (1994: 336-338).

que operou e na qual recusou a ideia de conformidade do conhecimento com o seu objeto[26], e também pela corrente pragmatista que, apresentando profundas divergências em relação à filosofia de KANT[27], foi inaugurada por CHARLES SANDERS PEIRCE e WILLIAM JAMES[28].

Para alguns filósofos pragmatistas, como JAMES, que procurou ainda assim ir *«ao encontro da noção comummente aceite de verdade, e não contra ela»*[29], as dificuldades que a verdade suscita na filosofia contemporânea respeitam ao próprio valor da verdade[30] e podem ser reconduzidas às seguintes questões:

[26] E o conduziu, tal como já em HUME, à teoria do dado dos sentidos, segundo a qual *«o conhecido e o «dado» estão separados do mundo que é conhecido através dos meios do dado»* – PUTNAM (1999: 298).

[27] CARRILHO (1990: 37).

[28] Sobre a corrente filosófica pragmatista, cuja paternidade foi atribuída a CHARLES SANDERS PEIRCE, mas por este mais tarde rejeitada, cfr., deste autor, (1998b) e (1998c), e, de JAMES (1997). Para maiores desenvolvimentos sobre a corrente pragmatista, cfr. as obras de BERNSTEIN (2010), e BACON (2012). A utilidade de referir a perspetiva dos pragmatistas sobre a verdade parece ser hoje um dado inquestionável e incontornável e é também aqui assumida como pressuposto, tanto mais que essa perspetiva surge também em obras de autores germânicos altamente influentes como é o caso de HABERMAS (2010: 181-274), e HABERMAS (2014: 339-384). No essencial, poderá dizer-se que os pragmatistas se diferenciam dos idealistas por considerarem que, embora existam factos, não é possível encontrar uma forma de transferir essa factualidade para a veracidade das proposições. Isto porque, como terá sublinhado PEIRCE, embora KANT tenha afirmado que a verdade seria a conformidade de uma representação com o seu objeto, a dificuldade estará em tornar esta ideia inteligível, aspeto em que não terá sido bem-sucedido e quando é certo que a mesma ideia parece remeter para uma ideia bem mais oculta: a ideia de realidade – HAACK (2014: 301, nota 28). Ciente desta dificuldade, ZUBIRI optou, como se referiu *supra* na nota 13, por tratar o problema da verdade em articulação com aspetos da filosofia do conhecimento e da intelecção e da teoria da realidade.

[29] KENNY (2011: 148). São claras a este propósito as palavras escritas pelo próprio JAMES no prefácio de "The Meaning of Truth: A Sequel to 'Pragmatism'", no qual retomou as principais ideias defendidas em *Pragmatism: A New Name for Some Old Ways of Thinking*: *«'Truth,' I there say, is a property of certain of our ideas. It means their agreement, as falsity means their disagreement, with reality. Pragmatists and intellectualists both accept this definition as a matter of course»* – JAMES (1909: prefácio v).

[30] JAMES (1907a: 142): *«Pragmatism, on the other hand, asks its usual question. "Grant an idea or belief to be true," it says, "what concrete difference will its being true make in anyone's actual life? How will the truth be realized? What experiences will be different from those which would obtain if the belief were false? What, in short, is the truth's cashvalue in experiential terms?"»*. Por isso, como identificou HABERMAS (2010: 209), pode dizer-se que a teoria de JAMES se aproxima da teoria dos sistemas de LUHMANN, em que a verdade *«afere-se (...) pela satisfação de funções de importância vital, sendo que a importância vital pode ser determinada por valores que devem ser de um organismo, de um género ou por imperativos de conservação de um sistema social»*.

1) «*What is the nature of our obligations with respect to truth?*»; 2) «*Why are we obligated to seek the truth, to tell the truth, to respect the truth, to live up to the truth, and so on?*»; 3) «*Why should we value truth rather than falsity?*»[31].

Perspetivada desta forma[32], a verdade adquire uma certa componente de normatividade[33] e, ao mesmo tempo, determina um claro afastamento em relação às perspetivas meramente descritivistas tradicionais: embora existam diferenças marcadas (por exemplo, no que respeita à relativização da verdade) em relação a outros pragmatistas tão ou mais influentes, James acabou por assentar também numa ideia da verdade relacionada com uma crença tida por satisfatória e não a identificou com a ideia de correspondência ou de acordo com a realidade, sendo que tal perspetiva também foi aceite por Peirce[34].

Atribuindo ao pensamento a função de produzir ideias capazes de satisfazer necessidades individuais, James foi conduzido a uma certa perspetiva relativista em relação à verdade: a verdade permitiria tornar algo aceitável à luz das nossas crenças e do confronto diário dessas crenças com experiências ou acontecimentos[35]. Para além de ter criticado as teorias dominantes da correspondência e da coerência, em virtude de estas teorias terem partido de um pressuposto comum e segundo o qual a verdade constitui uma propriedade fixa e estática e para a qual os seres humanos não contribuem ou

[31] Medina (2010: 126).

[32] A partir da obra de Thayer (1977) e (1981), começou a discutir-se se James teria defendido uma teoria pragmática da verdade ou antes uma teoria da verdade pragmática. Para um aprofundamento desta discussão, cfr. Moser (1983), e Jackman (1998).

[33] James (1907a: 142): «*True ideas are those that we can assimilate, validate, corroborate and verify. False ideas are those that we cannot. That is the practical difference it makes to us to have true ideas; that, therefore, is the meaning of truth, for it is all that truth is known-as. This thesis is what I have to defend. The truth of an idea is not a stagnant property inherent in it. Truth happens to an idea. It becomes true, is made true by events. Its verity is in fact an event, a process: the process namely of its verifying itself, its verification. Its validity is the process of its validation*». Aliás, essa normatividade conforma-se com a perspetiva assumida por James de rejeição daquilo que designou por "intelectualismo" ao considerar que «[t]*he mind does not observe a world complete in itself but acts* in *the world and, in so doing, changes it*» – Bacon (2012: 33).

[34] Carrilho (1990: 37-41).

[35] James (1907a: 143): « *From this simple cue pragmatism gets her general notion of truth as something essentially bound up with the way in which one moment in our experience may lead us towards other moments which it will be worth while to have been led to*».

não assumem qualquer papel[36], JAMES manifestou a sua preocupação com as verdades «*which we identify and use in our lives*», ou seja, com o papel desempenhado pela verdade nas nossas vidas[37]. Isto porque, segundo JAMES, a verdade deve estar ao serviço dos interesses práticos, embora tal não implique nem tenha de implicar a igualação da verdade à utilidade: as ideias verdadeiras são úteis porque nos levam a atuar de certo modo que é concordante com a realidade[38]. Mas a adoção de uma tal conceção da verdade não viria a significar, na opinião de JAMES, considerá-la como um fim em si, nem sequer como um ponto de partida arbitrário para a explicação e a justificação. Significaria sim reconhecer que o valor da verdade tem características pragmáticas gerais na nossa prática, tanto mais que se costuma entender que o facto de uma ideia ou crença ser verdadeira produz uma diferença concreta na nossa vida[39]. É através da verdade que o homem consegue resolver ou apaziguar a tensão interior em que vive entre, por um lado, as crenças que possui e, por outro lado, as experiências e acontecimentos muitas vezes incompatíveis com essas crenças com que é amiúde e diariamente confrontado[40]. Como referiu JAMES, uma vez que o verdadeiro «*is only the expedient in the way of our thinking*»[41], ou seja, vem a significar aquilo que é aceitável como solução para a tensão entre as crenças que possuímos e as experiências e os acontecimentos com que somos confrontados[42], então «*the cash-value of truth*» passará a explicar-se em termos experienciais, o que significa que ocorrerá uma devolução da verdade para o mundo da experiência concreta e da *praxis* na qual a verdade funciona: as verdades representam, desta forma e essencialmente, guias fáceis para a nossa vida e prática, para as nossas atuações e prática, já que as crenças verdadeiras

[36] JAMES (1907a: 142): «*The truth of an idea is not a stagnant property inherent in it. Truth happens to an idea. It becomes true, is made true by events. Its verity is in fact an event, a process: the process namely of its verifying itself, its verification*».

[37] BACON (2012: 33-34).

[38] PUTNAM (1999: 290-291).

[39] JAMES (1907a: 143): «*the possession of true thoughts means everywhere the possession of invaluable instruments of action; and that our duty to gain truth, so far from being a blank command from out of the blue, or a 'stunt' self-imposed by our intellect, can account for itself by excellent practical reasons. The importance to human life of having true beliefs about matters of fact is a thing too notorious*». Cfr. JAMES (1907b: 75): «*An idea is 'true' so long as to believe it is profitable in our lives*».

[40] CARRILHO (1990: 40-41).

[41] JAMES (1907b: 222).

[42] CARRILHO (1990: 41).

são entendidas como constituindo hábitos fiáveis para a ação[43]. Segundo JAMES, as verdades antigas têm um valor epistémico[44], uma vez que as nossas atividades epistémicas necessitam de se basear no *stock* de verdades previamente estabelecidas nas nossas transações com o mundo. Mas essas verdades antigas não podem impedir a abertura à novidade experiencial, devendo ser utilizadas para permitir relações satisfatórias com outras partes da nossa experiência, isto é, para conduzir a novas verdades[45]. Aliás, as crenças, embora fundadas na experiência, fazem parte, elas próprias, da totalidade da experiência do mundo e tornam-se a base para as nossas atuações posteriores[46]. Por isso, não podemos, no entender de JAMES, basear-nos acriticamente em verdades fixas, nas experiências e valorações de outros ou nas nossas experiências e valorações passadas (que integram apenas instrumentos ou modos mentais de adaptação à realidade)[47], sob pena de ocorrer aquilo que o mesmo autor designou por «*mental death*». Para JAMES as verdades têm de se relacionar com os indivíduos em cuja vida podem fazer diferença, nas suas experiências e valorações, o que implica que se deve considerar a verdade ligada àquilo que os mesmos consideram útil ou entendem ser vantajoso acreditar[48]. Contudo, na opinião de JAMES, se os factos determinam provisoriamente as nossas crenças, ao fazerem-nos atuar também fazem surgir novos factos que redeterminam

[43] JAMES (1909: prefácio v-vi): «*'Where our ideas* [do] *not copy definitely their object, what does agreement with that object mean? Pragmatism asks its usual question. "Grant an idea or belief to be true," it says, "what concrete difference will its being true make in any one's actual life? What experiences* [may] *be different from those which would obtain if the belief were false? How will the truth be realized? What, in short, is the truth's cash-value in experiential terms?" The moment pragmatism asks this question, it sees the answer: True ideas are those that we can assimilate, validate, corroborate, and verify. False ideas are those that we cannot. That is the practical difference it makes to us to have true ideas; that therefore is the meaning of truth, for it is all that truth is known as*».

[44] Porém, para uma crítica à ideia de verdade como um ideal epistémico, cfr. NOLT (2008).

[45] PUTNAM (1999: 290).

[46] JAMES (1907a: 151).

[47] PUTNAM (1999: 290).

[48] JAMES (1909: 199): «*truth, concretely considered, is an attribute of our beliefs, and that these are attitudes that follow satisfactions. The ideas around which the satisfactions cluster are primarily only hypotheses that challenge or summon a belief to come and take its stand upon them. The pragmatist's idea of truth is just such a challenge. He finds it ultra-satisfactory to accept it, and takes his own stand accordingly*». A caracterização da verdade como aquilo que se considera útil ou que se entende ser vantajoso acreditar não significa que, para JAMES, as crenças verdadeiras não possam ser distinguidas das crenças bem-sucedidas (temporariamente) – PUTNAM (1998: 51, nota 8).

novas crenças (ou verdades)[49]. Por isso, as verdades não podem ser apenas encontradas, como sugere a tradição racionalista; têm de ser criadas ou recriadas na experiência para se manterem vivas[50]. A natureza performativa da verdade, aplicável às verdades disponíveis e à verdade absoluta para as quais contribuem as verdades disponíveis[51], implica então que a verdade tenha de ser produzida (*«made»*)[52], o que significa que as ideias e os pensamentos têm de ser tornados verídicos[53]. Daí o sentido de verdade como verificabilidade (*«verifiability»*), ou seja, *«as the expedient or the satisfactory in the way of belief, as successful leading»*, e a ideia *«of truths becoming true as we verify them»*[54]. Como escreveu JAMES, *«true ideas are those that we can assimilate, validate, corroborate and verify»*[55]. Isso implica que sejam feitas análises epistémicas da verdade, simultaneamente retrospetivas (tendo em conta as verdades anteriores) e prospetivas (tendo em conta as novas verdades), e que a verdade, produto de uma pesquisa esforçada e atenta, venha a ser vista como uma forma de responder à experiência na sua totalidade (à experiência absolutamente completa)[56], ou seja, pressupõe que se faça prevalecer uma perspetiva filosófica que JAMES abraçou e designou por

[49] JAMES (1907a: 151): *«In the realm of truth-processes facts come independently and determine our beliefs provisionally. But these beliefs make us act, and as fast as they do so, they bring into sight or into existence new facts which re-determine the beliefs accordingly. So the whole coil and ball of truth, as it rolls up, is the product of a double influence. Truths emerge from facts; but they dip forward into facts again and add to them; which facts again create or reveal new truth (the word is indifferent) and so on indefinitely. The 'facts' themselves meanwhile are not true. They simply are. Truth is the function of the beliefs that start and terminate among them»*.

[50] JAMES (1907a: 142): *«it says, "what concrete difference will its being true make in any one's actual life? How will the truth be realized? What experiences will be different from those which would obtain if the belief were false? What, in short, is the truth's cash value in experiential terms?»*.

[51] PUTNAM (1999: 291).

[52] Escreveu JAMES (1907a: 151): *«like the half-truths, the absolute truth will have to be* made, *made as a relation incidental to the growth of a mass of verification-experience, to which the half-true ideas are all along contributing their quota»*.

[53] JAMES (1909: prefácio vi): *«The truth of an idea is not a stagnant property inherent in it. Truth happens to an idea. It becomes true, is made true by events. Its verity is in fact an event, a process, the process namely of its verifying itself, its verification. Its validity is the process of its validation»*. Por isso, como escreveu KENNY (2011: 148), para uma afirmação ser verdadeira, segundo JAMES, não basta que a mesma corresponda à realidade, sendo ainda necessário que essa correspondência possa ser verificada e corroborada.

[54] HAACK (2014: 299).

[55] JAMES (1908: 201).

[56] PUTNAM (1999: 291).

«radical empiricism»[57]: contra a tradição de DAVID HUME (1711-1776) e KANT, JAMES sustentou, seguindo a sugestão do senso comum, que *«percebemos directamente coisas externas»*[58]. Segundo essa perspetiva, não é só a experiência que se encontra em mutação, mas também a própria realidade e a própria verdade estão em mutação: diferentemente do que preconiza o racionalismo, a verdade das ideias que temos sobre a realidade está assim relacionada com a nossa experiência, na medida em que a verdade influencia o conteúdo da experiência e a própria realidade[59].

III. Mas, contra a ideia da verdade ter uma natureza performativa, objetaram alguns autores no sentido de que não se deveria fazer coincidir a verdade com os métodos utilizados para a obtenção de enunciados verdadeiros ou de imperativos corretos, tanto mais que estaríamos perante noções distintas[60] e, no caso da posição de JAMES, a defesa da existência de uma ligação da verdade

[57] JAMES (1909: prefácio xii).

[58] PUTNAM (1999: 299 e, para uma explicação mais detalhada do empirismo radical de JAMES, 301 e ss.).

[59] James (1907a: 151-152): *«The most fateful point of difference between being a rationalist and being a pragmatist is now fully in sight. Experience is in mutation, and our psychological aseertainments of truth are in mutation-so much rationalism will allow; but never that either reality itself or truth itself is mutable. Reality stands complete and ready-made from all eternity, rationalism insists, and the agreement of our ideas with it is that unique and timeless virtue in them of which she has already told us. As that intrinsic excellence, their truth has nothing to do with our experiences. It adds nothing to the content of experience. It makes no difference to reality itself; it is supervenient, inert, static, a reflection merel»*.

[60] Desde logo, a noção de verificação não se confunde com a de verdade, tanto mais que verificar algo envolve demonstrar que algo é verdadeiro, ou seja, envolve uma noção epistémica (demonstrar) e a noção de verdade, não se confundindo assim com um dos seus elementos constituintes. Sobre essa crítica e a sua desadequação à teoria consensual da verdade, cfr. HABERMAS (2010: 210-211). Reagindo à crítica racionalista de se tratar de noções distintas, escreveu JAMES (1909: prefácio xv): *«What our critics most persistently keep saying is that though workings go with truth, yet they do not constitute it. It is numerically additional to them, prior to them, explanatory of them, and in no wise to be explained by them, we are incessantly told. The first point for our enemies to establish, therefore, is that something numerically additional and prior to the workings is involved in the truth of an idea»*. E, mais à frente (*idem*: 152-153), acrescentou: *«Our critics say that when we are asked what truth means, we reply by telling only how it is arrived-at. But since a meaning is a logical relation, static, independent of time, how can it possibly be identified, they say, with any concrete man's experience, perishing as this does at the instant of its production? This, indeed, sounds profound, but I challenge the profundity. I defy any one to show any difference between logic and psychology here»*.

àquilo que os indivíduos consideram útil acreditar[61] veio a gerar uma acesa controvérsia daquele pensador com Bertrand Russell (1872-1970) e com Willard van Orman Quine (1908-2000) da qual aquele não terá aparentemente conseguido sair vencedor[62].

Em qualquer dos casos, diversos filósofos, incluindo alguns que pertencem à chamada "corrente pragmatista", na qual se inclui James, embora também rejeitem a teoria da verdade como correspondência[63], tal como a generalidade

[61] James fez apelo à ideia segundo a qual a verdade de uma ideia estaria dependente da sua satisfatoriedade («*satisfactoriness*») – James (1909: 154). Deste modo, a verdade de uma crença estaria dependente «*das suas consequências ou, melhor dizendo, das consequências de acreditar nela*» – Kenny (2011: 147).

[62] Bacon (2012: 35). Embora James, respondendo àquilo que designou por sexto mal-entendido dos intelectualistas em relação à sua perspetiva pragmatista da verdade, tenha escrito (1909: 204-205): «*For the anti-pragmatist these prior timeless relations are the presupposition of the concrete ones, and possess the profounder dignity and value. The actual workings of our ideas in verification-processes are as naught in comparison with the 'obtainings' of this discarnate truth within them. For the pragmatist, on the contrary, all discarnate truth is static, impotent, and relatively spectral, full truth being the truth that energizes and does battle. Can any one suppose that the sleeping quality of truth would ever have been abstracted or have received a name, if truths had remained forever in that storage-valult of essential timeless 'agreements' and had never been embodied in any panting struggle of men's live ideas for verification? Surely no more than the abstract property of 'fitting' would have received a name, if in our world there had been no backs or feet or gaps in walls to be actually fitted. Existential truth is incidental to the actual competition of opinions. Essential truth, the truth of the intellectualists, the truth with no one thinking it, is like the coat that fits tho no one has ever tried it on, like the music that no ear has listened to. It is less real, not more real, than the verified article; and to attribute a superior degree of glory to it seems little more than a piece of perverse abstraction-worship*».

[63] O abandono da definição ou explicação da ideia global da verdade «*nos termos de uma «correspondência» entre* itens *numa linguagem e* itens *numa realidade fixa independente de teorias*» foi sustentado por Putnam (1999: 116). No entanto, o abandono da teoria da correspondência não determina, por si só, uma perda de importância da questão da verdade. Desde logo, porque o reconhecimento da incapacidade de recurso à noção de correspondência para os casos em que é necessário fornecer razões para suportar as nossas afirmações ou recorrer às nossas práticas sociais de justificação não impõe, como sugere Rorty, a adopção de uma perspetiva relativista negadora da verdade, dos factos objetivos e das afirmações de validade universal, sendo apenas necessário recorrer a uma conceção pragmática robusta de objetividade – Bernstein (2010: 108-110). Além disso, como também afirmou Putnam (1998: 107), «[o] *colapso de um grande número de explicações filosóficas alternativas da verdade é uma coisa muito diferente do colapso da própria noção de verdade*». Aliás, segundo Putnam (1998: 158 e 184), alguns desconstrucionistas como Jacques Derrida (1930-2004) e alguns irrealistas como Nelson Goodman (1906-1998), nunca chegaram, ao contrário de outros desconstrucionistas como Rorty, a colocar em causa a importância da noção de verdade ou a sugerir o seu abandono, embora tenham defendido a incoerência dessa noção ou encontrado na noção problemas.

dos pragmatistas, têm vindo a suscitar uma outra questão. Questionam-se sobre a própria importância da verdade[64], perguntando: será a verdade um objetivo da investigação, como terá sustentado PEIRCE[65]?

Para RICHARD RORTY (1931-2007) e DONALD DAVIDON (1917-2003) a resposta não pode deixar de ser negativa[66]: a investigação tem por objetivo encontrar prova substanciadora para as nossas crenças[67] e não existe nada que possamos fazer para tentar firmar as nossas convicções. Ou seja, mesmo que a verdade seja um objetivo da investigação (o que DAVIDSON recusou e RORTY aceitou, mas não como um objetivo autónomo) e que seja um conceito de importância central para a investigação, *«não existe forma de identificar se foi atingido esse objetivo»*, mas apenas *«quando justificámos as nossas crenças»*[68]. Isto implica traçar uma distinção entre verdade e justificação, como sustentou RORTY, mas que terá sido aparentemente rejeitada por ele[69].

Essa distinção entre verdade e justificação é tida como possível por diversos pragmatistas[70], uma vez que consideram que, mesmo adotando uma

[64] Fora da corrente pragmatista, sublinhando a existência de uma dimensão antropológica da verdade, relacionada com a configuração de estruturas no homem que lhe permitem construir certas dimensões da realidade como sendo verdadeira, cfr., por exemplo, ZUBIRI (1999), que conclui (164): *«pienso que la verdad es un ingrediente esencial del hombre, y que todo intento – teórico o prático – de aplastar la verdad sería en el fondo un intento – teórico y prático – de aplastar al hombre. Estos intentos son un homicidio, que a la larga o a la corta se cobran la vida del proprio hombre»*. A perspetiva de ZUBIRI sobre a verdade apresentada no curso que esteve na base da obra citada (lecionado em 1966) veio a ser aperfeiçoada na sua trilogia ZUBIRI (1980), ZUBIRI (1982) e ZUBIRI (1983).

[65] Sobre o fim da investigação em PEIRCE e os problemas associados à atribuição de um significado a esse fim, cfr. BERNSTEIN (2010: 111-113).

[66] No caso de RORTY, essa posição parece ser o resultado de uma perda de confiança do autor nos conceitos de prova, verdade, investigação, etc., mas que conduz a uma ideia – provavelmente criticável – de verdade como pura convenção social – HAACK (2015a: 2-3).

[67] A crença, na teoria da verdade de RUSSELL, é um juízo, mais propriamente a *«relação de acreditar ou ajuizar, que relaciona a mente com várias coisas além de si própria»* – RUSSELL (2013: 185-186). Sobre os diferentes métodos de fixação da crença (tenacidade, autoridade, *a priori* e científico), assinalando-lhes vantagens e inconvenientes, cfr. PEIRCE (1998a).

[68] BACON (2012: 102). Aliás, como assinalou RUSSELL (2013: 179), poderá sempre dizer-se que se verifica um dualismo no que respeita ao conhecimento de verdades, sendo tão possível acreditar naquilo que é falso como naquilo que é verdadeiro.

[69] Não significa, no entanto, que RORTY não tenha atribuído à verdade *«um "cautionary" role (...) that is distinct from justification»* – BERNSTEIN (2010: 111). Sobre a posição de RORTY e a controvérsia por este travada com HABERMAS, cfr. HABERMAS (2010: 235-274).

[70] Em alternativa, HAACK (2015a: 4-6), parece apontar para uma outra perspetiva: na sua opinião, a investigação genuína constitui uma tentativa de descobrir a verdade sobre algo,

conceção pragmatista da objetividade, a ligação da verdade e da objetividade às práticas sociais de justificação não terá de conduzir a uma identificação nem a um afastamento da verdade e da objetividade em favor da justificação[71]. Existe efetivamente, como mais tarde HABERMAS também veio a reconhecer e que o levou a abandonar a defesa de um conceito epistémico de verdade[72], uma diferença entre as nossas crenças estarem justificadas e as nossas crenças serem verdade: «*A justificação é relativa em relação a muitas coisas: à disponibilidade da prova, ao custo da sua obtenção, ao nosso público, aos nossos padrões de suporte probatório, e assim por diante. A verdade não é relativa desta forma*»[73].

Porém, quais seriam as vantagens e as implicações de uma tal distinção? No programa de RORTY a verdade e a justificação surgiram como idênticas[74], aparentemente devido ao facto de o mesmo ter inicialmente considerado[75] que essa identificação corresponderia à boa tradição pragmatista. Mas, sendo a justificação uma norma por exigir certas condições adicionais (ideais) para tornar verdadeira uma afirmação ou crença justificada, teríamos então de concluir, a aceitar-se aquela identidade, que a verdade também é uma norma, o que RORTY não conclui. Não obstante, talvez possamos assentar que

mas não a verdade num sentido quase religioso. Será o resultado da descoberta de prova que suporta ou garante uma determinada conclusão que não está previamente determinada. Essa prova será melhor ou pior consoante os respetivos graus de suporte, de segurança e de amplitude, mas a sua relevância depende do conhecimento dos factos sobre o mundo, os quais nos são muitas vezes transmitidos por outros (sejam ou não peritos na matéria).

[71] BERNSTEIN (2010: 110).

[72] HABERMAS (2010: 24-25).

[73] DAVIDSON (1999: 16).

[74] Escreveu RORTY (1995: 281): «*Pragmatists think that if something makes no difference to practice, it should take no difference to philosophy. This conviction makes them suspicious of the philosopher's emphasis on the difference between justification and truth. For that difference makes no difference to my decisions about what to do. If I have concrete, specific doubts about whether one of my beliefs is true, I can only resolve those doubts by asking if it is adequately justified – by finding and assessing additional reasons pro and con. I cannot bypass justification and confine my attention to truth. Assessment of truth and assessment of justification are, when the question is about what I should believe now,* [...] *the same activity*». Contra essa identificação estão, porém, diversos autores da tradição pragmatista, conforme dá conta BERNSTEIN (2010: 110 e 113).

[75] Essa identidade, que aparentemente resulta de uma passagem da sua obra (*Philosophy and the Mirror of Nature*), foi geradora de crítica e motivou mais tarde RORTY a sentir a necessidade de enfatizar a diferença entre a verdade e a justificação – BACON (2012: 102).

a verdade e a justificação são efetivamente diferentes[76], na medida em que existirá algo mais sobre a verdade que não se encontrará na justificação. Desde logo, verifica-se que assegurar a justificação das nossas afirmações ou crenças não é garantia (isto é, não é suficiente para que se possa dizer) que essas afirmações ou crenças não sejam falsas[77]. O que hoje se encontra justificado, mesmo *«com as melhores intenções e os mais rigorosos padrões de justificação»*, pode vir a constatar-se que, afinal, não representa *«uma perspetiva correta do que é a realidade objetiva»* e, apesar disso, não deixará certamente de ser considerado legítimo falar de verdades *«que nunca serão justificadas»*[78]. Esse algo mais sobre a verdade teria então a ver com o discurso, a crença e as atitudes avaliativas, como sustentou DAVIDSON. Mas, nesse caso, haveria que acreditar na existência de uma noção comum de verdade[79] e que essa noção poderia ser alcançada recorrendo às práticas sociais (ou intersubjetivas) de justificação com as quais aquela noção se encontra internamente conectada, sejam tais práticas caracterizadas através de ideias regulativas ou condições ideais – como sugeriram PUTNAM, HABERMAS e KARL-OTTO APEL (1922-2017) – ou por recurso às diferentes perspetivas dos participantes consideradas essencialmente controversas, concorrentes e não privilegiadas – ALBRECHT WELLMER (1933-2018)

[76] O que DAVIDSON também defendeu ao recusar a simples identificação da verdade com a crença justificada e RORTY terá sentido a necessidade de esclarecer – BACON (2012: 89, 90 e 102). A afirmação da diferença entre verdade e justificação, que está presente na obra de vários pragmatistas (BERNSTEIN (2010: 110 e 113)), poderá constituir, aliás, uma necessidade, pois, como mais tarde concluiu HABERMAS, permite evitar *«uma assimilação da verdade de enunciados à validade de juízos e normas morais»* que faria perder *«o sentido da verdade em termos da* transcendência justificativa *de enunciados que se referem a objectos num mundo objectivo que existe de um modo independente da sua descrição»* – HABERMAS (2010: 24).

[77] BACON (2012: 90, 102 e 129): *«a belief may meet all of our standards of evidence, and have persuaded all who have inquired into the matter, and yet not to be true»*; *«Rorty emphasizes that the fact that something is taken to be true is in no way indicative of whether it is in fact true. (...) Rorty maintains that there is a difference between justification and truth; a belief, no matter how well supported by reasons and evidence, mas yet turn out to be untrue»*.

[78] BERNSTEIN (2010: 115).

[79] Como a que defendeu RUSSELL (2013: 179-189), ao adoptar uma teoria metafísica da verdade, mas que terá sido rejeitada por RORTY por força da sua viragem pragmática e que em seu entender conduz a uma compreensão não realista ou anti-realista do conhecimento. Adotando uma perspetiva diferente, PUTNAM (1999: 115), sustenta que *«existe uma noção de verdade, ou, mais humildemente, de estar (certo), que usamos constantemente e que não é de modo algum a noção do realista metafísico sobre uma descrição que corresponde (a factos nominais)»*.

e Robert Brandom[80]. No fundo, como escreveu Davidson, o que também o distingue claramente de alguns pragmatistas clássicos[81] mas ainda assim não impede a sua inclusão na tradição pragmatista[82], poderíamos então dizer que *«there really are people, mountains, camels and stars out there, just as we think there are, and those objects and events frequently have the characteristics we think we perceive them to have. Our concepts are ours, but that doesn't mean they don't truly, as well as usefully, describe an objective reality»*[83].

2.2. As teorias da verdade no Direito

As dúvidas sobre o problema da verdade e se esta constitui um objetivo da investigação também se fazem sentir no domínio do Direito[84], designadamente no contexto dos processos judiciais[85], estando muitas vezes associadas às discussões travadas em torno do princípio da verdade material[86], entendido tal princípio como decorrência de uma justiça material baseada na verdade dos factos e que configura em vários ordenamentos jurídicos um valor considerado de natureza indisponível em certo tipo de processos[87].

[80] Bernstein (2010: 113-123).

[81] Tal como James (1909: 161), que escreveu a esse respeito: *«There is, in short, no room for any grade or sort of truth outside of the framework of the pragmatic system, outside of that jungle of empirical workings and leadings, and their nearer or ulterior terminations»*.

[82] Bacon (2012: 90-91).

[83] Davidson (1999: 16-17).

[84] Upmeier (2010: 136-163).

[85] Coincide com o diagnóstico de Aguiar e Silva (2001: 33-34), ao escrever: *«O tribunal é tradicionalmente considerado um local onde se presta culto à verdade, e fazer-se justiça confunde-se frequentemente com o trazer a verdade à luz do dia. A verdade e só a verdade. O discurso judiciário, as suas regras, o seu espírito, encontra-se todo ele dirigido para a descoberta da verdade»*.

[86] Figueiredo Dias (1974: 186-198), e Antunes (2016: 163-164). Nesta linha, escreve Vieira Neves (2011: 20-21): *«a nótula crítica à operacionalidade efectiva deste princípio reside no facto de não ser suficiente, nem bastante alcançar uma verdade formal, impondo-se que o tribunal seja um interveniente activo e autónomo na aquisição dos factos (participando, desse jeito, na delimitação do thema probandi) e, por conseguinte, na produção da prova para, afinal, proferir um juízo valorativo sobre o resultado probatório (thema decidendi)»*.

[87] Ac. TC n.º 137/2002, de 03.04.2002 (Sousa e Brito), disponível em www.tribunalconstitucional.pt: *«quando o artigo 202º, nº 1 atribui aos tribunais competência para administrar a justiça, esta referência em matéria penal tem que entender-se como significando a justiça material baseada na verdade dos factos, que é indisponível, não se admitindo a condenação do arguido perante provas que possam conduzir à sua inocência»*. No sentido de ligar a presunção de inocência à verdade material,

Assim sendo, não é incomum nem será também despropositado dizer, seguindo alguma literatura anglo-saxónica, que *«cada sistema jurídico precisa, de alguma forma, de determinar a verdade de questões factuais»*[88].

Contudo, e como bem nota alguma dessa literatura, estando em causa no Direito um sentido de verdade relativo a afirmações, proposições ou crenças (a chamada "verdade proposicional" ou "verdade como qualidade da predicação"), e não um sentido de verdade referente a uma propriedade de uma coisa ou a um fenómeno[89], e admitindo que não existem diferentes sentidos de verdade, mas apenas diferenças sobre aquilo a que as proposições dizem respeito e que as tornam verdadeiras[90], as dúvidas sobre o problema da verdade no Direito devem então ser reconduzidas a um conjunto de questões a que importa dar resposta, tais como: A função do sistema jurídico é fornecer verdade? Em que sentido, o sistema jurídico se relaciona com a verdade? Qual é o conceito de verdade adotado e quais são os critérios para a verdade tidos como juridicamente relevantes? A resposta a dar a estas questões, como se pode intuir pela respetiva formulação, pressupõe que poderá existir uma verdade que interessa concretamente discutir no Direito e que porventura essa verdade não será sequer coincidente com a verdade de outros ramos do saber[91].

mas não a uma verdade definida em termos descritivos e independente do processo, uma verdade que deve ter em conta a dignidade do arguido e os respetivos direitos fundamentais, cfr. Vives Antón (2004: 30 e ss.).

[88] Haack (2015b: 2).

[89] Sobre essa distinção entre verdade proposicional e verdade enquanto propriedade de uma coisa ou sobre um fenómeno e a recondução do problema da verdade no Direito ao primeiro sentido, cfr. Haack (2014: 296-298). Contudo, esta distinção pode mostrar-se problemática caso se pretenda com ela desconsiderar a circunstância de a verdade se fundar na realidade. Zubiri chamou a atenção para o seguinte: *«La verdad, como un acuerdo entre una afirmación y una realidad, es siempre algo secundario y derivado; hay una verdad primaria, que es precisamente la que plantea la necesidad de discernir unas cosas de otras, y de decidir este discernimiento con el logos»* (1974: 21-22); *«A primera vista la verdad parece ser una cualidad de la afirmación. Pero esto no es así porque la afirmación es tan sólo un modo de intelección»* (1980: 230). A verdade primária é a verdade simples ou real, que corresponde a uma mera actualização daquilo que é apreendido e na qual se verifica apenas ratificação do próprio real (ou actualização do que está em presença) – Zubiri (1982: 257-259).

[90] Haack (2014: 304-305).

[91] No fundo, corresponderá a uma verdade que deve ser discutida nos assuntos humanos – Aguiar e Silva (2001: 34).

Com o objetivo de dar resposta às questões acima identificadas, foram apresentadas (também no Direito) quatro teorias concorrentes acerca da verdade: as teorias da correspondência (que representam a visão tradicional sobre o problema da verdade fora do Direito[92] e remontam às construções defendidas por filósofos como Russell, Ludwig Wittgenstein (1889-1951) e J.L. Austin (1911-1960)[93]), as teorias da coerência (que encontraram eco também em diversos filósofos, como F.H. Bradley (1846-1924) e Nicholas Rescher[94] e foram defendidas no Direito, por exemplo, por Neil MacCormick (1941-2009) e Bernard S. Jackson), as teorias do consenso ou consensuais (que se baseiam na construção de Habermas do consenso como resultado da aplicação correta de um procedimento discursivo e foram defendidas no Direito, por exemplo, por Robert Alexy, Aulis Arnio e Aleksander Peczenik (1937-2005)) e as teorias procedimentais (defendidas, entre outros, por Habermas e por Alexy).

Cada grupo ou família de teorias[95] reflete um denominador ou uma matriz que pode afirmar-se como comum ao grupo ou à família de teorias. Mas é notória a diversidade de opiniões dentro de cada grupo ou família de teorias, razão pela qual nos limitaremos a apresentar o denominador ou a matriz comum a cada grupo ou família e as críticas principais que têm sido movidas contra o grupo ou família em causa.

2.2.1. As teorias da correspondência

I. De acordo com as teorias da correspondência, *«a proposition is true if and only if it corresponds to the facts, where the facts are conceived as external to us, and independent of our beliefs about them (unless the proposition itself is about our beliefs)»*[96].

Numa frase, poderá dizer-se que as teorias da correspondência da verdade fazem apelo à imagem de proposições (ou crenças) verdadeiras que espelham

[92] Recorde-se a este propósito a teoria de Russell (2013: 179-189).

[93] Haack (2014: 298, nota 12).

[94] Haack (2014: 299, nota 13).

[95] Referindo-se às famílias das teorias da correspondência e da coerência, cfr. Haack (2014: 298-299).

[96] Kress (2010: 522-523).

(ou copiam[97] ou concordam com[98]) a realidade (*«the image of true propositions mirroring reality»*) ou então a uma relação de correspondência *«between propositions and facts, or between statements and states of affairs»*[99].

O traço comum das teorias da verdade como correspondência, na sua versão moderna, reside em postular *«a fundamental distinction between language and reality»*, ao mesmo tempo que tratam a verdade *«as an attribute of the former rather than the latter»*[100]. Mais concretamente, de acordo com essa versão moderna, dir-se-á que: a) a veracidade ou falsidade de uma determinada afirmação

[97] Exprimindo assim a seguinte ideia: *cognitio fit per assimiliationem cogniti et cognoscentis* – James (1909: 78).

[98] Referindo-se à circunstância de as afirmações verdadeiras concordarem com a realidade, cfr. Wittgenstein (2002: 38, 2.21): *«A imagem concorda com a realidade ou não; é correcta ou incorrecta, verdadeira ou falsa»*. Também James se terá referido à ideia segundo a qual a veracidade de uma afirmação estaria dependente de a mesma estar de acordo com alguma realidade, pese embora tenha exigido, não só a existência da realidade, como a possibilidade de a realidade ser verificada – Kenny (2011: 148). Porém, procurando esclarecer o equívoco que a ideia de acordo com as coisas pode encerrar, nomeadamente se entendida como estando o homem, por força da separação entre o mundo sensível e o mundo do pensamento, privado das coisas, e assinalando a circunstância de o acordo entre uma afirmação e a realidade ser sempre algo secundário e derivado em relação à verdade radical e primária da inteligência, cfr. Zubiri (1974: 20-22). Em (1980: 230-235), e (1982: 257-336), Zubiri vai mais longe, esclarecendo que a ideia clássica de a verdade se encontrar constituída na referência a uma coisa real a partir do que dela se concebe ou afirma (como sendo uma qualidade da predicação) é apenas conforme com uma das formas ou modos que a verdade pode adoptar (a da verdade dual – em que a coisa real está actualizada entre outras coisas e que é própria do logos ou da afirmação) e não tem em conta a verdade simples (ou real – em que o real está actualizado por si mesmo e a verdade não faz por esse motivo referência a nada que esteja fora do próprio apreendido) onde aquela forma ou aquele modo de verdade se funda e que se limita a modalizar. A existência de dois modos de verdade é uma consequência do real se encontrar intelectivamente actualizado também de modos distintos (actualização simples e actualização campal), mas não põe em causa a unidade da verdade: a verdade é sempre e apenas actualização intelectiva do real, sendo certo que as formas de verdade não são independentes, fundam-se umas nas outras (a verdade real está presente na verdade dual e esta é apenas uma modulação daquela) e a actualização intelectiva do real é, em ambas as formas de verdade, constitutivamente aberta (por força de a intelecção ser constitutivamente sentiente) à campalidade, incluindo todas as formas de realidade.

[99] Haack (2014: 298).

[100] Ou seja, rejeita-se um conceito extra-linguístico de verdade. Nesta linha, escreveu Russel (2013: 181): *«a verdade e a falsidade são propriedades de crenças e afirmações: logo, um mundo de mera matéria, dado que não iria conter crenças ou afirmações, não iria conter também verdade ou falsidade. Mas, como se fosse contra o que acabámos de dizer, deve-se observar que a verdade ou falsidade de uma crença depende sempre de algo que está fora da própria crença. (...) Logo, apesar de a verdade e a falsidade*

(ou crença) depende de a realidade ser ou não como consta da afirmação (ou crença), o que implica a aceitação dos pressupostos do realismo ontológico[101]; b) a circunstância de a realidade assumir ou não uma determinada forma é independente do conhecimento humano[102], o que se apoia numa visão não epistémica da verdade[103]; c) toda e qualquer afirmação ou é verdadeira ou é falsa, sendo que não existe uma terceira alternativa[104].

II. O recurso à noção de correspondência é considerado justificado na maior parte dos casos, designadamente quando estamos perante afirmações ou crenças não controversas ou que não exigem o fornecimento de razões adicionais para suportar aquilo que se considera ser objetivamente verdade.

Com efeito, fora do domínio da controvérsia, a noção de correspondência, partindo da fórmula da adequação que considera a verdade como sendo a *«adequação do que se pensa ao que se pensa, do intelecto ao real»*, vem a constituir

serem propriedades das crenças, são propriedades que dependem das relações das crenças com outras coisas, e não de qualquer qualidade interna das crenças».

[101] Mais concretamente o compromisso com a ideia segundo a qual existe um mundo exterior independente das nossas crenças ou convenções sociais.

[102] Assim, por exemplo, James, que defendia a compatibilização do pragmatismo com o realismo, distinguindo a verdade da realidade e considerando esta independente de qualquer sujeito de crença – Kenny (2011: 147). A tal compatibilização não se opõe, segundo James (1909: 217-218), a circunstância de as crenças verdadeiras terem de ser satisfatórias: *«This notion of a reality independent of either of us, taken from ordinary social experience, lies at the base of the pragmatist definition of truth»*. Outros autores, como Zubiri (1980: 230), também distinguem a verdade da realidade, afirmando que não são idênticas (nem toda a realidade tem verdade) nem são sequer correlativas (nem toda a realidade envolve verdade), mas, sustentando que a verdade constitui mera actualização intelectiva do real enquanto intelectiva e criticando a conceção de verdade de Kant e de Descartes, acentuam que é a realidade que funda a verdade: *«La realidad funda la verdad. La realidad es lo que da verdad a la intelección, al estar meramente actualizada en ésta. Y esta actualización es verdad porque envuelve la realidad. La realidad, pues, es lo que da verdad, y a este «dar verdad» es a lo que he solido llamar «verdadear». La realidad verdadea en intelección. Pues bien, el «en» en que la actualidad intelectiva consiste no es sino el verdadear. Por esto, verdad no sólo no es algo correlativo a realidad, sino que ni siquiera es relación: es respectividad. Es un momento de la pura actualización, es puro verdadear. Verdad es pura y simplemente el momento de la real presencia intelectiva de la realidad»* (cfr. também Zubiri (1982: 255-256)).

[103] Uma visão epistémica da verdade parece estar na origem das posições relativistas que defendem que a verdade é relativa, ou seja, *«é verdade seja o que for em que alguém ou algum grupo de pessoas acredita que é verdade, pois «verdade» quer apenas dizer «o que as pessoas acreditam que é verdade»»* – Russell (2013: LIII).

[104] Pintore (2000: 119).

um critério ou forma de averiguação *«do que se diz pensar-se»*, ou seja, vem a constituir veracidade, legitimando assim afirmar-se que algo é verdadeiro quando ocorra *«a adequação do que se diz ao dizer-se»*[105].

Contudo, o recurso à noção de correspondência é problemático sempre que estejam em causa afirmações ou crenças controversas[106], uma vez que em relação a estas torna-se impossível sustentar a sua correspondência com a realidade de forma desligada ou fazendo-o independentemente da nossa *praxis* de justificação, tendo em conta que as entidades em relação são pura e simplesmente incomensuráveis[107]. No caso do Direito, o recurso à noção de correspondência implicaria que se pudesse afirmar uma correspondência entre a linguagem jurídica e uma realidade objetiva, o que Karl Olivecrona (1897-1980) terá demonstrado não ser possível, tendo em conta a circunstância daquela linguagem ser parte integrante do próprio sistema jurídico[108].

Além disso, em geral as teorias da correspondência suscitam desde logo a necessidade de identificar as entidades entre as quais subsiste a relação de correspondência e de clarificar em que consiste essa relação de correspondência, uma dificuldade que não é possível aqui desenvolver[109], mas que seria certamente agravada quando transposta e equacionada no domínio do Direito.

Mas, mesmo admitindo ser impossível demonstrar a correção das teorias da correspondência, devido ao facto de estas assentarem numa reificação de factos decorrente da convicção de que só por referência à verdade

[105] Vitorino (2015: 85-86).

[106] Será o caso, por exemplo, de proposições que não têm factos que lhe correspondam, o que obriga a adoptar uma noção relativa de verdade, sendo tal noção incompatível com a existência de verdades que não podem ser conhecidas – Kenny (2011: 148).

[107] Bernstein (2010: 108-109).

[108] Jackson (1997: 24).

[109] Cfr. Russell (2013: 183-189), que se ocupa da questão de definir o que se quer dizer com «facto» e também com a questão de saber qual a natureza da correspondência que tem de subsistir entre crença e facto para que a crença possa ser verdadeira. Identificando também o problema, que coloca como consistindo na dúvida de saber *«de que coisa nos é lícito dizermos que é verdadeira ou falsa»*, cfr. Habermas (2010: 181-183). Se o «facto» for considerado nada mais do que uma afirmação verdadeira, a teoria da correspondência redundará numa tautologia pouco informativa, mas é possível atribuir-lhe o significado de estado de coisas existente, o que já permite vê-lo como aquilo que torna verdadeira uma afirmação verdadeira.

de enunciados pode ser explicado o conceito de facto[110], ainda assim talvez seja possível aceitar a premissa de que partem aquelas teorias: o facto de a correspondência entre os enunciados e a realidade[111] poder ser considerada *«a regulatory idea»*, mais concretamente a ideia segundo a qual *«we can create parts of worlds, or produce alterations in the world, but always in a world that we know as something other than ourselves»*[112].

No limite haverá então apenas que explicar qual a relação existente entre, por um lado, a nossa compreensão da verdade e da objetividade e, por outro lado, a nossa *praxis* de justificação[113]. Tal poderá ser feito recorrendo a uma perspetiva pragmatista que não nos faça cair (como sucedeu com Rorty) num relativismo exagerado ou que possa ser considerado negador da existência de verdade, de factos objetivos ou de afirmações de validade universal e que, ligando a objetividade às nossas práticas sociais de justificação sem identificar a justificação com a verdade, possa vir a ter um campo de aplicação que não se limite apenas ao discurso científico[114].

[110] Habermas (2010: 22). E, mais à frente (*idem*: 186-187), acrescenta: *«Ao afirmar factos posso apoiar-me em experiências e referir-me a objectos. Ora, se objectos da nossa experiência são algo no mundo, não podemos dizer do mesmo modo dos factos que eles são "algo no mundo". No entanto, é precisamente esta afirmação ou outra equivalente que a teoria da correspondência da verdade tem de fazer (...). Esta dificuldade desaparece se nos recordarmos que os "factos" apenas vêm à linguagem como factos na área comunicativa do discurso, ou seja, sempre e apenas quando a pretensão de validade associada aos enunciados é tematizada»*.

[111] Entendida essa correspondência no sentido que os enunciados, embora não sejam cópias da realidade, descrevem essa realidade, sendo certo que, ainda que tal descrição não seja independente da perspetiva assumida, também não se deve concluir que afinal só existem descrições – Putnam (1998: 176-177).

[112] Pintore (2000: 119-123). Além disso, vale a pena acentuar a correção de uma outra observação da teoria da correspondência: a circunstância de os enunciados terem de se coadunar com os factos e não os factos com os enunciados – Habermas (2010: 187).

[113] A referência à *praxis* de justificação é importante para não se cair numa noção relativa de verdade. Uma tal noção tornaria a verdade relativa ao sujeito que defende algo como verdadeiro, não permitindo explicar, numa situação de controvérsia entre sujeitos sobre a veracidade de algo, qual dos sujeitos terá razão – Kenny (2011: 148).

[114] Bernstein (2010: 109).

2.2.2. As teorias da coerência

I. Partindo da crítica kantiana de que não é possível ter conhecimento da própria realidade (sendo de aspirar apenas a uma noção de verdade localizada no domínio da crença), e também da dificuldade de descobrir uma forma de correspondência entre crença e facto que estivesse livre de objeções e da sensação de ser impossível ao pensamento saber quando é que a verdade é alcançada[115], surgiram novas teorias sobre a verdade.

No essencial, construiu-se um modelo alternativo de explicação da verdade que nega o realismo e o ponto de partida das teorias da correspondência, recusando-se, por isso, a ideia segundo a qual a linguagem é uma função do mundo (*«is a function of the world»*) ou de acordo com a qual existe uma autonomia relativa do mundo em relação à nossa mente (*«a relative autonomy of the world with respect to our mind»*)[116].

De acordo com o novo modelo proposto, a verdade explica-se, não em termos de correspondência entre a linguagem e a realidade, mas em termos de uma relação de coerência entre as nossas crenças (*«among our beliefs»*)[117]. Ao contrário das teorias da correspondência, as teorias da coerência defendem que o nosso conhecimento representa o limite do mundo, que é um mundo inteiramente construído por nós, o que significa que se deverá atribuir grande importância ao *input* constitutivo da mente e linguagem humanas na descrição da realidade[118]. Assim, a realidade no modelo de coerência é vista como estando dependente de crenças e convenções (*«dependent upon beliefs and conventions»*), pelo que aquelas teorias consideram ser uma proposição verdadeira se e apenas se se encaixar com outras proposições em que se acredita[119].

Para este modelo de coerência muito contribuíram, quer o idealismo de Hegel (1770-1831), quer a recondução para o domínio das ideias do critério por si utilizado para distinguir entre aquilo que é verdadeiro e aquilo que é

[115] Russell (2013: 182). Para além de, como Habermas (2010: 22), explicou, recordando Peirce, *«a correspondência entre a frase e o facto não oferece nenhum ponto de partida adequado para a explicação da relação de enunciados como relação independente da linguagem»*.
[116] Pintore (2000: 140-142).
[117] Haack (2014: 298-299).
[118] Pintore (2000: 140-141).
[119] Kress (2010: 522-523).

falso, quer ainda as ideias de alguns membros do Círculo de Viena. O modelo veio assentar na noção de sistema: o verdadeiro coincide com o total e a realidade encontra-se desta forma interconectada com o total, sendo as ideias consideradas verdadeiras apenas se fizerem parte e forem consideradas coerentes com um sistema amplo de ideias. O foco da atenção nas teorias da coerência passou a ser a descoberta de um critério de verdade e não propriamente a atribuição de um significado à verdade[120]. Para HEGEL e os neo-hegelianos, uma vez que a realidade consiste num todo orgânico e a verdade também o deve ser, o relevante deixa de ser a correspondência das ideias com a realidade: o que importa é que o sistema coincida com a realidade. Por seu turno, alguns membros do Círculo de Viena, manifestando preocupações epistemológicas e não metafísicas, vieram a concluir que a máxima aspiração que se poderia ter seria assegurar a combinação de todas as nossas crenças com um sistema consistente.

Na medida em que a coerência pode implicar verosimilhança, é possível dizer que um sistema, caso seja coerente, se encontra, pelo menos, próximo da verdade. Significa isto que a coerência implica verdade ou uma maior probabilidade de verdade? Para alguns autores sim, seja porque entendem que a coerência implica uma probabilidade de verdade suficiente para a confiança racional e prática (*«a likelihood of truth sufficient for 'rational and practical reliance'»*), seja apenas porque consideram ser a coerência condutora de verdade no sentido de que mais coerência implica uma maior probabilidade de verdade (*«truth conductive in the sense that more of it implies a higher likelihood of truth»*)[121]. Outros irão mais longe dizendo que *«a essência de uma verdade é fazer parte do sistema perfeitamente acabado que é A Verdade»*[122].

II. No Direito, NEIL MACCORMICK adotou uma teoria da coerência acerca da verdade.

No entanto, ao contrário de *«muitos filósofos que foram levados a tentar encontrar uma definição da verdade que não consista numa relação com algo completamente fora da crença»*[123], este jus-filósofo acabou por defender a existência de corres-

[120] HAACK (2014: 301).
[121] OLSSON (2005).
[122] RUSSELL (2013: 182).
[123] RUSSELL (2013: 182).

pondência entre as proposições e a realidade exterior[124], dado que MacCormick acreditava na inteligibilidade do real[125]. Ou seja, para MacCormick seria possível afirmar, na linha da tradição da verdade como correspondência, a existência de um acordo entre as proposições (as ideias) e a realidade exterior (o objeto).

Além disso, MacCormick atribuiu à noção de coerência dois significados e papéis: um significado e um papel na chamada "coerência narrativa" («*narrative coherence*»); e um significado e um papel na chamada "coerência normativa" («*normative coherence*»). Segundo MacCormick, a coerência narrativa («*narrative coherence*») teria uma natureza essencialmente diacrónica, ao passo que a coerência normativa («*normative coherence*») teria uma natureza essencialmente sincrónica e diria respeito à realidade do sistema jurídico, entendido como ideal regulativo. Esta distinção traçada por MacCormick entre modalidades de coerência tem sido criticada, quer invocando que ignora a natureza diacrónica da interpretação jurídica e a forma como se desenvolvem as doutrinas, os princípios e as normas jurídicas, quer sustentando que a coerência normativa («*normative coherence*») mais não é do que uma subespécie da coerência narrativa («*narrative coherence*»)[126].

[124] Assim escreveu MacCormick (1991: 167): «*it may belong to the genre of salutary truisms to say that the truth or falsity of assertions of fact either in history or in legal evidence is a matter of correspondence with events that did or did not happen*».

[125] MacCormick (2005: 229-233). De resto, MacCormick, apoiando-se nos pressupostos linguísticos da tradição dos actos de fala de Searle, pôde admitir a existência de uma «*extra-textual reference, so that there is no problem in regarding the attribution of meaning to real acts and events in terms of a set of rules provided in a particular text as a single semiotic process*» – Jackson (1997: 173-174).

[126] Cfr., entre nós, Teixeira (2012: 197-200). Poderá também acrescentar-se que facto e direito se situam ao mesmo nível enquanto estruturas narrativas e que a tradicional aplicação do direito aos factos, longe de constituir «*uma operação de subsunção*», verdadeiramente encerra «*um processo de comparação entre relatos, entre discursos, entre narrativas. Uma operação que requer uma considerável parcela de senso, sensibilidade e imaginação*» – Aguiar e Silva (2012: 120).

III. Diferente perspetiva foi assumida por BERNARD S. JACKSON, estando consciente das limitações do modelo da coerência narrativa (e normativa)[127] que foi proposto por MACCORMICK e também por WILLIAM TWINING[128].

Embora tenha visto na noção de coerência narrativa *«um mecanismo de, na ausência de verdades objetivas, baseadas na observação direta, aferir da plausibilidade, controlar a credibilidade de uma história, de um testemunho, de um depoimento»*[129], considerou JACKSON que o modelo de MACCORMICK não deixaria de se inserir no contexto das teorias da verdade como correspondência[130]. Veio então sugerir uma nova abordagem – a chamada "teoria da coerência narrativa" –, considerando *«ingénua e ultrapassada a perspetiva segundo a qual o mundo exterior é capaz de se fazer imprimir, de se fazer gravar nos nossos sentidos, sem sofrer alterações de maior»*[131] e rejeitando assim a ideia da verdade como correspondência.

Partindo da narratologia greimasiana, que não assenta na teoria da correspondência e que aliás se propõe fornecer uma alternativa teórica mais abrangente em relação à teoria da correspondência (*«a more comprehensive theoretical alternative to the correspondence theory»*)[132], a abordagem de JACKSON consistiu na defesa da chamada "narrativização da pragmática" (*«narrativisation of pragmatics»*). Tal narrativização foi exemplificada pelo processo judicial da *Common Law*, mas o autor pretendeu atribuir-lhe uma aplicação universal. Ao invés de sustentar uma *«posição que vê a verdade como integralmente referenciada a um mundo exterior que fielmente reproduz, ainda que através de um vocabulário simbólico»*, JACKSON abandonou por completo o ponto de partida das teorias da correspondência e concluiu que *«a verdade seria função da enunciação do discurso e não do seu conteúdo propriamente dito»*[133].

[127] Com efeito, a proposta de JACKSON, que se insere na *«semântica estrutural»*, pelo menos promete vencer *«a contraposição coerência normativa/coerência narrativa libertando o problema da passagem da tensão relacional suscitada por modalidades intencional e metodicamente irredutíveis»*, como nos dá conta LINHARES (2001: 514).

[128] JACKSON (1988: 18-24).

[129] AGUIAR E SILVA (2001: 38).

[130] JACKSON (1988: 18): *«Neil MacCormick explicitly locates his concept of "narrative coherence"* within *the traditional paradigm of a correspondence theory of truth: it is an account of the intuitive way we assess real probabilities»*.

[131] AGUIAR E SILVA (2001: 34).

[132] JACKSON (1988: 2).

[133] AGUIAR E SILVA (2001: 35).

Com uma importante consequência. Na medida em que a verdade é função da enunciação do discurso e não do discurso, não é possível saber se o conteúdo das histórias (factuais ou ficcionais) é verdadeiro. No entanto, podemos ao menos ajuizar quem consideramos estar a falar a verdade, isto é, quem mais adequadamente nos convence de que está a satisfazer as condições de sinceridade do ato de realizar uma afirmação de verdade. Para JACKSON o que importa é verificar quem foi mais bem-sucedido na atividade de persuasão e fazer uso dos modelos narrativos para nos guiar na realização desses juízos. Isto não significa, segundo JACKSON, considerar a verdade apenas como uma questão de apresentação («*a matter of presentation*»). Significa antes aceitar que o que está em causa na avaliação tanto do nível semântico como do nível pragmático envolvidos no discurso é a plausibilidade (ou verosimilhança), a qual é construída «*através de estruturas sociais de entendimento (que são capazes de transmitir significado na medida em que manifestem estruturas universais de significação)*»[134].

Como refere AGUIAR E SILVA, entendendo a verdade do Direito como sendo integridade, JACKSON parte de um pressuposto bastante distinto do de MACCORMICK: parte da ideia segundo a qual «*toda a realidade se transforma, se transmuta, a partir do momento em que é filtrada pelo crivo da mediação daquilo a que chama "sistemas de significação"*». E, estando a verdade do Direito «*estranhamente relacionada com a subjetividade de cada um*», ao ponto de se exigir «*uma mediação construtiva do sujeito observador*», deve entender-se que à verdade se sobrepõe «*a importância de dizer a verdade*». Ou seja, a circunstância de se assumir uma posição de honestidade prevalece sobre a verdade, na medida em que permitirá ainda assim dizer que, apesar de não ser possível um conhecimento exato dos factos passados, é em todo o caso possível alcançar um conhecimento provável desses factos, estando este conhecimento assente em «*relações de plausibilidade e razoabilidade, próprias do discurso verosímil*»[135].

IV. As motivações das abordagens em que assentam as teorias da coerência são problemáticas, especialmente no domínio do Direito e com maior

[134] JACKSON (1988: 2).
[135] AGUIAR E SILVA (2001: 35, 49, 43 e 44).

intensidade quando implicam censurar *«qualquer resquício de teoria da verdade enquanto correspondência com ocorrências exteriores e independentes da observação humana»*[136].

Não obstante, as vantagens atribuídas a uma teoria da coerência parecem resultar de se entender que *«what is coherent is intelligible and forms a rational, understandable unity rather than a patchwork quilt»* e que *«truth, morality, justice (and perhaps justified belief) must be coherent»*. Para o Direito, a coerência tornaria, aliás, mais viável a aceitação de algumas ideias tidas por essenciais, tais como: *«that law is a seamless web, that it is holistic, that precedents have a gravitational force throughout the law, that argument by analogy has an especial significance in law, and the principle that all are equal under the law»*[137].

No caso da coerência narrativa, teria ainda uma vantagem adicional não desprezível até do ponto de vista prático: a de acentuar a ideia segundo a qual o Direito se constrói diariamente *«a partir de versões rivais da verdade, que vão sendo pragmaticamente argumentadas perante uma audiência que a todo o custo se procura convencer»*, o que significa que a decisão será tomada de acordo com critérios de plausibilidade e verosimilhança de verdades concorrentes fornecidas por cada uma das partes com o propósito de as converter *«na definitiva narração judicial da verdade fáctica»*[138].

Todavia, existem desde logo duas críticas genéricas a fazer às teorias da coerência e que são igualmente extensíveis às perspetivas favoráveis à ideia de verdade como coerência que têm sido sustentadas no Direito. Por um lado, uma crítica decorrente do facto de poder existir mais do que um sistema coerente ao mesmo tempo, já que se entende que *«não há razão para supor que só é possível um corpo coerente de crenças»* ou que *«não há qualquer prova de que só possa haver um sistema coerente»*[139]. Por outro lado, uma crítica que emerge da

[136] Como será o caso de Jackson – Aguiar e Silva (2001: 36-37).

[137] Kress (2010: 523-524).

[138] Aguiar e Silva (2001: 40-41).

[139] O que levaria então à conclusão segundo a qual a verdade é afinal relativa e que as crenças de uma pessoa (ou de um grupo) poderão ser invariavelmente autocontraditórias – Dowden/Swartz (s/d: 5.). De resto, no caso do Direito, haveria que aceitar um dos postulados do positivismo jurídico – a unidade do sistema jurídico –, sendo certo que se tem chamado a atenção para a existência de vários sistemas semióticos no Direito, que interagem entre si, constituindo objeto de estudo do Direito os diferentes objetos discursivos. A unidade do

circunstância de a coerência poder ser, na melhor das hipóteses[140], um critério de verdade ou a prova da verdade, mas nunca a definição da verdade[141]. Embora seja «*muitas vezes um dos mais importantes testes de verdade, depois de uma certa quantidade de verdade se ter tornado conhecida*», não é de aceitar que a coerência «*dê o significado da verdade*»[142]. Para além disso, é muito difícil saber em que consiste rigorosamente a coerência, sendo de rejeitar à partida qualquer explicação (por ser circular ou não representar uma melhoria em relação à noção de correspondência) que reconduza, por exemplo, a coerência de membros de conjuntos de afirmações ou crenças à mera possibilidade lógica de todos eles serem verdadeiros ou de poderem ser considerados harmoniosos. A coerência está longe de coincidir apenas com a consistência ou a ausência de contradição – um pré-requisito considerado essencial para qualquer teoria da verdade e de qualquer discurso sobre o mundo com significado. Os próprios defensores da teoria da coerência têm exigido a presença de outras condições[143], nomeadamente a consistência lógica entre as diferentes proposições ou a circunstância de ter como consequência (ou implicação lógica) a verdade de todas as outras proposições[144].

sistema jurídico é, aliás, considerada um mito, o qual «*is part of the message which legal discourses (in their various ways) seek to convey*» – Jackson (1997: 276-282, e 287).

140 Recorde-se que, por exemplo, Mackie (1973: 25), sublinhou que das crenças pessoais fazem parte crenças que são sustentadas pelas pessoas apenas porque os factos parecem ser como as pessoas acreditam que são e não porque as crenças se encaixam com outras crenças que as pessoas anteriormente tinham. E certos autores, como Olsson (2005: 203-204), vão ainda mais longe e concluem: não existindo uma conexão substancial entre coerência e verdade, torna-se problemático afirmar que a coerência desempenha um papel no processo de aquisição ou de justificação de crenças; esse papel é apenas negativo, coincidindo com o facto de a incoerência ser aquilo que nos força a desistir das crenças («*Coherence may not suffice to justify our beliefs, but incoherence is what forces us to give them up*»).

141 Focam-se no carácter holístico da verificação da veracidade de uma proposição e não em responder à questão de saber em que consiste a própria verdade – Dowden/Swartz (s/d: 5.).

142 Desde logo, pense-se na possibilidade de um mentiroso bem-sucedido contar uma história consistente, apesar de todas as suas afirmações serem falsas. Suscitando já estas dificuldades, cfr. Russell (2013: 182-183).

143 Ou outros elementos sintático-semânticos, tais como a existência de um «*deductive nexus*» ou uma «*relationship of deducibility*», que supõe «*logical derivability, implication or the classic concept of system*» – Pintore (2000: 146-147).

144 Dowden/Swartz (s/d: 5.).

Mas o grande problema que é apontado à teoria da coerência, o chamado *«capital sin»* de que são acusados os seus defensores, resulta de estes, ao procurarem *«uma definição de verdade que não consista numa relação com algo completamente fora da crença»*[145], se terem afastado da realidade, ou seja, terem criado uma cisão com o mundo exterior[146]. Isso decorreria, por exemplo, de um acentuar de uma reconstrução narrativa dos factos passados, atribuindo à narrativa a função de estruturar a inteligibilidade dos factos e do direito, mas sem esquecer que se tratará de uma construção meramente contingente: a decisão seria então tomada (apenas) perante a plausibilidade e verosimilhança do material que os decisores dispõem[147]. Só que esse problema também não é inultrapassável. Uma teoria da coerência não tem, como Jackson aliás também não sustentou ser obrigatório[148], de conduzir necessariamente a uma desvalorização do mundo exterior (*«to a dismissal of the external world»*). E é possível atribuir à coerência apenas o papel de um pré-requisito epistemológico (*«the rôle of an epistemological prerequisite»*). Por outras palavras, na linguagem de Russell, à coerência pode ser atribuído o papel de teste ou critério de verdade ou a coerência poderá até ser vista, tal como admitem outros autores, como *«a essência da verdade, mas sem esquecer completamente os requisitos empiristas»*[149].

145 Russell (2013: 182).

146 Recusando assim a perspetiva pragmatista tradicional sobre a verdade: *«This notion of a reality independent of either of us, taken from ordinary social experience, lies at the base of the pragmatist definition of truth. With some such reality any statement, in order to be counted true, must agree»* – James (1909: 217-218).

147 Aguiar e Silva (2001: 35-38).

148 Ao apelar a uma *«mediação construtiva do sujeito observador»*, Jackson não negou totalmente a correspondência, apenas afirmou que a mesma estaria suportada por um conhecimento meramente provável, assumindo dessa forma que a verdade do discurso judiciário se traduz em relações de plausibilidade e razoabilidade, aliás próprias do discurso considerado verosímil – Aguiar e Silva (2001: 39).

149 Pintore (2000: 137-138). Recorde-se a conclusão de Russell (2013: 200), sobre a (limitada) relevância da coerência no aumento da probabilidade de um corpo de opiniões por comparação com a probabilidade de qualquer uma delas individualmente considerada: *«Se os nossos sonhos, noite após noite, fossem tão coerentes entre si como os nossos dias, dificilmente saberíamos se haveríamos de acreditar nos sonhos ou na vida acordada. Dado que as coisas são como são, o teste da coerência condena os sonhos e confirma a vida acordada. Mas este teste, embora aumente a probabilidade quando ele é bem-sucedido, nunca dá certeza absoluta, a não ser que já haja certeza num certo ponto do sistema coerente. Assim, a mera organização da opinião provável nunca a transformará, por si mesma, em conhecimento indubitável»*.

2.2.3. As teorias do consenso ou consensuais

I. As teorias do consenso ou consensuais apresentam-se também como alternativas às teorias da correspondência e são, por vezes, inseridas nas teorias da coerência propostas pela chamada "corrente pós-modernista"[150] que surgiu na segunda metade do século XX[151].

Partindo da relevância do consenso[152] no domínio das coisas práticas ou do discurso prático, dada a impossibilidade, em seu entender, de experienciar uma realidade externa objetivada ou compreender as afirmações de validade relacionadas com as normas como uma relação entre a linguagem e a natureza externa, diversos autores vêem no consenso um substituto da verdade como correspondência com os factos (*«as correspondence with the facts»*). Mas, para além disso (ou mais do que isso), entendem que o consenso poderá ser ainda entendido como uma forma de caminhar para a racionalidade e até para a verdade[153]. Com efeito, dado que a verdade não se encontra fora das decisões humanas coletivas e não consiste numa reflexão sobre uma realidade objetiva poderá dizer-se que o consenso (enquanto verdade construída pela interação social ocorrida entre pessoas influentes) é a verdade, adquirindo assim a verdade uma componente subjetiva e uma componente objetiva[154]. Verifica-se, desta forma, o deslizamento da questão da verdade para o campo pragmático dentro de uma linha argumentativa[155].

[150] Assim, por exemplo, as referem Dowden/Swartz (s/d: 5.A).

[151] Esta corrente filosófica afasta-se dos postulados da modernidade, do iluminismo, da ideia de progresso da razão e da ciência e do humanismo e universalismo – AA.VV. (2007: 643).

[152] Que, de alguma forma, também Peirce já expressava ao considerar a verdade como sendo *«the opinion "fated to be believed by all who investigate"»* – *apud* Haack (2014: 299) –, embora num sentido bem diferente do que mais tarde foi assumido por Habermas. A formulação de Peirce (1878: 300) é a seguinte: *«The opinion which is fated to be ultimately agreed to by all who investigate, is what we mean by the truth»*. Idêntica é a posição de Rorty (1979: 176) ao afirmar que a verdade *«is what our peers will, ceteribus paribus, let us get away with saying»*. Contudo, importa notar que Peirce não terá defendido propriamente que o consenso alcançado na comunidade de investigadores constituísse *«the measure of truth and reality»* – Bernstein (2010: 112).

[153] Pintore (2000: 171-173).

[154] Dowden/Swartz (s/d: 5.A).

[155] Pintor-Ramos (1994: 339).

II. PUTNAM adoptou[156] uma visão da verdade relacionada com a ideia do idealismo transcendental de KANT, ao sustentar que *«a verdade não passa de uma aceitabilidade racional idealizada»*, a qual, aliás, na sua opinião permitiria ultrapassar o impasse em que se encontra o debate entre o realismo metafísico e o idealismo e teria diversas consequências importantes para a nossa vida prática, nomeadamente para a circunstância de na prática não se construir *«uma única versão do mundo, mas apenas um vasto número de versões»*, apontando assim para a possibilidade de se falar em *«pluralismo da nossa prática»*[157].

Dado que atribuímos sentido ao mundo linguisticamente, a verdade torna-se, segundo PUTNAM, relativa a um certo esquema concetual ou a uma certa linguagem, mas não de uma forma meramente representacional: a linguagem deve ser vista como uma prática social e não como uma forma de representação. Uma certa proposição poderá, por isso, considerar-se verdadeira em relação a uma situação quando se entenda que seria correcto utilizar as palavras em que consiste essa proposição dessa forma na descrição da situação[158].

III. A tradição habermasiana[159] retoma a doutrina de KANT da razão prática sobre o Direito[160], o que torna, tal como sucede com as posições de outros autores, mais fácil de resolver o difícil problema de *«aplicar a razão ao mundo dos valores, das normas, da acção»*[161].

Na perspetiva de HABERMAS não é possível fazer uma reconstrução da relação entre asserções e factos como correspondência entre entidades linguisticamente estruturadas e a realidade em si desprovida de linguagem. Para além da alternativa *«certeza subjetiva»* ou *«correspondência»*, HABERMAS entende que *«uma teoria da verdade deve estar localizada a um nível pragmático e*

[156] Importa, porém, não esquecer as diferentes posições que PUTNAM foi assumindo ao longo da sua vida em relação a vários temas, incluindo o da verdade – sobre essas variações, cfr. SCHWARTZ (2021: 5-9).

[157] PUTNAM (1999: 116-117).

[158] PATTERSON (2003: 60).

[159] Iniciada, neste particular, em 1971, com as Christian Gauss Lectures, proferidas em fevereiro e março, na Universidade de Princeton – HABERMAS (2009: 29-136) –, mas mais tarde (logo em 1973) considerada pelo próprio como precipitada e ampliada numa teoria consensual da verdade – HABERMAS (2010: 181-274).

[160] LAMEGO (2011: 68).

[161] CALHEIROS (2009: 363).

não semântico e acredita que a verdade é uma reivindicação feita no discurso, que só pode ser satisfeita de forma discursiva»[162].

Para HABERMAS *«os "factos" apenas vêm à linguagem como factos na área comunicativa do discurso, ou seja, sempre e apenas quando a pretensão de validade associadas aos enunciados é tematizada»*, importando distinguir entre o contexto de ação, em que *«a afirmação desempenha o papel de uma informação sobre uma experiência com objetos»*, a qual pode ser ou não objetiva, e o contexto do discurso, no qual a afirmação *«desempenha o papel de um enunciado com pretensão de validade problematizada»*, o qual pode ser verdadeiro ou falso[163].

Ora, segundo HABERMAS, o *«sentido da verdade que é implícito à pragmática de afirmações só pode ser suficientemente clarificado depois de podermos indicar o que significa a "revalidação discursiva" de pretensões de validade fundadas na experiência»*, sendo certo que esta revalidação é feita tendo em atenção a avaliação que os outros fazem de um enunciado em termos tais que se pudesse dizer que também eles atribuiriam o mesmo predicado ao mesmo objeto e, por isso, potencialmente todos concordariam[164]. Desta forma, mais do que determinar o que seja a verdade, HABERMAS procurou determinar *«en qué condiciones resulta razonable tomar algo como verdadero»*, o que significa que, em rigor, ao invés de constituir uma teoria da verdade, a teoria consensual de HABERMAS pretendeu ser *«una doctrina de la certeza razonable dentro de los usos e intereses de la humanidad, suponiendo además que esos usos e intereses son universales»*[165].

Sendo necessário distinguir o consenso que seja autêntico do consenso falso, HABERMAS estabeleceu um conjunto de condições que permitem considerar um determinado consenso como tratando-se de um consenso fundamentado (*«a grounded consensus»*), de base normativa e não factual[166], o que naturalmente nos remeteria para uma situação ideal de fala ou de diálogo (*«ideal speech situation»*), ou seja, para uma situação contrafactual

[162] PINTORE (2000: 176-187).

[163] HABERMAS (2010: 187-188).

[164] HABERMAS (2010: 190).

[165] PINTOR-RAMOS (1994: 339).

[166] Como resumiu HABERMAS (2010: 22), a teoria do consenso da verdade por si favorecida *«parte da observação de que em todas as questões polémicas, substanciais não podem existir argumentos do tipo* knock down, *mas apenas argumentos mais ou menos "bons"»*.

(*«counterfactual situation»*)[167]. A atividade levada a cabo pelos participantes nesta situação ideal de fala ou de diálogo (*«ideal speech situation»*) não conduziria à descoberta dos factos, mas permitiria alcançar um discurso racional. Devido ao facto de utilizar um conjunto de estratégias e métodos argumentativos para atingir esse discurso racional, a teoria da verdade de HABERMAS pode ser considerada simultaneamente como teoria do consenso e teoria procedimental[168].

IV. Para o Direito, o recurso à ideia de consenso poderia ser efetivamente ainda mais útil do que recorrer à ideia de coerência, na medida em que permitiria dar uma imagem mais realista do que se deverá passar no Direito: a ligação à realidade externa ao Direito positivo, através de um acordo voluntário entre as partes interessadas[169].

Além disso, como escreveu PATTERSON, o Direito *«é uma prática linguística que fornece uma de várias linguagens de descrição»*, pelo que, na sua opinião, interessará sobretudo descrever *«o que os advogados fazem com a linguagem»*[170].

Só que, tal como sucede com a comunidade científica, a aproximação da verdade à noção de consenso suscita dificuldades várias no Direito, uma vez

[167] Por outras palavras, HABERMAS colocou no centro da teoria discursiva do Direito *«as ideias "reguladoras" de formação discursiva da vontade e de estabelecimento de regras de reconhecimento recíproco, como expressão das exigências de racionalidade prática (discursiva) do Direito»*, adotando uma *«concepção de juridicidade do Direito positivo* [que] *supõe esta dimensão racional de validade (*Geltung*) como critério normativo (contrafactual) que refere o procedimento intersubjectivo de justificação das normas e que consubstancia o potencial de racionalidade prática "reflexivamente" presente na facticidade (*Faktizität*) da vigência do Direito»* – LAMEGO (2011: 69-70).

[168] Recorde-se a caracterização que dela fez o próprio HABERMAS: *«o ónus da fundamentação desloca-se da substância dos motivos para o processo de escolha dos motivos melhores. Esta concepção processual não desvaloriza, de modo algum, o peso diferencial dos motivos decisivos; mas o processo de troca de motivos habilita-se, pela conjectura motivada de que nele o constrangimento sem coacção do melhor argumento cumpra o seu papel, para deter uma regressão que de outro modo não teria fim. O ponto de orientação do consenso* justificativo *distingue-se de um acordo apenas* conseguido facticamente *pelas exigentes pressuposições de comunicação do discurso sob os quais é alcançado. O aspecto fulcral (...) desta teoria da verdade consiste na suposição adicional de que estas pressuposições argumentativas se reconstroem de um modo semelhante, ou seja, podem ser* comprovadas *como as pressuposições "transcendentais" num sentido fraco da acção comunicativa»* – HABERMAS (2010: 23).

[169] PINTORE (2000: 173); «[w]*hile coherence (...) does not provide us with what positive law requires, i.e. with a link to an external reality, consensus give us this link and gives it to us in the best form, that of the voluntary agreement of the interested parties»*.

[170] PATTERSON (2003: 60-61).

que é duvidoso que, neste domínio, se possa falar em consenso entre investigadores ou de uma convergência de crenças (ou convencimentos) mesmo entre participantes e operadores judiciários (advogados incluídos) e será igualmente problemático o significado a atribuir ao fim da investigação que é levada a cabo no Direito[171].

Aulis Aarnio rejeitou a perspetiva de Habermas como uma teoria geral da verdade (*«a general theory of truth»*) eventualmente por estar ciente desta dificuldade. Para Aarnio, o consenso não coincidiria com a verdade: o consenso seria simplesmente aceitabilidade máxima (*«maximum acceptability»*), podendo funcionar, na melhor das hipóteses, como o princípio para regular a escolha de interpretações (*«as the principle for regulating the choice of interpretations»*)[172].

Além disso, o recurso à noção de consenso implicaria sempre efetuar uma certa aproximação da ideia de verdade à ideia de justificação[173]. Embora essa aproximação pareça encontrar aceitação no Direito por via de uma certa assimilação da verdade a uma "correção normativa"[174], vários autores da corrente pragmatista procuraram sustentar que estão em causa ideias separadas e não identificadas ou aproximadas, não sendo também clara a possibilidade de especificar quais serão as condições ideais[175] que tornam verdadeira uma

[171] Bernstein (2010: 112). Atente-se, por exemplo, na aplicação que dela procura fazer alguma literatura jurídica (Vives Antón (2004: 29)) ao concluir: *«De esto modo, el problema de la verdad en el proceso penal ha de abordarse a partir de una definición de las posiciones de los distintos participantes que se aproxime, en la medida de lo posible, a esa situación ideal de habla para que la décision sea la que habría de adoptarse en un discurso sin más coacción que la del mejor argumento, en un discurso libre de dominación»*.

[172] Pintore (2000: 191-192).

[173] Assim escreveu Apel (2001: 445): *«it seems that for sense-critical reasons we must suppose that truth thought of as independent from time and thus far absolute and a truth-claim justified by arguments in an unbeatable (unsurpassable) way are identical»*.

[174] Não por acaso alguns autores referem que, em virtude do princípio da verdade material, o processo penal enfrenta problemas de correção normativa, sendo a verdade um instrumento ao serviço dessa correção, ou seja, uma resolução justa deve prevalecer sobre uma decisão que reflicta a verdade histórica, sob pena de ocorrer uma confusão de pretensões de validade – Vives Antón (2004: 30).

[175] Refere a esse respeito Apel (2001: 445): *«because of the principle of fallibilism, which is also valid, according to Peirce, in all cases of empirical cognition, the internal-connection argument with regard to the research procedure presupposes an idealization of such a kind that no factual consensus (in space and time) of the community of researchers can ever fulfill the ideal conditions. Under this presupposition, I suggest, the Peircean conception of the "ultimate opinion" can only be understood as a "regulative idea" of reason»*.

afirmação justificada[176]. Uma tal dificuldade também se acentuará no domínio do Direito.

V. Existem basicamente quatro grandes dificuldades[177] que uma teoria do consenso ou consensual enfrenta a respeito do problema da verdade, as quais se tornam porventura ainda mais visíveis quando equacionadas no Direito.

Em primeiro lugar, uma teoria do consenso tem dificuldade em demonstrar a relação entre a verdade e o consenso (ideal)[178]. Alguns autores referem, por exemplo, que do consenso em relação a certos conteúdos não é possível derivar a verdade, mas apenas a natureza verosímil desses conteúdos, sendo certo que *«no se puede saltar de la verosimilitud a la verdad sin introducir, aunque sea implícitamente, supuestos que ya se dan por verdaderos»* e que, além disso, tal exigiria uma teoria antropológica e uma filosofia da história com arriscadas posturas metafísicas. Um desses pressupostos, ao qual Habermas terá procurado responder (com discutível sucesso)[179] mediante a atribuição ao ato discursivo da tarefa de ajudar a atingir um consenso racional às afirmações de validade, é precisamente o da identidade de significado entre os sujeitos comunicantes sobre os quais se vai estabelecer de facto uma nova coincidência[180]. Ora, será possível afirmar uma identidade de significado entre os sujeitos comunicantes no Direito? E, sendo possível fazer essa afirmação, encontrar-se-á a mesma

[176] Bernstein (2010: 113-114).

[177] Embora, por exemplo, Habermas (2010: 210-224), só identifique duas objecções centrais à sua teoria consensual.

[178] Pintore (2000: 194-200).

[179] Hespanha (2009: 180-202). Autores como Apel (2001: 444), embora manifestando acordo com Habermas em relação à relevância das condições ideais de fala, não deixaram de referir que tais condições podem ser consideradas *«necessary conditions but not as sufficient conditions of an ultimate consensus of an unlimited community of investigation»*, pelo que *«besides ideal communicative conditions also ideal epistemic conditions would be required for a non-metaphysical explication of the meaning of truth»*.

[180] Pintor-Ramos (1994: 339-340). Só que essa identidade é difícil de alcançar devido ao facto de poderem existir muitos consensos e que não são compatíveis entre si ou só se consegue alcançar assumindo uma postura relativista e acaba por implicar a defesa de uma posição anti-realista (a realidade como sendo uma criação dos seres humanos). Consciente desse problema, veja-se que, por exemplo, Putnam (1999: 116) impôs a seguinte exigência: *«Tudo o que peço é que, o que supostamente é «verdadeiro», seja justificável numa base de experiência e inteligência a seres com «natureza racional e sensível»»*.

pressuposta e fundamentada, como se exige ao decidir jurídico, numa *«a priori validade normativamente vinculante»*[181]?

Em segundo lugar, uma teoria do consenso defronta-se com a dificuldade inerente à tendência de o consenso se transformar progressivamente num ideal[182], em algo hipotético ou contrafactual[183], que decorre do facto de se dizer ser verdadeiro ou correto aquilo que os dialogantes potenciais poderiam acordar se estivessem numa situação de total liberdade e igualdade[184], deixando assim de ser um candidato aceitável para provar a verdade[185] e passando a ser um elemento supérfluo[186] ou, como sustentam alguns autores, uma tese inválida. Nas palavras de Pintor-Ramos, *«el consenso sólo puede suponerse con una razonable certeza cuando la repuesta a un enunciado es una acción correcta con el enunciado, pero en los casos de afirmaciones meramente enunciativas esto siempre será algo hipotético»*[187]. Essa dificuldade acentua-se ainda mais no Direito, no qual

[181] Castanheira Neves (1993: 73).

[182] Putnam (1999: 116) defende expressamente que *«a verdade não passa de uma aceitabilidade racional idealizada»*.

[183] Mais concretamente, poderá dizer-se, com Habermas, que um consenso alcançado por via argumentativa só poderá ser considerado um critério de verdade única *«se em termos estruturais existir a possibilidade de questionar, modificar e substituir a respectiva linguagem justificativa em que as experiências são interpretadas»*, o que exige o recurso à noção de situação de fala ou diálogo ideal que *«não é nem um fenómeno empírico, nem um artifício, mas uma suposição inevitável em discursos, a que se procede de forma recíproca»*, sendo que essa suposição *«pode mas não tem de ser contrafactual»* – Habermas (2010: 222, 227 e 230). Putnam (1998: 114), afirma, por seu turno, que a correção dos jogos de linguagem não é algo meramente convencional ou determinado pelo consenso, exigindo avaliação e que a verdade, quando entendida como correção daquilo que se diz, não pode deixar de ser considerada uma noção normativa.

[184] Atienza (2014: 229).

[185] Isso também o conclui Apel (2001: 449) em apreciação da conceção de Habermas: *«But Habermas, by accepting the talk of truth as a "justification- transcendent concept", in my opinion, has given up this way of a post-metaphysical discourse theory of truth. For now, I suggest, he can no longer speak of truth-claims and their possible redemption by arguments in a discourse. At best he can now – along with Lafont – speak oí justification-claims and their possible redemption under ideal conditions of a discourse rationality that is related and restricted, from case to case, to a particular context of a factual discourse. Such a conception, however, can no longer account for an internal – i.e. idealizable up to the limit of equivalence – connection of truth and possible justification»*.

[186] Pintore (2000: 200-202). O próprio Habermas reconheceu que a *«teoria do consenso explica o significado do conceito de verdade, se bem que fazendo referência a um procedimento – o qual, se bem que não seja de apuramento da verdade, se refere à revalidação de pretensões de verdade»* – Habermas (2010: 211, nota 34).

[187] Pintor-Ramos (1994: 340).

se deteta uma validade que é prévia e normativamente vinculante e que não pode ser confundida com resultados contingentes[188].

Em terceiro lugar, no contexto de uma teoria do consenso é difícil dizer qual o sentido a dar à noção de situação ideal de fala ou diálogo (*«ideal speech situation»*), uma vez que a mesma procura designar as propriedades formais do discurso que asseguram a *«liberdade de movimentos entre os planos do discurso»*[189]. Na perspetiva de Habermas, o consenso racional ou ideal atinge-se quando as regras da discussão racional são respeitadas pelos participantes[190]. Contudo, como identificaram alguns autores, é duvidoso que se consigam especificar as condições ideais para aproximar da verdade uma afirmação justificada, pois, não só o que é considerado hoje justificado pode deixar de o ser no futuro, como é possível falar em verdades mesmo que estas não possam ser justificadas, o que significa que o recurso às condições ideais pode representar pouco mais do que uma glorificação do que hoje se consideram ser os melhores *standards* de justificação (*«a glorification of what we now take to be the best standards of justification»*)[191]. No caso do Direito, entende-se, tal como vem sugerindo entre nós Castanheira Neves, que, sendo de reconhecer uma intencionalidade material na racionalidade jurídica[192], o juízo jurídico deve encontrar *«o seu fundamento no constituendo sistema da normatividade jurídica vigente e não apenas nas regras do discurso prático-racional»*[193]. Ora, assim sendo, como poderiam ser especificadas condições não dependentes de uma avaliação contingente e

[188] Castanheira Neves (1993: 73), refere a este propósito que as teorias do consenso procuram *«como fundamento para as suas posições um a posteriori consenso persuasivo»*, isto é, algo que *«é resultado contingente numa participação situacional»*. Porém, *«o decidir jurídico pressupõe e encontra fundamento numa a priori validade normativamente vinculante»*, ou seja, numa *«validade jurídica* [que é uma] *pressuposição universal (trans-individual) que dá sentido e critério à própria comunicação juridicamente participativa»*. Nesse sentido, cfr. também Bronze (2012: 128).

[189] Pintore (2000: 202-205). Embora tenha inicialmente designado como sendo ideal *«uma situação de fala em que as comunicações não são obstruídas, não só por intervenções contingentes exteriores, mas igualmente por constrangimentos que derivam da própria estrutura da comunicação»*, mais tarde Habermas concluiu, a este propósito, que se trataria de uma formulação enganosa, uma vez que representaria apenas *«o preenchimento de condições justificativas idealizadas»* e não teria qualquer pretensão de *«sugerir a utópica "prefiguração de uma forma de vida"»* – Habermas (2010: 23 e 227).

[190] Atienza (2014: 229-230).

[191] Bernstein (2010: 113-116).

[192] Castanheira Neves (1993: 73).

[193] Bronze (2012: 128).

historicamente situada e, simultaneamente, entendidas como compatíveis com uma validade considerada prévia no Direito?

Em quarto lugar, se o consenso for apenas prescritivo e não descritivo, como habitualmente sustenta uma teoria do consenso[194], então deixa de ser possível qualquer pretensão de verdade relativamente ao consenso (que se bastará com o respeito pelas regras da discussão racional) e este torna-se (apenas) um critério plausível, eventualmente a concorrer com outros, de produção de ordem e coesão social e destinado a evitar conflitos[195]. Ora, sendo o consenso *«o resultado contingente numa participação situacional»* e *«a validade jurídica pressuposição universal (trans-individual) que dá sentido e critério à própria comunicação juridicamente participativa»*[196], poderá considerar-se suficiente, para o Direito, o recurso a um critério de plausibilidade?

Estas quatro dificuldades não tornam injustificáveis as teorias do consenso ou consensuais, tanto mais que muitas vezes na prática não se conseguirá ir além da verosimilhança ou até alcançá-la e a ideia de correspondência parece ser de facto inaplicável no âmbito da chamada "razão prática" na qual o Direito também se insere. Porém, têm o mérito de chamar a atenção, quer para a circunstância de o consenso não poder ser considerado um critério teórico da verdade, quer para a circunstância de não se dever tentar substituir a questão da verdade-realidade pela questão do consenso-verdade, uma vez que o âmbito da expressão concreta da verdade é um problema posterior e derivado do problema da verdade inserida na realidade[197]. Por outras palavras,

[194] O próprio HABERMAS assim qualificou as suas condições justificativas idealizadas, sublinhando *«a função essencialmente crítica destas idealizações que, além disso, são incumbidas de uma função regulativa, quando se trata de institucionalizar discursos socialmente ou com os meios do direito»* – HABERMAS (2010: 23). PUTNAM (1998: 114-116), é igualmente claro sobre este aspeto ao chamar a atenção para a necessidade de reconhecer que a noção de verdade é uma noção normativa e que esta característica de normatividade não pode ser eliminada como pretendem alguns sectores da filosofia analítica. Porém, alguns autores pragmatistas, como WELLMER, pretendem explicar um conceito de verdade com significado normativo sem recurso a ideias regulativas – BERNSTEIN (2010: 116-119).

[195] PINTORE (2000: 205-207).

[196] CASTANHEIRA NEVES (1993: 73).

[197] PINTOR-RAMOS (1994: 340-341). Assim, claramente ZUBIRI (1980: 235): *«la verdad puede adoptar formas diversas. En primer lugar, la verdad simple, es decir, la verdad real en la que no salimos de lo real: es verdad como ratificación. En ella no solamente no salimos de lo real, sino que hay un positivo y penoso acto de no salimos de lo real: es la esencia misma de la ratificación. En segundo lugar, hay la verdad*

a afirmação de que uma certa crença é verdadeira ou falsa pressupõe uma compreensão prévia daquilo que se entende ser uma crença verdadeira ou falsa no sentido vulgar deste termo, o que acaba por tornar a ideia de consenso dependente da ideia de correspondência e conduzir à conclusão segundo a qual o consenso relevará apenas para a noção de aceitabilidade racional e não para a própria verdade[198]. Ora, se assim é, que contributo se esperará obter da ideia de consenso para o Direito?

2.2.4. As teorias procedimentais

I. Volte-se a atenção agora para as teorias procedimentais.

A ideia de existir uma verdade procedimental surge também na ética do discurso de HABERMAS: como se referiu, o consenso é aí o resultado de uma aplicação correta do que pode ser designado por "procedimento discursivo".

Com efeito, *«a "revalidação discursiva" é um conceito normativo»*, sendo certo que a concordância alcançada num discurso será sempre *«um* consenso fundamentado», ou seja, uma concordância que não é apenas obtida de forma argumentativa, mas que é motivada racionalmente, o que talvez justificasse, segundo HABERMAS, que fosse antes feita a referência a uma teoria discursiva em vez de se falar de uma teoria consensual da verdade[199].

dual. En ella hemos salido de la cosa real hacia su concepto o hacia una afirmación, o hacia su razón. Si volvemos a la cosa real desde su concepto, es la verdad como autenticidad. Si volvemos a la cosa real desde una afirmación, es la verdad como conformidad. Si volvemos a la cosa real desde su razón, es la verdad como cumplimiento. (...) Autenticidad, conformidad y cumplimiento son três formas de verdad dual. Pero en la verdad real no hay, como en la verdad dual, dos términos primariamente ajenos entre sí; de un lado la cosa real y de otro su concepto, su afirmación y su razón. No hay sino un solo término, la cosa real en sus dos momentos internos suyos: su actualidad propia y su propia ratificación».

[198] De resto, valeria a pena não esquecer as reflexões de SÃO JOÃO PAULO II (1998) na sua Carta Encíclica *Fides et Ratio*, § 56, que, a este propósito e em crítica à ideia segundo a qual a verdade resultaria do consenso, escreveu o seguinte: *«Compreende-se que, num mundo subdividido em tantos campos de especializações, se torne difícil reconhecer aquele sentido total e último da vida que tradicionalmente a filosofia procurava. Mas nem por isso posso (...) deixar de encorajar os filósofos, cristãos ou não, a terem confiança nas capacidades da razão humana e a não prefixarem metas demasiado modestas à sua investigação filosófica. A lição da história deste milénio, quase a terminar, testemunha que a estrada a seguir é esta: não perder a paixão pela verdade última, nem o anseio de pesquisa, unidos à audácia de descobrir novos percursos».*

[199] HABERMAS (2010: 211 e nota 35).

Porém, sendo o consenso, na construção deste filósofo, algo relativo a uma situação de fala ou diálogo ideal (*«ideal speech situation»*), para podermos considerar o consenso um resultado inevitável, possível ou sequer desejável de um procedimento precisaríamos de uma ética procedimental, subordinada ao cumprimento de duas condições triviais e de duas condições complementares, sem as quais não existirá discurso, igualdade discursiva ou sinceridade[200], e que se encarregaria então de nos dizer como identificar, escolher ou preferir os valores e as normas.

II. Autores pragmatistas modernos, como ALBRECHT WELLMER e ROBERT BRANDOM, também atribuem relevância ao procedimento discursivo.

Porém, não fazem depender a sua explicação de um conceito de verdade com significado normativo, como sucede com HABERMAS, mais propriamente de uma ética discursiva ou do recurso a ideias regulativas.

Com efeito, por exemplo, WELLMER explica a conexão interna entre a verdade e a justificação apelando a um espaço de verdade transsubjectivo que é constituído apenas por perspetivas diferentes, o que permite explicar normativamente a verdade sem recurso a ideias regulativas e torná-la essencialmente de natureza controversa[201]. Por seu turno, BRANDOM tem um entendimento sobre a intersubjetividade que afasta a possibilidade de identificação de uma perspetiva privilegiada (normalmente feita coincidir com a da correção objetiva) sobre as demais perspetivas concorrentes na prática discursiva em relação à verdade, mas isso, em seu entender, não afeta o carácter racional das afirmações que ao abrigo da mesma são realizadas[202].

[200] HABERMAS (2010: 227-228).

[201] WELLMER (2004: 108): «*My conclusion thus runs: truth is not a regulative idea. The attempt to replace a metaphysical correspondence theory of truth with an epistemic concept of truth—with the expectation that truth and justification (or truth and consensus) will coincide, not here and now but rather under ideal conditions—will not lead us out of metaphysics. Truth and justification coincide with reference to the making of judgments and the holding of beliefs, but not in reference to the ascription of judgments and beliefs to others. From this "grammatical" difference result both the normativity and transsubjectivity of truth, as well as the "contested" aspect of truth*».

[202] BERNSTEIN (2010: 117-118 e 121-122).

III. Robert Alexy transpôs para o discurso jurídico a teoria de Habermas, introduzindo-lhe, contudo, algumas correções[203].

Apesar de afirmar a natureza falível da sua conceção dialógica, Alexy aceitou essencialmente a perspetiva de Habermas de acordo com a qual a razão prática é inerentemente dialógica (*«pratical reason is inherently dialogical»*), o que permite concluir, tal como Habermas, que a racionalidade prática é necessariamente uma racionalidade discursiva: um enunciado normativo é assim válido ou verdadeiro caso possa ser o resultado de um determinado proceder, mais concretamente o proceder do discurso racional. Alexy defendeu, porém, que o discurso jurídico seria um caso especial de discurso prático (a chamada *«special case thesis»*)[204], que, em face da vinculação da argumentação jurídica às exigências dogmáticas, *«requer a conexão entre a dimensão institucional e a dimensão discursiva»*[205], o que *«significa que, nele, os argumentos especificamente jurídicos se conjugam ou combinam com argumentos práticos gerais nos mais variados níveis e são aplicados ou usados conjuntamente»*[206], procurando, por isso, demonstrar como, através dos procedimentos discursivos jurídicos, os vários tipos de discurso jurídico se aproximariam mais do que outros discursos do modelo da situação de fala ideal (*«the model of the ideal speech situation»*)[207].

Todavia, o problema do recurso à noção de procedimento é que esta noção se limita, por um lado, a fornecer a ilusão de ter eliminado o problema da fundação e, portanto, de controvérsias metaéticas, apresentando procedimentos como autojustificadores ou como não precisando (demasiado) de justificação e, por outro lado, a dar a impressão de existir sucesso em reconciliar o aspeto fundacional dos procedimentos com uma atitude agnóstica, a capacidade do procedimento de produzir verdade ou correção com a sua neutralidade face aos resultados possíveis[208]. Em particular, a construção de Wellmer, que dispensa o recurso a ideias regulativas, aparentemente padece de uma

[203] Para uma explicação da teoria de Alexy, cfr. Teixeira (2012: 200-211).

[204] Alexy (1989: 15 e 212), e Alexy (1999). Como escreveu Castanheira Neves (1993: 73), para Alexy *«o discurso e a argumentação jurídicos* [são] *um "caso específico" desse tipo geral de racionalidade* [prática], *especificidade que resultaria do relevo de dogmáticas vinculações normativas nessa argumentação (as normas legislativas e outras) e ainda da indispensabilidade do "processo judicial"»*.

[205] Lamego (2011: 70).

[206] Teixeira (2012: 202).

[207] Pintore (2000: 187-190).

[208] Pintore (2000: 224-225).

ambiguidade crucial, já que poderá não ser capaz de explicar por que motivo alguém se deve sentir compelido ou persuadido, numa determinada prática discursiva, a aceitar algo como verdadeiro[209].

Além disso, mesmo as interpretações fracas («*weak or non-objectivist interpretations*») da ética procedimental, segundo as quais o procedimento não produz verdade, mas é meramente gerador de deveres morais, não são também elas consideradas isentas de crítica[210]. No Direito, a equiparação da racionalidade jurídica a uma racionalidade procedimental esquece que qualquer juízo terá de estar normativamente fundado numa validade normativa que seja regulativa da *praxis*, o que obsta a uma sua aceitação quando o juízo seja meramente o produto de uma argumentação concludente[211].

Finalmente, a noção de procedimento presta-se, segundo alguns autores, a usos muito diversos, com inconvenientes para a chamada clareza analítica («*analytical clarity*»)[212].

2.2.5. Balanço das teorias da verdade: um Direito sem verdade?

I. Anna Pintore, cujo pensamento se situa do domínio da filosofia analítica, faz um balanço pertinente do estado da situação das teorias da verdade no Direito.

Desde logo, sustentou que as diferentes noções de coerência, de consenso e de correção processual não são verdadeiramente teorias da verdade no Direito, supostamente porque não fornecem ao Direito um valor objetivo, antes contribuindo para o fornecimento de valores, isto é, contribuem para a sua justiça.

Além disso, segundo Pintore, mesmo a moderna versão da correspondência, que, apesar de tudo, traduz uma ideia necessária fora do Direito, padece de um inconveniente quando transferida para o plano do Direito: não permite ligá-lo à realidade, transmutando-se assim inexoravelmente num imperialismo subjetivo no plano dos valores, dotando a autoridade jurídica, "mestre da

[209] Bernstein (2010: 118).
[210] Pintore (2000: 233).
[211] Castanheira Neves (1995: 416-418).
[212] Pintore (2000: 233-236).

verdade", de um mandato tipo carta em branco e dotando a vontade normativa como uma legitimação inconsciente – se não – sub-reptícia[213].

De facto, ao afirmar-se que o Direito pode ser verdadeiro parte-se, segundo PINTORE, do pressuposto que a mente humana é capaz de refletir a natureza[214]. Os defensores da verdade no Direito propõem assim um modelo normativo que o próprio pensamento científico moderno já não usa. Isto porque, ao assumirem que o que se visa é descobrir e declarar a verdade, estão na prática a excluir antecipadamente a possibilidade de crítica e desacordo em relação às decisões[215]. Contudo, como demonstrou PUTNAM, a controvérsia «[f]*az parte da nossa forma de vida, da nossa maneira de viver, pensar e agir e continuar a viver, a pensar e a agir*», o que torna relativamente comum a consideração de «*muitas proposições polémicas como se tivessem um indiscutível valor de verdade*»[216].

Por seu turno, mesmo as teorias do consenso e processuais, que foram propostas como possível alternativa em relação à ideia de existir uma realidade normativa ou uma totalidade coerente do pensamento e da realidade, não deixam, de acordo com PINTORE, de procurar a verdade. E fazem-no por entenderem que a verdade constitui um valor, mais propriamente o valor mais elevado: simultaneamente o valor mais fundamental e o que se acredita ser mais independente da subjetividade humana. Daqui resulta, na opinião da autora, uma falsa ideia de objetividade cognitiva que nos mantém ligados ao mundo. A verdade passa a ser a procura de objetividade, o que determina também uma inaceitável desresponsabilização individual[217].

Mas mais do que isso: o uso da linguagem da verdade no Direito cria a ilusão de ser possível ancorar o Direito no mundo dos factos e de a linguagem da justiça se posicionar abertamente no mundo dos valores (e dos valores objetivos). Trata-se então de um mundo em que a norma e a natureza se

[213] PINTORE (2000: 237-238).

[214] Recorde-se, contudo, que, segundo RUSSELL (2013: 184 e 188), «*a necessidade de permitir a falsidade torna impossível encarar a crença como uma relação da mente com um só objecto*», devendo antes a mesma ser entendida como «*uma certa unidade complexa da qual a mente é constituinte; se os restantes constituintes, tomados na ordem que têm na crença, formarem uma unidade complexa, então a crença é verdadeira; se não, é falsa*».

[215] PINTORE (2000: 238).

[216] PUTNAM (1998: 113).

[217] PINTORE (2000: 238-239).

fundem[218]. Por outro lado, o valor persuasivo subtil que a linguagem da verdade mantém tem a ver com a ideia de que a verdade se relaciona com aquilo que não muda. Mas isso é considerado contrário ao que se pretende para o Direito: a adaptação do Direito à realidade e a capacidade de constituir um meio de mudança da realidade[219].

II. Pintore sustentou, por isso, que existiria um *«gap»* aberto entre o Direito e a verdade e que tal *«gap»* não mais poderia (e bem) ser ultrapassado (*«bridged»*).

Segundo Pintore, o Direito não está orientado para a verdade, mas antes para a decisão. Não existe, em seu entender, uma verdade prática e, mesmo que esta existisse, só poderíamos aceder-lhe no Direito através da autoridade, sendo que nesse caso esse acesso seria levado a cabo sem possibilidade de determinação dos critérios usados para escolher a autoridade. Seria então a autoridade que nos diria o que pode ou não contar como sendo verdade e não ao contrário[220]. Ora, diz Pintore, que a verdade não pode ser uma premissa do poder nem um limite do poder. A verdade não nos é dada antecipadamente. E a própria ideia de verdade prática, relativamente à qual o legislador se limitaria a declarar, torná-lo-ia omnipresente[221].

Na opinião de Pintore, é então preferível a autoridade sem verdade no Direito. Ou seja, é preferível, no entender da autora, uma autoridade vista como fonte de decisões e não como fonte de conhecimento[222]. Nesta medida, Pintore concluiu que o Direito estaria irremediavelmente sem verdade, mas seria isso que lhe daria utilidade e razão de ser. De outra forma, seria negligenciada a natureza essencial do Direito (de simples instrumento) e este seria

[218] Pintore (2000: 239). Claro está, que estando o seu pensamento integrado na filosofia analítica, Pintore provavelmente aceitará as premissas desta corrente filosófica, criticadas por Putnam (1998: 116), nomeadamente que a normatividade não acompanha os factos e que *«a ciência é «desprovida de valores»»* e que *«só ela nos diz como as coisas «realmente são»»*.

[219] Pintore (2000: 239).

[220] Esta aproximação da verdade à autoridade encontra-se também noutros autores, que consideram que o conhecimento exato dos factos se escora na autoridade, mas parece estar hoje ultrapassada em virtude de actualmente se reconhecer a *«possibilidade de cada pessoa individual poder, por si só, alcançar esse conhecimento»* – Aguiar e Silva (2001: 40).

[221] Pintore (2000: 240).

[222] Pintore (2000: 240-241).

remetido para o domínio da força, escapando ao controlo público (*«public control»*) e à chamada à responsabilidade (*«accountability»*) que são essenciais para as democracias liberais[223].

Estarão certas e serão inevitáveis estas conclusões de PINTORE? O que dizer das mesmas?

III. Para além de extravasarem em muito a economia da discussão aqui travada, não podem as conclusões de PINTORE ser, sem mais, importadas.

Por um lado, a investigação de PINTORE tinha um propósito bem diferente do nosso e bastante mais amplo: o problema da verdade do Direito[224] (*«the question of the truth of law»*). Por outro lado, PINTORE adere à posição clássica da filosofia analítica que consiste em sustentar a divisão entre *«is»* e *«ought»* (a chamada "lei ou guilhotina de HUME"[225]), ou seja, entre discursos indicativos (*«indicative discourses»*) e discursos diretivos (*«directive discourses»*)[226], o que não constitui uma premissa de aceitação universal, quer fora do Direito[227], quer no Direito[228].

De resto, esteja ou não o Direito orientado para a verdade, é manifesto que a verdade, mesmo no Direito, adquire uma especial relevância quando a questão em discussão se traduz numa questão factual (ou melhor, quando

[223] PINTORE (2000: 10-11).

[224] CALHEIROS (2015: 70, nota 129).

[225] Esta designação é utilizada por BLACK (1964). Sobre a chamada "lei ou guilhotina de Hume" e a sua relação com o positivismo jurídico, cfr. BRITO (2002). Dessa divisão é extraída a chamada "falácia naturalista", que sustenta a derivação de um *«ought»* de um *«is»*, à qual reagiu, por exemplo, HANS KELSEN, ao procurar defender uma perspetiva da validade jurídica "pura", ou seja, não redutível a outras realidades que estão fora do sistema normativo – JACKSON (1997: 5-6).

[226] PINTORE (2000: 3).

[227] Na filosofia, cfr., por exemplo, PUTNAM (2002b).

[228] No Direito, cfr. CASTANHEIRA NEVES (1967), CASTANHEIRA NEVES (1993: 163-286), e CASTANHEIRA NEVES (2008a) e, em relação ao Direito da *Common Law*, JACKSON (1988: 90 e ss.), e DIETHELM (2009). No domínio da prova jurídica, cfr. ALLEN/PARDO (2003a), e ALLEN/PARDO (2003b). Essa tese não deixa de ser a tese de KELSEN e de MACCORMICK, para quem facto e direito e comportamento e regra seriam essencialmente categorias distintas. Porém, se for adoptada uma perspetiva semiótica, será atribuído às regras e normas o mesmo estatuto que tem qualquer outra afirmação comunicativa, pelo que a distinção deixará de ter sentido – JACKSON (1997: 129). De igual modo, acentua AGUIAR E SILVA (2012: 120), que *«enquanto estruturas narrativas, facto e direito se colocam agora ao mesmo nível»*.

esteja em causa um facto controvertido e seja necessário resolver a dúvida sobre a sua veracidade), pelo que importará esclarecer em que medida a verdade assume então relevância no Direito. Os modelos de prova exprimem racionalidades que muitas vezes se reconduzem essencialmente às intuições que estão subjacentes às ideias da correspondência, da coerência, do consenso ou do procedimento[229], sendo certo que tais ideias têm servido de mote e de fundamento ao desenvolvimento das teorias da verdade que costumam ser apresentadas no domínio do Direito e que acima se analisou criticamente.

Além disso, verifica-se que no Direito, a par das "verdades factuais", encontramos as chamadas "verdades jurídicas", as quais incluem quer as verdades sobre o Direito, quer as verdades sobre as normas jurídicas. A distinção entre "verdades factuais" e "verdades jurídicas" é considerada crucial em vários sistemas jurídicos e relativamente comum, embora muitas vezes seja geradora de complicações ou se considere que essa distinção é, sobretudo, o produto de uma certa ilusão e também o resultado da não recondução das verdades sobre instituições sociais a verdades factuais, tendo em conta a limitação daquelas a um espaço e a um tempo e o facto de as mesmas não serem totalmente independentes de nós e de terem de ser tornadas verdadeiras por aquilo que as pessoas fazem[230].

Porém, se, na linha de Oliver Wendell Holmes (1841-1935)[231], atribuirmos um papel de maior relevo à experiência, até como traço caracterizador

[229] Pereira (2016), com um especial enfoque no problema da prova da causalidade.

[230] Haack (2014: 308-309).

[231] Holmes é visto como estando na origem do realismo jurídico norte-americano (este é um dos seus legados – Postema (2011: 81 e ss.), ao proclamar a coincidência do significado que atribuía ao Direito com a previsão daquilo que os tribunais iriam fazer e não tanto com as razões fornecidas pelos tribunais para aquilo que fazem, abrindo assim espaço a uma visão do Direito como ciência factual e entendida como fenómeno passível de ser avaliado através de estudos empíricos – Jackson (1996: 150-151). Também nesse sentido, cfr. Posner (2009: 222). A passagem completa relevante de Holmes (1897: 460-461) é a seguinte: «*Take the fundamental question, What constitutes the law? You will find some text writers telling you that it is something different from what is decided by the courts of Massachusetts or England, that it is a system of reason, that it is a deduction from principles of ethics or admitted axioms or what not, which may or may not coincide with the decisions. But if we take the view of our friend the bad man we shall find that he does not care two straws for the axioms or deductions, but that he does want to know what the Massachusetts or English courts are likely to do in fact. I am much of this mind. The prophecies of what the courts will do in fact, and nothing more pretentious, are what I mean by the law*». Além disso, costuma referir-se que o próprio Holmes, devido à participação no Clube Metafísico de Harvard/Boston (ainda

do Direito[232], a verdade já poderá resultar aqui daquilo que as pessoas ou entidades fazem, ou seja, poderá ser fruto do trabalho criador de algumas pessoas ou entidades. Ora, vendo o Direito como experiência e não como algo lógico, somos rapidamente remetidos para o domínio dos factos e do método experimental, sendo certo, contudo, que, em relação aos juízes, esse domínio extravasa, nas palavras de POSNER, *«what a judge can glean from a trial transcript»*[233]. E então poderá afirmar-se que os sistemas jurídicos e as normas jurídicas correspondem a criações jurídicas e que também as chamadas "verdades jurídicas" são fruto das ações do legislador (criador de legislação) e dos tribunais (em especial, do labor interpretativo destes), ou seja, são o resultado

que limitada devido à sua saída precoce por se sentir intimidado por JAMES e PEIRCE – POSTEMA (2011: 47, nota 7)), teria sido ele próprio influenciado por PEIRCE – JACKSON (1988: 27 e nota 46), e certamente também por JAMES. Autores, como WHITE (1993: 146-147), referem a propósito de HOLMES o seguinte: *«There are even echoes, in Holmes' early lectures on jurisprudence and some of his analytic work, of the pragmatist outlook endorsed by some members of the "Metaphysical Club" to which he and William James had belonged in the early 1870s»*. Ora, recorde-se a chamada "máxima pragmática" atribuída a PEIRCE, segundo a qual o significado de um conceito está relacionado com os efeitos práticos de actuar em conformidade com ele, e a extensão que dela fez JAMES, ao incluir nas consequências da crença, não só as consequências observáveis, mas qualquer tipo de consequência na vida de quem acredita – BACON (2012: 24-26 e 27-30).

232 Para HOLMES, a experiência estaria encarregue de servir, em várias situações, como um teste à responsabilidade (criminal ou delitual) – HOLMES (1881: 56, 147, 149-152, 158 e 162). Essa parece ser também a conclusão de POSNER (2009: 221-222), ao escrever a respeito de HOLMES: *«In his emphasis on objective standards of liability and in his positivism, Holmes was a man of the left-hand column (rule, formalism, and so forth). But in his insistence that the life of the law had been experience rather than logic he was a man of the right-hand column»*. A atribuição de um papel relevante à experiência está em linha com a perspetiva pragmatista (tradicional) de considerá-la, não apenas um componente fundamental do conhecimento (como os empiristas), mas da qual também fazem parte as pessoas que não são meros observadores mas participantes no mundo (BACON (2012: 35-37)), e é ainda hoje vista como muito relevante pelos defensores do pragmatismo jurídico, que adoptam uma visão contextual, não fundacional, instrumental e perspetiva da decisão judicial, dada a orientação empírica e a preocupação manifestada com a possibilidade de prever o que será decidido e com as consequências das decisões tomadas, o que obriga a tomar em consideração decisões anteriores e a analisar as alternativas disponíveis, como sugere POSNER, à luz de um critério de razoabilidade (*reasonableness*). Para uma explicação da perspetiva pragmatista de POSNER, cfr. POSTEMA (2011: 206-211), e LINHARES (2009: 143-275).

233 POSNER (2013: 6).

daquilo que as pessoas e as entidades fazem e que é considerado criador de Direito ou que ajuda ao surgimento daquelas "verdades jurídicas"[234].

Tal sugere que, como acontece com a filosofia pragmatista tradicional (não cética, mas que admite que nunca podemos garantir a aquisição de conhecimento com certeza absoluta)[235], é possível sustentar uma atitude mais cautelosa em relação à admissão do absoluto e à completude das verdades jurídicas. Essa atitude pode fundamentar-se numa posição menos ambiciosa no que respeita ao Direito, que não se conforma com generalizações apressadas feitas a partir de hipóteses de trabalho (nas quais se incluem as próprias regras e os princípios), nem sanciona verdades que não tenham sido guiadas pela experiência e pelas respetivas consequências, mas sem que a metodologia utilizada tenha de implicar uma orientação pelo resultado. Essa posição pode ser encontrada na vertente clássica e analítica do pragmatismo jurídico, ainda que dela se afastem alguns pragmatistas pós-modernos e comuns como Rorty e Posner[236].

Retoma-se, assim, a linha pragmatista tradicional sobre a verdade que remonta a James, ou seja, em que a verdade (seja ela absoluta ou apenas disponível) será sempre um processo de verificação (de demonstração de verdade) ou uma verdade no ato e em que a conformidade de uma afirmação com a realidade estará dependente da utilização do método pragmático que apela às possibilidades funcionais e às porções que intermedeiam a experiência concretamente real.

2.3. As particularidades do Direito face à filosofia moral

Embora a verdade também assuma relevância no Direito, tal como na filosofia em geral, existe um aspeto que importa chamar desde logo a atenção ao abordar o tema da verdade no Direito: tal aspeto prende-se com as particularidades que o Direito apresenta em relação à filosofia moral e que pode influenciar a perspetiva a assumir em relação à verdade.

[234] Haack (2014: 305-317).

[235] Nesse sentido, já presente na filosofia de Peirce na sua crítica ao cartesianismo – Bernstein (2010: 32-52).

[236] Lind (2012).

Na filosofia moral as posições sobre a verdade dividem-se sobretudo entre aqueles autores que se focam na razão (*«reason»*) e aqueles autores que se focam na vontade (*«will»*)[237]. Porém, o Direito é considerado um exemplo mais complicado do que a moralidade em dois aspetos principais: por envolver um *input* institucional e por ser uma prática em construção que é mais ou menos bem-sucedida apesar da falta de consenso sobre a sua natureza básica[238]. Nesta medida, sustenta-se que, na maior parte dos sistemas jurídicos, uma teoria acerca da verdade terá de assumir contornos distintos daquilo que se encontra na filosofia moral: ter espaço tanto para elementos da razão como da vontade e uma forma de reconhecer que estes elementos podem às vezes encontrar-se numa tensão não resolvida[239].

Adotando uma posição pragmatista, poderão vir a ser considerados os dois elementos e poderá vir a ser resolvida a tensão eventualmente existente entre ambos. Vale por dizer que não são impeditivos do esboçar de uma conceção da verdade ao jeito pragmatista, quer o facto de estar presente no Direito um *input* institucional, quer a circunstância de o Direito constituir uma prática contínua.

2.4. A verdade para o jurista e a verdade no Direito

Em qualquer dos casos, e ainda que exista no Direito uma tensão não resolvida entre razão e vontade, que não estará eventualmente presente também na filosofia moral ou na filosofia em geral, o certo é que não deixa de ser importante esclarecer qual seja a relação existente entre o Direito e a verdade, nomeadamente se tivermos em conta que, apesar de existir alguma semelhança entre o Direito e a moral e entre as normas jurídicas e as normas morais, algo no Direito parece surgir como distintamente normativo que não encontramos (de todo ou de forma tão nítida) na filosofia.

[237] Bix (2009: 285-291). Posição continuada em Bix (2020).

[238] Bix (2009: 291).

[239] Bix (2009: 291). Assim, referiu mais tarde Bix (2020: 40): *«truth about particular legal propositions often turns on some combination of "will" and "reason": the decisions made by officials authorized to make choices for the community, on one hand, and what follows from those decisions, as a matter of the distinct form of practical reasoning known as "doctrinal reasoning." And where will and reason conflict, sometimes there may be, if only temporarily, more than one legal truth»*.

Essa relação entre a verdade e o Direito torna-se mais clara analisando o significado da verdade para o jurista e para o Direito, em especial procedendo a uma explicação das diferentes representações da verdade existentes no contexto jurídico (uma representação ontológica e uma representação cognitiva) e das particulares preocupações que o Direito manifesta com as chamadas "estruturas cognitivas da verdade".

2.4.1. A representação ontológica e a representação cognitiva da verdade

Com efeito, uma questão essencial para a compreensão do significado da verdade para o jurista e para o Direito reside em saber se o Direito tem ou pode ter acesso direto, como sugere a ideia de correspondência, àquilo que pode ser designado por ontologia do verdadeiro ou falso.

Ora, a este respeito deve dizer-se, embora tal seja muitas vezes esquecido, que a representação possível da verdade, ainda que fora do Direito, não é exclusivamente ontológica, uma vez que a verdade também pode ser – e sê-lo-á muitas vezes – representada cognitivamente, como demonstrou Jackson[240].

Ontologicamente, a verdade, enquanto realidade objetiva e absoluta, pode ser representada da forma constante da imagem *infra*[241]: apesar de os termos verdadeiro (A) e falso (E) serem contrários ou opostos, os seus significados são idênticos às negações dos termos opostos. Assim, falso (E) é sinónimo de não verdadeiro (O) e verdadeiro (A) é sinónimo de não falso (I).

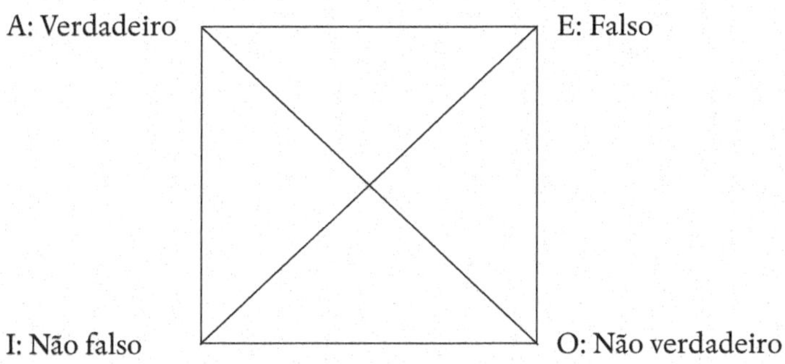

[240] Jackson (1998: 238 e ss.). Com uma explicação mais desenvolvida de como funcionam os quadrados semióticos como descrição formal proposta por Algirdas Julius Greimas (1917-1992), cfr. Jackson (1997: 74-110) e Jackson (1995: 148-150).

[241] Elaborado a partir da figura 3 de Jackson (1998: 238).

Por seu turno, cognitivamente, a verdade, enquanto realidade subjetiva e relativa, pode ser representada da forma constante da imagem *infra*[242]: apesar de não sabermos se algo é verdadeiro ou não (O ou I), também não nos autoriza a concluir ser falso ou verdadeiro (E ou A). Isto porque podemos não ter o conhecimento de ser verdadeiro ou falso (Y).

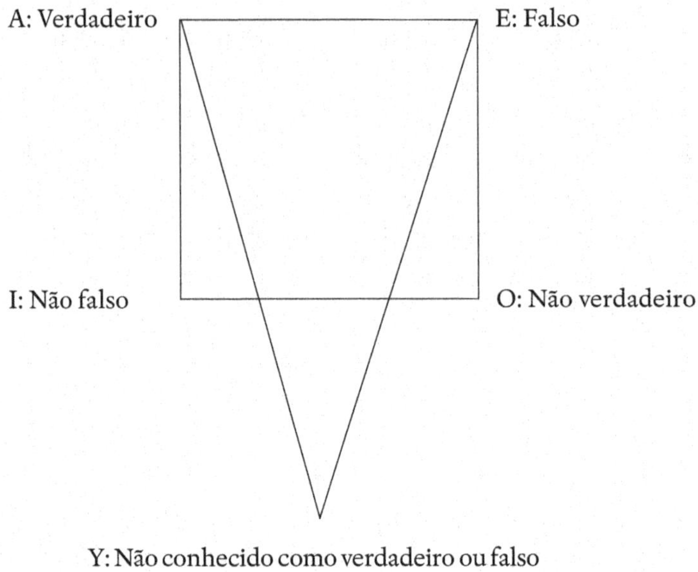

A distinção entre a perspetiva ontológica da verdade e a perspetiva cognitiva da verdade é muitas vezes esquecida, nomeadamente pela corrente intelectualista[243] ainda em voga nalguma literatura, mas assume-se como uma distinção verdadeiramente essencial.

[242] Elaborado a partir da figura 5 de Jackson (1998: 243).

[243] Que defendem a tese segundo a qual «*to know a reality, an idea must in some inscrutable fashion possess or be it*» – James (1909: 212-213).

2.4.2. A preocupação do Direito com as estruturas cognitivas da verdade e as diferentes conceções sobre a prova

I. No contexto do Direito, aquela distinção entre as perspetivas (ontológica e cognitiva) da verdade torna-se ainda mais importante, na medida em que se entende que as decisões judiciais constituem ou tendem a constituir aplicações institucionais particulares daqueles conceitos.

Por assim ser, a distinção permite acentuar o aspeto de mediação ou de verdade diferida que ocorre na reconstrução judiciária dos factos passados e também sublinhar que a tomada de decisões judiciais assenta essencialmente na plausibilidade e verosimilhança do material disponível para os decisores[244].

Como demonstrou a investigação de Jackson, o Direito acede à realidade subjacente ao processo por intermédio das convenções de um (particular) sistema de conhecimento (*«through the medium of the conventions of a (particular) system of knowledge»*), pelo que não pode deixar de se preocupar, em primeira linha, com a perspetiva cognitiva da verdade[245]. Mas, sendo assim, então parece, como concluiu Jackson, que o discurso jurídico acaba por atribuir uma especial relevância a uma outra ideia em detrimento da ideia de verdade: a ideia de prova[246]. Apesar dos diversos sentidos que podem ser atribuídos à palavra "prova"[247] e de ser comum assinalar a plurivocidade e equivocidade do vocabulário utilizado[248], é no fundo através da prova que se resolve a dúvida sobre a veracidade de um facto (uma afirmação de facto ou uma representação de facto) controvertido: recaindo a análise sobre um determinado facto, afirmação de facto ou representação de facto controvertido, são utilizados certos meios que produzem a prova e permitem depois a sua valoração pelo tribunal de acordo com o sistema de prova vigente (de prova legal ou tarifada ou de prova livre ou livre apreciação[249]) e, em caso de insuficiência de prova,

[244] Aguiar e Silva (2001: 37-38).

[245] Jackson (1998: 237).

[246] Jackson (1998: 227-273).

[247] Mendes (2013: 173), e Mendes (2004: 133).

[248] Mata (2004: 224-226).

[249] Sobre estes sistemas ou modos de valoração de prova e a sua explicação histórica, cfr. Vieira Neves (2011: 55-58), Mendes (2013: 219-222), Figueiredo Dias (1974: 198-211), e Castanheira Neves (1968: 44-52). Para uma aplicação deste princípio, no domínio civil, cfr. Ac. TRL de 28.04.2016, Proc. 11197/13.0T2SNT.L1-2 (Ondina Carmo Alves), disponível

segundo as regras de distribuição de ónus da prova ou critérios de solução que possam existir[250].

Outros autores também o afirmam quando sustentam que no processo judicial o verosímil supera o verdadeiro e que a verdade tem de ser demonstrada, já que não se demonstra a si própria[251]. Só que a atribuição de maior relevância à prova (não raras vezes caracterizada como *«demonstração da verdade dos factos juridicamente relevantes»*)[252], ainda que represente uma necessidade e mesmo que esta seja entendida como um processo de verificação (ou, em alternativa, de demonstração da verdade de um facto, de uma afirmação de facto ou de uma representação de facto controvertido) que tem a vantagem de permitir entrar em contacto com a realidade sem que obrigue a um esforço tendo como fim uma verdade absoluta, pode ser geradora de algumas incompreensões e perplexidades no contexto jurídico. Neste contexto surgem diferentes conceções ou conceções não coincidentes sobre a relação entre os factos que ocorrem no mundo social e que têm relevância jurídica e a prova desses factos em tribunal, sendo certo que tais diferenças ou falta de coincidência entre conceções apontam para a existência de diferentes interpretações que os respetivos destinatários no Direito fazem dos significados jurídicos.

II. Não existindo a opção de um *non liquet*, desde logo pela proibição de denegação de justiça (cfr. art. 8.º do CC), o Direito vê-se muitas vezes obrigado a fazer equivaler, em termos de decisão, a falta de prova da culpabilidade (ou responsabilidade) à não culpabilidade (ou não responsabilidade).

em www.dgsi.pt, que conclui: *«no nosso ordenamento jurídico vigora o princípio da liberdade de julgamento ou da prova livre, segundo o qual, o tribunal aprecia livremente as provas e fixa a matéria de facto em sintonia com a convicção que tenha firmado acerca de cada facto controvertido, salvo se a Lei exigir, para a existência ou prova do facto jurídico, qualquer formalidade especial. De harmonia com este princípio, que se contrapõe ao princípio da prova legal, as provas são valoradas livremente, sem qualquer grau de hierarquização, apenas cedendo este princípio perante situações de prova legal, nomeadamente nos casos de prova por confissão, por documentos autênticos, documentos particulares e por presunções legais»*. Ferreira (1996: 47), considera exagerada a ideia frequentemente repetida segundo a qual o regime da prova em processo penal é, por força do fim da verdade material, o do livre convencimento do juiz, ao passo que o regime da prova em processo civil é, em virtude do fim da verdade formal, o da prova legal, invocando que o fim de todo o processo é idêntico.

250 Sousa (2012: 452-455).

251 Calheiros (2009: 363).

252 Ferreira (1956: 284).

Com efeito, sucede que, em casos de insuficiência de prova, o julgador não estará em condições de qualificar como verdadeiro ou como falso um determinado facto, prevendo-se para esses casos critérios de solução que habitualmente variam consoante esteja em causa um processo de natureza civil ou um processo penal[253].

Porém, tal operação, constituindo uma espécie de limitação da realidade que é imposta pela estrutura semântica do Direito, o qual, a par da regulação do próprio significado do seu discurso, também manifesta a sua especificidade, implica na verdade fazer equivaler significados jurídicos e significados não jurídicos[254] (por exemplo, a inocência do arguido à não prova da sua culpabilidade), os quais podem então ser interpretados diferentemente, consoante as preocupações que estão subjacentes aos respetivos destinatários desses significados. No Direito, ainda que existindo uma clara diferença entre aquilo que é verdadeiro e aquilo que é verosímil, é aceitável, ao contrário das ciências exatas que atribuem maior valor ao verdadeiro do que ao verosímil, proceder a uma parificação entre a verdade e aquilo que possa corresponder ao resultado de uma discussão ou confronto de ideias[255].

Essa conclusão sobre a existência de uma clara distância entre o discurso jurídico e o discurso comum e a forma como os interesses relativos a cada discurso podem afetar (e afetam) as interpretações que se fazem de acontecimentos que são idênticos[256] é facilmente alcançável se distinguirmos as preocupações subjacentes ao discurso dos leigos das preocupações subjacentes ao discurso jurídico dos advogados, juízes e juristas. Embora existam autores que propõem a aproximação do discurso jurídico ao discurso dos leigos ou, pelo menos, *«uma maior participação leiga na construção diária do discurso jurídico (...) com o fito de afastar o artificialismo de construções mentais desgarradas da realidade empírica»*[257], importa não esquecer que os dois tipos de discurso, ainda que possam estar relacionados, não se confundem no que tange às preocupações

[253] Sousa (2012: 455).

[254] Sobre estes dois níveis de especificidade do Direito (o nível das afirmações feitas pelo discurso e o nível da estrutura semântica), em conformidade com a análise greimasiana, cfr. Jackson (1997: 306-308).

[255] Calheiros (2009: 365).

[256] Jackson (1997: 309-310).

[257] Aguiar e Silva (2001: 33).

que cada um desses tipos de discurso manifesta em relação à verdade. Como notou JACKSON, o discurso dos leigos está preocupado com a verdade na sua componente ontológica, ao passo que o discurso dos juristas está sobretudo preocupado com a prova, ou seja, com a componente cognitiva da verdade[258].

Na verdade, o leigo está interessado em afirmações ontológicas e não cognitivas e assume que as afirmações cognitivas são função das afirmações ontológicas. Por isso, para o leigo: ou o réu/arguido praticou os factos ou não praticou os factos. Por outro lado, o leigo acredita que a decisão judicial realiza sempre (ou é constituída por) afirmações de verdade, de factos, de uma realidade ontológica. Neste sentido, por exemplo, uma sentença de absolvição ou absolutória de um réu ou de um arguido, significará para o leigo que o réu/arguido não praticou os factos que lhe são imputados e que existe também prova da sua inocência ou não responsabilidade. Isto porque, para um leigo, a conclusão de que o réu/arguido não é culpado ou não é responsável é sinónimo (ou é considerada uma conclusão equivalente àquela que sustenta) que o réu/arguido é inocente. Essa sinonímia ou equivalência surge devido ao facto de o leigo suprimir aquilo que no contexto judicial é entendido como correspondendo ao nível processual: o leigo vê o tribunal preocupado com a verdade e não com a prova. E fá-lo por duas razões: (i) pela tendência que o leigo tem de construir significados em termos de oposições binárias; (ii) pela tendência que o leigo tem de se concentrar na pessoa do agente e não no evento particular que está em discussão (por exemplo, o crime).

Já os advogados, juízes e juristas habitualmente veem ou perspetivam o problema de uma outra forma. Estão sobretudo interessados nas estruturas cognitivas e não tanto nas estruturas ontológicas, assumindo aliás que estas são função das primeiras. Por exemplo, um advogado acreditará que a decisão judicial é o resultado da prova do processo, acedendo o julgador à realidade através de uma forma institucionalizada de cognição. Daí que, para o advogado, a verdade que pode ser provada num processo esteja dependente do critério de prova que é usado no caso. Uma sentença de absolvição ou absolutória do réu ou arguido não significa então necessariamente para um

258 JACKSON (1998: 236-245).

advogado que o réu/arguido não seja culpado ou responsável no sentido que um leigo atribui às ideias de culpabilidade ou responsabilidade.

III. Existem, portanto, diferentes conceções sobre a relação entre os factos que ocorrem no mundo social e a prova desses factos em tribunal, sendo certo que tudo parece depender da experiência inicial relativa à verdade que os destinatários dos significados jurídicos possam ter.

Os leigos aceitam o modelo ontológico de representação da verdade, assumindo por essa razão uma postura de confiança em relação a esse modelo de representação, ao passo que os juristas internalizam que estarão a operar no domínio do modelo cognitivo de representação da verdade e também que ocorre a institucionalização da verdade no domínio do jurídico, assumindo por isso uma postura de desconfiança em relação ao modelo de representação cognitivo. Mas importa sublinhar que, ao fazê-lo, os juristas não descartam as estruturas do senso comum: cientes dessas estruturas, procuram fazer pontes entre a linguagem (da qual não conseguem escapar[259]) e o mundo real. Fala-se por isso na necessidade de, tal como sucede com a maioria das formas de discurso, o discurso jurídico, com cujo estudo o positivismo jurídico faz coincidir a Filosofia do Direito[260], aceitar que está a *«falar (e internalizar essa crença) como se a linguagem fosse, de facto, referencial, no sentido de ter correspondência directa em fenómenos do mundo não-linguístico»*[261].

Contudo, verifica-se que a linguagem (e, portanto, também o discurso jurídico[262]), não sendo referencial, não exibe verdadeiramente os elementos factuais (não linguísticos) que seriam necessários a fim de se poder estabelecer a correspondência que os adeptos da versão original da teoria da correspondência da verdade pareciam pressupor. Com efeito, a apreensão (ou, se assim se preferir, a reconstituição judicial) dos factos (juridicamente relevantes) ocorre

[259] Nesta linha, escreveu Calheiros (2009: 363): *«Todo o processo judicial, seja escrito ou oral, possua as regras que possuir, encontra-se assente na linguagem e na comunicação que, através dela, se estabelece entre os seus intervenientes»*.

[260] Jackson (1997: 133).

[261] Jackson (2009: 160).

[262] Que constitui apenas um discurso *«with a particular content, a particular 'semantic investment'»*, sendo certo que, de acordo com a semiótica greimasiana, *«the minimal units of legal discourse are those same minimal units of discourse in general, actants and functions, which are modelled respectively upon nominal phrases and their predicates»* – Jackson (1997: 299).

normalmente sempre através dos filtros do respetivo sistema de linguagem: esse sistema de linguagem é composto por vários grupos semióticos com competência para emitir e receber um certo tipo de discurso e com destinatários diversos, sendo que o tipo e os interesses dos respetivos destinatários afetam necessariamente a natureza da mensagem comunicada por cada grupo semiótico; e a comunicação jurídica opera à distância e envolve a satisfação de certas condições de sinceridade[263]. Além disso, nunca podemos estar seguros de que a linguagem constitua uma representação correta do mundo real, pelo que melhor será incorporar o mundo externo nas afirmações que constam do discurso. Verifica-se sempre um fenómeno de tradução, de representação da realidade na linguagem. E a verdade poderá então surgir da discussão e do confronto de ideias[264].

Mas isso também não obriga a assumir uma posição cética radical a respeito da verdade no Direito, tanto mais que, apesar de a linguagem jurídica poder ser considerada um subgrupo da linguagem natural que se caracteriza sobretudo por estar dotado de *«minimal units of legal signification»*[265], a verdade não terá de considerar-se coincidente (nem porventura de facto coincidirá) com a realidade[266].

De facto, embora a hipótese de representação da realidade não esteja precludida, mesmo no mundo do Direito, dificilmente se poderá admitir que *«o mundo exterior é capaz de se fazer imprimir, de se fazer gravar nos nossos sentidos, sem sofrer alterações de maior»*, a fim de sustentar que a verdade se encontra *«integralmente referenciada a um mundo exterior que fielmente reproduz, ainda que através de um vocabulário simbólico»*[267].

O que não podemos certamente dizer é *«que o conceito de verdade é o mesmo dentro e fora do tribunal»* e que *«o que varia* [são] *(somente) os critérios por que essa*

[263] Jackson (1997: 284-289).

[264] Calheiros (2009: 365).

[265] Jackson (1997: 301).

[266] O que já James (1909: 196) acentuava ao escrever: *«I suspect that under this confusion lies the still deeper one of not discriminating sufficiently between the two notions, truth and reality. Realities are not true, they are; and beliefs are true of them. But I suspect that in the anti-pragmatist mind the two notions sometimes swap their attributes. The reality itself, I fear, is treated as if 'true,' and conversely. Whoso tells us of the one, it is then supposed, must also be telling us of the other; and a true idea must in a manner be, or at least yield without extraneous aid, the reality it cognitively is possessed of»*.

[267] Aguiar e Silva (2001: 35).

verdade se determina, convencionalmente, nas duas formas de discurso»[268]. Não será assim: a verdade deve, em princípio, ser entendida como sendo *«função da enunciação do discurso e não do seu conteúdo propriamente dito»*, o que no contexto judicial assume algumas especificidades devido ao particular sistema de significação do sujeito aí envolvido[269].

3. O julgamento como meio de determinação da verdade?

A prova obtida em julgamento é habitualmente vista como sendo um reflexo da verdade: além de o tribunal ser um local de culto à verdade, a realização da justiça parece implicar um desvelar ou trazer à luz do dia a verdade.

Porém, também se costuma defender que o sistema jurídico não é uma forma de descoberta da verdade[270] mas de *«attribution»* ou melhor de *«official endorsement»*[271]. Isto porque, mesmo quando está em causa uma questão factual, entende-se que a tarefa do *«"fact-finder"»* não será descobrir se as afirmações cruciais de facto são verdadeiras, mas emitir um veredicto sobre se foram ou não estabelecidas pela prova apresentada[272].

Significa isto que o julgamento não tem que ver com a (ou é completamente alheio à) questão da verdade? Em caso afirmativo, como se compagina essa ideia com a afirmação relativamente comum[273] e segundo a qual um julgamento, tal como uma investigação científica, constitui uma tentativa de chegar à verdade de uma certa questão?

[268] Jackson (2009:149).
[269] Aguiar e Silva (2001: 35).
[270] Nesse sentido, a obra de Laudan (2008): partindo do pressuposto que a principal função do julgamento penal é descobrir a verdade sobre um crime e evitar assim falsos veredictos (aquilo que o autor designa por *«error reduction goal»*), logo conclui que existem várias regras de prova e regras processuais que constituem verdadeiros obstáculos a esse desiderato.
[271] Jackson (1998: 264-265).
[272] Haack (2014: 305). Noutra ocasião, escreveu também Haack (2013): *«what a fact-finder is asked to determine at trial is not whether the defendant committed the crime, but whether the proposition that he did has been established to the required degree of proof by the admissible evidence presented»*; *«the fact-finders' job is to determine whether the factual propositions at issue have been established to the required degree by the (admissible) evidence presented»*.
[273] Por exemplo, Haack (2004: 17).

3.1. A verdade em tribunal e a verdade no laboratório

I. Muitos autores assumem que o julgamento constitui um meio de determinação da verdade ou que visa a verdade[274] mas esquecem que as conclusões a que o julgador poderá chegar sobre os factos serão sempre prováveis e nunca necessárias como são as que resultam da utilização de raciocínios dedutivos, por ser meramente marginal o campo de aplicação deste tipo de raciocínios no domínio da prova[275].

No fundo, parecem não ter em conta que existem diferenças importantes entre a procura da verdade em tribunal e a procura da verdade em laboratório, as quais são o resultado, mais do que de uma particular verdade em discussão nos assuntos humanos, de uma diferença assinalada entre a cultura do Direito e a natureza da ciência[276].

II. A investigação científica tem por objetivo encontrar respostas verdadeiras, embora seja discutível se o fim da investigação científica é ou não alcançar a verdade[277].

A verdade das respostas não resulta do trabalho dos cientistas, mas da natureza dos fenómenos e eventos do mundo descritos pelas afirmações e teorias científicas.

Nesta medida, diz-se que a veracidade ou falsidade das afirmações e teorias científicas é normalmente uma questão objetiva[278], ainda que estas as-

[274] Dando disso mesmo nota, cfr. Damele (2012: 104). Na mesma linha, escreve Aguiar e Silva (2001: 34): *«O discurso judiciário, as suas regras, o espírito, encontra-se todo ele dirigido para a descoberta da verdade»*.

[275] Ac. TRL de 13.02.2013, Proc. 256/10.0GARMR.L1-3 (Carlos Almeida), disponível em www.dgsi.pt. Não por acaso, Damele (2012: 106-107), refere que *«o material utilizado pelo juiz para decidir não é a consequência de uma recepção passiva das provas»* e que *«o raciocínio judiciário – aliás utilizando também esquemas qualificativos de tipo retórico, valorativo, tópico – não pode ser reconduzido a uma estrutura passivamente lógico-dedutiva»*.

[276] Sobre esta última diferença, cfr. Haack (2003). A diferença resulta, desde logo, de um antagonismo primordial ao nível da linguagem e das próprias disciplinas, o que, contudo, não põe em causa o carácter imprescindível do método científico para fundamentar muitas decisões judiciais, nem a ideia segundo a qual a ciência constitui uma ferramente indispensável para o Direito se basear quando precisa de decidir o que é justo – Fiolhais (2012: 15-19).

[277] Dowden/Swartz (s/d: 8.E).

[278] Haack (2008a: 572-573).

sentem sobretudo naquilo que Russell designou por "opinião provável" e não propriamente naquilo que é considerado "conhecimento indubitável"[279]. Ou seja, ainda que os investigadores científicos tenham por fim alcançar a verdade, o alcance desse fim é apenas aproximado ou apenas com uma certa aproximação[280].

Mas um julgamento não é verdadeiramente uma procura pela verdade. Em processos envolvendo questões de responsabilidade por condutas praticadas dotadas de ofensividade/danosidade, o julgamento representa antes uma das fases de um processo de determinação da culpa ou da responsabilidade de alguém de acordo com um certo grau de prova legalmente exigido[281], em que estão em causa condutas individuais e não repetíveis[282] e em que os advogados muitas vezes atuam com o propósito de evitar precisamente que a verdade sobre a culpa ou a responsabilidade dos seus clientes seja apurada[283]. Nessa fase, os advogados, preocupados essencialmente com a construção de uma hipótese que permita afirmar a verdade de uma proposição[284], apresentam a prova que mais favorece os seus clientes e essa prova é avaliada por quem tem de determinar os factos com vista a determinar a culpa ou a responsabilidade de acordo com um certo grau de prova[285]. Isto sucede assim porque, por um lado, a atividade dos advogados não é a investigação (sendo por isso irrelevante saber se tem por objetivo ou não alcançar a verdade) mas sim a advocacia[286]

[279] Russell (2013: 199-200).

[280] Dowden/Swartz (s/d: 8.E).

[281] Nas palavras de Haack (2015b: 5-6), «*what we ask the finder of fact to do is precisely to determine whether the defendant's guilt or liability has been established to the legally-required degree of proof by the evidence presented*».

[282] Damele (2012: 107).

[283] Nesse sentido, escreveu Dershowitz (1996: 166): «[A] *criminal trial is anything but a pure search for truth. When defense attorneys represent guilty clients – as most do, most of the time – their responsibility is to try, by all fair and ethical means, to prevent the truth about their client's guilt from emerging*».

[284] O que justifica que sejam vistos por alguns autores como "equivoquistas profissionais", pois, ao assim actuarem, revelam que estão mais preocupados «*em defender uma determinada posição do que em descobrir verdadeiramente como as coisas realmente se passaram*» – Aguiar e Silva (2001: 41-42).

[285] Haack (2004: 18).

[286] Haack (2003: 207).

ou pseudoinvestigação[287], e, por outro lado, porque todo o processo judicial obedece a um desiderato jurídico, que não é direta nem totalmente relacionado com a verdade («*truth-related*»). A própria prova é por vezes excluída por razões que nada têm a ver com a verdade[288] e as regras processuais obedecem a prazos que não se compadecem com a busca da verdade, mas com a necessidade de se alcançar uma conclusão ainda que a prova disponível seja insuficiente ou incompleta para a sustentar[289]. Daí a conclusão de Damele: «*O objectivo do processo judicial não é, portanto, um acertamento passivo, mas uma reconstrução factual, o mais possível aproximada da realidade, ou seja, caracterizada por uma "plausibilidade explicativa". O que o juiz procura é, de facto, a coincidência entre duas asserções (...). É exactamente neste sentido que falamos de "verdade judicial", como uma subespécie da categoria hierarquicamente superior da "verdade contextual"*»[290].

III. No entanto, isto não significa que a verdade deixe de assumir relevância nos processos judiciais, já que a procura de decisões justas implica, do ponto de vista de uma justiça substancial, a chamada "verdade factual" (ou reconstituição judicial dos factos juridicamente relevantes), para a qual aliás o Direito muitas vezes reclama a colaboração dos cientistas que a permita prover[291].

Estando em causa o apuramento da responsabilidade, o julgamento constitui um processo de verificação e representa um esforço para descobrir o que sucedeu, não podendo ser qualificado como um mero jogo ou apenas uma controvérsia ou competição[292]. A conclusão alcançada num julgamento –

[287] Que consiste numa tentativa «*to make the best possible case for some conclusion determined in advance*» e não, como sucede com a verdadeira investigação, «*to discover the truth of some question or questions*» – Haack (2014: 12), e Haack (2015b: 15).

[288] Nesse sentido, refere Laudan (2008: 120): «*the vast majority of current exclusions of evidence are not based on the fear that the excluded evidence might confuse or obfuscate the issues at stake in the trial. Instead, highly germane evidence – evidence that would indisputably reduce the overall rate of erroneous verdicts – is excluded for reasons having nothing to do with the search for the truth*».

[289] Haack (2003: 208). Já em Peirce encontramos também a ideia segundo a qual todos os juízos são considerados provisórios apenas, susceptíveis de reinterpretação e de reforma – Kevelson (1986: 355).

[290] Damele (2012: 107).

[291] Haack (2008a: 563-564). Nesse sentido, também Fiolhais (2012: 18-19).

[292] Laudan (2008: 154): «*a trial is neither a game nor (as Goldberg puts it) a "contest." It is a serious and weighty effort to find out the truth about a crime*».

ainda que seja uma demonstração de uma verdade que surge da discussão e do confronto de ideias e que conduz apenas ao verosímil[293] – não deixa por isso de ser o resultado de uma procura honesta, aturada e competente da prova e de uma avaliação dessa prova igualmente honesta, aturada e competente. Com efeito, ainda que no Direito se sinta uma maior pressão para alcançar uma conclusão, nomeadamente em virtude das regras processuais que estabelecem constrangimentos temporais e que impossibilitam uma reconstrução da verdade histórica e científica[294] e levam a falar inclusive numa "verdade judicial diferida"[295] (ou de uma mera reconstituição judicial dos factos juridicamente relevantes), não se poderá dizer que o resultado alcançado em julgamento seja, por força disso, uma investigação pré-determinada e, portanto, uma pseudoinvestigação[296]. Isso mesmo chamou a atenção JEREMY BENTHAM (1748-1832), ao considerar a "verdade factual" como elemento essencial da justiça[297], e que hoje leva autores, como HAACK, a afirmar o seguinte: «*it really matters that the person who is punished be the person who actually commited the crime or caused the injury*»[298].

Só que essa verdade, como escreveu CASTANHEIRA NEVES, nunca é uma verdade teorético-científica[299] mas sim e antes uma verdade prático-jurídica[300]: «*É uma verdade em si mesma função da intenção especificamente jurídica, i.e., dos objetivos práticos que o direito se propõe na consideração e resolução dos seus problemas normativos*»[301]. O discurso judiciário exprime essencialmente uma verdade que «*parece traduzir-se em relações de plausibilidade e razoabilidade, próprias do discurso verosímil*»: mesmo as inferências judiciais que são realizadas não estarão

[293] CALHEIROS (2009: 363-366).

[294] A que acresce naturalmente o constrangimento «*à liberdade narrativa dos agentes*» – AGUIAR E SILVA (2012: 117).

[295] AGUIAR E SILVA (2001: 35, nota 76).

[296] HAACK (2014: 12).

[297] Nesse sentido, também PARDO (2010: 43), que afirma claramente: «*Justice requires truth, and false verdicts are a form of injustice*».

[298] HAACK (2007: 14). Na mesma linha, LAUDAN (2008: 221): «*the basic premise in a criminal trial is that the truth about the crime is being sought*».

[299] Aquela verdade final alcançada, geração após geração, bem suportada na prova, mas que poderá ser sempre abandonada ou revista se for encontrada prova que a contrarie – HAACK (2004: 18), e HAACK (2003: 207).

[300] Nesse sentido, também FIGUEIREDO DIAS (1974: 194 e 204).

[301] CASTANHEIRA NEVES (1993: 164).

inscritas numa atividade de prova em sentido científico, fazendo antes apelo a uma ideia de plausibilidade que permite relacionar um facto com o outro[302]. Logo, será sempre uma verdade definitiva, mas relativa, na qual avulta uma finalidade de reconstrução de uma certa verosimilhança ou de uma verdade de ordem processual[303]. Não se abandona uma aspiração de correção ou de verdade, típica de uma postura relativista, mas aceita-se que poderão existir diversos pontos de vista que não estão, em todo o caso, desvinculados da verdade: *«a relatividade do nosso conhecimento da verdade significa (apenas) que a limitação humana só permite uma "pequena" compreensão da verdade. A verdade, na sua integralidade, grandeza, completude e pureza escapa-nos. Mas tal não contende com a possibilidade de se ter perspetivas corretas, sectoriais e parcelares, embora, acerca dela»*[304].

Diz-se então que é uma verdade que não pode adotar apenas a perspetiva externa da prova (ou seja, que se foca na descoberta da verdade e num correto apuramento dos factos sobre os quais será depois aplicado o direito e assim realizada a justiça) e desconsiderar a perspetiva interna da prova (ou seja, que atribui a correção das regras sobre a prova ao valor intrínseco que as mesmas expressam e que sustenta que a justiça deve ser realizada na procura da verdade)[305].

Por isso, embora a "verdade factual" seja inequivocamente relevante, costuma dizer-se com propriedade e em obediência à sua obrigatória subordinação àquela verdade prático-jurídica que: *«the task of the "fact-finder" is not to discover whether the crucial factual claims are true, but to give a verdict as to whether or not they have been established by the evidence presented»*[306].

[302] Aguiar e Silva (2001: 39).
[303] Damele (2012: 108-109).
[304] Frada (2010: 148-149).
[305] Sobre esta distinção e outras idênticas, cfr. Hock Lai (2008: 46-50), e Pardo (2010: 43).
[306] Haack (2014: 305). Em sentido idêntico, cfr. Haack (2013).

3.2. A verdade formal e a verdade material

I. Ao contrário da verdade teorético-científica, a "verdade factual" que se procura alcançar no julgamento, pertencendo ao mundo da verdade prático-jurídica, é muitas vezes uma verdade que resulta de uma conclusão alcançada com base em prova disponível insuficiente ou incompleta para a sustentar[307], tendo em conta as limitações impostas pelas regras de prova que importa satisfazer[308] e também os recursos da justiça disponíveis[309].

Não obstante, e ainda que não seja a única função desempenhada, diversos autores referem que uma função primária dos procedimentos relativos ao tribunal (os chamados «*trial court procedures*») e das regras de prova (as chamadas «*rules of evidence*») nos casos perante os tribunais em que os factos estão em disputa é encontrar a verdade[310].

No domínio criminal, a essa verdade é atribuído inclusive um valor constitucional[311], já que a verdade é aí considerada critério de legitimação da

[307] Haack (2003: 208).

[308] Pardo (2010: 43). Em alternativa, poderá dizer-se, como refere Damele (2012: 104), que «*o acerto ou desacerto dos factos estar*[á] *sempre, no contexto de um processo judicial, dependente dos constrangimentos institucionais típicos do processo*». Não, por acaso, conclui a jurisprudência: «*A obtenção da verdade material tem regras e leva-nos àquilo que é normalmente chamado de verdade formal, ou seja, aquela que é obtida por certa forma, ou por certas formas processuais. A verdade formal não é uma mentira, mas a verdade material que foi possível obter. Daqui que a qualidade processual de um sistema de justiça avalie-se pela capacidade de aproximar a "sua" verdade da verdade "real". Deste modo, seguir e aplicar correctamente os preceitos da verdade formal é a forma com mais segurança que tem o julgador, de acordo, aliás com o que a lei lhe impõe, de obter uma segura visão da realidade sobre a qual tem de actuar*» – Ac. STJ de 19.12.2006, Proc. 06B4220 (Bettencourt de Faria), disponível em www.dgsi.pt.

[309] Mata (2004: 230).

[310] Summers (1999: 497). Assim também sucede entre nós, como dá conta Damele (2012: 104). Criticando, no entanto, essa visão, escreveu Laudan (2008: 8 e 210: «*So long as jurists believe, as many now do, that certain judicial rules (for instance, the suppression of "coerced" confessions) promote truth finding – when in fact they do the opposite – there can be nothing but confusion concerning when and if truth seeking is being furthered*»; «*As we have seen repeatedly, many of the rules currently governing a criminal trial and investigation are not truth conducive. Some of them are neutral with respect to truth seeking. Others, I have argued, are unambiguously truth thwarting*».

[311] Sobre a fundamentação constitucional do princípio da verdade material, cfr. Raposo (2009).

«realização do direito penal» e da *«própria existência do processo penal»*[312]. Mas também noutros domínios a função de descoberta da verdade tem sido considerada importante[313], pois, *«without findings of fact that generally accord with truth»*, entende-se que: a) *«the underlying policy goals or norms of the law could not be served»*; b) *«it would not be possible to test and improve upon the law in light of genuine experience with it in its concrete applications»*; c) *«citizens would, over time, lose confidence in adjudicative processes as fair and reliable tribunals of justice and as effective means of dispute resolution, both in civil and criminal cases»*[314].

II. Porém, a descoberta da verdade no processo judicial é considerada uma atividade altamente especializada[315], que não se coaduna com o entendimento que o homem comum ou vulgar tem de aquilo que pode, ou não, ser considerado prova de um facto[316].

Além disso, vem-se defendendo que a chamada "verdade absoluta", entendida como verdade ontológica ou reconstrução exata dos factos ocorridos, estará fora das coisas humanas e também do processo, por ser algo

[312] Ac. TC n.º 137/2002, de 03.04.2002 (Sousa e Brito), disponível em www.tribunalconstitucional.pt. Não por acaso conclui Vieira Neves (2011: 21), que ao tribunal se impõe que seja um interveniente (activo) na aquisição de factos com vista à delimitação do tema de prova e também na produção da prova, a fim de proferir um juízo valorativo sobre o resultado obtido.

[313] Na jurisprudência cível não raras vezes se fala num poder vinculado do juiz *«ordenar, mesmo oficiosamente, todas as diligências necessárias ao apuramento da verdade material e à justa composição do litígio, quanto a factos que lhe é lícito conhecer (...) de forma a permitir que o processo possa prosseguir com regularidade e possibilitar uma decisão de mérito sobre a pretensão das partes»* – Ac. TRG de 12.05.2016, Proc. 3/14.8TJVNF.G1 (Cristina Cerdeira), disponível em www.dgsi.pt. A ideia de se tratar de um poder vinculado encontra-se também na jurisprudência criminal, na qual se acentua, no entanto, o aspeto da necessidade da prova: *«se é seu dever ordenar os meios de prova – todos os meios de prova – necessários à descoberta da verdade, no reverso da medalha, torna-se-lhe defeso que admita ou ordene a realização de provas "irrelevantes ou supérfluas", "inadequadas ou de obtenção impossível ou muito duvidosa", ou que obedeçam a um desiderato "dilatório". O punctum saliens tem, então, a ver com o princípio da necessidade, que se constitui no critério justificativo quanto delimitador da acção do juiz no apuramento da verdade material»* – Ac. TRP de 09.01.2013, Proc. 499/11.0GBVNG.P1 (Melo Lima), disponível em www.dgsi.pt.

[314] Summers (1999: 497-498).

[315] Desde logo, a investigação levada a cabo num julgamento constitui uma forma especial de investigação numa forma especial de proposição, que sofre limitações, não apenas das exigências da prova, mas também por *«considerations of principle and policy»*, a que acrescem os procedimentos específicos do julgamento – Haack (2004: 18).

[316] Jackson (1988: 7).

inalcançável[317]. Fala-se então de uma verdade meramente processual que, embora não esqueça o objetivo de demonstrar a realidade dos factos juridicamente relevantes, tem um carácter de relatividade[318].

Daí que alguma jurisprudência opte por acentuar que a *«verdade processual, na reconstituição possível, não é nem pode ser uma verdade ontológica»*, não podendo aliás ser distinta ou diversa *«da reconstituição possível do passado, na base da avaliação e do julgamento sobre factos, de acordo com procedimentos e princípios e regras estabelecidos»*, os quais são encontrados nas chamadas "regras da experiência"[319].

Na construção de alguns autores a referência à verdade serve então sobretudo o propósito de introduzir uma distinção, relativamente comum nos direitos processuais dos sistemas continentais[320], entre *«substantive truth»* e *«formal truth»* (ou seja, entre verdade material e verdade formal). Sendo desejável que coincidam ou que, pelo menos, se obtenha uma aproximação praticável (o que sugere que não têm de representar princípios opostos), os mesmos autores chamam a atenção que nem sempre tal sucede porque os próprios procedimentos do tribunal (*«trial court procedures»*) e as regras de prova (*«rules of evidence»*) muitas vezes conduzem apenas a uma verdade formal[321]. Mais concisamente, os autores entendem que a divergência entre a verdade material e a verdade formal resulta do próprio desenho dos sistemas jurídicos (sendo notória essa divergência, para uns, entre o processo penal e o processo civil[322] e mesmo no seio do próprio processo penal, em especial, em virtude da passagem de uma forma de conceber a verdade descritivamente, como foi apanágio do sistema inquisitório, para uma conceção da verdade que exige a

[317] Ac. TRL de 13.02.2013, Proc. 256/10.0GARMR.L1-3 (Carlos Almeida), disponível em www.dgsi.pt: *«devido às limitações próprias do ser humano, à quantidade e qualidade dos elementos de prova disponíveis em cada julgamento, às condicionantes de natureza temporal que rodeiam o processo judicial e mesmo à necessidade de nele salvaguardar outros valores relevantes para a sociedade que se encontram consagrados na ordem jurídica, os quais, em alguns casos, têm natureza contra-epistémica»*.

[318] Mata (2004: 230).

[319] Ac. STJ de 06.10.2010, Proc. 936/08.JAPRT (Henriques Gaspar), disponível em www.dgsi.pt.

[320] Assim, por exemplo, Mata (2004: 230-231).

[321] Diagnosticando isso mesmo, escreveu Laudan (2008: 2-3): *«Despite the nearly universal acceptance of the premise that a criminal trial is a search for the truth about a crime, considerable uncertainty and confusion reign about whether the multiple rules of proof, evidence, and legal procedure that encumber a trial enhance or thwart the discovery of the truth»*.

[322] Contra essa ideia, no entanto, Ferreira (1996: 47).

contradição, como sugere o sistema acusatório[323]). E justifica-se totalmente: será o preço a pagar *«for having a complex multi-purpose system in which actual truth, and what legally follows from it, comprise but one value among a variety of important values competing for legal realization»*[324].

Na verdade, apesar de o tribunal ter como objetivo *«chegar o mais perto possível da verdade, o de procurar conhecer, até onde isso for possível, a realidade»*, não se poderá esquecer que *«a reconstrução que o tribunal deve fazer para procurar determinar a verdade de uma narrativa de factos passados irrepetíveis assenta essencialmente na utilização de raciocínios indutivos que, pela sua própria natureza, apenas propiciam conclusões prováveis»*[325].

Deste modo, a verdade (processualmente) obtida pode ou não coincidir com a verdade historicamente verificada, sendo tal conclusão justificável tomando em consideração o papel que a forma de articulação dos factos assume na sua demonstração, a impossibilidade de incursão na mente humana e a inevitabilidade de recurso a regras de experiência e de lógica que assentam em raciocínios de probabilidade ou de mera possibilidade e que conduzem a decisões que se baseiam essencialmente numa presunção de verdade[326].

É isso que justifica afirmações da jurisprudência, não apenas no domínio civil, segundo as quais *«com a prova de um facto, não se pode obter a absoluta certeza da verificação desse facto, atenta a precariedade dos meios de conhecimento da realidade»* e que *«para convencer o julgador, em face das circunstâncias concretas, e das regras de experiência, basta um elevado grau da sua veracidade ou, ao menos, que essa realidade seja mais provável que a ausência dela»*[327].

[323] Vives Antón (2004: 28-29). Por exemplo, num modelo adversarial esperar-se-á, segundo o respetivo racional epistemológico, que cada parte evidencie os aspetos da verdade *«that best serve his side of the case»* e que a parte da verdade omitida por uma das partes *«will be brought to light by the other side»* – Haack (2008b: 33). Recordem-se, porém, as críticas de Peirce (1931-1958: 2.635) ao modelo adversarial dos sistemas de *Common Law*: *«Some persons fancy that bias and counter-bias are favorable to the extraction of truth-that hot and partisan debate is the way to investigate. This is the theory of our atrocious legal procedure»*. Sobre os sistemas processuais (inquisitório, acusatório e misto) e sua evolução histórica, cfr. Vieira Neves (2011: 58-65), e Mendes (2013: 21-33).

[324] Summers (1999: 510-511).

[325] Ac. TRL de 13.02.2013, Proc. 256/10.0GARMR.L1-3 (Carlos Almeida), disponível em www.dgsi.pt.

[326] Mata (2004: 231-233).

[327] Ac. TRL de 28.04.2016, Proc. 11197/13.0T2SNT.L1-2 (Ondina Carmo Alves), disponível em www.dgsi.pt.

Daí também a crise da ideia, hoje presente no processo penal, de procura e determinação da verdade material, que teria uma correspondência objetiva com os factos[328], a qual não é, ainda assim, entendida como uma verdade meramente formal, mas antes como uma *«verdade material acessível ao nosso conhecimento»*[329].

III. John Stuart Mill (1806-1873) terá escrito que a preocupação epistemológica principal (seja do juiz, do comandante militar, do navegador ou do médico) consistiria em formular um juízo sobre (ou em avaliar) a prova e actuar em concordância com esse juízo (ou avaliação), a fim de poderem aplicar certas normas ou regras[330].

Contudo, no Direito só interessa levar a cabo trabalho epistemológico que seja relevante para as questões específicas suscitadas pelos procedimentos jurídicos probatórios[331] e tendo em conta um conjunto de regras (as chamadas "regras de prova") que introduzem limitações quanto à legalidade e admissibilidade de prova ainda que relevante, o que não parece ser totalmente compatível com a afirmação habitual segundo a qual os sistemas jurídicos procuram descobrir a verdade sobre o que sucedeu[332].

[328] Calheiros (2009: 366).

[329] Ac. TRC de 22.01.2014, Proc. 73/12.3PBCBR.C1 (Olga Maurício), disponível em www.dgsi.pt: *«A verdade que se busca no processo, mesmo no processo penal, não é a verdade ontológica, absoluta, pois que a reconstrução exacta dos factos ocorridos é impossível e o juiz, que não é divino, não consegue alcançar um tal patamar. Mas o processo também não se basta com a verdade formal, apesar de a nossa lei de processo conter espartilhos que, por vezes, a impõem. O que verdadeiramente se busca no processo é a verdade material acessível ao nosso conhecimento: verdade material porque afastada da influência que a acusação e a defesa exerçam sobre ela; verdade material porque verdade judicial, prática, e obtida não a todo o preço mas de forma processualmente válida. Daí que a prova, para alguns, mais não seja do que uma demonstração do racional, um esforço de razoabilidade: é a verdade contextual e possível que resulta, precisamente, do trabalho de apreciação da prova, apreciação esta que é livre»*.

[330] *Apud* Haack (2014: 6). Recorde-se que, em Peirce, um juízo (*«judgment»*) constitui *«the result of any given inquiry»* e corresponde *«to the conclusion of a logical argument»* – Kevelson (1986: 355).

[331] Haack (2014: 6).

[332] Referindo isso mesmo a propósito das regras de exclusão da prova no domínio criminal, cfr. Laudan (2008: 191): *«it is sufficient to note that a sweeping rule of inadmissibility like this one could find no place in a set of evidence rules that were principally designed to promote truth seeking. The existence of such rules gives the lie to the claim that the current system of criminal justice seeks, above all, to find out the truth about a crime»*. Não obstante, cfr. Hock Lai (2008: 46-50), para quem as regras de prova podem ser avaliadas em função das respetivas consequências, nomeadamente

Com efeito, diz-se que «[n]*ão é possível, em direito, falar de factos separando-os das normas*» e entende-se que, estando responsável por criar o jurídico e o anti-jurídico e não apenas por os reconhecer, «*é o direito que determina aquilo que no processo consta como facto, o que é passível de constituir facto juridicamente relevante*»[333].

Por outro lado, sublinha-se que a verdade não poder ser obtida a todo o preço, mas de forma processualmente válida, atribuindo-se à prova a tarefa de demonstração daquilo que é racional, ou seja, de efectuar um esforço de razoabilidade no sentido de alcançar um resultado que é fruto do trabalho de apreciação da prova[334].

Mas, sendo assim, justifica-se perguntar: o julgamento constitui um meio de determinação da verdade ou que visa a verdade?

3.3. A pluralidade de narrativas («*story in the trial*» vs. «*story of the trial*») e a narrativização da pragmática

I. Ao discutirmos sobre se o julgamento constitui ou não um meio de determinação da verdade ou que visa a verdade, é necessário fazer também referência ao papel que as narrativas desempenham no Direito[335], tanto mais que estas, embora presentes no contexto jurídico e judicial[336], parecem introduzir no discurso jurídico um elemento manipulativo[337].

No Direito, é possível fazer uma distinção, presente na obra de Jackson e firmada entre nós por Aroso Linhares, entre duas narrativas («*stories*»): a chamada "história no julgamento" («*story in the trial*») e a chamada "história do julgamento" («*story of the trial*»).

em termos de serem ou não capazes de guiar o tribunal para resultados correctos (perspetiva externa sobre a prova) ou podem ser vistas como expressando valores intrínsecos (perspetiva interna sobre a prova).

333 Aguiar e Silva (2012: 118-119).

334 Ac. TRC de 22.01.2014, Proc. 73/12.3PBCBR.C1 (Olga Maurício), disponível em www.dgsi.pt .

335 Sobre a relação entre as narrativas e a verdade judicial, cfr. Aguiar e Silva (2012).

336 Aguiar e Silva (2001: 33 e ss.).

337 Sobre esse elemento manipulativo das narrativas, cfr., com referências várias, Pereira (2012: 212).

Com efeito, tendo em conta a semântica e a pragmática do discurso, JACKSON introduziu uma distinção que foi considerada de grande importância para a compreensão do julgamento como um todo: a distinção entre dois tipos de narrativas existentes no julgamento. Assim, segundo JACKSON, por um lado, teríamos a *«story in the trial»*, que corresponde aos eventos do mundo exterior que serão adjudicados em tribunal (a narrativização semântica), e, por outro lado, teríamos a *«story of the trial»*, que corresponde às ações e eventos no processo de julgamento que fazem sentido enquanto atos de enunciação significativos (a narrativização pragmática)[338].

Na opinião de JACKSON, no julgamento o júri observa o comportamento discursivo das testemunhas e avalia-o com base na coerência e na verdade. Nesta medida, concluiu JACKSON que a *«story of the trial»* afeta e medeia a *«story in the trial»*, sendo tal argumento aplicável à própria noção de verdade: *«A verdade da história no julgamento é mediada através da visível semelhança entre o comportamento das testemunhas e as tipificações narrativas (imagens arquetípicas) de dizer a verdade»*[339].

II. Mas é possível ir mais longe e dizer que aparentemente existirão algumas características semióticas na verdade do processo judicial.

Essas características apontam para o propósito de, através da combinação de certas pistas semióticas, vir a ser produzida no processo uma verdade ou uma forma de verdade implicitamente procurada para atingir um determinado objetivo, o que justifica então a colocação de especial ênfase na pragmática existente no processo de julgamento[340].

JACKSON, seguindo VIOLA, que defendeu que o conceito de verdade seria relativo ao discurso no qual é construído (*«relative to the discourse in which is constructed»*), reafirmou a ideia segundo a qual no julgamento existiriam diferentes perspetivas pragmáticas (narrativas) sobre o que sucedeu: *«we have, in the trial, not a single story, but a set of stories»*[341]. Isto significa que os relatos efetuados em julgamento terão então uma *«natureza situada»*, ou seja, uma *«natureza relativa,*

[338] JACKSON (1995: 160).
[339] JACKSON (2009: 156).
[340] JACKSON (1988: 8).
[341] JACKSON (1991: 165).

não autoritária, não absoluta», supondo-se assim *«a permanente existência de versões alternativas, tão legítimas como as efetivamente produzidas em juízo»*[342].

Contudo, para além da *«story in the trial»* ser mediatizada através da *«story of the trial»*, como já se referiu, no entender de JACKSON as distintas formas de pragmática narrativizada (distintas narrativas) são internalizadas pelos diferentes participantes no julgamento [343]. A mediação que ocorre num processo judicial *«implica a presença de múltiplos processos, mais ou menos conscientes, de escolha»*, sendo certo que o conjunto de escolhas *«moldará a narrativa apresentada em tribunal e dela dependerá, inevitavelmente, a decisão do tribunal»*, pelo que será natural que *«cada agente implicado no processo, juízes incluídos, proceda como se tivesse a verdade e a razão do seu lado»*[344].

Assim, se os modelos narrativos são importantes para a nossa compreensão do Direito[345], o certo é que, para o mesmo autor, o Direito não pode ser na prática reduzido a uma só narrativa, devendo antes ser concebido em termos da interação de uma multiplicidade de estruturas narrativas[346].

Mas o julgamento também não se limitaria a ser, na sua opinião, um conjunto de narrativas, devendo antes ser visto como um sistema semiótico particular[347] e no seio do qual as narrativas se relacionam de acordo com a experiência social de cada grupo semiótico[348]. Não por acaso se diz que o que

[342] AGUIAR E SILVA (2012: 117).

[343] JACKSON (1998: 261-263).

[344] AGUIAR E SILVA (2012: 116-117).

[345] Mesmo que não tenham de *«contender ou pretender substituir uma doutrina jurídica establecida, ou uma certa visão do mundo jurídico e dos seus princípios fundamentais»*, tais modelos assumem uma centralidade *«no seio da prática judiciária»* – AGUIAR E SILVA (2012: 115).

[346] JACKSON (1991: 160).

[347] Particular desde logo no seguinte sentido: *«Whereas the grammar of social semiotics usually remains implicit, underlying the discourse which it produces (...), the legal grammar seeks to be explicit and to make its rules public»*, ou seja, *«is a deliberately constructed grammar (unlike that of a natural language), and presents itself as such»* – JACKSON (1997: 113). E corresponde a um sistema semiótico porque se entende ser questionável a unidade do sistema jurídico (apelidada aliás de mito que faz parte da mensagem que os discursos jurídicos procuram transmitir) postulada pelo positivismo jurídico e porque é possível encontrar no Direito um conjunto de sistemas semióticos que interagem entre si, correspondentes às diversas atividades levadas a cabo no domínio do Direito e aos particulares objetos discursivos sobre os quais o estudo do Direito incide – JACKSON (1997: 276-282 e 287).

[348] A importância atribuída à experiência social resultará da circunstância de JACKSON ter adoptado uma construção do Direito que segue a tradição semiótica europeia inspirada no

sucedeu não pode ser captado na plenitude e que a reconstituição judicial dos factos juridicamente relevantes é influenciada pela subjetividade do juiz e de cada um dos participantes no processo[349].

De acordo com JACKSON, o próprio juiz é parte de diversas narrativas diferentes (de descoberta dos factos, de descoberta do direito e da atividade de tomada de decisão), desempenhando nestas narrativas uma multiplicidade de papéis[350]. Porém, não basta, na sua perspetiva, afirmar a existência de um conjunto de estruturas semióticas. Impõe-se descobrir uma metateoria que explique a sua relação. Ora, sendo a forma subjacente às regras em si narrativa, essa explicação deveria, no entender do mesmo autor, resultar do próprio conceito de narrativa e de um modelo narrativo de acordo com o qual se entende que cada padrão narrativisado de comportamento é acompanhado de uma avaliação social tácita[351].

Para além dos diferentes objetivos que o mesmo discurso pode servir, constata-se que são diferentes as próprias estruturas cognitivas através das quais os discursos dos diferentes grupos (semióticos)[352] adquirem sentido,

estruturalismo, a qual implica uma conceção coletivista da linguagem – JACKSON (1997: 26). Em particular, a construção de JACKSON implica (*idem*: 267-282) a incorporação da pragmática em pressupostos metodológicos diferentes do positivismo jurídico e da linguística estrutural, a ideia segundo a qual a validade jurídica deve ser considerada apenas uma parte da mensagem transmitida e a defesa de uma interação de processos discursivos no sistema jurídico que ultrapassam as atividades tradicionalmente consideradas envolvidas na vida do Direito, pondo assim em causa o postulado (ou o mito) da unidade do sistema jurídico. Tal modelo semiótico do Direito obrigará (*idem*: 282) a analisar «*the characteristics of the members of this set of discourses, their inter-relationships and their specificity (if any) as a set*».

349 CALHEIROS (2009: 366).

350 Ao legislador também são atribuídos papéis actanciais e estruturas, uma vez que, na linha da semiótica greimasiana, se entende que «[t]*hey do not appear in the legal discourse as dei ex machina; they too are part of a communicational process*» – JACKSON (1997: 117).

351 JACKSON (1991: 166-169).

352 Segundo JACKSON (1997: 284-287), a referência a grupos semióticos surge em GREIMAS com o significado de «*groups whose members possess in common a competence to send and receive a certain type of discourse*» e, no caso do sistema jurídico, poderá falar-se de uma «*great variety of such groups*», sendo «*each characterised by its own set of semiotic features*», e é possível discernir grupos semióticos distintos (com objetivos, textos e processos semióticos próprios) em relação a cada uma das atividades típicas da vida jurídica. No caso do discurso legislativo, do discurso judicial e do discurso doutrinário, os grupos semióticos predominantes seriam, respetivamente, a administração, os magistrados judiciais e a comunidade jurídica

o que permite afirmar uma diversidade de comunidades discursivas[353]. Para JACKSON, as narrativas que narram a verdade estão interligadas como resultado da experiência social a que dizem respeito. Existe assim uma forte correlação entre as possíveis estruturas semânticas e a identidade do sujeito ao nível sintagmático («*syntagmatic level*»), de tal modo que o sistema jurídico deixa de ser um local de descoberta da verdade («*locus of discovery of truth*») e passa a ser o local da sua aprovação oficial («*the site of its official endorsement*»)[354].

Deste modo, concluiu JACKSON: apesar de não ser possível escapar a estes mecanismos de construção de sentido humanos e socialmente informados, podemos, ao menos, tomar a máxima consciência deles[355].

III. Portanto, no julgamento encontramos duas narrativas diferentes, uma correspondente à narrativização semântica (a chamada «*story in the trial*») e outra correspondente à narrativização pragmática (a chamada «*story of the trial*»), sendo a primeira afetada e mediada pela segunda.

Essa distinção tem repercussões na chamada "verdade da história no julgamento", uma vez que esta é afetada e mediada pela "verdade da história do julgamento". Além disso, o julgamento deverá ser visto, não apenas como um conjunto de narrativas, mas como um sistema semiótico no seio do qual as narrativas se relacionam de acordo com a experiência social de cada grupo semiótico, sendo certo que o próprio juiz desempenha um papel no processo comunicacional.

Pode, por isso, dizer-se que o juízo probatório reflete as experiências dos participantes processuais em relação à verdade e, tendo em conta as limitações impostas pelas regras de prova, manifesta uma verdade produzida através de procedimentos institucionais.

académica, o que afeta a natureza dos respetivos discursos: sobre normas, de retórica ou sobre conceitos.

353 JACKSON (2009: 157).

354 JACKSON (1998: 264-265).

355 JACKSON (1998: 271-272).

4. A sentença como verdade ou prova jurídica?

Num julgamento verifica-se então que os participantes internalizam diferentes formas de pragmáticas narrativizadas, as quais assumem a forma de narrativas (*«stories»*), sendo tal internalização feita de acordo com as experiências sociais de cada participante.

Todavia, existe um outro momento em que a dúvida da relação do sistema jurídico com a verdade se manifesta e efetivamente com ainda maior intensidade[356]: essa dúvida tem a ver com a ideia de o próprio juízo ou decisão judicial, que não se limita a ser a conclusão de um típico raciocínio silogístico ou a descoberta da veracidade de afirmações factuais cruciais[357], mas representa a interpretação judicial (não meramente silogística) do Direito que é imanente ao próprio ordenamento jurídico[358], poder ser um juízo de verdade ou conter uma específica verdade. À partida, o juízo judicial que a sentença expressa será o reflexo de *«escolhas, seleções, discriminações»* que o julgador efetua, na medida em que a decisão por si tomada irá tutelar uma das versões concorrentes da verdade e, ao mesmo tempo, irá descartar outra versão concorrente da verdade a ponto de se poder dizer que, ao fazê-lo, acaba por *«calar uma determinada vivência»*[359].

Da parte do julgador exige-se é certo a adoção de uma atitude recetiva em relação às demandas, afirmações e demonstrações, mas não meramente passiva, pois a sua tarefa pode implicar e muitas vezes de facto implica a formulação de pedidos de esclarecimento ou de correção para a cabal compreensão dessas

[356] Nomeadamente na medida em que o objetivo de descobrir a verdade do sucedido é também evitar os chamados "falsos veredictos" – LAUDAN (2008: 1).

[357] HAACK (2014: 305). Já nesse sentido também PEIRCE considerava o juízo do ponto de vista pragmático como tratando-se de um *«value-sign which acts to bring about an end or goal, which, ultimately, has effectual bearing on practical affairs in society»* – KEVELSON (1986: 355).

[358] BRANDÃO (2001: 299-308). O próprio raciocínio judiciário, recorrendo a esquemas qualificativos de tipo retórico, valorativo e tópico, *«não pode ser reconduzido a uma estrutura passivamente lógico-dedutiva, nem o juiz pode ser reduzido ao papel da "boca que pronuncia as palavras da lei", conforme uma consolidada tradição de pendor iluminista»* – DAMELE (2012: 107). Contrariando também a ideia da sentença como silogismo lógico ou como mera dedução lógica e chamando ainda a atenção para a necessidade de, na aplicação do Direito, se adaptar algo geral e essencial a algo de individual e existencial e se poder falar num poder do juiz na criação do Direito vivo, cfr. MONCADA (1995: 77-86).

[359] AGUIAR E SILVA (2001: 45).

demandas, afirmações e demonstrações. Mas, para além disso, o julgador, para construir a decisão judicial, terá de apreciar as provas à luz de uma prévia identificação daquilo que é controvertido e dos limites jurídicos e fácticos do caso[360]. E, caso se venha a concluir que contradiz ostensivamente a verdade, a decisão poderá ainda, a título excecional (para evitar uma subversão do princípio do caso julgado e uma desconsideração dos valores da segurança e da certeza jurídica), vir a ser posta em crise (substituída por outra) mesmo depois do respetivo trânsito em julgado através de mecanismos de correção dos erros que nela se contenham (*v.g.*, o recurso de revisão)[361], possibilidade essa que se justifica em virtude do compromisso estabelecido em vários ordenamentos jurídicos entre a segurança e certeza jurídicas (ou a firmeza e a segurança do ato jurisdicional) e a verdade e consequente justiça que se espera que tal ato jurisdicional exprima[362].

Parece assim fora de dúvida que existe uma clara tensão entre a nossa preocupação com a verdade ou falsidade das decisões judiciais, justificada pela injustiça que a sua falsidade poderá vir a representar e que conduz frequentemente à atribuição de uma maior relevância à prova, e o reconhecimento (tido como incontornável) de ser impossível alcançar em todos os casos a verdade (e a justiça) e que existirão inevitavelmente situações de erro[363], o que deve leva a aceitar que o objetivo da prova será no essencial satisfazer as regras de prova[364].

Torna-se, por isso, necessário perceber a relação que se estabelece entre a verdade e a prova jurídica. Essa relação compreende-se analisando desde logo

[360] Calheiros (2009: 366-367).

[361] Em Portugal, sobre este mecanismo de correção, cfr., *inter alia*, Carneiro (2012), e Amâncio Ferreira (2005: 355 e ss.). Admitindo que podem existir outras figuras para além do recurso que no essencial se reconduzem ao mecanismo da chamada "revisão *propter nova*", cfr. Correia (2010).

[362] Ac. STJ de 06.07.2006, Proc. 06P2424 (Simas Santos), disponível em www.dgsi.pt.

[363] A possibilidade de erro existe porque estamos no domínio da intelecção afirmativa ou da intelecção dual e não da intelecção primária (em que a apreensão da realidade é ratificante do apreendido e não é dual, ou seja, é uma verdade simples), correspondendo esse erro à privação de verdade dual: na intelecção primária não há possibilidade de erro, ocorrendo a ratificação do real na sua actualidade. Nesta medida, diz-se que a intelecção nunca deixa de ser radicalmente verdadeira, mesmo que em algumas dimensões esteja privada da verdade, pois é a verdade que torna possível o erro – Zubiri (1980: 236-237), e Zubiri (1982: 256).

[364] Pardo (2010: 43).

as configurações possíveis dos veredictos judiciais, já que as mesmas influem na relação entre a verdade e a prova jurídica.

4.1. A relação entre a verdade e a prova jurídica

I. A necessidade de distinguir entre a perspetiva ontológica da verdade e a perspetiva cognitiva da verdade despoletou um debate em Inglaterra e na Escócia com vista a aferir se não seria melhor abolir o veredicto de não culpado.

De acordo com alguns autores, melhor seria que, em matéria criminal, o Direito inglês, cujos veredictos têm quatro configurações possíveis (considerado culpado, considerado não culpado, não considerado não culpado e não considerado culpado) admitisse apenas dois veredictos possíveis: culpado e não provado. Com esta alteração, a absolvição do arguido teria apenas o significado de não se ter produzido prova sobre a culpabilidade do arguido de acordo com os *standards* jurídicos, o que permitiria ainda sustentar o tratamento da decisão *«apenas nos limites das convenções do discurso jurídico»*[365].

Só que, em rigor, dizer não provado pode significar: a) que a pessoa é inocente; b) que a culpabilidade da pessoa está em dúvida. Se para o Direito a dúvida sobre a culpabilidade da pessoa não pode subsistir, a verdade é que um leigo convive perfeitamente bem com o facto de a culpabilidade de uma pessoa poder estar em dúvida.

O Direito escocês, ao contrário do Direito inglês, admite, em matéria criminal, três possíveis veredictos: culpado, não provado e não culpado. Com o acrescento de uma terceira possibilidade (não provado) o veredicto não culpado assume no Direito escocês o significado de o arguido ter sido considerado inocente. Ora, apesar da aparente vantagem – o tratamento da decisão apenas nos limites do discurso jurídico –, o acrescento de uma terceira possibilidade não pode ser admitido sem que antes se reflita sobre qual das duas traduz a genuína preocupação do Direito no que respeita às decisões proferidas: a verdade ou a prova jurídica.

II. O facto de uma sentença poder não ser conclusiva sobre aquilo que concretamente exprime é facilmente demonstrável pela circunstância de

[365] Jackson (2009: 144-145).

um veredicto de culpado ou de não culpado não impedir que a questão possa ser discutida num processo de natureza civil, como sucedeu no caso O.J. Simpson, em que o arguido foi absolvido no processo-crime e condenado no processo civil[366].

Certos ordenamentos jurídicos impedem de facto que a conclusão sobre a não culpabilidade do arguido num processo-crime possa ser afastada no domínio civil. Tal significa a impossibilidade de relativizar a verdade em função das consequências (penais ou civis) do processo. Mas também é frequente admitir que o arguido possa ser considerado criminalmente não culpado e, apesar disso, civilmente responsável[367].

Em que ficamos então?

III. Michael Pardo acentuou que seria absurdo rejeitar a verdade como objetivo ou fim da prova, uma vez que a justiça exige verdade e os veredictos falsos são uma forma de injustiça e é, por isso, que nos preocupamos com a prova[368].

Esse é também o diagnóstico de outros autores e da jurisprudência, que falam da existência de uma relação entre a verdade e a justiça que é tida de

[366] Sobre o caso O.J. Simpson, cfr. Dershowitz (1996), e Stella (2003: 201-204). Assumindo uma clara posição crítica sobre o sistema norte-americano do julgamento, referiu Pizzi (1999: 88): «*What the Simpson case proved is that our trial system is a frail one that puts tremendous emphasis on winning and losing and not much emphasis on truth*».

[367] À luz do Direito Processual Penal português, o arguido pode ser absolvido da responsabilidade penal e ainda assim pode e deve ser condenado (sob pena de nulidade – arts. 374.º, n.º 3, al. *b*), 377.º, n.º 1 e 379.º, al. *a*) do CPP), no âmbito do processo-crime onde o pedido tenha sido deduzido, em indemnização civil caso esse pedido se venha a revelar fundado, ou seja, se estiverem provados os pressupostos da responsabilidade civil (cfr. art. 377.º do CPP). Apesar das dúvidas suscitadas mais recentemente na jurisprudência sobre as modalidades de responsabilidade civil que podem justificar o conhecimento do pedido de indemnização verificada a absolvição penal (cfr., *inter alia*, Assento n.º 7/99, de 17.06.99, in *Diário da República*, Série I-A, n.º 179, de 03.08.99, Acs. STJ de 26.09.2013, Proc. 1202/11.0TBBRG.G1.S1 (Lopes do Rego), de 27.04.2011, Proc. 712/00.9JFLSB.L1.S1 (Pires da Graça), e de 28.05.2008, Proc. 08P131 (Raúl Borges), e Acs. RE de 07.12.2012, Proc. 141/09.9GBSTC.E1 (Ana Bacelar Cruz), e de 17.01.2006, Proc. 2618/05-1 (Ribeiro Cardoso), todos disponíveis em www.dgsi.pt, e Albuquerque (2009: 957), é pacífica no Direito português a ideia segundo a qual a decisão do pedido civil não depende da decisão sobre a questão penal (Pereira/Caires (2023: 71-72), sendo tal solução justificada por alguns autores em virtude de uma falta de coincidência dos respetivos pressupostos – Silva (2015: 276).

[368] Pardo (2010: 43).

alguma forma como necessária: atribuindo à procura da verdade factual a bússola orientadora das decisões justas[369]; considerando a aproximação da verdade processual à verdade real como parâmetro de avaliação do sistema de justiça[370]; sublinhando a importância que a responsabilidade por um resultado seja atribuída (imputada) a quem tenha sido o real agente[371]; assumindo como legítima a expectativa do ato jurisdicional exprimir a verdade e uma consequente justiça que lhe estará associada[372].

Sublinha-se assim a existência de uma convergência entre a verdade e a justiça que as torna intermutáveis, ao ponto de não se poder equacionar uma sem a outra e vice-versa.

Aliás, admitir que a sentença, designadamente a criminal, pudesse não ter qualquer preocupação com a verdade e se situasse apenas num domínio (coincidente com o da prova) relativamente independente e indiferente à realidade poderia conduzir a situações absurdas e não pretendidas certamente pelos ordenamentos jurídicos. Levada ao extremo a diferenciação entre a verdade e a prova jurídica para que tende a decisão judicial, no limite poderia dizer-se que uma sentença de absolvição ou absolutória, proferida no final do julgamento de um processo-crime, não permitiria ao arguido proclamar-se factualmente inocente, nem constituiria impedimento a que outros pudessem vir afirmar a culpabilidade factual do arguido. Ou poderia também dizer-se que uma sentença condenatória proferida no final do julgamento de um processo-crime não legitimaria que terceiros concluíssem ou afirmassem que o arguido realmente cometeu um crime. Desde logo, a situação de alguém, que foi condenado pela prática de um crime, poder responsabilizar quem afirmasse que a pessoa em questão cometeu realmente aquele crime, invocando que a sua condenação no processo-crime assentou apenas na convicção do julgador de acordo com um determinado *standard* de prova[373].

[369] Haack (2008a: 563-564).

[370] Ac. STJ de 19.12.2006, Proc. 06B4220 (Bettencourt de Faria), disponível em www.dgsi.pt.

[371] Haack (2007: 14).

[372] Ac. STJ de 06.07.2006, Proc. 06P2424 (Simas Santos), disponível em www.dgsi.pt.

[373] Naturalmente que se colocam aqui problemas, que não é possível analisar nesta sede, sobre a relevância ou irrelevância da verdade como causa de exclusão da responsabilidade – cfr., no domínio da responsabilidade civil, Frada (2010: 172-173), e Matos (2011: 396 e ss.), e, no domínio da responsabilidade criminal, Silva Dias (1989: 12-13, e 41), referindo que não está

Por outro lado, a decisão judicial também não pode ficar confinada *«ao sistema de significados do discurso jurídico»*, pelo que, *«uma vez relatad*[a], *o seu sentido será necessariamente construído de acordo com o sistema de significados do discurso corrente»*. Isto porque, como defendeu Jackson, não existe propriamente distinção a fazer entre a verdade jurídica e a verdade dos leigos, mas apenas uma diferença *«nas consequências reais (perceptíveis) que se seguem à determinação de uma e outra»*[374]. De resto, sendo obrigatória (v. art. 205.º, n.º 1 da CRP), necessária e essencial a fundamentação das decisões jurídicas[375] (*v.g.*, para as explicar aos sujeitos processuais, para permitir a sua comparação com outras decisões, a sua análise e a sua apreciação e para a sua divulgação pela comunidade em geral), o que implica a não separação entre a descoberta e a justificação da decisão diferentemente do que sucede noutros domínios[376], importa não esquecer que as decisões, tal como a verdade que tais decisões podem exprimir,

em causa na prova da verdade (da veracidade dos factos) um elemento negativo da tipicidade mas um pressuposto objetivo de uma causa de justificação, e que a consagração dessa prova como eximente *«exprime a importância que a ordem jurídica atribui à verdade nas relações sociais»*.

374 Jackson (2009: 145-158).

375 Sobre a questão da fundamentação das decisões judiciais (sentenças, acórdãos ou outras decisões que não sejam proferidas ao abrigo do exercício de um poder discricionário), em geral, cfr. Lopes (2011), Lopes (2012), e Ferreira da Silva (2012). Em especial, sobre o dever de fundamentação das decisões judiciais como princípio jurídico fundamental, seu surgimento, afirmação, finalidades, densidade e estrutura, cfr. Cortês (2010: 337-359), e sobre a relação entre o dever de fundamentação e a livre apreciação da prova (sendo aquele uma garantia de que esta não descamba em subjetivismo ou que deixe de orientar-se pela prossecução das finalidades processuais), cfr. Mata (2004), e Vieira Neves (2011: em especial 127 e ss.). Sousa (2012: 449-451), refere-se à importância da fundamentação da decisão como forma de controlo da sua racionalidade, mais concretamente da sua correção ou justificação externa (obtenção correcta das premissas de facto e de direito) e também da sua coerência ou justificação interna (coerente com as premissas de facto e de direito). No domínio penal, a relevância da fundamentação da sentença opera a vários níveis (convencimento do arguido e dos membros da comunidade jurídicada bondade da decisão; processo de deliberação do tribunal; controlabilidade da decisão) e implica a indicação das provas e a especificação dos fundamentos que presidiram também à escolha e medida da pena – Antunes (2016: 197-198). Trata-se da finalidade intraprocessual e da finalidade extraprocessual da obrigatoriedade de fundamentação, que aponta para a necessidade da decisão refletir todo o processo formativo, de tal forma que seja apreensível para os sujeitos processuais e para a comunidade em geral – Vieira Neves (2011: 136-138).

376 Sousa (2012: 447).

não se dirigem apenas aos operadores do Direito mas a toda a comunidade de cidadãos que as deverá também ser capaz de compreender[377].

Parece, por isso, inequívoca e justificada a preocupação dos ordenamentos jurídicos com a verdade das decisões judiciais que são tomadas e que, em princípio, a verdade jurídica que tais decisões sejam capazes de exprimir não deverá afastar-se muito da conceção de verdade que os leigos possuem, sob pena de estes não conseguirem compreender (como se impõe) essas decisões.

Todavia, verifica-se de igual modo que o Direito cria, a partir do seu sistema de convenções sociais, um conjunto de categorias jurídicas, as quais vão permitir *«caracterizar determinadas situações, práticas ou proposições como falsas ou verdadeiras»*, ou seja, pode dizer-se que o Direito *«cria as suas próprias verdades»* e, ao fazê-lo, torna possível que surjam diferentes perspetivas de veracidade ou falsidade das pretensões jurídicas[378]. Por isso, alguns autores referem – e bem – que o Direito possui *«os seus próprios critérios de verdade, eminentemente jurídica»*[379], querendo com isso significar que o Direito aceita relativizar a verdade e a verificação de um certo risco de erro que é ainda assim bastante mitigado pela observância das regras de prova.

Assim, e como referiu Pardo, a par da perspetiva externa ou material sobre o papel a desempenhar pela verdade no objetivo da prova, essencialmente preocupada com a descoberta da verdade (com o conseguir um correto apuramento dos factos), importa tomar em consideração a perspetiva interna ou probatória[380], que conduz à seguinte conclusão: *«we recognize that truth in every case is an impossible goal to achieve and that mistakes will inevitably be made. Instead, we require a level of proof below certain truth that allocates the risk of errors among the parties and, in tandem with other evidentiary rules, attempts to minimize total errors or types of errors. In this sense, the goal or aim of proof is to satisfy the proof rules – including the standard of proof that sets the appropriate level of epistemic support*

[377] Calheiros (2009: 367-369).

[378] Aguiar e Silva (2012: 119).

[379] Aguiar e Silva (2001: 43).

[380] Idêntica distinção pode ser encontrada em Hock Lai (2008: 46-50, que distingue a perspetiva externa (de um *«detached observer of the trial system»*) e a perspetiva interna (do *«role-player»*), sugerindo a adopção da perspetiva interna.

required for facts to be proven—and it would be absurd from this perspective to require a further proof requirement of truth»[381].

Na chamada "verdade judiciária" alcança-se, pois, apenas uma verdade relativa ou contingente[382], mas que não põe verdadeiramente em causa o papel desempenhado pelo que costuma ser designado como "juízo probatório"[383], tanto mais que *«o juiz e todos os operadores jurídicos reconhecem o seu carácter de verosimilhança»*[384].

4.2. A verdade na decisão judicial e a verdade da decisão judicial

I. Conscientes ou não da existência de duas perspetivas sobre o papel desempenhado pela verdade no objetivo da prova, alguns autores afirmam que a sentença (ou veredicto como por vezes também se designa) corresponde ou tem alguma correspondência com a verdade, mas existem outros autores que negam essa correspondência.

Contudo, a adoção de uma dessas posições muitas vezes parte de uma distinção entre a chamada "verdade na decisão judicial" (*«truth within the judicial decision»*) e a chamada "verdade da decisão judicial" (*«truth of the judicial decision»*), sendo certo que a essa distinção subjazem duas conceções sobre a verdade judicial, ambas criticáveis e refutáveis[385].

Por um lado, temos a conceção constitutiva, de matriz kelseniana, que, partindo de uma total autonomia do mundo do conhecimento jurídico e da realidade jurídica e da ideia que a decisão judicial, contrariamente ao juízo científico, tem natureza normativa, defende uma solução unitária para o processo

[381] Pardo (2010: 43).

[382] Neste sentido, cfr. Frada (2010: 157): *«No fundo, a verdade, em sentido pleno, absoluto, escapa-nos. Pois se a verdade é aquilo que "é", não a abarcamos na sua totalidade, porque isso implicaria o conhecimento e a intelecção integral do ser; o que, tanto a nossa contingência, como o próprio horizonte histórico em que nos movemos contraria ou impede. Por outro lado, a verdade que interessa a juristas e filósofos da praxis humana está destinada a implantar-se historicamente. Encontra-se, por isso, marcada pela cultura e sujeita ao tempo e ao lugar. Apresenta-se, também nesse sentido, portadora de certa contingência. Importa, portanto, reconhecer que somos apenas capazes do conhecimento de refracções, limitadas e parcelares embora, da verdade plena e absoluta das coisas. Falando de outro modo, há uma relatividade da verdade enquanto verdade captada ou captável por (cada um de) nós»*.

[383] Ou *«epistemological judgement»* – Haack (2015b: 6).

[384] Damele (2012: 109).

[385] Viola (1995: 249).

jurídico e entende que a verdade judicial mais não é do que *«the relationship of a legal fact, i.e. the judicial ascertainment, to the norms»*, o que significa que o traço característico do juízo judicial não é a verdade mas sim *«the indisputable pronouncement of a subject appointed by legal norms»*[386]. Para HANS KELSEN (1881-1973) os factos são constituídos pelo processo e um facto natural só se torna um facto jurídico (ou juridicamente relevante) desde que o facto atinja o domínio do Direito, cabendo em todo o caso ao tribunal apurar se o facto existe ou não. O que interessava a KELSEN não era a correção da decisão, mas a validade da decisão, sendo certo que a validade ficaria sujeita a um critério puramente interno do sistema jurídico. Não lhe interessava a correspondência do juízo jurídico com o mundo exterior, mas a conformidade das atuações judiciais com as normas jurídicas. Adotando uma conceção, ainda que parcialmente, discursiva dos factos, KELSEN opôs o facto ontológico natural (o evento) ao facto jurídico discursivo (o facto judicialmente determinado). A distinção entre factos jurídicos e factos naturais assentaria no pressuposto de existirem critérios diferentes para determinar a veracidade de uma proposição no discurso jurídico e no discurso natural. Os factos naturais não teriam qualquer função no sistema jurídico (seriam irrelevantes juridicamente), entendendo KELSEN que a correção do processo de determinação dos factos jurídicos seria condição suficiente da validade jurídica. Não interessaria a correção do resultado, já que a ciência jurídica só se preocuparia, na sua opinião, com a validade jurídica[387].

Por outro lado, temos a conceção declarativa, que recusa a matriz kelseniana e que, considerando que existe uma ligação necessária entre facto e direito e partindo da ideia de que só existe uma verdade semântica, *«which depends on the semantic rules of the language used and on natural facts to which the statements are referred»*, entende que a decisão judicial é simultaneamente descritiva de factos naturais e de normas jurídicas e que não existe uma verdade específica para o juízo jurídico, correspondendo a verdade judicial à verdade

[386] VIOLA (1995: 251-255).

[387] Porém, chamando a atenção para a frequente confusão entre veredictos verdadeiros ou falsos (*«We settle the truth of a verdict (or what I am calling a finding) by comparing it with the facts»*) e veredictos válidos e inválidos (*«we settle the validity of a verdict by comparing it with the evidence presented at trial, asking whether that evidence meets the applicable standard of proof»*), cfr. LAUDAN (2008: 13-14).

empírico-científica, ou seja, à «*conformity to the natural facts*»[388]. Por exemplo, EUGENIO BULYGIN (1931-2021) afirmou que as regras jurídicas regulam os processos procedimentais e probatórios de acordo com as quais as questões empíricas são provadas em tribunal. E, segundo BULYGIN, existiriam diferenças nas formas de estabelecimento do conhecimento empírico dos factos pelos cientistas e pelos leigos. Mas, de acordo com BULYGIN, isto não afetaria a questão ontológica: os factos são o que são independentemente daquilo que os juízes e outras autoridades dizem que são. BULYGIN aceitou que os factos o fossem apenas em sentido ontológico, tendo o juiz o dever de procurar uma verdade ontológica e não apenas jurídico-discursiva.

II. Ambas as conceções referidas são criticáveis e refutáveis.

Desde logo, porque as referidas conceções parecem não ter em conta a distinção entre "verdades factuais" e "verdades jurídicas" e as complicações que tal distinção suscita. Nomeadamente, se forem tomados em consideração o carácter artificial da distinção e a circunstância da mesma assentar numa recusa de atribuição de realidade às instituições sociais e numa recusa de atribuição de verdade às afirmações sobre as mesmas feitas. Invoca-se a esse propósito a não total independência das instituições sociais de nós e o facto de terem de ser tornadas verdadeiras por aquilo que as pessoas fazem, nomeadamente o legislador e os tribunais[389].

Se a distinção traçada por KELSEN entre o universo normativo e o universo factual parece ser excessiva, como no campo da filosofia e do Direito se tem vindo acentuando a respeito da crítica contra a dicotomia facto/valor e contra a distinção entre matéria de facto e de direito[390], parece ser também desadequada e irrealista a tese de BULYGIN, segundo a qual não existiria qualquer diferenciação ao nível do conceito de verdade quando pensado no contexto do julgamento e quando equacionado no contexto do dia-a-dia e que apenas existirá afinal uma diferenciação de critérios.

No entanto, não estamos de forma alguma condenados a optar por uma daquelas conceções.

[388] VIOLA (1995: 255-258).

[389] Sobre esta distinção e complicações, cfr. HAACK (2014: 305-313).

[390] *Supra* notas 227 e 228.

4.3. A verdade da decisão judicial como justificação

I. Uma possível via seria adotar uma conceção pluralista da verdade, como sugeriu FRANCESCO VIOLA.

De acordo com essa conceção, o fim último da decisão judicial é, não a verdade, mas a justificação. Mais importante do que o modo de descoberta da decisão será então a sua (posterior) justificação em termos jurídicos. Tendo de basear-se a justificação no raciocínio jurídico, o que interessa é a aceitabilidade dessa decisão para o sistema jurídico[391]. Mas isso não significa que seja errada a crença (ou o convencimento) do juiz de que ao dizer o Direito (*jus dicere*) está a dizer a verdade. Como referiu VIOLA, a aplicação do Direito não é apenas um ato de vontade, mas também uma atividade similar à aplicação de critérios de verdade a uma afirmação[392].

Partindo destas ideias, VIOLA adotou uma diferente perspetiva sobre a verdade: uma perspetiva que, assumindo que a procura da verdade faz parte do "jogo da verdade prática" (*«the game of practical truth»*), se propõe rejeitar tanto o ceticismo como aquilo que designa por absolutismo a respeito da verdade[393]. Nesse jogo, composto por três esferas, intervêm, no entender daquele autor, a chamada "verdade descritiva ou semântica" (*«descritive or semantic truth»*), que nos direciona a saber como as coisas são (*«how the things are»*), e a chamada "verdade hermenêutica" (*«hermeneutic truth»*), que nos permite perceber o sentido profundo das frases, dos símbolos e de outros sinais não sentenciais e não verbais (*«the deep sense of the sentences, of the symbols or other non-sentential and non-verbal signs»*), e ainda a chamada "verdade prática" (*«pratical truth»*).

391 Neste sentido, escreve DAMELE (2012: 109): *«esta "verdade judicial" simultaneamente "relativa e definitiva" não pode ser, pura e simplesmente, comunicada. Tem de ser justificada. E justificar não é apenas comunicar informações. Ou não é principalmente isso. Justificar é persuadir da bondade de uma decisão»*.

392 VIOLA (1995: 258-260).

393 Verifica-se aqui um fenómeno similar ao que foi identificado por RORTY ao longo da história da filosofia, em que, por força da viragem linguística levada a cabo nos finais do século XIX, a *«descrição de estados e acontecimentos no mundo objectivo»* passou a depender também *«do uso interpretativo de uma linguagem comum»* e não apenas do sujeito cognoscente, que deu depois azo à passagem da *«certeza privada para a prática pública da justificação»* e a uma errónea assimilação da *«verdade à afirmabilidade justificada»*, quando é certo que o importante seria responder à *«pergunta de como a circunstância de não podermos transcender o horizonte linguístico das opiniões justificadas se coaduna com a intuição de que os enunciados verdadeiros condizem com os factos»* – HABERMAS (2010: 248-250).

Para VIOLA, entre a atividade descritiva e a atividade hermenêutica estabelece-se uma relação, igualmente visível na atividade do juiz, e que modela o jogo da verdade prática (*«the game of practical truth»*): os elementos da relação deixam de ser as afirmações e a realidade e passam a ser as ações, para as quais o juízo judicial irá determinar *«the right measure»*. Por outras palavras, o evento deixa de ser o facto para passar a ser a possibilidade de ser algo ou até de dever ser algo diferente daquilo que foi, o que implica questionar uma particular ação, *rectius* as razões dessa ação. Com este jogo da verdade prática (*«the game of practical truth»*) o juízo judicial visa então saber se as coisas são como deveriam ser (*«whether the things are how they ought to be»*). Não basta dizer como as coisas são, o que significam e o que deveriam ser. Interessa antes refletir sobre a relação entre aquilo que as coisas são (*«how the things are»*) e o que deveriam ser (*«how they ought to be»*).

A verdade descritiva ou semântica (*«descritive or semantic truth»*) e a verdade hermenêutica (*«hermeneutic truth»*) são assim absorvidas e subordinadas a esta nova dimensão da verdade e à finalidade da decisão judicial: a própria prática impõe as suas condições na procura da verdade (*«imposes its conditions upon the search for truth»*). E, uma vez que o próprio juízo judicial é uma ação, *«an act of application»*, chegamos à conclusão de que a decisão judicial não se limita a dizer a verdade, fazendo também a verdade: a verdade prática (*«pratical truth»*)[394].

Será esta construção suficiente?

II. A construção de VIOLA teve o mérito de chamar a atenção para a importância de se olhar para o contexto em que é feita uma afirmação de verdade, sublinhando em virtude disso a conexão interna entre a verdade e a justificação das práticas sociais em questão[395].

[394] VIOLA (1995: 260-265).

[395] Nesse sentido, cfr., também, DAMELE (2012: 109), que escreve que *«esta "verdade judicial" simultaneamente "relativa e definitiva" não pode ser, pura e simplesmente, comunicada. Tem de ser justificada»*, e AGUIAR E SILVA (2012: 118-119), ao referir *«que os sentidos, como a própria verdade, são função da perspectiva, da linguagem, de molduras interpretativas, de circunstâncias e de pressupostos culturais. E de uma cultura de argumentação»* e ao sublinhar que a verdade jurídica é *«fruto de convenções jurídicas»*, ou seja, resulta do *«sistema de convenções sociais»* que cria *«categorias jurídicas que permitem caracterizar determinadas situações, práticas ou proposições como falsas ou verdadeiras»*.

No caso do Direito[396] isso significaria, por um lado, que o objetivo do processo racional de decisão jurídica seria, não a verdade, mas a sua aceitação no sistema jurídico em questão (ou seja, a sua validade fundamentada para um público ou uma verdade indissociável do contexto da sua justificação), e, por outro lado, que seria verdadeira a convicção do julgador de estar a jogar um «*truth game*». Para além do discurso e da realidade, que se interpenetram de forma indissolúvel na construção de HABERMAS[397], existiriam ações e seriam essas ações que dariam o significado de uma verdade prática.

Contudo, na boa tradição pragmatista (mas não só), a justificação, embora esteja internamente conectada com a verdade, é distinta desta última[398]. Com efeito, considera-se que a verdade, tal como a objetividade, está ligada com as práticas sociais de justificação, mas não se preconiza a identificação da verdade com a justificação[399]. Além disso, a tradição pragmatista sugere diferentes caracterizações das práticas sociais: alguns filósofos[400], como PUTNAM e HABERMAS, chamaram a atenção para a necessidade de condições adicionais

[396] Em geral, sobre a relação entre a verdade e o contexto, cfr. HABERMAS (2010: 244-250), que conclui que, bem compreendido, o contextualismo não assimila a verdade à afirmabilidade justificada. Acentuando que as «*exigências regulativas* [da verdade relevante para o Direito] *surgem reportadas a determinados contextos, e apresentam-se diversificadas consoante o particular domínio onde se fazem sentir*», obrigando, por isso, à tomada em consideração do contexto ou ambiente em que «*se possam colocar questões quanto à relevância assumida por aquele valor fundamental do direito*», cfr. MATOS (2011: 433-434).

[397] HABERMAS (2010: 250).

[398] Assim, muito claramente, WELLMER (2004: 97): «*Putnam has made clear that the words "true" and "justifiable" (referring to assertions or convictions) cannot be equated by reference to the grammar of these words: one is entitled (has good reasons) under certain conditions to believe or to assert that p—and such reasons can later be revealed to be insufficient. "Justification can be lost"—justification is relative to time or circumstances and also to people, whereas truth "cannot be lost"—i.e., a conviction or an assertion cannot today or for me be true and tomorrow or for you not be. Truth is transsubjective and timeless. This points to a grammatical difference between the predicates "is true" and "is justified," which certainly remains to be clarified. A corresponding attempt at clarification has been undertaken, in particular, by Putnam, Habermas, and Apel*».

[399] É essa também a conclusão em relação ao Direito de SOUSA (2012: 447-449), ao referir que embora a descoberta da decisão não seja uma atividade separável da justificação da decisão, pois só com recurso a uma justificação em termos jurídicos poderá a decisão ser considerada aceitável, há uma certa independência da justificação da decisão em relação à descoberta da decisão. Tal implica, além do mais, que a justificação tenha de ser encontrada nos estritos parâmetros de interpretação das fontes e da aplicação das regras e não na descoberta da decisão, embora esta atividade preceda a da justificação.

[400] A que acresce, por exemplo, APEL (2001).

(ideais do ponto de vista epistémico) para tornar verdadeira uma afirmação ou crença justificada, o que significa que caracterizam as práticas sociais de justificação através de ideias regulativas ou condições ideais; outros filósofos, como Wellmer e Brandom, embora tenham dispensado o recurso àquelas ideias regulativas para caracterizar as mesmas práticas sociais de justificação e optado antes por recorrer às diferentes perspetivas dos participantes consideradas essencialmente controversas, concorrentes e não privilegiadas[401], não deixaram de sublinhar a racionalidade das mesmas[402].

No Direito, entende-se que existem aspetos éticos, culturais e sociais que influenciam a construção da decisão, mas que a sua aceitabilidade racional encontra-se dependente da decisão ser universalizável (o que implica a adoção de critérios interpretativos e de aplicação uniformes a casos análogos e que se mostrem capazes de mitigar a subjetividade da decisão) e de serem tomadas em consideração pelo julgador as consequências decorrentes da aplicação da regra ao caso concreto (o que implica a escolha de um critério de otimização segundo certos princípios formais e materiais subjacentes à regra aplicável que torne a decisão mais do que uma resposta correta uma decisão razoável)[403].

Ora, a construção de Viola acaba por conduzir a uma identificação entre a verdade e a justificação e por não esclarecer sequer se o significado normativo da verdade está ou não dependente do recurso a uma ética discursiva ou a ideias regulativas[404].

III. Por outro lado, não parece que baste a chamada de atenção de Viola para o contexto em que é feita uma afirmação de verdade.

Desde logo, se é certo que as afirmações de verdade feitas no Direito, para além de serem contingentes (ou seja, imperfeitas e parcelares), se desenvolvem, tal como a reflexão humana, num determinado contexto temporal-circunstancial, também é certo que, a capacidade do homem de transformar ou fazer mover a história, impede uma submersão ou uma submissão completa

[401] Por exemplo, Wellmer (2004).

[402] Bernstein (2010: 113- 123).

[403] Sousa (2012: 463-468).

[404] Recorde-se que essas ideias regulativas estarão reportadas a determinados contextos e divergem consoante o domínio em que se fazem sentir – Matos (2011: 433).

a esse contexto e tornam antes exigível o surgimento de juízos que intencionem a verdade e que demonstrem capacidade de a atingir e compreender[405].

Além disso, a verdade jurídica não está confinada ao discurso jurídico. Assim sendo, não basta adotar uma perspetiva interna ou probatória sobre o papel desempenhado pela verdade na prova[406]. Uma conceção pluralista da verdade, ainda que sedutora (atentas as diferenças entre os diferentes discursos que têm por objetivo a verdade), não pode ser aceite de acordo com a tradição pragmatista. Tal como defendeu PEIRCE, existe algo em comum entre todos os discursos orientados para a verdade, mesmo que possam ser distintas as formas de a atingir em cada discurso. Nos discursos orientados para a verdade, espera-se que a experiência e a argumentação[407] possam conduzir a uma conclusão definitivamente estabelecida, havendo apenas que reconhecer serem diferentes as características do inquérito para alcançar essa conclusão. Diferentes exigências e *standards* em cada discurso vão também projetar-se na não derrotabilidade da veracidade das crenças/convicções aí formadas: o caráter não derrotável das afirmações científicas não coincidirá, por exemplo, com o das deliberações morais[408].

De resto, a construção de VIOLA também não toma em devida consideração alguns aspetos pragmáticos, não reconduzíveis à sua conceção de uma "verdade prática". Em diversas formas de discurso a linguagem é tratada como

[405] FRADA (2010: 157-158).

[406] Tal como escreve PARDO (2010: 44), «*In addition to the probatory requirements,* [as posições que atribuem um papel relevante à verdade] *appear to focus on the fact that even when things go right in a trial from a probatory perspective, they may go wrong materially. And when this occurs – even if neither the fact finder nor the legal system can be blamed for this error – there is still an important sense in which the fact finder, the system, and the verdict have failed*».

[407] A necessidade de argumentação decorre do compromisso de fornecimento de razões – já assim, ainda que sem defender estar em causa uma norma constitutiva da crença ou da afirmação (pois poderiam existir «*bare assertions*» ou «*mere beliefs*», cfr. BRANDOM (1994: 228-230). Mais tarde parece ter reforçado o entendimento acerca da importância daquele compromisso em BRANDOM (2000: 107), ao referir: «*It is at the very least unclear that we can make sense of a community of believers who, while often holding true beliefs, and generally acquiring them by reliable mechanisms, never are in a position to offer reasons for their beliefs*». Viria mais recentemente BRANDOM (2019: 49) a esclarecer o que implica fornecer razões: «*Giving reasons for undertaking a commitment (for instance, to an assessment of correctness or incorrectness) is endorsing a sample piece of reasoning, an inference, in which the premises provide good reasons for the commitment. It is to exhibit premises, the endorsement of which entitles one to the conclusion*».

[408] MISAK (2007: 87-88).

referencial e é vista como uma forma diretamente percecionada do mundo em que vivemos. Isso sucede, segundo JACKSON, porque existe uma relação entre a semântica e a pragmática, segundo a qual a verdade não se limita a ser uma qualidade inerente a certas proposições, mas é atribuída a certas proposições de acordo com a perspetiva de quem utiliza essas proposições. Essas perspetivas podem ser diversas, o que significa que existe tanta diversidade na pragmática como na semântica[409].

Esta constatação permite concluir, com JACKSON, que a decisão judicial não é apenas uma proposição que pode ser verdadeira ou falsa; é um ato de fala que afirma a verdade ou a prova dessa afirmação, sendo certo que o seu significado depende em parte da construção narrativa da posição da pessoa que realiza o ato de fala[410]. Por outro lado, temos de aceitar que não é possível substituir os significados socialmente construídos na audiência por modelos científicos[411]. E, ainda que tal introduza um elemento irredutível de verosimilhança, e não de verdade, no que se passa em tribunal, não vale a pena tentar esconder sob a máscara de um modelo "científico" o carácter socialmente construído da "verdade" produzida pelos nossos procedimentos institucionais[412].

4.4. O problema da inserção da controvérsia probatória na controvérsia global

I. A proposta de JACKSON, de tratar a verdade, não apenas como uma função do discurso (*«a function of discourse»*), mas da enunciação do discurso (*«enunciation of the discourse»*), é vantajosa, já que implica narrativisar a pragmática do ato de enunciação (*«narrativising the pragmatics of the act of enunciation»*).

[409] JACKSON (1998: 259).
[410] JACKSON (1998: 270).
[411] Poderão valer aqui as considerações de MISAK (2007: 88), ao opor as afirmações científicas às deliberações morais: *«It might turn out that what makes scientific statements indefeasible is something very strong indeed—a kind of empirical evidence which causally links those statements to the physical world. And we will think, no doubt, that what makes moral statements indefeasible will be something quite unlike that. In morals, a belief that meets the standards of moral deliberation will be as objective, for want of a better word, as is possible for a belief about what is right or wrong. It may not turn out that we want to say that we aim at indefeasible beliefs in moral deliberation-it may turn out that such an aim in untenable»*.
[412] JACKSON (1998: 272-273).

Nesse aspeto, pode dizer-se que constitui uma alternativa radical em relação à teoria da correspondência. Essa alternativa radical é construída através da purificação da coerência narrativa: a mesma é libertada dos compromissos com uma epistemologia triádica realista-referencial e é inequivocamente restituída para o horizonte de uma compreensão puramente intencional do significado.

Todavia, a proposta de JACKSON não é suficiente para enfrentar o problema da prova jurídica, pois, como afirmou AROSO LINHARES, a controvérsia probatória (*«evidence controversy»*) é apenas uma especificação interpretativa da controvérsia global (*«global controversy»*). Por outras palavras, a especificidade do problema probatório é apenas metodológica e torna apenas visível a necessidade de identificar o projeto específico do Direito e o seu mundo prático autónomo como uma inconfundível aquisição cultural. O juízo probatório faz parte da controvérsia e corresponde à irradiação da alegação referencial e à inteligibilidade narrativa que a identifica[413].

II. Contudo, a inserção da controvérsia probatória na controvérsia global dificulta a tarefa de esclarecer o significado normativo da verdade no contexto do Direito.

Na proposta de CASTANHEIRA NEVES[414], a racionalidade jurídica deve ser incluída no domínio da racionalidade prática, mas não será suficiente uma racionalidade prática de natureza procedimental: *«a racionalidade jurídica judicativo-decisória, ou da normativa realização do direito, haverá de ser uma racionalidade de fundamentação (não apenas processual) e material (não simplesmente formal)»*[415].

E, não podendo ser esquecida a *«específica dimensão jurídico-normativa»*, torna-se então necessário fornecer uma justificação ou uma base normativa também para a determinação factual final e decisiva. Essa justificação ou base normativa não é capturada por uma *«intencionalidade narrativa»* nem tão-pouco por uma *«intencionalidade hermenêutica»*, uma vez que *«a final e decisiva determinação factual»* terá sempre a *«índole de uma particular "verdade prática"»*[416].

[413] LINHARES (2012: 83).

[414] Sobre os modelos de racionalidade relevantes para o Direito, cfr. FRADA (2010: 681).

[415] CASTANHEIRA NEVES (1993: 70-74).

[416] NEVES (2008b: 458-488).

Fala-se por isso na recondução do silogismo judiciário *«à etapa final de um raciocínio que se quer sempre problemático e normativo-jurídico»*[417].

Ora, assim sendo, para esclarecer o significado normativo da verdade no contexto do Direito parece ser de afastar o mero recurso a condições ideais epistémicas, como propuseram PUTNAM e HABERMAS, parecendo igualmente insuficiente sublinhar, como fizeram WELLMER e BRANDOM, a existência no discurso de diferentes perspetivas dos participantes essencialmente controversas, concorrentes e não privilegiadas, pese embora todas elas consideradas dotadas de racionalidade[418]. Em particular, a construção de WELLMER, que dispensa o recurso a ideias regulativas, padece de uma ambiguidade crucial, já que poderá não ser capaz de explicar por que motivo alguém se deve sentir compelido ou persuadido numa determinada prática discursiva a aceitar algo como verdadeiro[419].

A racionalidade jurídica que deve ser considerada corresponde, como advoga CASTANHEIRA NEVES, à *«dialéctica entre* sistema *e* problema *numa intenção judicativa de realização normativa»*. O sistema obriga a que *«a realização do direito interrogue continuamente e se faça intérprete, no seu juízo normativo concreto, do* consenso *jurídico-comunitário das intenções axiológico-normativas da "consciência jurídica geral", com as suas expectativas jurídico-sociais de validade e justiça»*. E o problema jurídico concreto permitirá atribuir ao sentido normativo da norma previamente determinado *«apenas um valor hipotético»*, o qual será *«submetido como que a uma experimentação problemático-decisória em referência à relevância jurídica material do caso concreto»*. Com esta racionalidade podem então ser diluídos *«os limites entre "o direito que é" e "o direito que deve ser"»*[420].

417 FRADA (2012: 116).
418 BERNSTEIN (2010: 113-123).
419 BERNSTEIN (2010: 118-119).
420 CASTANHEIRA NEVES (1993: 79-81).

5. A compatibilização do juízo probatório com uma perspetiva pragmatista da verdade

I. O excurso realizado permitiu demonstrar que subjacente ao julgamento e à sentença se encontra sobretudo um juízo probatório[421].

O juízo probatório reflete as experiências dos participantes processuais em relação à verdade e é produzido através de procedimentos institucionais. Além disso, constata-se que o julgador e demais participantes processuais partilham a convicção de estarem a jogar um jogo de verdade e que o processo racional de decisão jurídica tem como objetivo a aceitação desta no sistema jurídico.

Importa agora verificar se o juízo o probatório manifesta ou não uma verdade ao jeito pragmatista.

II. No essencial aderiu-se à posição de Jackson sobre o papel da verdade no Direito, o qual se apoia numa construção do Direito que segue a tradição semiótica europeia inspirada no estruturalismo[422] e não a escola semiótica americana orientada para a pragmática e a lógica.

Embora em certos países se possa apontar um aparecimento historicamente coincidente, a tradição europeia estruturalista da escola de Paris e a escola semiótica americana partem de pressupostos filosóficos bem diferentes[423]. Contudo, as conclusões fundamentais alcançadas acerca do juízo

[421] Esse enfoque no juízo probatório e não na verdade ao jeito das modernas teorias da linguagem encontra de certa forma acolhimento na posição de Ramsey segundo a qual uma viragem para o juízo e a crença permitiram resolver o problema da verdade – Ramsey (1927: 39).

[422] Jackson (1980). Que, aliás, acabará por permitir a alguma doutrina portuguesa concluir que Jackson *«encarna no panorama jurídico a moderna crítica desconstrucionista, que tem o seu ponto de partida numa perda de confiança na linguagem enquanto meio adequado à transmissão referencialista de uma realidade exterior»* – Aguiar e Silva (2001: 35, nota 75). A não existência de uma ruptura fundamental entre estruturalistas, pós-estruturalistas, semiotistas e desconstrucionistas é, de resto, expressamente assumida por Jackson (1988: 189).

[423] Sobre as diferenças entre a tradição semiótica estruturalista da escola de Paris e a escola semiótica americana, cfr. Jackson (1997: 13-24 e 98), e Kevelson (1986: 357 e bibliografia aí citada). Para Brandom (2000: 9-10) o estruturalismo de Saussurre, bem como o pós-estruturalismo de certos autores continentais, seguem ainda o "paradigma representacionalista" (*«representational paradigm»*). Noutra obra acrescenta Brandom (2011: 204) que está em causa uma forma de "representacionalismo semântico" (*«semantic representationalism»*), mais concretamente o "nominalismo semântico" (*«semantic nominalism»*). A perspetiva de Brandom parece conseguir escapar à crítica de Jackson (1988: 189, nota 53) na parte em

probatório também se compatibilizam com uma perspetiva pragmatista da verdade, da realidade e da objetividade[424]. Isto apesar de a tradição europeia estruturalista se basear numa teoria não referencial do significado[425], desta forma contrastando com a escola semiótica americana e também com a escola analítica italiana moderna[426].

III. O esforço de compatibilização com uma perspetiva pragmatista da verdade poderá ser particularmente útil em geral.

Desde logo, adotando uma perspetiva pragmatista sobre a verdade, a realidade e a objetividade, poderemos admitir que existe uma realidade independente das nossas crenças subjetivas e que o nosso conhecimento corresponde a essa realidade.

E, mesmo que em certos casos se considere que as afirmações sobre a realidade estão dependentes do fornecimento de razões e, por isso, da nossa *praxis* de justificação, o recurso à *praxis* de justificação não representará, na boa tradição pragmatista, um abandono da intuição de existir uma realidade objetiva independente das nossas crenças nem um abraçar de uma forma de

que acusa outros autores de defenderem estar a gramática de Greimas ao serviço da lógica, a qual depois permitiria a passagem ao conhecimento do mundo, mas talvez não na parte em que rejeita que Greimas tenha sustentado uma perspetiva fenoménica da linguagem e da referência, em que as palavras deveriam conformar-se (*«match up»*) com os objetos da cognição sensorial imediata.

[424] Perante a existência na corrente pragmatista de diferentes perspetivas, poderá justificar-se restringir a afirmação em relação àquelas perspetivas que são compatíveis com conceções realistas da verdade, o que não será o caso, por exemplo, da do inferencialismo semântico (não realista ou mesmo anti-realista ou anti-representacionalista) de Brandom, esboçado em Brandom (1994) e desenvolvido ou reafirmado pelo autor, por exemplo, em Brandom (2000), Brandom (2007), Brandom (2011) e Brandom (2019). Tal não significa, porém, que o inferencialismo tenha de assumir uma abordagem deflacionista em relação à verdade – por exemplo, defendendo que o inferencialismo é compatível com uma versão pluralista da verdade (*«Inferentialist Truth Pluralism»*), cfr. Veluwenkamp (2021).

[425] Importa sublinhar que a adopção de uma teoria não referencial do significado não decorre de uma rejeição da existência do mundo exterior ou de que quem fala pretenda referir-se a esse mundo exterior. Tal como já tinha esclarecido noutra obra Jackson (1997: 16): «*European semiotics cannot and does not pretend that the outside world does not exist, or that the speaker may have intentions in relation to it when he makes an utterance. But for the European tradition, both the outside world and the utterer's intentions form part of the semiotic function, which is conceptually distinct from the sense of that which is uttered*».

[426] Jackson (1988: 27 e 32).

relativismo que nega a existência da verdade, de factos objetivos ou de afirmações de validade universal.

Assim sendo, pode dizer-se que uma perspetiva pragmatista sobre a verdade, a realidade e a objetividade terá em geral as seguintes virtualidades: a de conectar a objetividade às nossas práticas sociais de justificação, a de não identificar a justificação com a verdade e a de evitar aporias associadas ao relativismo que nega a existência da verdade, de factos objetivos ou de afirmações de validade universal ou ao convencionalismo[427].

IV. No caso do Direito, a adoção de uma perspetiva pragmatista sobre a verdade, a realidade e a objetividade, à qual parecem também aderir algumas conceções do positivismo jurídico moderno[428], assume indiscutível relevância.

Embora conecte a nossa *praxis* de justificação à verdade e à objetividade, aquela perspetiva tem o mérito de não as confundir e de não dispensar a verdade e a objetividade em favor da justificação. E, na medida em que aquela perspetiva não limita a objetividade a um certo tipo de discurso, nomeadamente ao discurso científico, será também potencialmente aplicável ao domínio do Direito, nada se vislumbrando à partida que obste a que seja capaz de satisfazer as condições do discurso jurídico.

As condições do discurso jurídico não coincidem – importa sublinhar – com as exigências do discurso prático geral, tanto mais que este não se preocupa como aquele em limitar ou orientar, através de *«formas, regras e institucionalizações próprias»*, aquilo que se designa por *«campo do discursivamente possível em geral»*, razão pela qual no processo judicial costumam ser impostas restrições e regras que se somam às exigências do discurso prático por ele igualmente acolhidas[429]. Só que tais restrições e regras não existem para fomentar qualquer tipo de posição relativista ou dogmática no Direito, que negue, respetivamente, a universalização de valores ou o respeito devido por

[427] Bernstein (2010: 110).

[428] Como será o caso do positivismo jurídico de inspiração em Hart, que segue a tradição americana da semiótica jurídica (que remonta a Peirce e Morris) – assim, cfr. Jackson (1997: 14 e 147 e ss.).

[429] Frada (2004: 111-112, nota 88).

diferentes opiniões, mas sim para promover uma certa racionalidade jurídica, que sujeita as afirmações jurídicas ao diálogo e à crítica[430].

V. Por assim ser, o juízo probatório não tem de se suportar numa posição cética radical a respeito da verdade no Direito.

Com isso se afasta uma das principais preocupações dos pragmatistas (mas não só) de ser adotada uma conceção que conduza a um relativismo negador da existência da verdade, dos factos objetivos e das afirmações de validade universal. Tão-pouco exclui a consideração da prova jurídica como reflexo da verdade, o que também se coaduna bem com a perspetiva pragmatista de conexão da verdade, tal como a objetividade, com as práticas sociais de justificação, mas sem identificação da verdade com a justificação.

O juízo probatório exprimirá uma verdade na qual o julgador e os demais participantes processuais partilham a convicção de estarem a jogar um jogo de verdade e o processo racional de decisão jurídica terá de ter como objetivo a aceitação desta (a sua aceitabilidade) no sistema jurídico. Deste modo, compatibiliza-se também bem, quer com a importância atribuída pelos pragmatistas à comunidade e às práticas de justificação intersubjetivas ou sociais, quer com a preocupação dos pragmatistas com a finalidade da investigação e o seu ideal regulativo. Por esta via, o discurso jurídico estará, como sucede com outros discursos, orientado para a verdade, a alcançar através de um inquérito genuíno, mas formulando exigências e observando *standards* que lhe são próprios.

Referências

AA.VV.,

(2001) *The Nature of Truth: Classic and Contemporary Perspectives* (ed. Michael P. Lynch), Cambridge, Massachusetts, London: MIT Press.

(2005) *Truth: Engagements Across Philosophical Traditions* (ed. José M. Medina and David Wood), Malden: Blackwell Publishing.

AA.VV.,

(2007) *Dictionaire des Concepts Philosophiques* (ed. Michael Bay), Paris: Larousse.

[430] Frada (2010: 160-166).

ALBUQUERQUE, Paulo Pinto de,
(2009) *Comentário do Código de Processo Penal à luz da Constituição da República Portuguesa e da Convenção Europeia dos Direitos do Homem*, 3.ª ed., Lisboa: UCE, anotação ao art. 377.º.

ALEXY, Robert,
(1989) *A Theory of Legal Argumentation* (trad. Ruth Adler and Neil MacCormick), Oxford: Clarendon Press, 1989.
(1999) "The Special Case Thesis", in *Ratio Juris*, vol. 12, 4, pp. 374-384.

ALLEN, Ronald J. / Michael PARDO,
(2003a) "The Myth of the Law-Fact Distinction", in *Northwestern University Law Review*, vol. 97, 4, pp. 1769-1807.
(2003b) "Facts in Law and Facts of Law", in *International Journal of Evidence and Proof*, vol. 7, 3, pp. 153-171.

AMAYA, Amalia,
(2013) "Coherence, evidence, and legal proof", in *Legal Theory*, vol. 19, 01, pp. 1-43.
(2015) *The tapestry of reason: an inquiry into the nature of coherence and its role in legal argument*, Oxford: Hart.

ANTUNES, Maria João,
(2016) *Direito Processual Penal*, Coimbra: Almedina.

APEL, Karl-Otto,
(2001) "Pragmatism as Sense-Critical Realism Based on a Regulative Idea of Truth: In Defense of a Peircean Theory of Reality and Truth", in *Transactions of the Charles S. Peirce Society*, vol. 37, 4, pp. 443-474.

ATIENZA, Manuel,
(2014) *O Sentido do Direito*, Lisboa: Escolar Editora.

BACON, Michael,
(2012) *Pragmatism: an introduction*, Cambridge, UK: Polity Press.

BERNSTEIN, Richard J.,
(2010) *The Pragmatic Turn*, Cambridge, UK: Polity Press.

BIX, Brian,
(2008) "Will Versus Reason: Truth in Natural Law, Positive Law, and Legal Theory" (July 21, 2008), in *Truth: Studies of a Robust Presence* (ed. Kurt Pritzl), Catholic University of American Press, 2009, disponível em SSRN: http://ssrn.com/abstract=1166082, pp. 285-291.
(2020) "Reflections on Truth in Law", in *Cosmos + Taxis – Philosophy, The World, Life, and The Law: In Honour of Susan Haack*, vol. 8, pp. 35-43.

Black, Max,
(1964) "The Gap Between "Is" and "Should"", in *The Philosophical Review*, vol. 73, pp. 165-181.

Brandão, António José,
(2011) "Fenomenologia da sentença", in *Vigência e Temporalidade do Direito e outros ensaios de filosofia jurídica*, vol. II, Lisboa: Imprensa Nacional-Casa da Moeda, pp. 299-308.

Brandom, Robert B.,
(1994) *Making It Explicit – Reasoning, Representing, and Discursive Commitment*, Cambridge, Mass.: Harvard University Press.
(2000) *Articulating Reasons – An Introduction to Inferentialism*, Cambridge, Mass.: Harvard University Press.
(2007) "Inferentialism and some of its challenges", in *Philosophy and Phenomenological Research*, vol. 74, 3, pp. 651-676.
(2011) *Perspectives on Pragmatism – Classical, Recent, and Contemporary*, Cambridge, Mass.: Harvard University Press.
(2019) *A Spirit of Trust – A Reading of Hegel's Phenomenology*, Cambridge, Mass.: Harvard University Press.

Brito, José de Sousa e,
(2002) "O Positivismo Jurídico e a Lei de Hume", in *Estudos em Homenagem à Professora Doutora Isabel de Magalhães Collaço* (org. Rui Moura Ramos et al.), vol. I, Almedina, Coimbra, pp. 895-919.

Bronze, Fernando José,
(2012) *Analogias*, Coimbra: Coimbra Editora.

Calheiros, Maria Clara,
(2009) "A construção retórica do processo penal", in *Que Futuro para o Direito Processual Penal?* (coord. Mário Ferreira Monte et al.), Coimbra: Coimbra Editora, 2009, pp. 359-369.
(2015) *Para uma Teoria da Prova*, Coimbra: Coimbra Editora, 2015.

Carneiro, Ana Teresa,
(2012) *Dos fundamentos do recurso extraordinário de revisão*, Lisboa: Rei dos Livros.

Carrilho, Manuel Maria,
(1990) *Verdade, Suspeita e Argumentação*, Lisboa: Editoria Presença.

Correia, João Conde,
(2010) *O «Mito do Caso Julgado» e a Revisão Propter Nova*, Coimbra: Coimbra Editora.

Cortês, António Ulisses,
(2010) *Jurisprudência dos Princípios*, Lisboa: UCE.

DAMELE, Giovanni,
(2012) "Verdade e Comunicação – Notas sobre Argumentação e Decisão Judiciária", in *Linguagem, Argumentação e Decisão Judiciária* (coord. Rui do Carmo), Coimbra: Coimbra Editora, pp. 97-110.

DAVIDSON, Donald,
(1999) "Is Truth a Goal of Inquiry? Discussion with Rorty", in *Donald Davidson. Truth, meaning and knowledge* (ed. Urszula M. Zeglen), London and New York: Routledge, pp. 15-17.

DERSHOWITZ, Alan M.,
(1996) *Reasonable Doubts: The Criminal Justice System and the O.J. Simpson Case*, New York: Simon & Schuster.

DIAS, Augusto Silva,
(1989) *Alguns aspectos do regime jurídico dos crimes de difamação e de injúrias*, Lisboa: AAFDL.

DIAS, Jorge de Figueiredo,
(1974) *Direito Processual Penal*, Coimbra: Coimbra Editora.

DIETHELM, Adrian,
(2009) "Law and Fact in Common Law Procedure", disponível em SSRN: http://ssrn.com/abstract=1385622

DOWDEN, Bradley / Norman SWARTZ,
(s/d) "Truth", in *Internet Encyclopedia of Philosophy*, disponível em https://iep.utm.edu/truth/

FERREIRA, Fernando Amâncio,
(2005) *Manual dos Recursos em Processo Civil*, 6.ª ed., Coimbra: Almedina, 2005.

FERREIRA, Manuel Cavaleiro de,
(1956) *Curso de Processo Penal*, vol. 2, Lisboa.
(1996) "Questões civis julgadas em processo penal", in *Obra Dispersa*, vol. I, Lisboa: UCE.

FIOLHAIS, Carlos,
(2012) "As Leis Naturais e as Leis Humanas", in *Linguagem, Argumentação e Decisão Judiciária* (coord. Rui do Carmo), Coimbra: Coimbra Editora, pp. 9-19.

FRADA, Manuel Carneiro da,
(2004) *Teoria da Confiança e Responsabilidade Civil*, Coimbra: Almedina.
(2010) "Relativismo, Valores e Direito", in *Revista da FDUL*, N.ºs 1 e 2, pp. 141-192.
(2012) "A Equidade (ou a 'Justiça com Coração'). A Propósito da Decisão Arbitral Segundo a Equidade", in *Revista da Ordem dos Advogados*, vol. I, pp. 109-145.

Gomes, Pinharanda,
(1994) *Filosofia Grega Pré-Socrática*, 4.ª ed., Lisboa: Guimarães Editores.

Haack, Susan,
(2003) "Inquiry and Advocacy, Fallibilism and Finality: Culture and Inference in Science and the Law", in *Law, Probability and Risk*, vol. 2, pp. 205-214.
(2004) "Truth and Justice, Inquiry and Advocacy, Science and Law", in *Ratio Juris*, vol. 17, 1, pp. 15-26.
(2007) "On Logic in the Law: "Something, but not All"", in *Ratio Juris*, vol. 20, 1, pp. 1-31.
(2008a) "Of Truth, in Science and in Law", in *Brooklyn Law Review*, vol. 73, 2; University of Miami School of Law Legal Studies Research Paper No. 2008-15, disponível em SSRN: http://ssrn.com/abstract=1099422, pp. 572-573.
(2008b) "The Whole Truth and Nothing But the Truth", in *Midwest Studies in Philosophy*, vol. 32, 1, pp. 20-35.
(2013) "A Match Made on Earth: Getting Real about Science and the Law", (October 9, 2013). University of Miami Legal Studies Research Paper No. 2013-13, disponível em SSRN: http://ssrn.com/abstract=2338103 or http://dx.doi.org/10.2139/ssrn.2338103.
(2014) *Evidence Matters. Science, Proof, and Truth in the Law*, Cambridge: Cambridge University Press.
(2015a) "Epistemology: Who needs it?", in *Cilicia Journal of Philosophy*, 3, pp. 1-15.
(2015b) "Problems and Projects in the Theory (and Practice) of Evidence Law", Canadian Institute for the Administration of Justice, University of Miami Legal Studies Research Paper No. 16-, disponível em SSRN: http://ssrn.com/abstract=2712477.

Habermas, Jürgen,
(2009) *Obras Escolhidas*, vol. I (trad. portuguesa de *Philosophische Texte. Studienausgabe Vol. 1*: Frankfurt am Main: Suhrkamp Verlag, 2009, por Lumir Nahodil), Lisboa: Edições 70.
(2010) *Obras Escolhidas*, vol. II (trad. portuguesa de *Philosophische Texte. Studienausgabe Vol. 2*: Frankfurt am Main: Suhrkamp Verlag, 2009, por Lumir Nahodil), Lisboa: Edições 70.
(2014) *Obras Escolhidas*, vol. III (trad. portuguesa de *Philosophische Texte. Studienausgabe Vol. 3*: Frankfurt am Main: Suhrkamp Verlag, 2009, por Lumir Nahodil), Lisboa: Edições 70.

Hespanha, António Manuel,
(2009) *O Caleidoscópio do Direito. O Direito e a Justiça nos Dias e no Mundo de Hoje*, 2.ª ed., Coimbra: Almedina.

Holmes, Oliver Wendel,
(1881) *The Common Law*, Boston: Little, Brown, and Company.
(1897) "The Path of the Law", in *Hardvard Law Review*, vol. 10, pp. 457-478.

Jackman, Henry,
(1998) "James' Pragmatic Account of Intentionality and Truth", in *Transactions of the C.S Peirce Society*, vol. XXXIV, 1, pp. 155-181.

JACKSON, Bernard S.,
(1980) "Towards a structuralist theory of law", in *The Liverpool Law Review*, vol. 2, pp. 5-30.
(1988) *Law, Fact and Narrative Coherence*, Liverpool, UK: Deborah Charles Publications.
(1991) "Narrative models in legal proof", in *Narrative and the Legal Discourse. A Reader in Storytelling and the Law* (org. by David Ray Papke), Liverpool: Deborah Charles Publications, pp. 158-178.
(1995) *Making Sense in Law: Linguistic, Psychological and Semiotic Perspectives*, Liverpool, UK: Deborah Charles Publications.
(1996) *Making Sense in Jurisprudence*, Liverpool, UK: Deborah Charles Publications.
(1997) *Semiotics and Legal Theory*, Liverpool, UK: Deborah Charles Publications (reimpressão da edição publicada em 1985 por Routledge and Kegan Paul).
(1998) "Truth or Proof?: The criminal verdict", in *International Journal for the Semiotics of Law*, vol. XI, 33, pp. 227-273.
(2009) "Bentham, Verdade e Semiótica Jurídica", in *Liber Amicorum de José de Sousa e Brito em comemoração do 70.º Aniversário: estudos de Direito e Filosofia* (org. Augusto Silva Dias et al.), Coimbra: Almedina, pp. 133-160.

JAMES, William,
(1907a) "Pragmatism's Conception of Truth", in *The Journal of Philosophy, Psychology and Scientific Methods*, vol. 4, 6, pp. 141-155.
(1907b) *Pragmatism: A New Name For some Old Ways of Thinking*, New York: Longmans Green and Co.
(1909) *The Meaning of Truth: A Sequel to 'Pragmatism'*, New York: Longmans Green and Co.
(1997) *O Pragmatismo: um novo nome para algumas formas de pensar* (trad. para português de *Pragmatism: A New Name for Some Old Ways of Thinking*, por Fernando Silva Martinho), Lisboa: Imprensa Nacional-Casa da Moeda.

JOÃO PAULO II, São,
(1998) Carta Encíclica *Fides et Ratio*.

KENNY, Anthony,
(2010) *Nova História da Filosofia Ocidental*, vol. 1 (trad. portuguesa de *Ancient Philosophy: A New History of Western Philosophy, volume I*, 2004, por Maria de Fátima Carmo e Pedro Galvão), Lisboa: Gradiva.
(2011) *Nova História da Filosofia Ocidental*, vol. 4 (trad. portuguesa de *Philosophy in the Modern World: A New History of Western Philosophy, volume 4*, 2007, por Cristina Carvalho e revisão científica de Aires Almeida), Lisboa: Gradiva.

KEVELSON, Roberta,
(1986) "Semiotics and Methods of Legal Inquiry: Interpretation and Discovery in Law from the Perspective of Peirce's Speculative Rethoric", in *Indiana Law Journal*, vol. 61, 3, pp. 355-371.

KRESS, Ken,
(2010) "Coherence", in *A Companion to Philosophy of Law and Legal Theory*, 2nd ed. (ed. Dennis Patterson), Oxford: Blackwell, pp. 521-538.

LAI, Ho Hock,
(2008) *A Philosophy of Evidence Law: Justice in the Search for Truth*, Oxford: Oxford University Press, 2008.

LAMEGO, José,
(2011) *O Essencial sobre a Filosofia do Direito do Idealismo Alemão*, Coimbra: Coimbra Editora.

LAUDAN, Larry,
(2008) *Truth, Error, and Criminal Law: An Essay in Legal Epistemology*, Cambridge: Cambridge University Press.

LIND, Douglas,
(2012) "The Mismeasurement of Legal Pragmatism", in *Washington University Jurisprudence Review*, vol. 4, 2, pp. 213-268.

LINHARES, José Aroso,
(2001) *Entre a Reescrita Pós-Moderna da Modernidade e o Tratamento Narrativo da Diferença ou a Prova como um Exercício de «Passagem» nos Limites da Juridicidade (Imagens e reflexos pré-metodológicos deste percurso)*, Coimbra: Coimbra Editora.
(2009) "o Pragmatismo Interdisciplinar de Posner como "Teoria" da Decisão Judicial", in *Diálogos com a Law and Economics*, Rio de Janeiro: Editora Lumen Juris, pp. 143--275.
(2012) "Evidence (or proof?) as law's gaping wound: a false persistent aporia?", in *Boletim da Faculdade de Direito da Universidade de Coimbra*, vol. 88, tomo I, pp. 65-89.

LOPES, José Mouraz,
(2011) *A Fundamentação da Sentença no Sistema Penal Português: legitimar, diferenciar, simplificar*, Coimbra: Almedina.
(2012) "A decisão judicial: o processo de fundamentação", in *Linguagem, Argumentação e Decisão Judiciária* (coord. Rui do Carmo), Coimbra: Coimbra Editora, pp. 139-147.

MACCORMICK, Neil,
(1991) "Notes on Narrativity and the Normative Syllogism", in *International Journal for the Semiotics of Law*, vol. 4, 11, pp. 163-174.
(2005) *Rethoric and the Rule of Law. A Theory of Legal Reasoning*, Oxford: Oxford University Press.

MACKIE, John L.,
(1973) *Truth, Probability, and Paradox*, Oxford: Oxford University Press.

MATA, Paulo Saragoça da,
(2004) "A Livre Apreciação da Prova e o Dever de Fundamentação da Sentença", in *Jornadas de Direito Processual Penal e Direitos Fundamentais* (coord. Maria Fernanda Palma), Lisboa: Almedina, pp. 221-279.

MATOS, Filipe Albuquerque de,
(2011) *Responsabilidade Civil por Ofensa ao Crédito ou ao Bom Nome*, Coimbra: Almedina.

MEDINA, José M.,
(2010) "James on Truth and Solidarity: the epistemology of diversity and the politics of specificity", in *100 Years of Pragmatism: William James's Revolutionary philosophy* (ed. John J. Stuhr), Indiana University Press, pp. 124-143.

MENDES, Paulo de Sousa,
(2004) "As Proibições de Prova no Processo Penal", in *Jornadas de Direito Processual Penal e Direitos Fundamentais* (coord. Maria Fernanda Palma), Lisboa: Almedina, pp. 133-154.
(2013) *Lições de Direito Processual Penal*, Coimbra: Almedina.

MISAK, Cheryl,
(2007) "Pragmatism and Deflationism", in *New Pragmatists* (ed. Cheryl Misak), Oxford: Oxford University Press, pp. 68-90.

MOSER, Paul K.,
(1983) "William James' Theory of Truth", in *Topoi*, vol. 2, pp. 217-222.

NEVES, António Castanheira,
(1967) *Questão-de-Facto-Questão-de-Direito ou o Problema Metodológico da Juridicidade*, Coimbra: Almedina.
(1968) *Sumários de Processo Criminal.*
(1993) *Metodologia Jurídica – Problemas Fundamentais*, Coimbra: Coimbra Editora.
(1995) "A Redução Política do Pensamento Metodológico-Jurídico (Breves notas críticas sobre o seu sentido)", in *Digesta. Escritos acerca do Direito, do Pensamento Jurídico, da sua Metodologia e Outros*, vol. 2, Coimbra: Coimbra Editora, pp. 379-421.
(2008a) "Matéria de Facto – Matéria de Direito", in *Digesta. Escritos acerca do Direito, do Pensamento Jurídico, da sua Metodologia e Outros*, vol. 3, Coimbra: Coimbra Editora, pp. 321-336.
(2008b) "Dworkin e a Interpretação Jurídica – ou a interpretação jurídica, a hermenêutica e a narratividade", in *Digesta. Escritos acerca do Direito, do Pensamento Jurídico, da sua Metodologia e Outros*, vol. 3, Coimbra: Coimbra Editora, pp. 413-495.

NEVES, Rosa Vieira,
(2011) *A Livre Apreciação da Prova e a Obrigação de Fundamentação da Convicção (na decisão penal)*, Coimbra: Coimbra Editora.

NOLT, John,
(2008) "Truth as an Epistemic ideal", in *Journal of Philosophical Logic*, 37, pp. 203-237.

OLSSON, Erik J.,
(2005) *Against Coherence: Truth, Probability, and Justification*, Oxford: Oxford University Press.

PARDO, Michael S.,
(2010) "The Gettier Problem and Legal Proof", in *Legal Theory*, vol. 16, 1, pp. 37-57.

PATTERSON, Dennis,
(2003) "From Postmodernism to Truth in Law", in *Harvard Journal of Law & Public Policy*, vol. 26, pp. 49-65.

PEIRCE, Charles Sanders,
(1878) "How to Make Our Ideas Clear", in *Popular Science Monthly*, vol. 12, pp. 286--302.
(1931-1958) *Collected Papers*, vols. 7 e 8 (ed. Charles Hartshorne, Paul Weiss and Arthur Burks), Cambridge: Harvard University Press.
(1998a) "A fixação da crença", in *Charles Sanders Peirce, Antologia Filosófica*, Lisboa: Imprensa Nacional-Casa da Moeda, pp. 59-74.
(1998b) "O que é o Pragmatismo", in *Charles Sanders Peirce, Antologia Filosófica*, Lisboa: Imprensa Nacional-Casa da Moeda, pp. 123-140.
(1998c) "Um esboço do Pragmatismo", in *Charles Sanders Peirce, Antologia Filosófica*, Lisboa: Imprensa Nacional-Casa da Moeda, pp. 141-166.

PEREIRA, Rui Soares,
(2012) "Reflexões sobre uma teoria híbrida da prova", in *Estudos em Homenagem a Miguel Galvão Teles* (org. Jorge Miranda et al.), vol. II, Coimbra: Almedina, pp. 207--225.
(2016) "Modelos de prova e prova da causalidade", in *Juízo ou Decisão? O Problema da Realização Jurisdicional do Direito* (coord. Fernando José Bronze et al.), Coimbra: Instituto Jurídico, Faculdade de Direito, Universidade de Coimbra, pp. 447-483.

PEREIRA, Rui Soares / João Gouveia de CAIRES,
(2023) *Processo Penal*, Coimbra: Almedina.

PINTOR-RAMOS, Antonio,
(1994) *Realidad y Verdad: las bases de la filosofía de Zubiri*, Salamanca: Publicaciones Universidad Pontificia Salamanca.

PINTORE, Anna,
(2000) *Law without Truth*, Liverpool: Deborah Charles Publications.

PIZZI, William T.,
(1999) *Trials without Truth – Why Our System of Criminal Trials Has Become an Expensive Failure and What We Need to Do to Rebuild It*, New York and London: New York University Press.

POSNER, Richard A.,
(2009) *Law and Literature*, 3rd edition, Cambridge, Massachussets: Harvard University Press.
(2013) *Reflections on Judging*, Cambridge, Massachussets: Harvard University Press.

POSTEMA, Gerald J.,
(2011) *Legal Philosophy in the Twentieth Century: The Common Law World (A Treatise of Legal Philosophy and General Jurisprudence, vol. 11)*, New York: Springer.

PUTNAM, Hilary,
(1998) *Renovar a Filosofia* (trad. portuguesa de *Renewing Philosophy*, por Ana André), Lisboa: Instituto Piaget.
(1999) *O Realismo de Rosto Humano* (trad. portuguesa de *Realism with a Human Face*, por Carlota Andrade), Lisboa: Instituto Piaget.
(2002a) *A Tripla Corda* (trad. portuguesa de *The threefold cord*, por Lígia Teopisto), Lisboa: Instituto Piaget.
(2002b) *The Collapse of the Fact/Value Dichotomy and other essays*, Cambridge, Massachusetts: Harvard University Press.

RAMSEY, Frank P.,
(1927) "Facts and Propositions", in *Proceedings of the Aristotelian Society*, vol. 7, pp. 153--170.

RAPOSO, João António,
(2009) "O Princípio da Verdade Material: um contributo para a sua fundamentação constitucional", in *Liber Amicorum de José de Sousa e Brito em comemoração do 70.º Aniversário: estudos de Direito e Filosofia* (org. Autso Silva Dias et al.), Coimbra: Almedina, pp. 833-840.

RATZINGER, Joseph,
(2009) "O Cristianismo para lá da Tradição", in *Existe Deus?*, Lisboa: Pedra Angular, pp. 93-112.
(2011) *Jesus de Nazaré – Parte II: Da Entrada em Jerusalém até à Ressurreição* (trad. portuguesa de *Jesus von Nazareth – Band 2: Vom Einzug in Jerusalem bis zur Auferstehung*, Freiburg im Breisgau – Basel – Wien: Verlag Herder, 2011), Cascais: Principia.

RORTY, Richard,
(1979) *Philosophy and the Mirror of Nature*, Princeton: Princeton University Press.
(1995) "Is Truth A Goal of Enquiry? Davidson Vs. Wright", in *The Philosophical Quarterly*, vol. 45, 180, pp. 281-300.

Russell, Bertrand,
(2013) *Os Problemas da Filosofia* (trad. portuguesa de *The Problems of Philosophy*, 2nd ed., Oxford: Oxford University Press, 1980, por Desidério Murcho), Lisboa: Edições 70.

Schwartz, Robert,
(2021) "Putnam and the Pragmatists", in *European Journal of Pragmatism and American Philosophy*, vol. 13, 2, pp. 1-19.

Silva, Germano Marques da,
(2015) *Direito Processual Penal Português*, vol. 3, Lisboa: UCE.

Silva, Joana Aguiar e,
(2001) *A Prática Judiciária entre Direito e Literatura*, Coimbra: Almedina.
(2012) "As Narrativas do Direito e a Verdade Judicial", in *Linguagem, Argumentação e Decisão Judiciária* (coord. Rui do Carmo), Coimbra: Coimbra Editora, pp. 111-124.

Silva, José Ferreira da,
(2012) "Decisão judiciária: processo de elaboração e fundamentação", in *Linguagem, Argumentação e Decisão Judiciária* (coord. Rui do Carmo), Coimbra: Coimbra Editora, pp. 125-137.

Sloterdijk, Peter,
(2015) *Morte Aparente no Pensamento* (trad. portuguesa de *Scheintod im Denken – Von Philosophie und Wissenschaft als Übung*, Suhrkamp, 2010, por Carlos Leite), Lisboa: Relógio de Água.

Sousa, Miguel Teixeira de,
(2012) *Introdução ao Direito*, Coimbra: Almedina.

Stella, Federico,
(2003) *Giustizia e modernità. La protezione dell'innocente e la tutela delle vittime*, 3.ª ed., Milano: Giuffrè Editore.

Summers, Robert S.,
(1999) "Formal Legal Truth and Substantive Truth in judicial fact-finding-their justified divergence in some particular cases", in *Law and Philosophy*, vol. 18, pp. 497-511.

Teixeira, António Braz,
(2012) *Breve Tratado da Razão Jurídica*, Sintra: Zéfiro.

Thayer, H.S.,
(1977) "On William James on Truth", in *Transactions of the Charles S. Peirce Society*, vol. 13, 1, pp. 3-19.
(1981) *Meaning and Action*, Indianapolis: Hackett.

UPMEIER, Arne,
(2010) *Fakten im Recht: Eine Untersuchung zur Tatsachenfeststellung im Rechtsprozess*, Baden--Baden: Nomos.

VELUWENKAMP, Herman,
(2021) "Inferentialist Truth Pluralism", in *Ethical Theory and Moral Practice*, vol. 24, pp. 107-121.

VIOLA, FRANCESCO,
(1995) "The Judicial Truth", in *Persona y Derecho*, vol. 32, pp. 249-266.

VITORINO, Orlando,
(2015) *As Teses da Filosofia Portuguesa*, Lisboa: Guimarães Editores.

VIVES ANTÓN, Tomás,
(2004) "El Proceso Penal de la Presunción de Inocencia", in *Jornadas de Direito Processual Penal e Direitos Fundamentais* (coord. Maria Fernanda Palma), Lisboa: Almedina, pp. 27-39.

WELLMER, Albrecht,
(2004) "The Debate about Truth: Pragmatism without Regulative Ideas", in *The Pragmatic Turn in Philosophy – Contemporary Engagements between Analytic and Continental Thought* (ed. William Egginton and Mike Sandbothe), Albany, NY: State University of New York Press, pp. 93-114.

WHITE, G. Edward,
(1993) *Justice Oliver Wendell Holmes: Law and the Inner Self*, New York: Oxford University Press.

WITTGENSTEIN, Ludwig,
(2002) *Tratado Lógico-Filosófico* (trad. para português de *Tractatus Logico-Philosophicus*, London: Routledge and Kegan Paul, 1922, por M.S. Lourenço), 3.ª ed, Lisboa: Fundação Calouste Gulbenkian.

ZUBIRI, Xavier,
(1974) *Naturaleza, Historia, Dios*, 5.ª ed., Madrid: Alianza Editorial-Fundación Xavier Zubiri.
(1980) *Inteligencia Sentiente. Inteligencia y Realidad*, Madrid: Alianza Editorial-Fundación Xavier Zubiri.
(1982) *Inteligencia y Logos*, Madrid: Alianza Editorial-Fundación Xavier Zubiri.
(1983) *Inteligencia y Razón*, Madrid: Alianza Editorial-Fundación Xavier Zubiri.
(1999) *El hombre y la verdad*, Madrid: Alianza Editorial-Fundación Xavier Zubiri.
(2001) *Sobre la realidad*, Madrid: Alianza Editorial-Fundación Xavier Zubiri.

§ 5. A CRENÇA/CONVICÇÃO NO CONTEXTO JUDICIAL: DIÁLOGOS COM A FILOSOFIA PRAGMATISTA*

1. Introdução

I. Na filosofia (e na ciência), algumas diferenças entre a dúvida e a crença costumam ser exploradas e discute-se de que forma os chamados "métodos de fixação da crença" permitirão fazer cessar aquilo que pode ser designado por "estado de dúvida" e atingir aquilo que poderá corresponder então a um "estado de crença".

Aquelas diferenças, bem como o problema dos métodos de fixação da crença, também se manifestam no âmbito de um processo judicial, nomeadamente quando são tomadas decisões para as quais se exige um certo grau de crença ou convicção.

Em relação aos factos em litígio, são habitualmente feitas apreciações com pretensões de validade que representam o culminar ou são o resultado de uma tensão ou oscilação, verificada ao longo do processo, entre o que pode ser considerado como gerador de "estados de dúvida" e o que se entende que pode determinar "estados de crença" ou "estados de convicção".

* Publicada versão anterior em *Jurist's Law and European Identity: Dogmatic-Institutional, Methodological and Legal-Philosophical Problems* (ed. J.M. Aroso Linhares et al.), Coimbra: Instituto Jurídico, 2019, pp. 253-289, e em *Livro em Memória do Professor João Curado Neves* (org. Maria Fernanda Palma et al.), Lisboa: AAFDL, 2020, pp. 541-572.

No entanto, é possível identificar diversas particularidades que permitem sustentar a ideia segundo a qual as conclusões alcançadas na filosofia sobre a crença e os métodos para a sua fixação não serão transponíveis (pelo menos de forma fácil e total) para o contexto judicial.

II. Vários temas e outros aspetos mais ou menos relacionados poderiam ser convocados para esta discussão.

Contudo, entendemos que a discussão deverá centrar-se essencialmente nos contributos da filosofia (e da ciência) para o estabelecimento da diferença entre a dúvida e a crença e para as tentativas apresentadas no sentido da fixação do estado de crença.

Entre os temas relacionados e que assaltam a mente quando se pensa na questão da crença ou da convicção estarão certamente o da verdade e o do conhecimento. E vários são os autores que, ao analisarem a questão da crença, se referem igualmente ao problema da verdade e ao problema do conhecimento.

Ao tema da verdade também vimos dedicando algumas reflexões, procurando sublinhar (em linha com o magistério de Castanheira Neves) a relevância e o sentido no Direito da ideia de verdade prática[1] e procurando também – sempre que possível – relacioná-la com uma perspetiva pragmatista sobre a verdade, a realidade e a objetividade[2]. Mas, tratando-se de um outro tema e que assume uma relevância que não é meramente processual, não será abordado nesta ocasião.

III. Em termos metodológicos, optámos por proceder a uma análise do problema da crença e da convicção no domínio da filosofia pragmatista e depois por procurar compatibilizar as principais conclusões aí alcançadas com a realidade do processo judicial, sem esquecer que a racionalidade jurídica não se esgota numa racionalidade de índole processual ou procedimental, mas assenta numa intencionalidade normativamente fundamentante[3].

[1] Pereira (2016).

[2] Pereira (2017: 1137-1146).

[3] Neves (1992: 391-395 e 398): *«Mesmo que a racionalidade jurídica fosse de índole tão-só procedimental ou processual, i. é, de uma validade de decisão aferível não pelo conteúdo mas pelas regras convencionais ou metódicas de a obter (...) – o que tenho por muito discutível –, ainda assim o*

Justifica-se apresentar uma pequena explicação para a opção de dialogar com a filosofia pragmatista.

Em especial, as reflexões de SUSAN HAACK, CHERYL MISAK, ALBRECHT WELLMER (1933-2018) e ROBERT BRANDOM representam avanços muito significativos em relação ao problema da crença, sobretudo na medida em que sugerem várias melhorias em relação ao pensamento de autores como CHARLES SANDERS PEIRCE (1839-1914) e WILLIAM JAMES (1842-1910) e procuram apresentar soluções que apelam a uma certa interconexão entre a justificação, a verdade, a intersubjetividade e a objetividade.

Os desenvolvimentos e as análises críticas levadas a cabo no domínio da filosofia pragmatista pareceram-nos, até pela influência exercida pelo pragmatismo no realismo jurídico norte-americano[4], relevantes para uma adequada ponderação do papel da crença e da convicção no contexto judicial. Sobretudo acentuam a importância de a questão ser analisada em correlação com outros temas (como os da justificação, da verdade, da intersubjetividade e da objetividade), permitindo assim estabelecer uma relação mais fácil com as situações identificadas no processo judicial que parecem atribuir relevância à crença ou à convicção e até exigir graus de crença ou convicção, e, ao mesmo tempo, fazer uma adequada ponderação das particularidades do processo judicial.

IV. Delimitada a análise a realizar, a exposição que se segue será organizada em torno de cinco pontos.

Um primeiro ponto será dedicado à recolha das diferenças entre a dúvida e a crença encontradas na filosofia pragmatista (**2.**).

Num segundo ponto proceder-se-á a uma ponderação da relevância dos chamados "métodos de fixação da crença" na filosofia pragmatista (**3.**).

processo judicial e racionalidade processual se distinguiriam, como uma instituição se distingue de uma intencionalidade».

[4] O realismo jurídico norte-americano caracteriza-se por ser uma conceção instrumentalista do Direito (LAMEGO (2016: 201-206)), tendo como base filosófica o pragmatismo americano (ATIENZA (2014: 312)). Sobre as relações entre a corrente filosófica pragmatista e o movimento do realismo jurídico norte-americano e, em particular, o contributo de CHARLES SANDERS PEIRCE para este movimento, cfr. KEVELSON (1986: 355-371).

Um terceiro ponto efetuará uma descrição das várias operações realizadas no contexto da aplicação no direito nas quais parecem assumir relevância a crença e a convicção (**4.**).

Um quarto ponto apresentará uma identificação das hipóteses decisórias em que num processo judicial é frequente referir a existência de diferentes graus de crença ou convicção exigível (**5.**).

Num quinto ponto serão assinaladas as particularidades do processo judicial, que poderão dificultar ou tornar problemática a transposição para o contexto judicial das conclusões alcançadas na filosofia (mesmo a pragmatista) sobre a crença e a convicção (**6.**).

Realizado este percurso, faremos algumas considerações finais, procurando também identificar as conclusões extraídas da análise realizada (**7.**).

2. As diferenças entre a dúvida e a crença na filosofia pragmatista

I. Vários autores poderiam ser referidos em relação ao problema da dúvida e da crença ou convicção na filosofia, com ou sem ligação com a questão altamente debatida da crença religiosa[5].

Porém, no contexto da corrente filosófica pragmatista dois nomes se assumem como incontornáveis e decisivos: PEIRCE e JAMES. Habitualmente designados como os "pais do pragmatismo", a PEIRCE e a JAMES se pode atribuir, ainda que com diferenças, o estabelecimento das bases filosóficas da corrente pragmatista em relação à questão da crença. Contudo, importa não olvidar que as posições destes autores vieram a conhecer desenvolvimentos e análises críticas por parte de vários autores filiados na corrente filosófica pragmatista que aqueles inauguraram.

[5] Sobre esse tema e sua relação com a crença religiosa, cfr. MURCHO (2010a: 17-95), e (2010b: 103-158). Interessantes são as reflexões de LUDWIG WITTGENSTEIN sobre a crença religiosa, expressas em três conferências, a partir das quais alguns autores têm concluído ser, na opinião de WITTGENSTEIN, de diferenciar a crença religiosa da crença empírica e da crença científica – PUTNAM (1998: 191-220, em especial, 205 e 211).

II. Optando por analisar o tema à luz da corrente filosófica pragmatista, talvez seja suficiente apresentar duas perspetivas principais sobre a questão da crença.

A perspetiva absolutista, de acordo com a qual é possível chegar ao conhecimento da verdade e saber quando esse conhecimento foi alcançado, e a perspetiva empirista, segundo a qual embora seja possível alcançar o conhecimento da verdade não podemos saber quando é que infalivelmente o fizemos por existir uma diferença entre o poder saber-se uma coisa e o saber-se com certeza que sabemos. Essas perspetivas enquadram-se, como é bom de ver, nos modos absolutista e empirista de acreditar na verdade, que não se confundem com o chamado "ceticismo filosófico sistemático".

Ora, o pragmatismo apresenta algumas vantagens em relação às duas perspetivas antes referidas.

Por um lado, rejeita o ceticismo filosófico sistemático, constituindo essa atitude, a par do falibilismo, um aspeto central da tradição pragmatista[6].

Por outro lado, conforma-se mais facilmente com a tradição empirista, que aliás terá prevalecido na ciência, embora a visão absolutista sobre a crença (predominante na filosofia) não deixe de assumir um relevo particular na opinião de alguns pragmatistas.

III. É o próprio James – um dos pais do pragmatismo – que o diz no seu célebre artigo "A vontade de acreditar", de 1896.

Aí se refere concretamente: «*De algumas coisas sentimos que estamos certos: sabemos, e sabemos que sabemos. Algo ressoa em nós, um sino que bate as doze badaladas, quando os ponteiros do nosso relógio mental deram a volta ao mostrador e se encontram ao meio-dia. Os maiores empiristas entre nós só o são quando refletem: abandonados aos seus instintos, dogmatizam como papas infalíveis*»[7].

Concluindo que todos somos absolutistas por instinto, James sugere então que a única forma de ultrapassar esta fraqueza humana é tudo fazermos para dela nos conseguirmos libertar e nos assumirmos como homens de reflexão, tal como se impõe a qualquer empirista.

[6] Bacon (2012: 6).
[7] James (2010: 152).

IV. O que sugere concretamente JAMES para superar essa fraqueza humana? Por um lado, sugere JAMES que se abandone a doutrina da certeza objetiva, por entender que, embora sejam excelentes ideais com que brincar, os indícios objetivos e a certeza não podem ser encontrados em lado algum. Por outro lado, JAMES sugere que continuemos a procurar a verdade ou a ter esperança nela, ou seja, a depositar a fé de que é possível progredir cada vez mais na direção da verdade, acumulando de forma sistemática experiências e refletindo sobre elas, por entender que a verdade nada mais significa do que a confirmação pela direção total do pensamento de uma hipótese que tenha sido colocada[8].

Todavia, JAMES vai ainda mais longe ao afirmar que as nossas opiniões sobre algo são influenciadas pela nossa natureza passional (o facto de querermos evitar ser enganados e pretendermos encontrar um modo de encontrar a verdade) e que essa influência constitui um facto determinante (mas inevitável e legítimo) das escolhas que fazemos. Se na generalidade das ocasiões em que não existe grande vantagem de obter a verdade poderá evitar-se o risco de erro não tomando qualquer decisão ou poderá tomar-se uma decisão com base nos melhores indícios disponíveis num determinado momento à luz de qualquer princípio considerado aceitável, também é certo que muitas vezes na mente puramente judicativa são considerados os desejos dos indivíduos em ver confirmadas as suas crenças. Isso não é em si problemático na medida em que, pese embora tenham interesse no resultado da investigação a realizar, esses indivíduos não deixam de recorrer a métodos que evitam que se deixem iludir e promovem a procura de uma verdade tecnicamente verificada. Em todo o caso, não sendo forçosa uma opção pela hipótese que se prefere, deverá considerar-se como ideal o intelecto friamente judicativo, ou seja, despido de hipóteses de estimação, sem que se veja em tal proposta uma exigência de espera pelos chamados indícios coercivos. Mesmo sem uma prova tangível terão de ser decididas questões morais e existem inclusive certas questões de facto cuja verdade parece depender do desejo por certo tipo de verdade, que cria a sua própria verificação. Isto é, existem factos cuja ocorrência parece depender de uma fé preliminar no seu advento (de uma ação pessoal nossa)[9].

[8] JAMES (2010: 153-157).
[9] JAMES (2010: 157-167).

Daqui decorre para JAMES que existe uma liberdade de acreditar em qualquer hipótese suficientemente viva para ser uma tentação para a nossa vontade e que mesmo quando optamos por aguardar pela verdade estamos a agir e a tomar as rédeas da nossa própria vida[10].

V. Esta visão de JAMES sobre a crença encontrou eco noutros filósofos pragmatistas e veio a receber alguns esclarecimentos em relação a leituras apressadas que daquele autor poderiam ser realizadas.

No essencial, JAMES sugeriu, contra outros autores, que em certas situações (não restritas à religião) alguém tem o direito de acreditar, apesar de a prova existente para suportar essa crença ser insuficiente[11]. Ou seja, para JAMES não seria sempre errado acreditar quando a prova disponível é insuficiente, pois em certos casos (como seria o da crença religiosa) não é possível adiar a formulação de uma crença, passando por isso a existir o direito de acreditar na falta de prova suficiente. Assim sendo, parece que a sua visão correria o risco de ser interpretada como sustentando afinal que os indivíduos são livres de acreditar naquilo que quiserem desde que isso vá ao encontro das suas necessidades individuais[12].

No entanto, essa não é a visão de JAMES. Desde logo, essa liberdade existe apenas em relação às opções que não podem ser decididas pelo intelecto, estando JAMES essencialmente a pensar na crença religiosa. Além disso, JAMES não desconsiderou a questão da verdade, simplesmente[13] rejeitou que na falta de prova pudéssemos adotar (a fim de evitar crenças falsas) uma postura cética,

[10] JAMES (2010: 171-173).

[11] PUTNAM (1998: 265-267) sublinhou que: *«para James, a necessidade de acreditar "antes da prova" não se confina a decisões de ordem religiosa ou existencial. Ela desempenha um papel essencial na própria ciência»*; *«a sua tese (...) era de que a ciência nunca teria evoluído se insistíssemos em que os cientistas nunca acreditam em teorias nem as defendem a não ser com base em provas suficientes»*; *«James achava que todo o ser humano tem de tomar decisões antes da prova»*, tanto mais que, na sua opinião, *«quem age apenas quando as "vantagens calculadas" são favoráveis não vive uma vida humana com sentido»*.

[12] BACON (2012: 30-32).

[13] A este propósito, refere PUTNAM (1998: 266) sobre JAMES: *«Quando se chega à decisão institucional, à decisão tomada pela ciência academicamente organizada, de aceitar uma teoria ou não, é importante aplicarmos o método científico. No contexto da justificação (embora James não empregue esse jargão), James estava totalmente do lado da atenção escrupulosa às provas. Mas James reconheceu, antes de aparecer o positivismo lógico, que há outro momento no processo científico, o momento da descoberta, e que nesse contexto não podem aplicar-se os mesmos constrangimentos»*.

sem crenças e a aguardar mais informação, e considerou que a procura da verdade seria suficientemente importante para ser corrido o risco de serem alcançadas falsas crenças[14].

3. A relevância dos métodos de fixação da crença na filosofia pragmatista

I. Entrando nos chamados "métodos de fixação da crença" uma obra se assume como essencial na tradição pragmatista.

Trata-se do artigo de Peirce, publicado em 1877 e intitulado "A fixação da crença"[15].

Nesse artigo, partindo da ideia segundo a qual a irritação da dúvida (mas não de uma dúvida universal ou meramente hipotética como sugeriu Descartes[16]) provocaria uma luta (o inquérito) tendo em vista atingir um estado de crença (não uma certeza, mas uma crença que nos afaste da dúvida), Peirce distinguiu quatro métodos de fixação da crença: o método da tenacidade, que permitiria chegar a uma crença independentemente do peso da prova que a favoreça ou contrarie, o método da autoridade, que permitiria considerar fixadas e decisivas certas crenças de acordo com declarações de uma autoridade, o método *a priori*, em que a crença surgiria como resultado de algo que agrada à razão, e o método científico, que compreenderia a prova e a partir dela se tornaria possível concluir se as crenças existentes se conformam ou não com ela. Assinalando vantagens e inconvenientes a cada um desses métodos, acabou Peirce por concluir ser preferível o método científico, tendo em consideração o facto de este método ser sensível à prova e à experiência.

[14] Bacon (2012: 32-33). Cfr. a citação que James faz de Fitzjames Stephen e com a qual conclui "A vontade de acreditar" – (2010: 173-174).

[15] Peirce (1998: 59-74).

[16] Sobre a crítica de Peirce ao cartesianismo, cfr. Bernstein (2010: 32-52). Entre nós, reconhecem a importância do pensamento de Peirce, Linhares (1988: 163-164, nota 468), ainda que reforçando que a compreensão do sentido da heurística de Peirce não pode olvidar o *«específico postulado de cientismo»*, Soares (1993: 143 e ss.), e Neves (1992), embora chamando a atenção (*idem*: 392) para o facto de o pragmatismo de Peirce ser um *«pensamento de intencionalidade finalística (segundo uma razão instrumental e sob um critério consequencialista) que reconverte a própria filosofia prática à filosofia teorética, já que todas as proposições válidas em todos os domínios (quer de directo conhecimento objectivo, quer de acção social) tomam a forma de enunciados nomológicos (científicos-técnicos)»*.

É que, pese embora as vantagens apresentadas pelos outros métodos, só o método científico, na opinião de PEIRCE, estaria em condições de satisfazer as nossas dúvidas: por um lado, por estar em causa um método de determinação das nossas crenças que permitiria, através de uma influência externa e capaz de afetar qualquer indivíduo, alcançar conclusões finais comuns a qualquer homem e que poderiam gerar acordo de opiniões; por outro lado, por permitir começar com factos conhecidos e observados e passar para o desconhecido através de uma aplicação do método sem fazer apelo imediato a sentimentos e objetivos[17].

II. A preocupação de PEIRCE residia em encontrar uma forma de tornar uma crença aceitável numa comunidade de investigadores, ou seja, que fosse capaz de gerar consenso entre diferentes investigadores[18].

Contudo, embora a análise de PEIRCE tenha conhecido difusão e aceitação (em especial na comunidade científica), tendo inclusivamente antecipado o princípio do verificacionismo do positivismo lógico, a verdade é que no próprio seio da corrente filosófica pragmatista surgiram algumas chamadas de atenção que ajudam a esclarecer a análise de PEIRCE e que se assumem talvez como mais promissoras.

Desde logo, a circunstância de a análise de PEIRCE poder significar um abandono da teoria da correspondência da verdade. Sobre este ponto não interessa agora pronunciar-nos. Bastará dizer que PEIRCE parece de facto ter atribuído relevância ao consenso (de todos os investigadores), mas em qualquer dos casos num sentido bastante diferente daquele que veio a ser assumido por outros autores no âmbito das chamadas "teorias do consenso ou consensuais"[19], como é o caso das sustentadas por HILARY PUTNAM (1926-2016) e JÜRGEN HABERMAS[20].

[17] PEIRCE (1998: 66-74).

[18] BACON (2012: 23).

[19] ROBERT ALEXY atribui também relevância ao consenso ao propor aquela que é conhecida por teoria processual da argumentação jurídica. Para uma explicação sucinta dessa teoria e respetiva crítica, propondo que, ao invés de se procurar as condições de um discurso racional para alcançar um consenso sobre uma solução, deverá antes optar-se por construir o que designa por teoria do dissenso racional, cfr. SOUSA (2012: 421-433).

[20] De alguma forma, PEIRCE já expressava a ideia de relevância do consenso ao considerar a verdade como sendo *«the opinion "fated to be believed by all who investigate»* – *apud* HAACK

Além disso, o facto de a sua análise poder conduzir a uma identificação entre aquilo que é real e aquilo que é julgado como real. Sobre este ponto, sim: temos de nos pronunciar. A esta crítica, o próprio PEIRCE parece ter respondido ao referir-se à diferença entre aquilo que uma determinada comunidade pode pensar e aquilo que um inquérito em geral pode eventualmente levar a concluir. Ora, na opinião de PEIRCE, só através de um verdadeiro inquérito (de uma investigação crítica), envolvendo um testar rigoroso de hipóteses e uma disponibilidade para as rever caso sejam fornecidas razões para tal, poderia chegar-se à verdade. Para PEIRCE, a verdade não seria aquilo com que uma determinada comunidade concorda (tal como o real não é determinado pela comunidade), mas seria antes a conclusão que um verdadeiro inquérito poderá revelar (tal como o real é aquilo para o qual é conduzida a comunidade)[21].

III. Mais recentemente, alguns pragmatistas, preocupados com a dificuldade de sustentar a possibilidade de um consenso entre investigadores e de uma convergência de crenças e também com o significado a atribuir ao fim da investigação como ideal regulador, vieram formular outras propostas no sentido de ultrapassar eventuais críticas à análise de PEIRCE.

Entre esses pragmatistas contam-se HAACK[22], MISAK[23], WELLMER[24] e BRANDOM[25].

IV. No caso de HAACK, que tem levado a cabo um projeto de reconstrução da epistemologia (com relevância também no domínio jurídico), é possível

(2014: 299) –, mas num sentido bem diferente do que mais tarde foi assumido por JÜRGEN HABERMAS. A formulação de PEIRCE em questão ((1878)) é a seguinte: *«The opinion which is fated to be ultimately agreed to by all who investigate, is what we mean by the truth»*. Idêntica é a posição de RORTY (1979: 176), ao afirmar que a verdade *«is what our peers will let us get away with saying»*. Contudo, importa notar que PEIRCE não terá defendido propriamente que o consenso alcançado na comunidade de investigadores constituísse *«the measure of truth and reality»* – BERNSTEIN (2010: 112).

21 BACON (2012: 24).

22 HAACK (1993), HAACK (2009), e HAACK (2014).

23 MISAK (2000), MISAK (2004), e MISAK (2007).

24 WELLMER (2004).

25 BRANDOM (1994), e BRANDOM (2000).

encontrar uma sugestão de combinação das visões fundacionalistas com as coerentistas (aquilo que designa por "*foundherentism*")[26].

Por um lado, aceita que a experiência possa desempenhar um papel na justificação das crenças, mas sem aceitar (como sugerem os fundacionalistas) que possa existir uma modalidade privilegiada de crenças epistemicamente fundamentais; por outro lado, defende que a justificação é o resultado de crenças que se suportam entre si, mas sem aceitar (como sugerem os coerentistas) que a crença possa dispensar suporte probatório[27]. Uma crença será justificada para HAACK se for o resultado de um raciocínio baseado em crenças mutuamente suportadas e suficientemente provadas. À partida, tal como em PEIRCE, uma crença bem justificada será o produto de um inquérito (ou investigação crítica), o qual deve ser genuíno e conduzido (tal como sucede no caso do método científico) em termos de uma procura da verdade desinteressada. Embora tal não tenha de significar considerar a ciência epistemicamente privilegiada[28], a verdade é que esta encontra-se, na opinião de HAACK, comprometida com o testar de hipóteses de forma crítica, com a experimentação e com uma análise sistemática da prova, não podendo ser reduzida ao acordo dos cientistas[29].

Também MISAK, reagindo contra conceções contrárias à noção de verdade, defendeu que a deliberação (incluindo a moral e política) visa a verdade[30]. MISAK veio sustentar uma posição na linha da análise de PEIRCE (quando este

[26] HAACK (1993: 10 e ss.), e HAACK (2009: 47 e ss.).

[27] Assim resumiu HAACK (2009: 13): «*My intermediate theory, foundherentism, is* neither *foundationalist* nor *coherentist. Like (some forms of) foundationalism, it allows the relevance of a person's experience to the justification of his empirical beliefs; unlike foundationalism, however, it requires neither a sharp distinction between basic and derived beliefs nor essentially one-directional relations of evidential support. Like coherentism, it acknowledges the pervasiveness, and the epistemological importance, of mutual support among a person's beliefs; unlike coherentism, however, instead of construing justification as depending solely on logical or quasi-logical relations among beliefs, it allows for the input from the world without which empirical knowledge would be impossible*».

[28] Considerando, aliás, já que a ciência é apenas um género de literatura, cfr. RORTY (1999: 45-46). Mas RORTY é um crítico da epistemologia, o que contrasta com a insistência de HAACK no sentido de a filosofia se tornar científica e a sua visão da epistemologia como desempenhando uma função não meramente convencional – HAACK (2014: 4).

[29] BACON (2012: 147-150 e 152-155).

[30] MISAK (2000: 1): «*Against pragmatists of Richard Rorty's stripe, against non-cognitivists, and against some sorts of neutrality focused liberals, I shall argue that we ought to explore the idea that moral and political deliberation aims at truth*».

referia que uma crença verdadeira seria aquela sobre a qual existiria acordo no fim hipotético ou ideal do inquérito), reforçando a ideia de que a crença genuína teria de ser sensível à prova e à experiência amplamente construídas[31], mas procurando em todo o caso melhorá-la através do sublinhar da relação entre inquérito e crença verdadeira: uma crença poderia ser considerada verdadeira caso, tendo sido realizada uma investigação até onde fosse possível sobre o assunto, essa crença resistisse à dúvida, já que não seria posta em causa por uma experiência ou um argumento recalcitrante[32]. Para isso, a crença teria de se encaixar com a prova e responder à prova (variando também as exigências em função do discurso em causa)[33], pois só desse modo estaríamos seguros da dúvida[34]. Com esta sugestão de MISAK consegue-se evitar qualquer referência ao fim hipotético da investigação ou às condições epistémicas ideais, mas parece que não fica resolvido o principal problema que a análise de PEIRCE coloca: como referem alguns autores, é impossível assegurar alguma vez que as nossas crenças atuais são verdadeiras, pois, seguindo aquela posição, as crenças atuais poderão ser sempre revertidas no futuro e não existe qualquer critério que nos diga se foi ou não realizada uma investigação até onde poderia ser realizada[35]. Simplesmente, na perspetiva de MISAK (que não confunde o

[31] Escreve MISAK (2007: 70): «*A true belief is one which would be the upshot of our inquiries*». Em MISAK (2008) a autora aplica idêntico critério no que respeita à deliberação ética ou ao pensamento ético, sublinhando a esse respeito (*idem*: 632): «*Experience—both straightforward and evaluative—is at the core of ethical deliberation. Real life cases or real life experiences are what moral thinking turns on—it cannot do without them. In Rawlsian reflective equilibrium terms, what we think about cases informs our general moral principles and theory, which in turn informs what we think about new cases. There is no pulling apart principle from experience and example. My suggestion here is that moral deliberation ought rely not solely on armchair intuitions about cases but also on real value-laden experiences, as long as our reports of those experiences are criticizable and reason structured*».

[32] BERNSTEIN (2010: 112-113). Nas palavras de MISAK (2000: 1 e 6): «*a true belief is one which would stand up to the evidence and reasons, were we to inquire as far as we could on the matter*»; «*the idea that a true belief would be the best belief, were inquiry to be pursued as far as it could fruitfully go*».

[33] MISAK (2007: 86 e 87): «*Different styles of reasoning and different standards of warrant will be appropriate for different discourses*»; «*For the nature of the discourse itself will determine the texture of the indefeasibility in question. Our practice of inquiry is not a monolith-it is not, for instance, all about the active testing of hypotheses or about arriving at definitive answers to questions*».

[34] BACON (2012: 162).

[35] BERNSTEIN (2010: 115). Porém, veja-se a chamada de atenção em relação à crítica formulada por este autor em BACON (2012: 164): «*It seems, though, that here Bernstein forgets Peirce's injunction to be careful to keep in mind the difference between fallibilism and skepticism. We must be mindful that our beliefs, however confident we may be in them, might turn out to be false, but, if we genuinely attend*

falibilismo com o ceticismo) a única coisa que pode ser exigida em termos de verdade (noção que continua a desempenhar um papel normativo no inquérito essencialmente para dar sentido às nossas práticas) é procurar alcançar consenso através de um inquérito genuíno e não a certeza de possuirmos uma crença capaz de satisfazer sempre os nossos propósitos[36], pelo que desde que seja tomada em consideração de forma genuína a prova e as razões que nos são apresentadas não existe qualquer motivo para não podermos afirmar com confiança que as crenças são verdadeiras[37].

V. Diferentemente se posicionaram WELLMER e BRANDOM.

O primeiro[38] procurou sustentar uma conexão interna entre verdade e justificação, mas sem qualquer referência a uma ideia de justificação sob condições ideais como sugeriram PUTNAM e HABERMAS (e KARL-OTTO APEL [1922-2017])[39]: a verdade, abrangendo várias perspetivas, é para WELLMER essencialmente controversa. WELLMER explicou a conexão interna entre a verdade e a justificação apelando a um espaço de verdade transubjetivo que é constituído apenas por perspetivas diferentes, o que na sua opinião permitiria explicar normativamente a verdade sem recurso a ideias regulativas e torná-la essencialmente de natureza controversa[40].

Por seu turno, BRANDOM procurou relacionar a justificação, a verdade e a objetividade através de uma adequada compreensão da dinâmica das práticas discursivas inferenciais[41]. Ao invés de considerar a comunidade como um árbitro final do que é verdadeiro e objetivo, BRANDOM sugeriu que nas práticas discursivas não existe uma perspetiva privilegiada (uma espécie de ponto de vista metaperspetivo) que esteja acima das perspetivas dos diferentes

to the evidence and reasons that are presented to us, there is no reason not to confidently claim that they are true».

[36] Tal como referiu MISAK (2000: 1), *«a true belief is one upon which inquiry could not improve – a belief which would fit with experience and argument and which would satisfy the aims of inquiry, no matter how much the issue was subject to experiment, evaluation, and debate».*

[37] BACON (2012: 162-164).

[38] WELLMER (2004).

[39] APEL (2001).

[40] BERNSTEIN (2010: 116-119).

[41] BRANDOM (1994), BRANDOM (2000), BRANDOM (2007), BRANDOM (2011) e BRANDOM (2019).

participantes, mas apenas perspetivas concorrentes. BRANDOM adotou um entendimento sobre a intersubjetividade que afasta a possibilidade de identificação de uma perspetiva privilegiada (normalmente feita coincidir com a da correção objetiva) sobre as demais perspetivas concorrentes na prática discursiva em relação à verdade, mas isso, em seu entender, não afetaria o carácter racional das afirmações que ao abrigo da mesma são realizadas[42].

4. As operações de aplicação do Direito onde a crença ou a convicção assumem relevância

I. Feito o enquadramento da questão da crença e dos métodos para a sua fixação na corrente filosófica pragmatista, justifica-se agora proceder à identificação no âmbito do processo judicial das situações em que a crença ou a convicção assumem relevância.

Essas situações reconduzem-se essencialmente a momentos fundamentais do processo judicial aos quais é atribuído um papel à crença ou à convicção.

Seguindo a orientação de RUI PINTO DUARTE, expressa num artigo intitulado "Algumas Notas acerca do Papel da «Convicção-Crença» nas Decisões Judiciais"[43], estaremos a falar das várias operações (inseparáveis, interligadas e distinguíveis apenas por razões ligadas à organização dos tribunais) em que se analisa a tarefa de aplicação do Direito[44].

II. Desde logo, a operação de fixação dos factos.

Nessa operação estão claramente presentes as crenças ou convicções, que influenciam as decisões do julgador, designadamente quando o mesmo tem de formular o juízo probatório. Recorde-se que a própria prova, que integra

[42] BERNSTEIN (2010: 119-123).

[43] DUARTE (2015a).

[44] Sobre as várias operações da chamada "aplicação judicial do direito" e uma defesa do modelo logicista (dedutivista) de aplicação do direito, cfr. LAMEGO (2016: 155-171 e 173-208). Para uma crítica ao modelo dedutivista de aplicação do direito, cfr. MENDES (2016a: 863), e MENDES (2018: 24-28). Em todo o caso, uma defesa do dedutivismo (afastando algumas objecções habituais e no sentido de o raciocínio jurídico poder ser e de facto ser sempre em parte dedutivo) pode ser encontrada em MACCORMICK (2005: chapter 4, 49-77).

as premissas de facto da justificação externa da decisão[45], destinar-se-á, de acordo com o art. 341.º do CC, a criar no espírito do julgador uma convicção sobre a realidade de um facto: é através da prova que se poderá resolver a dúvida sobre a veracidade de um facto havido como controvertido. E são várias as disposições legais de natureza processual (penal ou civil, por exemplo) que aludem de forma expressa à convicção.

Por exemplo, nos arts. 369.º, n.º 1[46], 405.º, n.º 2[47], 607.º, n.ºs 4 e 5[48], 612.º[49] e 879.º, n.º 5, al. *a)*[50] do CPC, surgem referências à convicção, sendo esta por vezes precedida ou seguida de adjetivação: "convicção segura"; "prudente convicção".

[45] Sousa (2012: 451-455).

[46] Art. 369.º: «*1 – Mediante requerimento, o juiz, na decisão que decrete a providência, pode dispensar o requerente do ónus de propositura da ação principal se a matéria adquirida no procedimento lhe permitir formar* ***convicção*** *segura acerca da existência do direito acautelado e se a natureza da providência decretada for adequada a realizar a composição definitiva do litígio*».

[47] Art. 405.º do CPC: «*2 – Produzidas as provas que forem julgadas necessárias, o juiz ordena as providências se adquirir a* ***convicção*** *de que, sem o arrolamento, o interesse do requerente corre risco sério*».

[48] Art. 607.º do CPC: «*4 – Na fundamentação da sentença, o juiz declara quais os factos que julga provados e quais os que julga não provados, analisando criticamente as provas, indicando as ilações tiradas dos factos instrumentais e especificando os demais fundamentos que foram decisivos para a sua* ***convicção****; o juiz toma ainda em consideração os factos que estão admitidos por acordo, provados por documentos ou por confissão reduzida a escrito, compatibilizando toda a matéria de facto adquirida e extraindo dos factos apurados as presunções impostas pela lei ou por regras de experiência. 5 – O juiz aprecia livremente as provas segundo a sua prudente* ***convicção*** *acerca de cada facto; a livre apreciação não abrange os factos para cuja prova a lei exija formalidade especial, nem aqueles que só possam ser provados por documentos ou que estejam plenamente provados, quer por documentos, quer por acordo ou confissão das partes*».

[49] Art. 612.º do CPC: «*Quando a conduta das partes ou quaisquer circunstâncias da causa produzam a* ***convicção*** *segura de que o autor e o réu se serviram do processo para praticar um ato simulado ou para conseguir um fim proibido por lei, a decisão deve obstar ao objetivo anormal prosseguido pelas partes*».

[50] Art. 879.º do CPC: «*5 – Pode ser proferida uma decisão provisória, irrecorrível e sujeita a posterior alteração ou confirmação no próprio processo, quando o exame das provas oferecidas pelo requerente permitir reconhecer a possibilidade de lesão iminente e irreversível da personalidade física ou moral e se, em alternativa: a) O tribunal não puder formar uma* ***convicção*** *segura sobre a existência, extensão, ou intensidade da ameaça ou da consumação da ofensa; (...)*».

Tal também sucede, mas sem outra adjetivação além da referência à liberdade do julgador na sua formação, nos arts. 127.º[51], 163.º, n.º 2[52], 344.º, n.º 3, al. *b)* e n.º 4[53], 355.º, n.º 1[54], 365.º, n.º 3[55] e 374.º, n.º 2[56] do CPP.

Contribuindo as crenças ou convicções para a formulação do juízo probatório por parte do julgador, convém não esquecer que podemos estar nuns casos a falar de crenças ou convicções de natureza individual, onde assume também relevância o lado emocional do julgador, e noutros casos de crenças ou convicções de natureza social ou coletiva[57].

Mas não é apenas na fixação dos factos em primeira instância que podemos atribuir um papel à crença ou à convicção.

III. Também em sede de recurso surge esse papel, na medida em que se entende que, por exemplo, a Relação, no uso dos seus poderes de controlo sobre a apreciação da prova realizada em primeira instância (que têm vindo a ser progressivamente acentuados como se sabe[58]), não pode deixar de formar

[51] Art. 127.º do CPP: «*Salvo quando a lei dispuser diferentemente, a prova é apreciada segundo as regras da experiência e a livre* ***convicção*** *da entidade competente*».

[52] Art. 163.º do CPP: «*2 – Sempre que a* ***convicção*** *do julgador divergir do juízo contido no parecer dos peritos, deve aquele fundamentar a divergência*».

[53] Art. 344.º do CPP: «*3 – Exceptuam-se do disposto no número anterior os casos em que: (...) b) O tribunal, em sua* ***convicção****, suspeitar do carácter livre da confissão, nomeadamente por dúvidas sobre a imputabilidade plena do arguido ou da veracidade dos factos confessados; (...). 4 – Verificando-se a confissão integral e sem reservas nos casos do número anterior ou a confissão parcial ou com reservas, o tribunal decide, em sua livre* ***convicção****, se deve ter lugar e em que medida, quanto aos factos confessados, a produção da prova*».

[54] Art. 355.º do CPP: «*1 – Não valem em julgamento, nomeadamente para o efeito de formação da* ***convicção*** *do tribunal, quaisquer provas que não tiverem sido produzidas ou examinadas em audiência*».

[55] Art. 365.º do CPP: «*3 – Cada juiz e cada jurado enunciam as razões da sua opinião, indicando, sempre que possível, os meios de prova que serviram para formar a sua* ***convicção****, e votam sobre cada uma das questões, independentemente do sentido do voto que tenham expresso sobre outras. Não é admissível a abstenção*».

[56] Art. 374.º do CPP: «*2 – Ao relatório segue-se a fundamentação, que consta da enumeração dos factos provados e não provados, bem como de uma exposição tanto quanto possível completa, ainda que concisa, dos motivos, de facto e de direito, que fundamentam a decisão, com indicação e exame crítico das provas que serviram para formar a* ***convicção*** *do tribunal*».

[57] Duarte (2015a: 108-109).

[58] Ao ponto de se falar numa verdadeira autonomia decisória e na formulação de uma convicção sobre a matéria de facto absolutamente independente da convicção do tribunal *a quo* – Trindade (2016: 348).

uma nova convicção (ou, se se preferir, uma convicção própria ou autónoma) sobre as provas produzidas na instância recorrida para assegurar o duplo grau de jurisdição em matéria de facto[59], embora se possa suscitar a dúvida sobre se o grau de crença ou convicção exigível coincide ou não com aquele que se impõe para a primeira instância.

À partida, a nova convicção (convicção própria ou autónoma) cuja formação se exige por parte da Relação implicará apenas o confronto com a convicção formada pela primeira instância, após o qual aquela concluirá pela confirmação da decisão recorrida (se a convicção da Relação coincidir) ou pela revogação e substituição da decisão recorrida (se e na medida em que a convicção da Relação divergir)[60].

IV. Não se julgue, porém, que a crença ou a convicção só assumem relevância em relação às operações de aplicação do Direito centradas na chamada "matéria de facto" ou "questão-de-facto"[61].

Na própria interpretação jurídica (que é sempre necessária, importa sublinhar[62]), a crença ou a convicção têm certamente uma palavra a dizer, sendo

[59] Ac. STJ de 24.09.2013, Proc. 1965/04.9TBSTB.E1.S1 (Azevedo Ramos), disponível em www.dgsi.pt. Assim também Geraldes (2016: 245 e 247): «*a Relação tem autonomia decisória, competindo-lhe formar e formular a sua própria convicção, mediante a reapreciação dos meios de prova indicados pelas partes e daqueles que se mostrem acessíveis*»; «*a Relação, assumindo-se como um verdadeiro tribunal de instância, está em posição de proceder à sua reavaliação, expressando, a partir deles, a sua convicção com total autonomia*».

[60] Sousa (2013: 33-34).

[61] Embora importe recordar – nunca é demais repisar este ponto – que está há muito afastada a possibilidade de recuperação da distinção entre questão-de-facto e questão-de-direito tal como esta distinção costumava ser formulada e justificada – Neves (1993: 163-286), e (2008).

[62] Justo (2006: 315-316), e Sousa (2012: 327, 329 e 330): «*Por muito indiscutível que possa parecer o significado de uma fonte do direito, é sempre possível imaginar circunstâncias que exigem a determinação desse significado*», razão pela qual se entende que a interpretação de uma fonte de direito é sempre necessária e nunca pode ser considerada dispensável, tanto mais que há muito que se abandonaram orientações erróneas que se encontram subjacentes ao adágio *in claris non fit interpretatio* ou à *plain-meaning rule*. Assim, mesmo quando o texto da fonte de direito não origina dificuldades de interpretação inerentes às ambiguidades sintáctica e semântica, à vagueza ou porosidade das palavras e à modificabilidade do significado ou decorrentes da própria realidade jurídica, é necessário realizar sempre a tarefa de interpretação: é esta que permitirá apurar, desde logo, se o significado é ou não claro, pois antes da interpretação nada pode ser considerado claro.

que o seu papel parece aliás aumentar nas situações de indeterminação linguística e também quando o intérprete se vê confrontado com um conceito indeterminado: aí terá o mesmo de considerar, não apenas as suas crenças ou convicções, mas também as crenças ou convicções vigentes na comunidade em que se integra, sem que se possa ver na opção que venha a realizar por uma ou outra solução (muitas vezes emocionalmente codeterminada) o resultado da aplicação do método científico ou de uma mera operação lógica[63].

V. Naturalmente que outras situações poderiam ser aqui referidas, mesmo fora do domínio da aplicação do Direito.

Repare-se que o próprio legislador assume muitas vezes a sua preocupação com o problema da dúvida em várias disposições substantivas e processuais[64].

Nada disso deve ser entendido como surpreendente, pois a dúvida manifesta-se no pensamento em geral e também no pensamento jurídico, sendo o legislador sensível às diversas situações em que o aplicador é colocado perante uma dúvida e procurando, por isso, indicar formas de o aplicador a poder superar, tendo em conta a proibição de irresolução do litígio (ou de proibição de abstenção de julgar)[65].

Essas dúvidas podem ser ordenadas segundo vários critérios e em certos casos a sua negação é feita equivaler a uma afirmação de certeza, podendo ser identificadas várias adjetivações na legislação ("dúvidas sérias", "dúvidas fundadas", "dúvidas fundamentadas", "dúvidas graves", "dúvidas legítimas")[66].

[63] Duarte (2015a: 117-118).
[64] Duarte (2015b).
[65] Engisch (1988: 100 e ss.). Em particular admite Engisch (*idem*: 102) que, para além de dúvidas sobre a questão-de-facto, podem existir dúvidas sobre a questão-de-direito. Em rigor, é possível dizer que a proibição de abstenção de julgar que vigora no art. 8.º, n.º 1 do CC também justifica que o juiz, perante casos omissos, tenha de integrar as lacunas detectadas e depois decidir os casos – Sousa (2012: 397).
[66] Duarte (2015b).

5. As decisões do processo judicial que exigem graus de crença ou convicção

I. Apesar de ser possível identificar num processo judicial situações em que a crença ou a convicção assumem relevância, raramente se discutem os problemas relacionados com os chamados "graus de crença ou de convicção" ou com a chamada "medida da prova".

Estes problemas costumam ser reconduzidos à influência que os princípios e as normas jurídicas vigentes num determinado ordenamento jurídico exercem no que respeita às exigências de certeza (ainda que relativa) em relação aos factos.

Afirma-se então que, por força desses princípios e dessas normas, são formuladas diferentes exigências por parte do legislador em termos de graus de crença ou de convicção, que o julgador não pode desconsiderar no momento da aplicação do direito.

Repare-se que não estão em causa as consequências do *non liquet* (cfr. art. 8.º, n.º 1 do CC), as quais respeitam a uma questão diferente: o problema do ónus da prova objetivo ou da resolução das situações de dúvida irredutível[67]. Se o tribunal está em dúvida sobre a questão-de-facto, apesar da atividade probatória desenvolvida, então, tal como na dúvida sobre questão-de-direito, não poderá afastar essa dúvida decidindo apenas por uma das versões (dos factos) em discussão: tem de resolver o litígio, mesmo que não seja capaz de resolver a dúvida, e recorre para o efeito a uma regra jurídica (um princípio ou uma norma) que lhe indica como deverá decidir[68]. Neste problema está em causa saber sobre qual das partes recai o risco da falta ou insuficiência de prova (a *inopia probationum*, ou melhor, da falta ou insuficiência de qualquer convicção do tribunal sobre a veracidade de uma

[67] Na doutrina portuguesa discute-se se o denominado ónus da prova objetivo é em rigor um ónus e, em qualquer dos casos, se estamos perante um critério de distribuição do ónus da prova ou apenas perante um critério de decisão para situações de incerteza. Contra a qualificação como ónus e como critério de distribuição, cfr. Trindade (2016: 136-137).

[68] Engisch (1988: 102-104). Na formulação de Castro (1982: 349-350): «*ao "non liquet" no domínio dos factos corresponde ou deverá sempre corresponder um "liquet" jurídico. O processo visa resolver definitivamente o litígio entre as partes, evitando que a questão possa voltar a pôr-se, em seu prejuízo e da própria paz e segurança social*». Em sentido idêntico, Andrade (1979: 198-199).

afirmação de facto ou representação de facto[69])[70], sendo possível constatar que na construção da solução para esse problema (ou melhor, na definição dos critérios de solução para o *non liquet*) assumem influência, entre outros[71], a inquisitoriedade judiciária e a disponibilidade das partes, e que a própria lei se encarrega em alguns casos de fornecer critérios especiais para a sua resolução[72].

II. A questão sobre a qual nos debruçamos é outra bem distinta e está relacionada com a medida da convicção exigida para a prova de um facto, de uma afirmação de facto ou de uma representação de facto.

[69] As diferentes formulações (demonstração da realidade ou verdade do facto ou veracidade da afirmação ou representação de facto) procuram exprimir as divergências verificadas na doutrina sobre o objeto da prova (factos, afirmações de factos ou representações de factos) – Varela/ Bezerra/Sampaio e Nora (1985: 434-436), Sousa (1995: 195-197), e Martins (2017: 103-114). Seja como for, poderá dizer-se com Serra (1961: 74, nota 24-a) que, na medida em que uma afirmação de facto ou uma representação de facto deve quanto possível coincidir com a realidade e traduzi-la, nada impede que na linguagem se continue a fazer referência à demonstração da realidade ou da verdade do facto.

[70] No fundo, contra quem o julgador dará como inexistente um facto, uma afirmação de facto ou uma representação de facto, quando não se convença da sua realidade ou veracidade.

[71] O critério de solução no âmbito do processo penal distingue-se do da generalidade dos processos judiciais (tribunal decidir contra a parte sobre a qual recai o ónus de provar o facto controvertido – *in dubio contra actorem* ou *in dubio contra reum*) em virtude da vigência do princípio *in dubio pro reo* – Sousa (2012: 455). A posição tradicional nega a existência de ónus da prova no processo penal, mas existem autores que criticam essa posição, sublinhando alguns (Múrias (2000: 26-28)) que se trata de uma figura da teoria geral do direito ou até da teoria da argumentação ou da decisão que marca por isso presença em vários ramos de direito e em vários tipos de processo e referindo também outros (Mendes (2013: 217-218), e Mendes (2018: 88-90)) que existe inclusive a possibilidade de sustentar a existência de um ónus de prova distribuído entre a acusação e o arguido e diferenciado consoante esteja em causa o ónus de alegação, o ónus de produção, o ónus de persuasão ou o ónus táctico. Quando se queira defender por impugnação ou por exceção, sobre o arguido impendem as duas primeiras espécies de ónus, mas não o ónus de persuasão (que continua a impender sobre a acusação) e o ónus táctico (distribuído pela acusação e pelo arguido). Sobre uma possível diferenciação do ónus da prova *«between qualifications upon an entitlement* [ou legal qualifications] *and exceptions of it»* e a possível justificação lógica ou meramente pragmática para tal diferença, cfr. MacCormick (2005: 245-247).

[72] Sousa (1995: 257-262).

Muitas vezes identificada noutros ordenamentos jurídicos[73] e também entre nós[74] com os chamados "standards de prova", essa questão reconduz-se às variações conhecidas e trabalhadas pelos processualistas em termos de graus de prova ou de medida da prova.

Partindo da ideia geral segundo a qual a prova tem por finalidade a formação da convicção do tribunal (ou do julgador)[75] sobre a realidade de um facto (art. 341.º do CC)[76] ou a demonstração da veracidade de uma afirmação sobre um facto[77] (ou, se se preferir, a demonstração convincente de uma afirmação de facto ou então a formação da convicção do julgador sobre a veracidade de uma representação de facto[78])[79], discute-se qual a medida da

[73] Sobre os *standards* de prova, cfr., *inter alia*, ALLEN (2011), VARS (2010), SHERWIN/CLERMONT (2002), CLERMONT (2009), e GASTWIRTH (1992: 56-60). Num artigo recente, CLERMONT (2018) veio sublinhar, contra os apologistas de uma reforma do Direito (no sentido de uma desvalorização da descoberta da verdade em prol da mera produção de um resultado aceitável ou de um realçar dos *standards* de prova) que os *standards* de prova funcionam bem e que deverão ser entendidos de acordo com os próprios critérios do Direito e sem recurso a reflexões probabilísticas. Posição idêntica pode ser encontrada em HAACK (2014: 47-77), ao defender que os *standards* de prova são melhor compreendidos *«as degrees of warrant»* e que estes não são probabilidades (matemáticas). Resta, no entanto, saber se ainda assim há espaço para juízos de probabilidade informal e se estes juízos podem vir a ser (com algum tipo de vantagem) quantificados.

[74] Cfr., por exemplo, MELIM (2013), e MENDES (2016b). Ao contrário do que se possa pensar e por vezes se invoca, nos ordenamentos jurídicos continentais existem algumas consagrações legais de *standards* de prova. Para além da consagração no CPP italiano, para a qual terá exercido influência decisiva a posição de FEDERICO STELLA (MENDES (2019: III/4, nota 34)), cfr. art. 9.º, n.ºs 2 e 3 da Lei n.º 38/2012, de 28 de Agosto, alterada pelas Leis n.ºs 33/2014, de 16 de Junho, e 93/2015, de 13 de Agosto (Lei Antidopagem no Desporto): «*2 – A prova é considerada bastante para formar a convicção da instância se permitir formular um juízo de probabilidade preponderante, ainda que tal juízo possa ser inferior a uma prova para além de qualquer dúvida razoável. 3 – Recaindo o ónus da prova sobre o praticante desportivo ou outra pessoa, de modo a ilidir uma presunção ou a demonstrar factos ou circunstâncias específicas, a prova é considerada bastante se permitir pôr fundadamente em causa a violação de uma norma antidopagem, exceto no caso do artigo 67.º, em que o praticante desportivo está onerado com uma prova superior*».

[75] O destinatário da prova será o julgador, na conhecida expressão *judici fit probatio*.

[76] VARELA/BEZERRA/SAMPAIO E NORA (1985: 434-436).

[77] SOUSA (1995: 195-196).

[78] MARTINS (2017: 114).

[79] Está sobretudo em causa a criação ou formação de um estado de crença ou convicção judicial baseado numa certeza relativa: para uns na realidade de um facto (VARELA et al.), para outros na veracidade de uma afirmação de facto (SOUSA) e para outros na veracidade de uma representação de facto (MARTINS).

convicção necessária para que o tribunal (ou o julgador) possa julgar como provado um facto. Para o efeito, faz-se apelo aos chamados "graus de prova" ou, numa designação tida por sinónima, aos "graus de convicção exigida" ao tribunal ou julgador. Admitindo-se que a convicção possa ser formada a partir de qualquer meio de prova, logo se acentua existirem diferentes exigências respeitantes à fundamentação da convicção, as quais se exprimem por três ideias diferentes: a prova *stricto sensu*, que, ainda que possa fundamentar-se apenas na probabilidade da realidade do facto (ou seja, o facto ser considerado provado com base numa regra de probabilidade), não consente qualquer outra configuração da realidade (isto é, não admite qualquer dúvida do tribunal; a mera justificação (típica do universo das providências cautelares), que se basta com a demonstração da verosimilhança ou plausibilidade do facto e consente uma certa margem de incerteza ou de dúvida, assentando apenas numa certa probabilidade sobre a verificação de um acontecimento; o princípio ou começo de prova, que não é suficiente para estabelecer, por si só, qualquer prova e vale apenas como fator corroborante da prova de um facto[80].

Não obstante, autores existem que não adotam a terminologia de graus de prova e utilizam antes a expressão "medida da prova"[81]. Mais relevante do que isso: esclarecem que as diferentes medidas da prova que estão presentes num determinado ordenamento jurídico (sejam ou não utilizadas na linguagem das fontes legislativas ou jurisprudenciais)[82] se assumem essencialmente como *«critérios jurídicos que servem para minimizar o custo esperado de erro judicial»*; sustentam também que, ao contrário do que por vezes se afirma, as fórmulas legais em matéria de prova *«não fazem qualquer referência ao grau de convicção que o juiz de facto tem de alcançar na decisão»*; sugerem que a convicção do julgador de facto deve ser vista como exprimindo, não a máxima certeza possível,

[80] Sousa (1995: 200-204).

[81] Mendes (2016b), Mendes (2018: 90, 410-413), e Mendes (2019). Neste último escrito (III/1, nota 9) refere-se o autor à diferença presente no sistema anglo-americano entre a medida da prova – o *«grau de convicção que o juiz de facto tem de atingir para dar como provadas as alegações de facto sujeitas à sua apreciação»* – e o peso da prova – *«a maior ou menor relevância* prima facie *dos meios de prova já coligidos para incrementar a probabilidade de uma dada hipótese submetida à decisão do juiz de facto» (evidentiary weight).*

[82] MacCormick (2005: 165, nota 10), dá nota do facto de os juízes ingleses terem procurado desencorajar a fórmula da dúvida razoável, mas que os juízes escoceses terão preferido mantê-la.

mas um mero *«juízo de probabilidade sobre a veracidade de alegações de facto»*[83]. Por último, admitem que a medida da prova seja *«diferente para os elementos constitutivos do crime e para as eximentes da pena»* e que *«não se repercute da mesma maneira sobre a medida da prova de todas as possíveis defesas»* do arguido[84].

III. Esta posição dá, em nosso entender, guarida à discussão sobre se num dado ordenamento jurídico podemos encontrar diferentes graus de probabilidade quanto à veracidade das proposições factuais, das afirmações de facto ou das representações de facto (a regra da prova para além da dúvida razoável, a qual *«autoriza o juiz de facto a declarar como provados certos enunciados factuais se e só se estiver convicto do elevado grau de probabilidade quanto à ocorrência dos factos de referência»*[85], e a regra da probabilidade ou prova preponderante, que aparentemente se basta com *«um grau de probabilidade tão elevado que baste para as necessidades da vida»*[86]), sugerindo alguns inclusive que tal diferença (detetável, por exemplo, entre o processo penal e o processo civil) deveria encontrar com ganho consagração na legislação processual[87].

Para além disso, esta problemática abre espaço para discutir uma questão essencial que não costuma surgir na literatura jurídica: a de saber se existem ou não verdadeiramente graus de crença ou convicção ou se, ao invés, o que temos apenas são graus diferentes exigências de indiciação (e da prova)[88], em muitos casos exprimíveis apenas por juízos de probabilidade.

A doutrina parece admitir que sim. Desde logo, sugere que da prova deverá ser distinguida a simples justificação, credibilidade ou prova informativa ou informatória (que exige uma probabilidade menor) e a suspeita (que exige

[83] Mendes (2019: III/2).
[84] Mendes (2018: 90-91 e 412-413).
[85] Mendes (2018: 411).
[86] Serra (1961: 82). Ou, noutra formulação equivalente, *«suficiente para as necessidades práticas da vida»* – Andrade (1979: 192).
[87] Mendes (2019: III/3). Embora em escrito anterior – (2016b) – o mesmo autor tenha admitido que tanto em processo civil como em processo penal a medida da prova seria uma medida de certeza possível para as necessidades da vida (acolhendo a fórmula usada por Vaz Serra) e que nos ordenamentos jurídicos europeus continentais a medida da prova exigida em processo civil seria muito superior à probabilidade preponderante vigente nos sistemas inglês e norte-americano, o que apontaria para uma medida da prova equivalente nos processos civil e penal e em desconsideração de eventuais diferenças em termos de risco de erro judicial.
[88] Para quem não admita que toda a prova é no fundo indiciária.

uma probabilidade ainda inferior à justificação)[89]. Depois, em virtude da distinção entre a prova *stricto sensu*, a mera justificação e o princípio de prova, a doutrina pretende ver aí diferentes medidas da convicção necessária para que o tribunal possa julgar determinado facto como provado[90]. O mesmo se poderá dizer em relação às dúvidas: embora se esteja a exigir sempre o mesmo (que as dúvidas sejam relevantes e capazes de suspender um juízo afirmativo sobre algo), diz-se que a intensidade da dúvida pode variar[91].

Sucede que, em literatura recente não jurídica, chama-se a atenção para o facto de existirem vários argumentos contra a ideia segundo a qual as crenças surgem em graus, apesar de essa atribuição ser intuitiva e encontrar até arrimo em certas frases habitualmente usadas na linguagem corrente[92]. Ou seja, fora do Direito não é inequívoco ou poderá considerar-se, pelo menos, duvidosa qualquer afirmação no sentido de se poder considerar a existência de uma espécie de gradação ao nível da crença ou da convicção.

Trata-se de um aspeto que vale a pena certamente acompanhar: é que a temática relativa aos graus de crença corresponde a um dos aspetos centrais da teoria das probabilidades subjetivas e a identificação das probabilidades com os graus de crença suportados na prova é considerada um dos elementos-chave da sustentação do probabilismo[93] que tem conhecido (de dentro e fora do Direito) forte crítica[94].

IV. Mais importante do que isso serão os reflexos que uma conclusão acerca da existência ou não de graus ao nível da crença e da convicção poderá ter no contexto judicial (tanto no processo penal como no processo civil) e que aqui importa aludir.

É comum fazer-se referência àquela ideia (como se explicará, discutível) de gradação de exigência de convicção e tal ideia surge com frequência invocada

[89] Serra (1961: 82, nota 31-a), Andrade (1979: 192-193), e Castro (1982: 346 e nota 6).

[90] Sousa (1995: 200).

[91] Duarte (2015b: 551-552).

[92] Moon (2017).

[93] Eriksson/ Hájek (2017).

[94] Cfr., *inter alia*, Cohen (1977), e Haack (2014: 14, 47-77), que rejeita esse probabilismo no Direito (no essencial «*identifying degrees of warrant with mathematical probabilities*») e chama a atenção para os equívocos do ponto de vista de uma teoria da justificação mesmo por parte daqueles que sustentam o probabilismo recorrendo às probabilidades subjetivas bayesianas.

na doutrina e nas decisões dos tribunais superiores, certamente incentivada pela adjetivação usada pelo legislador (ou pela jurisprudência) quando se refere à convicção e/ou à dúvida.

Contudo, admitindo que não existem verdadeiramente graus de crença ou de convicção, estará confirmada a tese defendida por alguns autores penalistas (Castanheira Neves[95], Figueiredo Dias[96] e Paulo de Sousa Mendes[97])[98] segundo a qual não é possível identificar no domínio processual (penal) diferentes exigências formuladas em cada fase processual em termos de convicção para a tomada de decisões.

Quando, por exemplo, no art. 283.º, n.ºs 1 e 2 do CPP se refere que *«se durante o inquérito tiverem sido recolhidos indícios suficientes de se ter verificado crime e de quem foi o seu agente, o Ministério Público, no prazo de 10 dias, deduz acusação contra aquele»*, e que *«consideram-se suficientes os indícios sempre que deles resultar uma possibilidade razoável de ao arguido vir a ser aplicada, por força deles, em julgamento, uma pena ou uma medida de segurança»*, não poderá aí ver-se uma expressa consagração de uma diferença de grau de convicção exigível em relação à decisão de pronúncia a tomar pelo JI no final da fase de instrução (art. 308.º, n.º 1 do CPP – *«tiverem sido recolhidos indícios suficientes de se terem verificado os pressupostos de que depende a aplicação ao arguido de uma pena ou de uma medida de segurança»*), nem tão-pouco em relação à decisão de condenação a tomar pelo

[95] Neves (1968: 36-37).

[96] Dias (1974: 133): *«tem pois razão Castanheira Neves quando ensina que na suficiência dos indícios está contida a mesma exigência de verdade requerida pelo julgamento final, só que a instrução preparatória (e até a contraditória) não mobiliza os mesmos elementos probatórios que estarão ao dispor do juiz na fase do julgamento, e por isso, mas só por isso, o que seria insuficiente para a sentença pode ser bastante ou suficiente para a acusação»*.

[97] Mendes (2013: 75-76).

[98] Nesse sentido também se pronuncia, por exemplo, Silveira (2004: 161 e 171). Uma posição duvidosa a este respeito (parecendo ir ao encontro da tese segundo a qual a suficiência de indícios equivale ao *standard* de processo civil da probabilidade ou prova preponderante) encontra-se em Silva (2015: 171), ao escrever: *«A referência que o art. 301.º, n.º 3, faz à natureza indiciária da prova para efeitos de pronúncia inculca a ideia de menor exigência, de mero juízo de probabilidade. (...) A lei só admite a submissão a julgamento desde que da prova dos autos resulte uma* probabilidade razoável *de ao arguido vir a ser aplicada, por força dela, uma pena ou medida de segurança (art. 283.º, n.º 2);* não impõe a mesma exigência de verdade requerida pelo julgamento final. *A lei não se basta, porém, com um mero juízo subjectivo, mas antes exige um juízo objectivo fundamentado nas provas dos autos. Da apreciação crítica das provas recolhidas no inquérito e na instrução há-de resultar a convicção da forte probabilidade ou possibilidade razoável de que o arguido seja responsável pelos factos da acusação»*.

juiz de julgamento no final do julgamento (art. 375.º do CPP). A diferença a assinalar em relação a cada uma dessas decisões não se explica em termos de gradação da convicção exigível sobre os factos, mas sim em termos de gradação da indiciação (e/ou da prova) que se encontra disponível para a decisão sobre esses factos. Em todas essas decisões o decisor terá de ficar persuadido da culpabilidade do arguido e, nas fases anteriores ao julgamento, formar e exprimir em termos de prognose uma verdadeira convicção de probabilidade de condenação do arguido no julgamento[99]. A única diferença poderá residir na confiança passível de ser depositada na decisão, tendo em conta que, à partida, só realizada a prova em audiência de julgamento, com observância dos princípios e asseguradas as garantias devidas, uma qualquer decisão condenatória se pode considerar (devidamente) justificada[100].

Além disso, a conclusão acima assinalada – a ser correta – poderá revelar-se particularmente importante também no processo civil.

É que, por exemplo, a diferença habitualmente assinalada em termos da crença ou da convicção exigida para os procedimentos cautelares e para os processos não cautelares (isto é, a circunstância de para aqueles bastar, ao contrário destes, uma mera justificação, que assenta numa mera probabilidade sobre a ocorrência de um evento e consente uma certa margem de incerteza ou de dúvida) poderá esconder um equívoco[101]. O mesmo em relação à diferença que certos autores sublinham entre a justificação e a suspeita[102].

V. Esse equívoco seria o resultado da confusão entre duas realidades distintas e que muitos veem como sinónimas: por um lado, o grau de prova exigido para a prova de um determinado facto (o de saber se a prova é suficiente para que o facto possa ser dado como provado) e, por outro lado, o grau de convicção do tribunal necessário para a prova de determinado facto.

[99] Esse parece ser o sentido expresso no Ac. TRL de 09.04.2013, Proc. 1208/11.9TDLSB. L1-5 (Jorge Gonçalves), disponível em www.dgsi.pt: «*Em sede de pronúncia, o juízo sobre a suficiência dos indícios deverá passar pela bitola da probabilidade elevada ou particularmente qualificada, correspondente á formação de uma verdadeira convicção de probabilidade de condenação, a qual num juízo de prognose, deve ter a potencialidade de vir a ultrapassar a barreira do* in dubio pro reo *na fase de julgamento*».

[100] Silveira (2004: 172).

[101] Sousa (1995: 200-204).

[102] Serra (1961: 82, nota 31-a), Andrade (1979: 192-193), e Castro (1982: 346).

Não raras vezes diz-se que podem existir graus na convicção-crença dos juízos em "matéria de facto"[103] ou que se justifica traçar distinções entre os graus de convicção exigíveis para se dar certo facto como provado[104]. Essa conclusão pode ser inclusive fruto da adjetivação de que se socorre por vezes o legislador (ou a jurisprudência) quando se refere à convicção e/ou às dúvidas.

No entanto, se não existir de facto qualquer gradação ao nível da crença ou da convicção, como sugere a literatura não jurídica acima referida, esses graus e distinções não poderão continuar a ser afirmados e terá de optar-se por uma outra solução que abandone a tese da gradação e ao mesmo tempo atribua sentido à nossa tendência para ver a crença ou convicção como algo (até intencionalmente por parte do legislador ou da jurisprudência) gradativo.

VI. Quando a lei (ou a jurisprudência) formula exigências diferentes em termos de prova estará a referir-se à medida de crença ou convicção do tribunal necessária para a prova de determinado facto ou ao grau de prova exigido para que o tribunal considere um determinado facto como provado?

Por exemplo, a mera justificação (típica das providências cautelares) pressupõe o convencimento pelo tribunal de ser provável a ocorrência do facto (consentindo incerteza ou dúvida), ao passo que a prova *stricto sensu* exige um convencimento pelo tribunal da ocorrência do facto (sem incerteza ou dúvida). No entanto, será que a convicção ou o convencimento que são exigíveis ao julgador em ambos os casos se distinguem verdadeiramente em termos de grau, ou apenas em virtude do objeto sobre o qual incidem?

Na mera justificação, o objeto da convicção parece ser a probabilidade de ocorrência do facto; na prova *stricto sensu*, o objeto da convicção já será a realidade do facto, podendo o tribunal socorrer-se da probabilidade do facto apenas como meio para formar a sua convicção. Pode ver-se nisto uma exigência de gradação da crença ou convicção? Quando o julgador expressa a sua convicção pode dizer-se que ela é mais forte na segunda situação do que na primeira? Ou apenas que a justificação que a suporta é mais forte na segunda (até por não consentir dúvidas ou incertezas) do que na primeira (que as consente)?

[103] Duarte (2015a: 113-114).
[104] Rego (2013).

6. As particularidades do processo judicial e a transposição das conclusões da filosofia pragmatista acerca da crença e da convicção

I. Apesar de no processo judicial serem identificáveis decisões que atribuem relevância à crença ou à convicção e que são muitas vezes construídas apelando a graus de crença ou convicção, importa agora assinalar algumas particularidades que dificultam ou tornam problemática a transposição para o contexto judicial das conclusões alcançadas na filosofia pragmatista sobre a crença e a convicção.

Em primeiro lugar, a tarefa de aplicação do Direito constitui um imperativo a que a dúvida não poderá obstar, devendo entender-se que a falta de certeza das proposições (de facto ou de direito) não constituirá obstáculo à sua validade[105].

Neste particular, poderão ser particularmente frutuosas várias das reflexões acima apresentadas pelos adeptos da corrente filosófica pragmatista. Desde logo, a aceitação por parte de JAMES da possibilidade de serem formadas crenças ainda que a prova disponível seja insuficiente, sem que tenhamos de optar por suspender o juízo acerca de uma determinada realidade[106]. Além disso, as chamadas de atenção formuladas por PEIRCE, HAACK e MISAK: por um lado, que uma crença bem justificada será fundamentalmente o produto de um inquérito (ou investigação crítica), o qual deve ser genuíno e conduzido em termos de uma procura da verdade desinteressada; por outro lado, que não se vislumbra qualquer motivo para, apesar da relevância que a verdade tem, se exigir mais do que ser tomada em consideração de forma genuína a prova e as razões apresentadas para ser possível afirmar com confiança que determinada crença é verdadeira[107].

Assim sendo, na linha de TEIXEIRA DE SOUSA, poderá ver-se a prova como tendo, não apenas a típica função demonstrativa («*formar a convicção sobre a verdade de um facto controvertido*»), mas também uma função de eliminação da incerteza («*dissipar uma dúvida sobre um facto controvertido ou, numa formulação*

[105] DUARTE (2015b: 553).

[106] BACON (2012: 30-33).

[107] BACON (2012: 147-170).

mais técnica, evitar um non liquet *sobre esse facto»*), que não se confunde com alegados objetivos de criação de certeza sobre um facto controvertido[108].

II. Em segundo lugar, mesmo que se rejeite uma visão cética e se adote uma visão sobre a verdade e sobre a crença coincidente com a dos absolutistas e dos empiristas (isto é, de que existe e é possível conhecer um mundo real fora da consciência), o certo é que a correspondência que se procura estabelecer no contexto da prova judicial não coincide exatamente com a correspondência habitualmente pretendida na filosofia.

Na verdade, a correspondência relevante no contexto judicial é entre aquilo que foi afirmado ou alegado em juízo (uma proposição ou afirmação jurídica ou uma representação jurídica) e a realidade. E essa correspondência implica, tal como sucede com o conhecimento proposicional ou factual (para o qual são formuladas 3 condições), que o julgador seja capaz de formar uma convicção verdadeira e justificada sobre um facto a provar: só poderá dá-lo como provado se acreditar que o facto é verdadeiro e se for justificado acreditar que é verdadeiro. Só desta forma se torna possível ao julgador num processo judicial alcançar conclusões verdadeiras não acidentais. Essas conclusões poderão ser alcançadas quando o conhecimento é obtido diretamente, mas também quando resulta indiretamente de qualquer outra forma de comunicação (como será o caso da prova testemunhal), pese embora os problemas associados à confiança do julgador na prova indireta e à sua fiabilidade[109].

Não obstante, na medida em que a corrente filosófica pragmatista aceita a existência de uma realidade independente das nossas crenças subjetivas e aceita também que o nosso conhecimento pode corresponder a essa realidade, ainda que as afirmações ou representações sobre a realidade estejam dependentes do fornecimento de razões e, por isso, da nossa *praxis* de justificação,

[108] Sousa (2020: § 2.º). Mais à frente o mesmo autor conclui (*idem*: § 5.º): *«a prova não visa criar uma certeza sobre o facto controvertido, mas antes – e apenas – eliminar uma incerteza e evitar um* non liquet *sobre esse facto. O facto controvertido considera-se provado, não porque haja a certeza da sua verdade, mas porque não há nenhuma justificação para não admitir a sua verdade em função da prova produzida perante o tribunal»*.

[109] Sousa (2013: 34-35). Sobre a necessidade de recurso à prova indireta (ou mediata) e a justificação das decisões fundadas em presunções judiciais, bem como a explicação e confirmação das presunções judiciais (vistas como raciocínios inferenciais indutivos), cfr., respetivamente, Trindade (2016: 69 e ss.), e Martins (2017: 151-194).

parece-nos que estará em boas condições para fornecer algum apoio para realizar aquela tarefa de correspondência entre as proposições ou representações jurídicas e a realidade.

III. Em terceiro lugar, a prova em juízo parece implicar a conjugação de perspetivas não coincidentes sobre a justificação epistémica[110], o que a generalidade da literatura que reflete sobre a epistemologia e a justificação não parece querer admitir[111].

Desde logo, a convicção acerca da verdade de um facto terá de se fundamentar numa outra convicção ou terá de poder ser inferida de uma outra convicção, tal como sugerem as orientações fundacionalistas da epistemologia, e ser ao mesmo tempo coerente com outras convicções (ou proposições), tal como apontam as orientações coerentistas. Embora a coerência entre convicções ou proposições não seja garantia da sua veracidade, constitui uma exigência indispensável em processo, pois: se se verificar incoerência terá de concluir-se que as proposições ou pelo menos uma delas não será verdadeira; se se verificar coerência, a probabilidade de as proposições serem verdadeiras aumenta. Assim, a conclusão acerca de um facto terá de se fundamentar num meio de prova sobre a qual o julgador formou convicção, mas deve exigir-se também que essa conclusão surja reforçada por outras convicções[112].

Além disso, formula-se a exigência, não só de que todos os fatores relevantes para a formação da convicção estejam acessíveis ao julgador, como sugerem as orientações internalistas, como de o processo de aquisição da convicção ter de poder ser considerado fiável, como sustentam as orientações externalistas. No processo, o julgador deverá refletir sobre as suas convicções e encontrar e exprimir uma justificação para essas convicções, ao mesmo tempo que deverá ser adotado um procedimento probatório que garanta a fiabilidade da produção da prova ou, pelo menos, favoreça a probabilidade de com base nela o julgador formar uma convicção verdadeira[113].

[110] Sobre estas perspetivas, Dancy (2002: 73 e ss.), e Haack (1993) e Haack (2009).

[111] Não assim, por exemplo, Cornman (1977), que chegou a sugerir que a teoria da justificação empírica mais razoável resultaria de uma mistura entre fundacionalismo e coerentismo.

[112] Sousa (2013: 35-36).

[113] Sousa (2013: 36).

Ora, também aqui, parece que a corrente filosófica pragmatista, em especial aquela em que se estriba o pensamento de Haack, estará em boas condições para dar suporte à conjugação de perspetivas não coincidentes sobre a justificação epistémica. Haack procura conjugar uma orientação fundacionalista com uma orientação coerentista, referindo expressamente que adota uma teoria *«intermédia entre as tradicionais famílias rivais de teorias de justificação epistémica, fundacionalismo e coerentismo»*[114].

De resto, na medida em que a corrente filosófica pragmatista procura discutir de forma interligada a verdade, a *praxis* de justificação e a objetividade, fazendo apelo à ideia segundo a qual uma noção comum de verdade pode ser alcançada recorrendo às práticas sociais (ou intersubjetivas) de justificação com as quais aquela noção se encontra internamente conectada, sejam tais práticas caracterizadas através de ideias regulativas ou condições ideais (como sugeriram, por exemplo, Putnam e Habermas) ou por recurso às diferentes perspetivas dos participantes consideradas essencialmente controversas, concorrentes e não privilegiadas (Wellmer e Brandom)[115], poderá ver-se nessas práticas sociais de justificação uma importante ideia para definir o critério que permitirá ao julgador refletir sobre as suas convicções e encontrar e exprimir uma justificação considerada adequada no ordenamento jurídico para essas convicções.

Contudo, como assinalou Castanheira Neves, importa não esquecer que o juízo jurídico-decisório (e, por isso, também o juízo probatório[116]) não se deixa capturar pela intencionalidade finalística, instrumental e teorético-científica que caracteriza o pragmatismo (designadamente o filiado em Peirce), visando alcançar uma intencionalidade normativamente fundamentante[117]. Uma tal chamada de atenção obrigará a aceitar que as exigências do inquérito a levar a cabo no Direito poderão não coincidir com as de outros discursos, nomeadamente do discurso científico e do discurso moral, mas isso

[114] Haack (2014: 13).
[115] Bernstein (2010: 113-123).
[116] Sustentando que a controvérsia probatória não está desligada da controvérsia global nem a decisão probatória da decisão judicial, cfr. Linhares (2001), e Linhares (2012: 83), e Pereira (2016: 455-456), e Pereira (2017: 1172-1173).
[117] Neves (1992: 391-395).

não representará qualquer obstáculo para algumas orientações pragmatistas modernas filiadas em PEIRCE[118].

7. Considerações finais

I. Optou-se por proceder a uma análise do problema da crença e da convicção no domínio da filosofia pragmatista e depois por tentar compatibilizar as principais conclusões aí alcançadas com a realidade do processo judicial, sem esquecer a intencionalidade normativa da racionalidade jurídica decisória enquanto tal.

Isto porque se partiu do pressuposto que os desenvolvimentos e as análises críticas levadas a cabo no domínio da filosofia pragmatista poderiam ser particularmente úteis: devido ao facto de acentuarem a importância da análise da questão em correlação com outros temas (como os da justificação, da verdade, da intersubjetividade e da objetividade), permitindo assim estabelecer uma relação mais fácil com as situações identificadas no processo judicial que parecem atribuir relevância à crença ou à convicção e até exigir graus de crença ou convicção e, ao mesmo tempo, permitirem fazer uma adequada ponderação das particularidades do processo judicial.

Várias conclusões podem ser extraídas da análise realizada.

[118] Esclarecendo equívocos sobre a perspetiva de PEIRCE e referindo o que foi o seu trajeto de investigação, escreve MISAK (2007: 87 e 88): «*in order to begin to do justice to the richness and the texture of a particular kind of inquiry, such as morals, mathematics, or science, a full-length treatment of each is required*»; «*A belief is true if it would fully satisfy the requirements and standards of inquiry. In science and mathematics, those requirements and standards are such that a belief that meets them is a belief that has what the pragmatist's opponent has always sought. It might turn out that what makes scientific statements indefeasible is something very strong indeed—a kind of empirical evidence which causally links those statements to the physical world. And we will think, no doubt, that what makes moral statements indefeasible will be something quite unlike that. In morals, a belief that meets the standards of moral deliberation will be as objective, for want of a better word, as is possible for a belief about what is right or wrong. It may not turn out that we want to say that we aim at indefeasible beliefs in moral deliberation—it may turn out that such an aim in untenable. But Peirce's account of truth at least makes this debate possible*».

II. Em relação às diferenças entre a dúvida e a crença encontradas na filosofia pragmatista, verificou-se que as mesmas resultam essencialmente da adoção de uma perspetiva que rejeita o ceticismo cartesiano e em certos casos se assume mesmo como empirista radical, mas não existe propriamente uma visão comum aos pragmatistas sobre as consequências práticas associadas à crença. Se para PEIRCE essas consequências serão apenas as que podem ser observadas e por isso generalizadas (antecipando o princípio do verificacionismo dos positivistas lógicos), em JAMES assumem relevância quaisquer consequências na vida do crente (contrastando com as visões positivistas).

Fazendo uma ponderação da relevância dos chamados "métodos de fixação da crença" na filosofia pragmatista, pode dizer-se no essencial que a posição de PEIRCE a esse respeito se revela ainda hoje dotada de alguma aceitação, ainda que valha a pena chamar a atenção para o facto de, tal como PEIRCE intuía, não ser possível hoje dizer que apenas o método científico constitua um método adequado para a fixação da crença, conclusão que é particularmente relevante para o Direito onde se suscitam problemas práticos de sentido e de validade (a intencionalidade normativa fundamentante) que não se deixam capturar pelos esquemas usados por esse método.

Partindo da descrição das várias operações realizadas no contexto da aplicação no processo judicial nas quais parecem assumir relevância a crença ou a convicção, fácil será constatar que as mesmas serão a fixação dos factos, a própria aplicação do Direito aos factos e a relevância das dúvidas.

Em relação às hipóteses em que é frequente referir a existência de diferentes graus de crença ou convicção exigível, pode admitir-se que tal referência tenha uma explicação. Contudo, a mesma poderá resultar de um equívoco, sendo certo que também os avanços verificados na filosofia têm legitimamente colocado em dúvida sobre se existe verdadeiramente a possibilidade de considerar a crença ou a convicção como gradativas.

Algumas particularidades assinaladas ao processo judicial podem dificultar ou tornar problemática a transposição para o contexto judicial das conclusões alcançadas na filosofia (pragmatista) sobre a crença e os métodos para a sua fixação. Nesse particular, poderá valer a pena tomar em consideração algumas especificidades que dão o mote à conjugação de perspetivas não coincidentes sobre a justificação epistémica tal como sugerem alguns pragmatistas mais recentes.

Referências

ALLEN, Ronald J.,
(2011) "Standards of Proof and the Limits of Legal Analysis" (May 3, 2011), Northwestern Public Law Research Paper No. 11-47, disponível em SSRN: http://ssrn.com/abstract=1830344.

ANDRADE, Manuel A. Domingues de,
(1979) *Noções Elementares de Processo Civil*, Coimbra: Coimbra Editora.

APEL, Karl-Otto,
(2001) "Pragmatism as Sense-Critical Realism Based on a Regulative Idea of Truth: In Defense of a Peircean Theory of Reality and Truth", in *Transactions of the Charles S. Peirce Society*, vol. 37, 4, pp. 443-474.

ATIENZA, Manuel,
(2014) *O Sentido do Direito*, Lisboa: Escolar Editora.

BACON, Michael,
(2012) *Pragmatism: an introduction*, Cambridge, UK: Polity Press.

BERNSTEIN, Richard J.,
(2010) *The Pragmatic Turn*, Cambridge, UK: Polity Press.

BRANDOM, Robert B.,
(1994) *Making It Explicit – Reasoning, Representing, and Discursive Commitment*, Cambridge, Mass.: Harvard University Press.
(2000) *Articulating Reasons – An Introduction to Inferentialism*, Cambridge, Mass.: Harvard University Press.
(2007) "Inferentialism and some of its challenges", in *Philosophy and Phenomenological Research*, vol. 74, 3, pp. 651-676.
(2011) *Perspectives on Pragmatism – Classical, Recent, and Contemporary*, Cambridge, Mass.: Harvard University Press.
(2019) *A Spirit of Trust – A Reading of Hegel's Phenomenology*, Cambridge, Mass.: Harvard University Press.

CASTRO, Artur Anselmo de,
(1982) *Direito Processual Civil Declaratório*, vol. III, Coimbra: Almedina.

CLERMONT, Kevin M.,
(2009) "Standards of Proof Revisited", Cornell Legal Studies Research Paper No. 1321029, Emotion in Context: Exploring the Interaction between Emotions and Legal Institutions Conference, University of Chicago Law School, May 2008, *Vermont Law Review*, vol. 33 (2009, disponível em SSRN: http://ssrn.com/ abstract=1321029.

(2018) "Staying Faithful to the Standards of Proof", Cornell Law Review, Forthcoming; Cornell Legal Studies Research Paper No. 18-45 (2018), disponível em SSRN: https://ssrn.com/abstract=3243089.

Cohen, Jonathan L.,
(1977) *The Probable and the Provable*, Oxford: Oxford University Press.

Cornman, James W.,
(1977) "Foundational versus Nonfoundational Theories of Empirical Justification", in *American Philosophical Quarterly*, vol. 14, 4, pp. 287-297.

Dancy, Jonathan,
(2002) *Epistemologia Contemporânea* (trad. de *Introduction to Contemporary Epistemology*, 1985), Lisboa: Edições 70.

Dias, Jorge de Figueiredo,
(1974) *Direito Processual Penal*, Coimbra: Coimbra Editora.

Duarte, Rui Pinto,
(2015a) "Algumas Notas acerca do Papel da «Convicção-Crença» nas Decisões Judiciais", in *Rui Pinto Duarte, Escritos Jurídicos Vários 2000-2015*, Coimbra: Almedina, pp. 107-119 = *Themis*, Ano 4, N.º 6 (2003) 5-17.
(2015b) "Algumas Notas acerca da Dúvida no Direito", in *Rui Pinto Duarte, Escritos Jurídicos Vários 2000-2015*, Coimbra: Almedina, pp. 533-553 = in *Estudos dedicados ao Professor Doutor Nuno José Espinosa Gomes da Silva*, vol. 2, Lisboa: UCE, 2013, pp. 473--492.

Engisch, Karl,
(1988) *Introdução ao Pensamento Jurídico*, 6.ª ed., Lisboa: Fundação Calouste Gulbenkian.

Eriksson, Lina e Alan Hájek,
(2017) "What Are Degrees of Belief?", in *Studia Logica*, vol. 86, 2, pp. 183-213.

Gastwirth, Joseph L.,
(1992) "Statistical Reasoning in the Legal Setting", in *The American Statistician*, vol. 46, 1, pp. 55-69.

Geraldes, António Abrantes,
(2016) *Recursos no Novo Código de Processo Civil*, 3.ª ed., Coimbra: Almedina.

Haack, Susan,
(1993) *Evidence and Inquiry: Towards Reconstruction in Epistemology*, Oxford: Blackwell.
(2009) *Evidence and Inquiry: A Pragmatist Reconstruction of Epistemology*, Amherst, NY: Prometheus Books.

(2014) *Evidence Matters: Science, Proof and the Truth in the Law*, Cambridge: Cambridge University Press.

James, William,
(2010) "A vontade de acreditar", in *A Ética da Crença* (org. Desidério Murcho), Lisboa: Bizâncio, pp. 137-174.

Justo, António Santos,
(2006) *Introdução ao Estudo do Direito*, 3.ª ed., Coimbra Editora.

Kevelson, Roberta,
(1986) "Semiotics and Methods of Legal Inquiry: Interpretation and Discovery in Law from the Perspective of Peirce's Speculative Rhetoric", in *Indiana Law Journal*, vol. 61, 3, pp. 355-371.

Lamego, José,
(2016) *Elementos de Metodologia Jurídica*, Coimbra: Almedina.

Linhares, José Aroso,
(1988) *Regras de Experiência e Liberdade Objectiva do Juízo de Prova, Boletim da Faculdade de Direito da Universidade de Coimbra*, suplemento, vol. 31, pp. 1-364.
(2001) *Entre a Reescrita Pós-Moderna da Modernidade e o Tratamento Narrativo da Diferença ou a Prova como um Exercício de «Passagem» nos Limites da Juridicidade (Imagens e reflexos pré- metodológicos deste percurso)*, Coimbra: Coimbra Editora.
(2012) "Evidence (or proof?) as law's gaping wound: a false persistent aporia?", in *Boletim da Faculdade de Direito da Universidade de Coimbra*, vol. 88, tomo I, pp. 65-89.

MacCormick, Neil,
(2005) *Rhetoric and the Rule of Law: a theory of legal reasoning*, Oxford: Oxford University Press.

Martins, João Marques,
(2017) *Presunções Judiciais na Responsabilidade Civil Extracontratual*, Cascais: Principia.

Melim, Mafalda Moura,
(2013) "Standards de prova e grau de convicção do julgador", in *Revista de Concorrência & Regulação*, 4 (16), pp. 143-193.

Mendes, Paulo de Sousa,
(2013) *Lições de Direito Processual Penal*, Coimbra: Almedina.
(2016a) "Sobre o estatuto não científico da dogmática jurídica no pensamento de Kelsen", in *Estudos em Homenagem ao Professor Doutor Carlos Pamplona Corte-Real*, Coimbra: Almedina, pp. 851-864.

(2016b) "A incerteza factual e a prova no processo penal", in *Liber Amicorum: Manuel Simas Santos* (coord. André Paulino Piton e Ana Teresa Carneiro), Lisboa: Rei dos Livros, pp. 1057-1079.
(2018) *Causalidade Complexa e Prova Penal*, Coimbra: Almedina.
(2019) "Medida da prova", in *Prova Penal Teórica e Prática* (coord. Paulo de Sousa Mendes e Rui Soares Pereira), Coimbra: Almedina, pp. 19-40.

MISAK, Cheryl,
(2000) *Truth, Politics, Morality: Pragmatism and Deliberation*, London: Routledge.
(2004) *Truth and the End of Inquiry: A Peircean Account of Truth*, Oxford: Oxford University Press.
(2007) "Pragmatism and Deflationism", in *New Pragmatists* (ed. Cheryl Misak), Oxford: Oxford University Press, pp. 68-90.
(2008) "Experience, Narrative, and Ethical Deliberation", in *Ethics*, vol. 118, pp. 614-632.

MOON, Andrew,
(2017) "Beliefs do not come in degrees", in *Canadian Journal of Philosophy*, vol. 47, 6, pp. 760-778.

MURCHO, Desidério,
(2010a) "Fé, epistemologia e virtude", in *A Ética da Crença* (org. Desidério Murcho), Lisboa: Bizâncio, pp. 17-95.
(2010b) *Todos os Sonhos do Mundo e outros Ensaios*, Lisboa: Edições 70.

MÚRIAS, Pedro Ferreira,
(2000) *Por uma distribuição fundamentada do ónus da prova*, Lisboa: Lex.

NEVES, António Castanheira,
(1968) *Sumários de Processo Criminal*, dactilografados, Coimbra.
(1992) "Arguição nas Provas de Doutoramento de Fernando Augusto de Freitas Motta Luso Soares", in *Boletim da Faculdade de Direito da Universidade de Coimbra*, vol. 68, pp. 381-399.
(1993) *Metodologia Jurídica. Problemas Fundamentais*, Coimbra: Coimbra Editora.
(2008) "Matéria de Facto – Matéria de Direito", in *Digesta*, vol. 3, Coimbra: Coimbra Editora, pp. 321-336.

PEIRCE, Charles Sanders,
(1878) "How to Make Our Ideas Clear", in *Popular Science Monthly*, vol. 12, pp. 286-302.
(1998) "A fixação da crença", in *Charles Sanders Peirce, Antologia Filosófica*, Lisboa: Imprensa Nacional-Casa da Moeda, pp. 59-74.

PEREIRA, Rui Soares,
(2016) "Modelos de prova e Prova da Causalidade", in *VI Jornadas de Teoria do Direito, Filosofia do Direito e Filosofia Social – Juízo ou decisão? O problema da realização jurisdicional do*

direito, Coimbra: ATFD e Instituto Jurídico da Faculdade de Direito da Universidade de Coimbra, pp. 447-483.
(2017) O *Nexo de Causalidade na Responsabilidade Delitual: Fundamento e Limites do Juízo de Condicionalidade*, Coimbra: Almedina.

Putnam, Hilary,
(1998) *Renovar a Filosofia* (trad. de *Renewing Philosophy*, de 1992), Lisboa: Piaget.

Rego, Margarida Lima,
(2013) "Decisões em ambiente de incerteza: probabilidade e convicção na formação das decisões judiciais", in *Julgar*, n.º 21, pp. 119-147.

Rorty, Richard,
(1979) *Philosophy and the Mirror of Nature*, Princeton: Princeton University Press.
(1999) *Consequências do Pragmatismo* (trad. de *Consequences of Pragmatism*, 1982), Lisboa: Instituto Piaget.

Serra, Adriano Vaz,
(1961) "Provas (Direito Probatório Material)", in *Boletim do Ministério da Justiça*, n.º 110, pp. 61-256.

Sherwin, Emily L. / Kevin M. Clermont,
(2002) "A Comparative View of Standards of Proof", in *American Journal of Comparative Law*, vol. 50, p. 243, 2002, U of San Diego Public Law Research Paper No. 32, 2002, disponível em SSRN: http://ssrn. com/abstract=285832 or doi:10.2139/ssrn.285832.

Silva, Germano Marques da,
(2015) *Direito Processual Penal Português*, vol. 3, Lisboa: UCE.

Silveira, Jorge Noronha e,
(2004) "O conceito de indícios suficientes no processo penal português", in *Jornadas de Direito Processual Penal e Direitos Fundamentais* (coord. Maria Fernanda Palma), Coimbra: Almedina, pp. 155-181.

Soares, Fernando Luso,
(1993) *A decisão judicial e o raciocínio tópico-abdutivo do juiz: um ensaio de lógica para juristas*, Lisboa: Cosmos.

Sousa, Miguel Teixeira de,
(1995) *As Partes, o Objecto e a Prova na Acção Declarativa*, Lisboa: Lex.
(2012) *Introdução ao Direito*, Coimbra: Almedina.
(2013) "Prova, poderes da Relação e convicção: a lição da epistemologia – Anotação ao acórdão do Supremo Tribunal de Justiça de 24.09.2013, Proc. 1965/2004", in *Cadernos de Direito Privado*, n.º 44, pp. 29-36.

(2020) A *Prova em Processo Civil: ensaio sobre o raciocínio probatório*, São Paulo: Editora Revista dos Tribunais.

Trindade, Cláudia Alves,
(2016) *A Prova de Estados Subjetivos no Processo Civil: presunções judiciais e regras da experiência*, Coimbra: Almedina.

Varela, João de Matos Antunes / José Miguel Bezerra / Sampaio e Nora,
(1985) *Manual de Processo Civil*, 2.ª ed., Coimbra: Coimbra Editora.

Vars, Fredrik E.,
(2010) "Toward a General Theory of Standards of Proof" (May 10, 2010), in *Catholic University*, Forthcoming; U of Alabama Public Law Research Paper No. 1604065, disponível em SSRN: http://ssrn.com/abstract=1604065.

Wellmer, Albrecht,
(2004) "The Debate about Truth: Pragmatism without Regulative Ideas", in *The Pragmatic Turn in Philosophy – Contemporary Engagements between Analytic and Continental Thought* (ed. William Egginton and Mike Sandbothe), Albany, NY: State University of New York Press, pp. 93-114.

§ 6. PROBABILISMO JURÍDICO: UM DILEMA DA EPISTEMOLOGIA JURÍDICA?*

1. Introdução

I. O tema que se segue pouco ou nada terá que ver com as intervenções realizadas pelos outros oradores.

Não obstante, a problemática desta intervenção inscreve-se plenamente – segundo se julga – no tema geral da conferência, designadamente na parte em que se pretende discutir quais serão os limites do Direito.

II. Vamos ocupar-nos daquilo que optámos por designar, na linha de outros autores, por "probabilismo jurídico".

Questionamos se o probabilismo jurídico encerra hoje um dilema da epistemologia jurídica. Em caso afirmativo, procuraremos apresentar algumas linhas de resposta a esse dilema.

* O presente estudo corresponde a um desenvolvimento de um texto inédito e que serviu de base à apresentação realizada no dia 23 de maio de 2019, na Faculdade de Direito da Universidade de Coimbra, no contexto do Encontro Internacional *The 20th International Roundtable for the Semiotics of Law (IRSL 2019) – The Limits of Law*, organizado e realizado pelo Instituto Jurídico da Faculdade de Direito da Universidade de Coimbra. É devido um agradecimento ao Instituto Jurídico da FDUC e, em especial aos Professores Doutores José Aroso Linhares e Ana Margarida Gaudêncio, o convite e a oportunidade para participar no referido evento internacional.

III. As interrogações sobre o probabilismo jurídico tocam aspetos essenciais da compreensão do Direito e não podem ser vistas como estando desligadas das preocupações normais de académicos e práticos.

No nosso caso, as dúvidas surgem na sequência das investigações que temos vindo a desenvolver sobre a causalidade, a verdade e a prova jurídica e estão de alguma forma em linha com apresentações e publicações anteriormente realizadas, designadamente sobre o nexo de causalidade, os modelos de prova e também a crença e a convicção. Não as iremos retomar na presente ocasião, mas vale a pena assinalar, em todo o caso, que entre elas e o presente texto acaba por existir uma certa linha de continuidade.

IV. Com esta explicação também se procede a uma delimitação da exposição ou dos resultados que dela se poderão extrair.

Importa não deixar uma impressão errada (ou hipostasiada) sobre o que se tenciona dizer de seguida. Em particular, é de evitar o risco de se adquirir uma convicção (certamente falsa) de que algo de muito significativo sobre o tema das probabilidades e do Direito poderá resultar da exposição subsequente. Serão apresentadas umas primeiras reflexões centradas essencialmente na matéria da prova jurídica e, em consciência, não é possível prometer mais do que efetivamente se é capaz de aportar.

V. Para evitar convicções falsas, impõe-se, por isso, que se delimite um pouco mais o objeto da exposição que se segue e que se seja um pouco mais concreto sobre o sentido das reflexões a realizar.

Não se fará uma discussão genérica sobre o lugar das probabilidades no Direito. Tal tipo de discussão levaria a exposição longe de mais e não permitiria fazer qualquer tipo de problematização concreta e útil para discutir os limites do Direito. Aliás, seria sempre incompatível com uma exposição sobre os limites do Direito: esta supõe já naturalmente que o Direito encerra limites e que o Direito, pelos seus próprios limites, se vê na contingência de ter de contactar de perto com realidades que lhe seriam aparentemente estranhas. No caso das probabilidades, existe todo um lastro histórico e de evolução da discussão que tem vindo a ser transportado para o campo do Direito. Essa transposição é fruto essencialmente da tomada em consideração de reflexões provenientes dos sistemas de *Common Law*.

VI. A sequência da exposição desenvolve-se em 3 (três) partes.

Na primeira parte começaremos por esboçar em traço grosso as probabilidades no Direito, identificando algumas áreas de investigação jurídica onde a presença das probabilidades mais se parece fazer sentir (**2.**).

Numa segunda parte faremos uma explicação do probabilismo jurídico e as críticas que lhe têm vindo a ser dirigidas, procurando nessa sede identificar as tendências na doutrina portuguesa a este respeito (**3.**).

A terceira parte é dedicada às possibilidades de enquadramento do probabilismo jurídico (**4.**).

VII. Antecipando conclusões, diremos que o papel que tem vindo a ser atribuído às probabilidades no Direito permite sublinhar também algumas limitações no Direito e isso é particularmente notório no campo da prova jurídica, área temática onde nos pretendemos fixar.

Porém, o exercício sobre as probabilidades e a sua relação com o Direito que nos propomos fazer, embora de alguma forma transversal, é essencialmente descritivo. Consiste em saber se a tendência verificada ao nível da adoção de perspetivações probabilísticas na discussão de problemas jurídicos relevantes e nas respetivas propostas de solução, em especial na prova jurídica, esconde um dilema da epistemologia jurídica a que é necessário dar hoje resposta e, em caso afirmativo, de que forma deverá ser dada uma resposta a esse dilema.

2. As probabilidades no Direito

2.1. O discurso jurídico sobre as probabilidades e os transplantes jurídicos

I. Falar em probabilidades no Direito é talvez hoje uma evidência que dispensa grandes considerações adicionais.

O discurso jurídico, não apenas o prático, mas também o teórico e filosófico, está impregnado de referências às probabilidades[1].

[1] ALLEN (2017: 133) refere de forma mais precisa: «*Legal systems participate in this discourse as well, and actually were among the first of the disciplines to employ the language of probability. Formal probability theory arose in part to explain proof at trial, and interestingly to decide how to fairly calibrate the winnings in gambling games*».

Mais: não raras vezes surgem propostas de abandono de antigos paradigmas de análise e solução para certos problemas jurídicos essenciais e de abertura a uma discussão séria e descomplexada em torno da importância das probabilidades, em especial no que respeita ao processo decisório judicial (*v.g.*, civil e penal).

II. No sentido da relevância das probabilidades poderão movimentar-se forças provenientes de sistemas jurídicos que de alguma forma promovem um estado de permanente crítica, o qual se vem estendendo a sistemas menos atreitos a uma certa formalização da discussão judicial, como é o caso dos sistemas de *civil law*[2].

Recorde-se a controvérsia que opôs LAURENCE TRIBE[3] à proposta formulada nos inícios de 1970, por Michael FINKELSTEIN e WILLIAM FAIRLEY, de utilização, em certas circunstâncias, do teorema de Bayes, com o propósito de avaliar a questão da identidade criminal e que mereceu a acusação de *Trial by Mathematics*. Pouco depois, RICHARD O. LEMPERT escreveu um artigo sobre a modelação da relevância (das regras de relevância em matéria de prova), chamando a atenção para a possibilidade de utilização dos modelos matemáticos como instrumentos heurísticos[4]. O artigo ter-se-ia encarregado de ressuscitar o interesse na utilização da matemática e da teoria da probabilidade para modelar a inferência factual e a prova em processos judiciais, defendendo o autor que os tribunais e os académicos poderiam e deveriam fazer uso, por exemplo, da lógica subjetiva bayesiana para explorar a sua forma de pensar e raciocinar sobre as inferências a partir da prova[5]. Na sequência, JONATHAN COHEN viria a sugerir a possibilidade de pensar a inferência, a indução e a prova de uma outra forma, que designou por "baconiana"[6]. Mais recentemente alguns autores têm-se mantido relativamente fiéis em relação à possibilidade de utilização de uma análise matemática probabilística da prova, invocando

[2] Assim, por exemplo, o sugere MENDES (2019a: 39), ao referir-se à tendencial hostilidade à análise matemática e aos modelos formais de inferência factual.

[3] TRIBE (1971).

[4] LEMPERT (1977: 1021): «*mathematics relates to trial processes in a way that Tribe's article does not address: mathematical models may serve as heuristic devices. As a language, mathematics can help clarify those legal rules that involve weighing evidence in an essentially probabilistic fashion*».

[5] TILLERS (2011: 169).

[6] COHEN (1977).

que os opositores à análise bayesiana da inferência e às análises matemáticas dos juízos não terão percebido em que consistiam estas análises e terão feito suposições erróneas a respeito das mesmas[7].

III. Também o tema dos transplantes jurídicos (*legal transplants* ou *Rechtstransfers*) está totalmente na ordem do dia em relação a várias partes do mundo[8] e em relação a várias disciplinas jurídicas[9] e a sua tomada em consideração poderá dar um contributo adicional para a discussão da relevância das probabilidades.

Não poucos são os autores que sugerem a incorporação (mais ou menos acrítica)[10] de figuras ou institutos de outros sistemas jurídicos, com

[7] Tillers (2011: 170): «*It seemed to me that many of the opponents of Bayesian analysis of inference in legal trials and, more broadly, of mathematical analysis of trials never really understood (and still fail to understand) what at least some of the proposals for mathematical analysis were all about and that because of this failure of understanding most of the counterattacks (against mathematical and formal models of factual inference) were made against a straw theory*». Uma dessas suposições erradas, atribuível, aos praticantes das análises formais, terá sido a seguinte (*idem*: 171): «*The invalid intuition or suspicion on which legal professionals' fear of formal analysis rests is the notion that formal analysis is necessarily mechanical—'mechanical' in the sense that mathematical or formal analysis is necessarily removed from and impenetrable to ordinary human judgement and intuition and therefore necessarily runs 'on its own', beyond the control or effective supervision of ordinary mortals*».

[8] Para uma panorâmica das metodologias que têm sido usadas para transplantes jurídicos verificados na Ásia Oriental e na Oceania de experiências institucionais na Europa e na América do Norte, cfr. AA.VV. (2019).

[9] Por exemplo, no Direito Contratual, no Direito Comercial e das Sociedades e no Direito Processual Penal. Sobre a utilização da teoria da *misrepresentation* do Direito Contratual inglês nos tribunais consulares britânicos na China, cfr. Barnes/Whewell (2019). Uma análise curiosa sobre a influência (apesar dos desenvolvimentos autónomos) do sistema jurídico alemão e de outros sistemas jurídicos no Direito Societário da Polónia, cfr. Oplustil/Radwan (2010). Sobre a americanização do processo penal e defendendo antes a tradução jurídica e não o transplante jurídico, cfr. Langer (2004); numa perspetiva mais geral e referindo-se às reformas processuais penais ocorridas na América Latina e à importação acrítica de pedaços de sistemas jurídicos verificada no Brasil, cfr. Vieira (2018). Com indicações sobre como evitar importações acríticas, rejeitando uma teoria geral e optando pelo recurso a tipologias por serem um instrumento adequado para identificar e, em última análise, aprofundar a investigação de certos padrões de problemas que surgem repetidamente no contexto dos *legal transplants*, cfr. Wörner-Schönecker (2022).

[10] Menos preocupante será essa incorporação quando a mesma não é fruto de arrogância de certos sistemas jurídicos em pretenderem exportar as suas regras jurídicas ou de uma atitude de, com base na hegemonia de alguns ordenamentos jurídicos, promover um regime global de normas jurídicas. Sobre o tema, cfr. Moustaira (2017).

consequências várias e igualmente preocupantes[11] (por exemplo, ao nível do tema dos *standards* de prova ou da medida da prova)[12]. Igualmente frequente, mas eventualmente menos perigosa e menos criticável, é a tentação de, com base numa certa perspetiva comparada do Direito, se preconizarem aproximações ou até equivalências entre figuras e institutos jurídicos de sistemas jurídicos distintos, a que subjazem diversas técnicas de resolução de problemas e a que estão associadas distintas valorações[13].

[11] Em geral sobre o tema, cfr. Watson (1993).

[12] Tal não significa, porém, que os *standards* de prova tenham de ser aceites ou que devam ser considerados sempre compatíveis com os respetivos ordenamentos jurídicos. Entre nós, por exemplo, Sousa, tem adotado uma posição crítica em relação à afirmação por parte de alguma doutrina e jurisprudência da existência de *standards* probatórios no processo civil português. A postura crítica fundamenta-se num conjunto de chamadas de atenção e de premissas importantes acerca do processo civil e que não podem ser desconsideradas quando a questão é analisada noutros domínios, como é o caso do processo penal. Na verdade, Sousa (2019a) manifestou-se contra a utilização pelos tribunais, no domínio do processo civil, de *standards* probatórios, como o *standard* da probabilidade prevalecente, invocando que estarão em causa figuras que, podendo fazer sentido em alguns ordenamentos jurídicos, não o fazem noutros ordenamentos jurídicos, como é o caso do ordenamento português. Já assim o havia sustentado Sousa (2018), no qual defendeu que estaria em causa *«um* legal transplant *(neste caso, importado dos regimes de* common law*) que não é compatível com o regime português sobre a prova»*, mais concretamente *«com a contraprova, que, como decorre do estabelecido no art. 346.º CC, consiste em tornar duvidoso um facto provado pela outra parte»*. Isso sucede, na opinião do mesmo autor, porque, se assim fosse: deixaria de ser possível utilizar a contraprova como meio de impugnação de uma prova que já contém em si a respetiva contraprova; a contraprova poderia permitir baixar a probabilidade da prova, mas não impugná-la; e se a contraprova tornasse a prova menos provável do que provável o facto não se tornaria duvidoso mas não provado. Em relação ao *standard* da probabilidade prevalecente, acrescentou, mais recentemente, Sousa (2019b): que esse *standard «não é compatível com o direito positivo português»*; que *«não é sequer compatível com a distribuição do ónus da prova e, portanto, com o objecto da prova»*; que, se fosse aceite pelos tribunais, *«correr-se-ia o risco de considerar provado um facto apenas porque, em função da prova produzida, ele é mais provável do que não provável»*, o que *«não é aceitável»*; e que *«seria muito estranho que o que não chega para a vida quotidiana (e nem sequer para a literatura) fosse suficiente para decidir processos jurisdicionais»*. Estes e outros argumentos, que não podemos explorar neste artigo, poderão justificar uma atitude de cautela e desconfiança em relação à figura dos *standards* de prova e à sua relevância no ordenamento jurídico português, não apenas em matéria civil, mas também no domínio penal.

[13] Para além dos riscos de serem importadas controvérsias jurídicas decorrentes de incompletudes ou ambiguidades existentes nas regras transplantadas, que suscitam dúvidas acerca da fonte de direito que será usada para as resolver, sobre o papel que os tribunais irão desempenhar nessa resolução, acerca da utilidade e persuasividade das decisões judiciais de outros

Não se trata aqui de fenómenos novos ou que devam causar muita estranheza aos académicos e práticos do Direito. Os juscomparatistas conhecem bem estes fenómenos e há muito que chamam a atenção para certos aspetos[14] e lidam com eles. Por isso, se afirma que, respeitando as diferenças entre os vários Direitos, a comparação deverá ter por objetivo, não um resultado unificador, mas um resultado multiplicador, capaz de responder à primordial e fundamental demanda da diferença[15]. Tal como sabem os juscomparatistas que há muitos exageros em termos de conclusões em relação à existência de interações e interpenetrações de sistemas jurídicos[16]. Por exemplo, pensando apenas na responsabilidade civil delitual, equacionam os comparatistas se a aproximação entre sistemas não será uma manifestação daquilo que é designado por lei de substituição, segundo a qual «*as diferenças entre sistemas jurídicos quanto a certas questões são por vezes compensadas por diferenças quanto a outras questões, que de alguma forma se anulam reciprocamente*»[17].

2.2. O Direito e as probabilidades: a incerteza factual, a causalidade, a imputação e as decisões em ambiente de incerteza

I. A ligação entre o Direito e as probabilidades não constitui propriamente algo exclusivo de certo ramo do Direito ou que deva ser visto como um fenómeno a estudar apenas na disciplina de Direito Comparado.

É certo que aí (no Direito Comparado) se dão nota de diversas influências de outros ordenamentos jurídicos, em especial no campo da responsabilidade civil (contratual ou delitual), mesmo em relação a temáticas estritamente

países sobre as controvérsias e sobre a utilidade de o legislador as solucionar previamente – sobre tudo isso, cfr. Wood (2019).

[14] Por exemplo, referiu Damaska (1997: 852) a respeito dos transplantes em matéria de prova: «*An arrangement stemming from a partial purchase – a legal pastiche – can produce a far less satisfactory factfinding result in practice than under either continental or Anglo-American evidentiary arrangements in their unadulterated form*».

[15] Moustaira (2018).

[16] Sobre o tema, concluindo que o que é crucial é a escolha e o desenho dos transplantes jurídicos, os quais exigem conhecimento e compreensão dos aspetos técnicos do transplante e também das implicações normativas, bem como a tomada em consideração por parte dos estudiosos dos transplantes jurídicos de várias áreas de investigação (tais como, direito comparado, teoria do direito, direito e regulação e direito e desenvolvimento), cfr. Siems (2018).

[17] Vicente (2017: 512).

relacionadas com as probabilidades e o Direito: desde a questão da explicação do pressuposto do nexo de causalidade até à problemática da perda de chance ou de oportunidade. Vários elementos aí podem ser recolhidos e que são conclusivos no sentido de uma tendencial aproximação dos sistemas jurídicos[18].

Sucede que a ligação entre o Direito e as probabilidades integra um fenómeno bastante mais antigo do que aquele que se vem assinalando no Direito Comparado em termos de aproximação de sistemas jurídicos.

Seja essa ligação vista fora do Direito ou mesmo dentro do Direito pode dizer-se que tem já algum lastro histórico. Tal permite legitimamente concluir que estamos perante um tema que tradicionalmente tem impregnado o discurso em geral e também o discurso jurídico.

II. As probabilidades encontraram quase sempre eco no pensamento filosófico, científico e no Direito.

Pelo menos, desde o século V a.C. encontramos referências à utilização de argumentos de probabilidade e verosimilhança[19] no que respeita à prova e os limites destes argumentos no contexto jurídico costumam ser discutidos. Bastará atentar nas referências várias às probabilidades que podemos encontrar nas tetralogias de ANTIFONTE[20] e no papel que ARISTÓTELES atribuía às probabilidades na discussão das provas[21]. Ainda que seja discutível dizer se antes de BLAISE PASCAL (1623-1662) – que captou a estrutura da teoria da decisão – se poderia falar como na atualidade de uma teia de ideias de probabilidades[22], desde então o tema tem impregnado a discussão de problemas filosóficos. O mesmo se pode dizer na ciência[23].

[18] VICENTE (2021: 519 e ss.) e VICENTE (2017: 447 e ss.).

[19] Talvez se imponha distinguir entre, por um lado, a probabilidade e, por outro lado, a verosimilhança (a aproximação à verdade ou a semelhança com a verdade que nada tem a ver com a probabilidade) – SOUSA (2018).

[20] MENDES/PEREIRA (2013: 267).

[21] MENDES/PEREIRA (2013: 267, nota 51). Assim também em PEREIRA (2017: 1221): «*Mesmo em* ARISTÓTELES *(384 a.C.-322 a.C.) encontramos uma distinção entre as chamadas "provas artísticas ou artificiais" (enteknoi) e as chamadas "provas não artísticas ou não artificiais" (ateknoi), sendo certo que a utilização das probabilidades incluir-se-ia nas provas artísticas ou artificiais, ou seja, naquelas provas que podem ser construídas pelo sistema e pelos nossos próprios esforços*».

[22] HACKING (2006: 14).

[23] Por exemplo, MYRVOLD (2021), dando especial destaque à utilização das probabilidades na física e, em particular, na mecânica estatística.

No Direito, o terreno do processo e da prova foi quase sempre um terreno propenso a referências várias às probabilidades. Desde a avaliação da prova em termos de probabilidades, até o cálculo probabilístico da fidedignidade do testemunho marcaram cedo presença nas disputas jurídicas[24]. A prática jurídica acompanhou essa forma de perspetivar as decisões em matéria de facto[25]. Nos tempos mais recentes, bastará pensar nos problemas de imputação de responsabilidade associados à chamada "sociedade do risco"[26] e as questões relativas à chamada "incerteza factual"[27].

Mais ainda: nos últimos anos as probabilidades passaram a integrar um campo de extraordinária relevância para as investigações levadas a cabo, no domínio da argumentação jurídica e do Direito da Inteligência Artificial, em torno da criação de sistemas de comunicação/argumentação que procuram explicar a relação entre os factos e a prova, designadamente aqueles que são suportados em enquadramentos bayesianos e coerentistas ou que recorrem a raciocínio abdutivo[28].

III. Na dogmática da responsabilidade civil e da responsabilidade penal, as probabilidades encontram amplo espaço de análise e aplicação em questões de imputação objetiva de resultados lesivos ou de danos.

Tal sucede em especial na discussão da questão da causalidade e agora até do risco (ou da criação/elevação de esferas de risco)[29]. Quem poderá dizer que as probabilidades não assumem relevância direta ou indireta no contexto da chamada teoria da condição (em especial, no domínio da fórmula da *conditio sine qua non*), da teoria da causalidade adequada ou das próprias modernas teorias do risco? A imputação de um resultado lesivo ou de um dano a alguém pode hoje efetivar-se desprovida de qualquer ponderação por parte do julgador marcadamente probabilística? Não é hoje um

[24] Hacking (2006: 14).

[25] Tal como escreveu Twining (1980: 51): « *It is generally recognised that in dealing with questions of fact lawyers are concerned with judgments about "probabilities"* ».

[26] Almeida (2010).

[27] Mendes (2016).

[28] Sobre o tema, cfr., por exemplo, Martins (2020).

[29] Barbosa (2013) e Barbosa (2014).

lugar-comum falar em causalidade alternativa incerta[30] e em causalidade complexa[31]?

IV. Em geral, há muito que se atribui às probabilidades um lugar de destaque relativamente a todos os litígios que possam reclamar a tomada de decisões no que pode ser designado por ambiente de incerteza.

Esse o diagnóstico confirmado por investigações realizadas por alguns autores, como é o caso de MARGARIDA LIMA REGO[32]. Nada disso é particularmente novo noutros domínios: a investigação de FRANK PLUMPTON RAMSEY (1903-1930), datada de 1926 (mas só publicada mais tarde a título póstumo), também documenta e procura resolver a questão da escolha e da tomada de decisões em condições de incerteza. Nessa ocasião sublinhou logo RAMSEY, partindo de algumas críticas à conceção[33] de JOHN MAYNARD KEYNES[34] (1883-1946), as insuficiências de uma teoria da probabilidade de tipo frequencista para uma crença parcial e para uma tomada de decisão individual, propondo, não obstante, uma noção de probabilidade como uma representação numérica do grau de crença subjetiva de um indivíduo[35]. As críticas de RAMSEY terão sido bem-recebidas por KEYNES (das quais recolheu influência filosófica favorável a uma orientação mais pragmatista)[36] e a conceção viria a ser seguida por outros autores.

Porém, têm vindo a surgir perspetivações recentes noutros domínios que obrigam a aprofundar um pouco mais a relação entre o Direito e as probabilidades: esse aprofundamento é notório no campo da decisão sobre a prova jurídica e, de certa forma, também no âmbito das pretensões indemnizatórias

[30] BARBOSA (2017) e MENDES (2019b), que critica a conceção de BARBOSA e refere que a solução adotada não é em qualquer dos casos transponível para o Direito Penal.

[31] MENDES (2018).

[32] REGO (2013).

[33] Algumas das críticas surgiram logo em 1922, num pequeno artigo de 4 páginas de revisão da obra de KEYNES – RAMSEY (1922) –, tendo este autor à data apenas 18 anos.

[34] KEYNES (1921).

[35] RAMSEY (1926). Para uma avaliação da relevância deste escrito de RAMSEY, cfr. MISAK (2020: 263-270).

[36] GERRARD (2023).

estando em causa danos futuros[37], embora aí se aluda a conceitos que podem ter contornos diferentes, a saber: possibilidade e prognose.

2.3. A medida da prova e os *standards* de prova

I. É o caso do tópico hoje mais frequente no domínio do processo penal da chamada "medida da prova".

A expressão "medida da prova" (no alemão, *Beweismaß*) poderá gerar dúvidas. Pode levar a questionar se em causa estão os graus de prova (prova *stricto sensu*, mera justificação e princípio de prova)[38], a força da prova (bastante, plena ou pleníssima) ou os *standards* de prova (entendidos como relativos à formação de uma convicção geral, ou seja, sobre um conjunto de circunstâncias atinentes ao caso concreto). Trata-se também de uma expressão de facto menos comum ou menos divulgada em certos sistemas jurídicos: a existência de *standards* de prova não surge referida nos sistemas continentais com tanta frequência como nos sistemas anglo-saxónicos[39].

Para além de terem vindo a crescer as reflexões sobre o tema dos *standards* de prova, dentro e fora[40] dos sistemas de *Common Law*, hoje – mal ou bem –

[37] Sobre este último aspeto, o qual não será abordado nesta sede, cfr. Silva/Reis (2012), Silva/Reis (2014) e Silva/Reis (2016).

[38] Em Mendes/Sousa (2022: 468) fala-se em medida da prova para referir uma aceção de prova que coincide com o *quantum* necessário para formar a convicção do julgador sobre a verdade de um facto. Mais à frente (*idem*: 475) referem-se diferentes graus de prova, os quais dizem respeito à discussão sobre a convicção exigida ao tribunal sobre a verdade de um facto, sobre a verosimilhança de um facto ou sobre a hipótese de um facto. Porém, no caso dos graus de prova parece estar primeiramente em causa o objeto da convicção (a verdade, a verosimilhança ou a hipótese do facto) e só indiretamente o grau de convicção.

[39] Não significa, porém, que os *standards* de prova sejam desconhecidos ou que não sejam analisados e discutidos nos sistemas de tradição romano-germânica, tal como no sistema alemão ou mesmo no sistema sueco – assim, por exemplo, Sousa (2015).

[40] No espaço germânico e suíço pode dizer-se que não representam novidade as reflexões nacionais e/ou comparadas sobre a medida da prova. Cfr., *inter alia*: Rein (2021), no Direito Farmacêutico; Alfter (2019), na Arbitragem; Mengler (2017), no Direito Processual Penal; Schweizer (2015), em geral; Brinkmann (2005), no Direito Processual Civil e com elementos de Direito Comparado; Berger-Steiner (2008), no Direito Privado; Fuchs (2005), na responsabilidade civil médica; Weber (1997), a respeito da prova da causalidade em processo civil; Scherer (1996), no Direito Processual Civil; Berg (1995), no Direito do Ambiente; Dürig (1990), no Direito de Asilo; Rommé (1989), no Direito Processual Civil; Nierhaus

esses *standards* já encontram consagração noutros ordenamentos jurídicos que também se reputa pertencerem à família romano-germânica, como é o caso de Itália[41], e mesmo na legislação nacional portuguesa de combate ao *doping* no desporto é possível detetar pequenas referências[42] (ainda que não especialmente significativas ou que permitam extrair um princípio geral favorável).

II. Recentemente, PAULO DE SOUSA MENDES propôs entre nós (sugestão que só pode concitar adesão e deverá ser estendida, com algumas cautelas e ponderações adicionais, ao próprio processo civil) que se procedesse a uma reflexão acerca da medida da prova nos ordenamentos jurídicos continentais (europeus) e latino-americanos e sobre a utilidade dos *standards* de prova para o processo decisório[43].

A medida da prova, embora seja um exemplo acabado do papel que se pretende crescentemente atribuir às probabilidades no domínio da prova jurídica, não constitui exemplo único do destaque dado às probabilidades (ou a certo tipo de probabilidades ou de interpretação das probabilidades). Alguns elementos poderão ser adicionados se refletirmos sobre o papel da crença/convicção no contexto judicial, embora também aí se possam manifestar dúvidas sobre se existe verdadeiramente a possibilidade de considerar a crença ou a convicção como correspondendo a realidades gradativas[44].

(1989), no Direito Administrativo e do Processo Administrativo; LEOPOLD (1985), no Direito Processual Civil; HUBER (1983), no Direito Processual Civil.

[41] MENDES (2019a: 32, nota 41).

[42] PEREIRA (2019b: 272-273, nota 66). Sobre a questão do *standard* de prova relevante nos processos internacionais de *doping* e de manipulação de resultados desportivos, cfr. DUTTIG (2019).

[43] MENDES (2019a). Na opinião deste autor (*idem*: 40), torna-se «*necessário regressar à discussão da medida da prova no sistema europeu continental e latino-americano*».

[44] PEREIRA (2019b: 279).

3. O probabilismo jurídico e os seus problemas

3.1. O sentido geral do probabilismo jurídico

Passado em revista o lugar das probabilidades no Direito, vale a pena debruçarmo-nos sobre aquilo que pode ser designado por "probabilismo jurídico".

No essencial, o probabilismo jurídico pode, de acordo com alguma literatura, ser definido da seguinte forma: «*is the view that mathematics, and probability theory in particular, can be used to explicate the standard of legal decisions*»[45]. Se pensado no domínio criminal, o probabilismo jurídico conduziria à seguinte pergunta: «*is a high probability of guilt enough to convict?*»[46].

Dito de outro modo, o probabilismo jurídico assume a posição segundo a qual as decisões jurídicas deveriam apoiar-se na matemática e na teoria das probabilidades. Restaria, pois, determinar quando é que uma determinada probabilidade é considerada suficiente para ser tomada uma decisão.

3.2. As origens do probabilismo jurídico e o debate atual

I. A expressão "probabilismo jurídico" não é uma criação da doutrina portuguesa, nem sequer constitui uma corrente ou forma de pensamento propriamente nova no domínio jurídico: está associada às discussões sobre a questão da suficiência da prova e dos *standards* de prova[47].

Encontramo-la em escritos de autores antigos e mais recentes, como é o caso dos inseridos na corrente *New Evidence Scholarship*[48]. Também no contexto da análise económica do direito, com Richard Posner[49], podemos observar essa tendência[50].

[45] Stefaniak/Urbaniak (2018: 33).

[46] di Bello (2019).

[47] Para mais explicações e discussões sobre o recurso a probabilidades matemáticas e interpretação dos *standards* de prova, cfr. Hock Lai (2015: 3.2.).

[48] Com referências, cfr. Hedden/Colyvan (2019: 448-449). As origens da expressão *New Evidence Scholarship* são fixadas no artigo de Lempert (1986) – assim, J. Jackson (2007: 291).

[49] O que não deixa de ser uma circunstância curiosa atenta a integração que Posner faz de si próprio no pragmatismo – cfr. Posner (1996) –, embora essa integração seja bastante questionada por Haack (2018: 1069-1071), ao referir (*idem*: 1069): «*it is Richard Posner who is most often taken to represent legal pragmatism today. As we shall see, however, it's far from clear whether*

De acordo com essa visão, a matemática e a teoria das probabilidades muito teriam a aportar para o domínio jurídico, em particular na prova jurídica.

II. Trata-se, porém, de uma posição que não tem merecido acolhimento generalizado[51] mesmo no seio de autores provenientes dos sistemas de *Common Law*[52], que manifestam a sua preferência por visões menos favoráveis em relação ao lugar das probabilidades (ou da quantificação) no Direito em geral e da prova jurídica em especial.

Desde a conhecida crítica de LAURENCE TRIBE[53], de L. JONATHAN COHEN[54] e de LEONARD JAFFEE[55], vários outros autores se têm apresentado fortemente críticos[56] em relação ao probabilismo jurídico: é o caso de LARRY LAUDAN[57] e (isolada ou conjuntamente) de RONALD J. ALLEN[58].

Posner is best classified as a kidnapper of pragmatism, a critic, or another "misunderstander"—or, indeed, as simply irrelevant to present concerns».

50 HEDDEN/COLYVAN (2019: 441) ao referir-se *«as well as by scholars working in the tradition of economic analysis of law».*

51 Não assim, por exemplo, SPOTTSWOOD (2014), com a sua abordagem dual de incorporação de características, quer da abordagem bayesiana (o *«bayesian model»*), quer da abordagem narrativa (o *«story model»*). Aparentemente continuando a defender o probabilismo para os modelos de decisão jurídica, cfr. SPOTTSWOOD (2019: 80), para quem *«the prescriptive benefits of an explanationist approach may be surprisingly minimal»* e que, embora possa ser difícil implementar um sistema de aprendizagem de racicínio bayesiano em relação a *«quasi-randomly selected lay jurors»*, vale a pena não esquecer que *«many cases are decided by professional judges, arbitrators and ALJs, who could plausibly be taught similar methods and trained in their use»*. Exprimindo também uma posição aparentemente favorável ao recurso a uma *«likelihood ratio»*, mas sem dependência da regra de BAYES, cfr. KAYE (2017: 923 e ss.).

52 Essa é também a conclusão de DI BELLO (2021), ao referir: *«Legal probabilism remains a minority view among legal scholars, but attained greater popularity in the second half of the twentieth century in conjunction with the law and economics movement».*

53 TRIBE (1971).

54 COHEN (1977).

55 JAFFEE (1984-1985).

56 Outros, como TWINING (1980: 52) parecem ter expressado sobretudo dúvidas *«as to what kind(s) of probabilities are involved and the extent to which it is (a) theoretically possible, (b) feasible in practice and (c), when feasible, desirable as a matter of policy, to express the criteria of correctness of such judgments in terms of a mathematical calculus of probability»*. Ao mesmo tempo concluíram (*idem*: 64): *«Perhaps Holmes was only half-right. The life of the lawyer of the future will need to include logic as well as statistics».*

57 LAUDAN (2008).

ALLEN e outros consideram essencialmente desadequado o probabilismo jurídico[59], quer na sua versão frequencista[60], quer na sua versão bayesiana[61]. Mais: sustentam que há muito que se percebeu a necessidade de superar o probabilismo jurídico devido às dificuldades e aos paradoxos detetados e ainda à importância de virar a atenção para uma outra realidade: a da "explicação". Tal conduziu ao forjar da "teoria da plausibilidade relativa" («*relative plausibility theory*»)[62], que no entender do autor apresenta várias vantagens, designadamente em virtude de poder ser vista como uma alternativa não algorítmica para o processo de decisão[63].

III. Com um pendor mais filosófico (*rectius*, com suporte na filosofia pragmatista da herança de PEIRCE[64]), mas não certamente menos assertiva em

[58] *Inter alia*, cfr. LEITER/ALLEN (2001), ALLEN/STEIN (2013), ALLEN (2020). Também crítica contra o probabilismo, favorecendo antes o recurso às explicações (*explanationism*), cfr. VÁZQUEZ (2019). Uma das vias tem sido a defesa da inferência para a melhor explicação – PARDO/ALLEN (2008) –, expandida depois para o sistema jurídico em geral – ALLEN (2013) («*Solutions to legal problems within the legal system as a whole (as compared to any particular node within the legal system) are arrived at through a process of inference to the best explanation that occurs within a highly interconnected set of nodes similar to a neural or social network*»). Porém, existem outros métodos. STEIN (2015) sugere um método de avaliação da admissibilidade da prova («*o "signal-to-noise" method*») emprestado da estatística, da ciência e da engenharia, que se foca no «*range of probabilities to which evidence falling into a specified category gives rise*».

[59] Assim, muito claramente, ALLEN (2017: 134): «*As powerful as probability theory is, and as useful as applying it in research on the legal system has been, there are deep conceptual problems that open a chasm between probability theory and juridical proof. In particular, conventional probability theory does not and probably (there is that word again) cannot describe very well either the structure of trials or the inferential processes that occur*».

[60] Na opinião de ALLEN/STEIN (2013), os factos particulares do caso ficam largamente de fora do quadro se for adotada uma versão frequencista do probabilismo jurídico.

[61] No seu estudo, LEITER/ALLEN (2001), criticaram as versões subjectivistas do probabilismo jurídico pelos mesmos motivos, nomeadamente invocando que as mesmas não atribuem um papel adequado às considerações explicativas e a outras considerações epistemológicas importantes. O bayesianismo subjectivo interpreta algumas afirmações de probabilidades como expressando os graus de crença dos agentes (também conhecidos como graus de confiança, probabilidades subjectivas, ou credenciais).

[62] ALLEN/PARDO (2019).

[63] Escreve ALLEN (2020: 118): «*legal scholarship has undergone a paradigm shift, replacing probabilism as the best explanation of juridical proof with explanationism, exemplified by the symposium by the International Journal of Evidence and Proof*».

[64] Sobre o papel e a herança de PEIRCE no pragmatismo em geral e, em particular, no pragmatismo de HAACK, cfr. BERNSTEIN (2010: 32-52 e *passim*) e BACON (2012: 15-26 (em geral sobre

termos de crítica ao probabilismo jurídico, SUSAN HAACK rejeitou também a possibilidade de as probabilidades funcionarem como critério de resposta para a temática dos *standards* de prova[65].

No essencial, defendeu HAACK que os *standards* de prova deveriam ser compreendidos *«as degrees of warrant»* e que estes não deveriam ser considerados probabilidades (matemáticas)[66].

IV. Apesar da visão crítica apresentada em relação às probabilidades, subsistem propostas (muito recentes) de discussão do lugar das probabilidades no Direito, nomeadamente no domínio da prova.

Documentam bem essas tentativas o aceso debate travado entre, por um lado, ALLEN[67] e , por outro lado, BRIAN HEDDEN/MARK COLYVAN[68]. Os últimos insistem na recusa de transformação do probabilismo jurídico naquilo que pode ser designado por explacionismo jurídico, criticando ALLEN e HAACK

PEIRCE), 147-155 (sobre a influência e o ressurgimento do trabalho de PEIRCE em HAACK) e *passim*), e HAACK (1993), e HAACK (2009: em especial, 26, em que aceita de bom agrado a descrição de neta intelectual de PEIRCE), obras em que HAACK defende uma perspetiva baseada em PEIRCE da verdade e da investigação científica. Com maior desenvolvimento sobre a importância de PEIRCE no pragmatismo e a respetiva influência, cfr. MISAK (2004a), MISAK (2000: 1-8 e 48-101), MISAK (2004b: 24-25), e MISAK (2013: 26-52), e, demonstrando a projeção da influência de PEIRCE também em RAMSEY e WITTGENSTEIN, cfr. MISAK (2016: 11-51 e *passim*). Igualmente com interesse, cfr. as referências a PEIRCE de PUTNAM/PUTNAM (2017: 2-3, 13-16, 21-26, 35, 67, 124-134, 221-224, e 350-351), e os estudos de MISAK (2015), MISAK (2019) e MISAK (2020), demonstrando que RAMSEY não pode ser visto como simpatizante do Círculo de Viena, embora o seu pensamento tenha nele exercido influência.

[65] HAACK (2014: 47-77). No entanto, em comentário crítico à posição de HAACK, refere CARRIER (2016): *«All assertions of fact are probabilistic; you cannot, no matter how hard you try, actually in fact mean anything but a probability when you assert a degree of belief. And you cannot, no matter how hard you try, avoid relying on an intuitively estimated prior probability and likelihood ratio when you estimate your confidence in a thing. I demonstrate this, and that they entail Bayes' Theorem is the only valid way left to justify your beliefs»*.

[66] Já TWINING (1980: 53-54) havia distinguido um sentido de probabilidades como *«subjective expressions of degrees of confidence (intensity of belief)»*, que não se confundiria com outras teorias da probabilidade, nomeadamente com a teoria das chances, com as probabilidades estatísticas ou atuariais nem tão-pouco com as probabilidades indutivas ou baconianas (embora não fossem incompatíveis com estas).

[67] ALLEN (2017). À visão do probabilismo jurídico opõe ALLEN uma outra: a do explacionismo jurídico (*legal explanationism*). No que é acompanhado por outros autores, designadamente ALLEN/STEIN (2013) e VÁZQUEZ (2019).

[68] HEDDEN/COLYVAN (2019).

por partirem de uma visão anacrónica acerca das probabilidades[69] e por não tomarem em consideração a flexibilidade e adaptabilidade da teoria das probabilidades[70]. Por seu turno, ALLEN acusa-os de não perceberem os problemas da prova jurídica e de fazerem sugestões ultrapassadas, não rigorosas e já rejeitadas pela comunidade jurídica e pelos próprios autores em que HEDDEN e COLYVAN se baseiam. E ALLEN cita ainda vários autores da epistemologia formal que revelam uma atitude de cautela em relação às possibilidades de transposição das conclusões a que os mesmos chegam sobre as probabilidades para o domínio jurídico[71].

V. Haverá porventura alguns exageros e excessos de parte a parte nesta discussão e não se justifica nesta sede ajuizar a bondade de cada uma das posições ou, muito menos, almejar a pôr fim à contenda.

Seria necessário mergulhar a fundo nas recentes discussões acerca das teorias das probabilidades e analisar se existe alguma epistemologia compatível com essas teorias e com o Direito[72]. Também não se pode dizer que as únicas

[69] Referem HEDDEN/COLYVAN (2019: 449-450): «*We fault them for assuming an for assuming an outdated and inexhaustive catalogue of 'interpretations of probability' (or ways to understand probabilistic claims) which lead them to ignore the possibility of integrating the explanatory and other epistemological considerations that they rightly emphasise into a probabilistic framework*». Sugerem a leitura do livro de THIMOTHY WILLIAMSON (2000) e em resposta ALLEN (2000: 124-125) refere que ele não traz nada de novo para entender a prova jurídica, que não tem significado e que o *evidential probabilism* defendido por aquele autor ainda mais não aborda a questão das probabilidades do Direito, dirigindo-se apenas a reconstruir a epistemologia. Não obstante, cfr. NANCE (2016), que desenvolve uma teoria da prova jurídica que depende numa parte significativa de probabilidades epistémicas.

[70] HEDDEN/COLYVAN (2019: 454): «*probability theory is a far more flexible and adaptable framework than many scholars give it credit for*».

[71] ALLEN (2020: 128, nota 51) – refere os casos de: MOSS (2018), que desenvolve um novo entendimento sobre o conhecimento, reunciando aos requisitos da certeza latente em conceitos como "verdadeiro" e substituindo-os por um entendimento probabilístico; de NORTON (2021), que recusa uma universalização dos métodos probabilísticos, tal como já antes tinha sublinhado a rejeição de esquemas universais de inferência indutiva – NORTON (2003); e de KONEK/LEVINSTEIN (2019), que desenvolvem uma teoria da decisão epistémica.

[72] Tal como cedo alertou TWINING (1980: 52), «*There are many different theories of probability, that is to say different criteria of correctness of judgments of probability*».

perspetivas alternativas são as que opõem os probabilistas aos explanacionistas[73] ou porventura a defesa de abordagens de tipo dual[74].

Em qualquer dos casos, parece denotar-se alguma ingenuidade metodológica da parte dos autores que olham para o Direito como uma não ciência ou como um saber menor (o mesmo em relação à literatura jurídica) e o utilizam como uma espécie de laboratório adequado para revelarem todos os conhecimentos que adquiriram ao longo da sua formação fora do Direito e testarem (de uma forma um pouco arrogante em relação aos juristas, diga-se) as múltiplas reflexões provenientes de outros campos do saber. Nada de novo e que não possa ser estendido a outros domínios, em que certos ramos do saber ou disciplinas (de pendor dito científico) têm vindo (não sem algumas resistências ou chamadas de atenção quanto a eventuais exageros e excessivos entusiasmos)[75] a ganhar forte influência e protagonismo na discussão de matérias jurídicas clássicas.

No entanto, o reconhecimento da importância das probabilidades no Direito e no âmbito dos *standards* de prova não tem de encerrar em si um mal, que importe combater a todo o custo e que obrigue a uma espécie de cruzada. O que se discute hoje (e o debate entre Allen e Hedden/Colyvan parece documentar) é, não tanto a relevância das probabilidades na discussão dos *standards* de prova ou de outros aspetos no domínio da prova (que a prática explicita ou implicitamente assume), mas sim o alcance das teorizações

[73] Por exemplo, Clermont (2015) defendeu que a teoria matemática das funções de crença ofereceria uma alternativa em relação aos problemas detectáveis na perspectiva da plausibilidade relativa no que se refere aos *standards* de prova. Perspetiva que tem reiterado em escritos mais recentes sobre os *standards* de prova – Clermont (2019).

[74] Tal como sugeriu Spottswood (2014), com base nos desenvolvimentos da ciência cognitiva, ao referir-se à interação de dois sistemas de cognição, que permitiria ultrapassar no domínio da prova dos factos a tradicional discussão entre bayesianos e abducionistas.

[75] Paradigmático neste aspeto, procurando delimitar o que (de facto) os penalistas poderão aprender com os neurocientistas e com a neurociência e propondo um confronto da dogmática do dolo com os avanços da neurociência para obtenção de um claro referencial empírico sobre o que significa saber e querer, cfr. Greco (2021). Adotando uma perspetiva mais ampla favorável: (i) em relação às neurociências e à inteligência artificial e considerando que o Direito poderia ser o universo de sentido destas novas compreensões do comportamento humano pelas ciências, cfr. Palma (2020); (ii) em relação às neurociências e o contributo das ciências cognitivas para a afirmação da cognoscibilidade individual da realização do facto típico como elemento essencial da negligência inconsciente, cfr. Brito (2015).

acerca das probabilidades (ou de modelos matemáticos ou formais)[76] levadas a cabo fora do Direito para explicar e justificar cabalmente a prova jurídica e os *standards* de prova que são utilizados no Direito. Também as chamadas de atenção de SPOTTSWOOD sobre as possibilidades de ensino e treino de métodos formais a alguns julgadores de facto (designadamente juízes profissionais[77] e árbitros, mas não tanto cidadãos comuns capazes de integrar tribunais de júri[78]) devem levar a questionar se, como parece defender o autor, não será o momento de discutir qual o tipo de instruções prescritivas[79] que permitiria aos julgadores de facto alcançar com maior frequência melhores decisões, mas tendo em conta as restrições do mundo real[80].

[76] Com uma discussão mais ampla abrangendo também a modelação matemática e formal para explicar o valor da prova jurídica, mas igualmente críticos, cfr. ALLEN/PARDO (2007: 109): «*As with the first wave of interest in the application of probability theory to juridical proof, this recent scholarship is interesting, instructive, and insightful. However, it also suffers from a deep conceptual problem that makes ambiguous the lessons that can be drawn from it—the problem of reference classes*».

[77] Mesmo em relação aos «*trial judges*» podem justificar-se algumas reservas, designadamente quando estejam em causa processos com intervenção (também) do júri. Alguma literatura norte-americana invoca que, na comparação com outros sistemas jurídicos, os juízes norte-americanos têm um papel fraco, decorrente da falta de preparação do julgamento e do desconhecimento de possível informação relevante (por não terem acesso aos autos de investigação) e que ocorre também uma indefinição do papel que terão de desempenhar por se confundir a imparcialidade com a passividade, o que leva a que o juízes não se predisponham a ajudar os jurados (nem sequer a sumariar a prova produzida) – sobre estes pontos, numa perspetiva crítica em relação ao sistema norte-americano, cfr. PIZZI (1999: 140 e ss.).

[78] Quando ao «*jury trial*» norte-americano parecem valer ainda as considerações de LANGBEIN (1996: 1194): «*Despite its merits, jury trial has always been fraught with danger. Jurors are untrained in the law, they decide without giving reasons, they have no continuing responsibility for the consequences of their decisions, and their verdicts are quite difficult to review. The risks of error and partiality in this system of adjudication are ineradicable*».

[79] A edificação de instruções prescritivas poderá implicar restrições à livre apreciação da prova. Porém, poderá dizer-se a esse respeito, tal como escreveu DAMASKA (2018: 5), num estudo sobre a história do Direito Probatório penal a partir das fontes romanas e confrontando-as com as abordagens atuais, que «*the valuation of evidence free from legal intrusion does not deserve to be hailed as an irreversible historical achievement and an ideal fact-finding arrangement*».

[80] SPOTTSWOOD (2019: 80).

3.3. As reflexões recentes sobre as probabilidades em Portugal

I. Entre nós, também têm sido realizadas algumas sugestões que, direta ou indiretamente, podem ser vistas como indo ao encontro da visão adotada pelo probabilismo jurídico em matéria de prova.

Será o caso, desde logo, de João Marques Martins com as suas reflexões sobre as presunções judiciais. Ainda que assinalando alguns óbices à utilização generalizada do teorema de Bayes na explicação/análise e justificação da prova judicial, não deixa o autor de manifestar também alguma desconfiança em relação à coerência para a justificação da decisão de facto e de propor um sistema argumentativo que, visando fixar regras de discurso e possibilitar o debate, utiliza números e quantificações matemáticas para expressar variações na convicção do julgador[81].

Posteriormente, ainda no domínio da prova, Paulo de Sousa Mendes insistiu na relevância das probabilidades para a determinação da medida da prova penal. Em particular, sustentou que existiria uma diferente medida da prova em processo civil (regra da probabilidade preponderante e/ou regra da prova inequívoca e convincente para certo tipo de processos) e em processo penal (prova para além da dúvida razoável), diferença essa que seria explicável em termos utilitaristas pela necessidade de recorrer a «*critérios jurídicos que servem para minimizar o custo esperado de erro judicial*». Além disso, sustentou que a medida da prova, mesmo no processo penal (à partida com um grau de probabilidade de 90% a 100%), seria «*diferente para os elementos constitutivos do crime e para as eximentes da pena*» e que «*não se repercute da mesma maneira sobre a medida da prova de todas as possíveis defesas*» do arguido (a defesa por impugnação e a defesa por exceção): na defesa por impugnação, a medida da prova da culpabilidade seria a correspondente ao estabelecimento de uma dúvida razoável, ou seja, «*uma dúvida superior aos 10% de probabilidade de o juízo de culpabilidade ser falso*»; na defesa por exceção, valeria a lógica da probabilidade preponderante do processo civil, ou seja, «*uma dúvida superior aos 50%*

[81] Martins (2017: 184-194). É verdade que o mesmo autor alerta (*idem*: 192-193) que: os números, sendo candidatos óbvios, poderiam ser substituídos por cores; a aritmética utilizada é apenas um modo de dizer e não um modo de fazer; a decisão judicial não deve ser vista como o resultado de uma sequência de toscas operações aritméticas.

de probabilidade de o juízo de culpabilidade ser falso»[82]. E, mesmo admitindo ser difícil o acesso e a utilização por parte do julgador de probabilidades de tipo frequencista ou objetivas (*«cálculo de probabilidades baseado em frequências»*), considerou o mesmo autor que permaneceria a possibilidade de o julgador fazer uso de juízos de probabilidade informal (uma *«aproximação grosseira à probabilidade pessoal, subjetiva ou Bayesiana»*) e de estes juízos virem a ser até (e com vantagem) quantificados[83].

II. Algum contributo para assinalar a presença das probabilidades no Direito tem vindo ser dado também através de reflexões sobre a causalidade e sobre os modelos de prova.

As referências aos contrafactuais probabilísticos, às situações de causalidade alternativa incerta como situações problemáticas de causalidade[84] e também à relevância de modelos de prova que permitam integrar as probabilidades com as narrativas e os argumentos probatórios[85] podem dar alguma ajuda.

III. Resta saber se tal terá de implicar um compromisso com o recurso às teorizações das probabilidades (seja qual for o tipo de probabilidades ou de abordagem em causa) e/ou uma filiação no probabilismo jurídico.

Está-se em crer que não será exigível nem o referido compromisso nem a referida filiação. O que talvez distancie esta posição da de outros autores, e em especial daqueles que manifestam uma adesão direta ou indireta ao probabilismo jurídico (ou se quisermos à importância da quantificação), pode não ser muito do ponto de vista das respetivas consequências dogmáticas ou

[82] Mendes (2018: 90-91 e 412-413) e Mendes (2019a: 27 e 40).

[83] Mendes (2019a: 39): *«há uma aporia escondida na recusa de quantificações na formação da convicção do juiz de facto. Na verdade, o cálculo matemático não é indispensável à obtenção de números cardinais dentro de um intervalo de quantificação. Os valores estimados pelo juiz de facto não deixam, por isso, de ser valores aproximados dos resultados de operações matemáticas. Acresce que um matemático ou um lógico poderão ser capazes de reproduzir analiticamente o procedimento de formação da convicção do juiz de facto»*. Parece ressoar aqui o ensinamento de Ramsey (1922: 220) numa primeira apreciação da teoria das probabilidades de Keynes: *«it is surely obvious that probabilities may be numerical or comparable without our being able to assign their numerical values or compare them, owing to the imperfection of our logical insight»*.

[84] Pereira (2017) e Pereira (2016).

[85] Pereira (2019).

práticas em matéria de prova: todos continuam no essencial um pouco às apalpadelas no escuro no que diz respeito à integração das probabilidades no Direito. Mas diz bastante em termos metodológicos. Essa distância (seja ela mais longa ou mais curta) assenta numa certa perspetivação do Direito que, embora multidisciplinarmente aberta a outras áreas (e aos desenvolvimentos aí verificados), não prescinde de afirmar (com todas as forças, mas sem sectarismos) a autonomia do Direito.

IV. Sintoma da não adesão ao probabilismo jurídico, tal como vem sendo proposto por alguma literatura anglo-saxónica, poderá estar o facto de não se manifestar particular apreço pelo recurso às probabilidades como solução para os problemas de causalidade e de prova e de, embora reconhecendo a inevitabilidade das probabilidades em geral e da sua utilização no universo jurídico em particular, se optar por sujeitar as probabilidades a uma pesada caução.

A leitura realizada acerca da teoria da causalidade adequada e das modernas teorias do risco[86] e também a apreciação crítica efetuada em relação às tentativas de integração de probabilidades em modelos de prova[87] atestam uma tal conclusão. Se são bem conhecidas e documentadas as observações críticas que vários autores realizaram em relação às teorias no domínio da causalidade e da imputação objetiva, já não o serão as dúvidas e reservas que é possível manifestar em relação à integração de probabilidades em modelos de prova. Mesmo as abordagens bayesianas tradicionais à prova parecem apresentar, entre outros problemas[88], a dificuldade de compreensão por quem não tenha formação matemática, como será o caso dos investigadores no âmbito criminal e dos juízes[89]. Isso também o admitem Marques Martins e Sousa Mendes.

[86] Pereira (2017: 330-395 e 450-486).
[87] Pereira (2019: 73-76).
[88] di Bello (2021) indica outras críticas gerais que foram dirigidas as abordagens bayesianas tradicionais: «*These critiques range from difficulties in assessing the probability of someone's criminal or civil liability to the dehumanization of trial decisions to misconstruing how the process of evidence evaluation and decision-making takes place in trial proceedings*».
[89] Pereira (2019: 74).

V. Ao mesmo tempo, cumpre reconhecer que o universo da prática e da dogmática jurídica não têm sido particularmente sensíveis a leituras críticas ou às reservas mais do que uma vez realizadas acerca das probabilidades.

Na causalidade é uma espécie de vulgata dizer que o CC (art. 563.º) e o CP (art. 10.º) consagraram a teoria da causalidade adequada e que tal legitima a imputação por parte do julgador de um dano ou resultado lesivo ainda que entre a conduta ilícita e o dano ou o resultado lesivo nada mais se possa afirmar do que uma relação de condicionalidade provável, de adequação ou idoneidade. O significado de uma tal relação é deixado, contudo, na dúvida.

É também provável que subsistam tentativas de reconciliação das duas perspetivas principais em confronto sobre os *standards* de prova, que direta ou indiretamente apelam às probabilidades (formais ou informais). O rápido crescimento de dados, acoplado à aprendizagem automática e à difusão de análises custo-benefício, torna ainda mais vivo o sonho de recurso às probabilidades para discernir padrões de comportamento dos indivíduos e para melhorar as instituições jurídicas[90].

Portanto, é possível tomar como ponto seguro que as probabilidades (entendidas em sentido formal ou apenas em sentido informal) estão presentes (e cada vez mais) no discurso jurídico.

VI. Todavia, não devem ser escamoteados os problemas que as probabilidades e os sistemas de análise quantitativa propostos pelos seus defensores encerram.

Sobretudo quando o recurso às probabilidades ou às operações matemáticas que lhes servem de referência é apresentado como uma espécie de "maná dos deuses" ou "panaceia" para problemas jurídicos complexos ou como sendo a solução dotada da racionalidade mínima que, em geral, escapa ao discurso prático e muito particularmente ao discurso jurídico[91].

[90] DI BELLO (2021).

[91] Não é muito distinta a perspetiva crítica assumida por HARCOURT (2018: 419) quanto à crença no recurso a formas não normativas ou científicas para o sistema jurídico: «*The systems fallacy is the mistaken belief that there could be a nonnormative or scientific way to analyze and implement public policy that would not affect political values. That pretense is mistaken because the very act of conceptualizing and defining a metaphorical system, and the accompanying choice-of-scope decisions, constitute inherently normative decisions that are value laden and political in nature. The ambition of*

4. As possibilidades de enquadramento do probabilismo jurídico

I. Uma reação possível ao fenómeno do probabilismo jurídico poderia passar pela sua imediata e integral rejeição.

Essa rejeição poderia assentar na reafirmação da autonomia do Direito e na chamada de atenção para as necessárias ponderações subjacentes ao diálogo interdisciplinar, tal como tem defendido, entre nós, AROSO LINHARES[92], na esteira do magistério de CASTANHEIRA NEVES[93]. No entender de AROSO LINHARES, o que importa é ouvir atentamente as propostas, sem renunciar imediatamente à autonomia do Direito, e explorar, desta forma, as possibilidades de "um sistema jurídico aberto multidimensional" (ou, por outras palavras, "uma pragmática de pluralidade")[94].

No entanto, talvez não seja preciso ir tão longe. Uma explicação adicional poderá enquadrar corretamente o problema. No essencial, importa explicar os motivos pelos quais não pode ser aceite sem mais o probabilismo jurídico e fazer um esforço para convencer também os autores que, não enjeitando a autonomia do Direito, entendem ser de atribuir ainda assim um lugar às probabilidades (formais ou informais).

II. Um correto enquadramento do problema passará por reconhecer que o Direito tem os seus limites: limitações do ponto de vista das ferramentas de análise e também limitações do ponto de vista das capacidades de justificação das decisões jurídicas tomadas[95].

Não se trata de procurar uma forma mais científica de justificação do discurso jurídico. Nem todas as decisões, contudo, podem ser tomadas no Direito

decision theorists to render policy implementation neutral and objective by means of scientific methods was laudable, but there is no way to extract the politics from the method».

92 Por exemplo, em LINHARES (2007), LINHARES (2009) e LINHARES (2010a).

93 CASTANHEIRA NEVES (1999).

94 LINHARES (2010b: 38-39).

95 Mesmo NEIL MACCORMICK (1980: 50) não deixou de ver na análise das probabilidades uma forma de avaliar as inferências realizadas sempre que não esteja disponível a prova direta (por observação imediata) dos factos. A coerência narrativa desempenha um papel importante na justificação das decisões sobre matéria de facto, mas carece de ser validada pela teoria das probabilidades.

sem o apoio de outros ramos do saber[96] e, em muitos casos, sem contar como os desenvolvimentos nesses ramos do saber: aí se incluem os da matemática, da teoria das probabilidades e/ou da quantificação. A questão passa por descortinar a utilidade que se espera daí retirar para o Direito. No fundo responder às seguintes perguntas: As probabilidades (e a quantificação) aportam especificamente o quê para o domínio jurídico? E, em particular, ajudam de que forma a resolver problemas de prova jurídica, designadamente no que toca às presunções judiciais e à questão da medida da prova?

III. No domínio da prova jurídica há muito que se fala no teorema de Bayes como representando uma possibilidade de cientifização do raciocínio probatório.

No entanto, a cientificação do raciocínio probatório terá de ser devidamente justificada. Como pode ser aceite essa cientifização se: (i) ela se mostra contrária aos estudos sobre a formação (qualitativa) da convicção e à evidência de a prova em Direito não ser pensada de forma probabilística?[97]; (ii) existe consciência que o julgador, mesmo quando confrontado com relatórios periciais que façam uso de probabilidades, decidirá, ele mesmo, com base na sua própria interpretação de probabilidade informal?[98]

Isso muitos o reconhecem e bem. A questão é saber se as dúvidas em relação à cientifização se deverão manter independentemente da abordagem (objetiva ou subjetiva) que se adote em relação às probabilidades? Tais dúvidas poderiam ser dirimidas se considerássemos bastante dizer que *«a utilização da probabilidade informal é moderadamente racional e adequada às necessidades da vida, que é o que se pretende numa decisão judicial»*[99]. Não vemos que tenha de ser ou sequer deva ser assim. Algo mais terá de ser referido. Não tanto em virtude de não colher aceitação generalizada a bondade/correção de uma teorização

[96] Mendes (2019a: 38): *«Não se nega, porém, que o tradicional cálculo de probabilidades baseado em frequências (método estatístico) possa influenciar a decisão de facto, como quando, por hipótese, um perito forense indique o grau de probabilidade associado a uma determinada alegação de facto (e.g., a vítima ter contraído asbestose e morrido por causa de ter trabalhado durante vinte anos em ambiente exposto ao amianto)»*.

[97] Martins (2020), referindo a posição de Thagard.

[98] Mendes (2019a: 38).

[99] Mendes (2019a: 38-39).

das probabilidades como probabilidades subjetivas ou informais[100] ou porque uma visão das probabilidades ligada às necessidades da vida (ou a uma lógica humana, não passível de ser reduzida a uma lógica formal) deva ser rejeitada[101]. Sobretudo em não se descortinar em que medida uma tal conclusão poderia acrescentar algo, não apenas em relação às restantes perspetivações sobre a prova jurídica (como a da relativa plausibilidade de ALLEN e outros), como em relação às dúvidas de que partimos sobre a prova jurídica. Talvez o ponto adicional possa estar no facto de as inferências se suportarem numa relação, a qual terá de corresponder a uma certa regra ou generalização compatível ou ajustada aos factos[102].

IV. É certo que alguns autores sugerem que a prova jurídica pode ser pensada de forma probabilística ou por recurso a quantificadores matemáticos, mas no essencial acabam por admitir que se terá de se procurar noutro lado

[100] Não são raros os autores a pugnar por uma perspetiva objetiva das probabilidades ainda hoje – por exemplo, HOEFER (2019). No entender de TWINING (1980: 53), a expressão "probabilidades subjetivas" pode prestar-se a confusões, na medida em que pode levar a identificar graus de crença ou de intensidade de crença (que correspondem a uma espécie de "probabilidade psicológica") com palpites ou estimativas em situações em que não exista ou seja insuficiente a prova empírica disponível para fazer um juízo.

[101] A linguagem comum não pode ser desconsiderada, mesmo na teorização das probabilidades. Recorde-se a este respeito a adesão de princípio por RAMSEY (1926: 158) a uma teoria frequencista das probabilidades fundada, desde logo, na seguinte circunstância: «*this theory must be conceded to have a firm basis in ordinary language*». Contudo, mais à frente, RAMSEY, depois de defender a sujeição das crenças parciais, tal como as crenças completas, a uma teoria da consistência que também faz parte integrante da lógica (*idem*: 186), sublinhou (*idem*: 191): «*the most generally accepted parts of logic, namely, formal logic, mathematics and the calculus of probabilities, are all concerned simply to ensure that our beliefs are not self-contradictory. We put before ourselves the standard of consistency and construct these elaborate rules to ensure its observance. But this is obviously not enough; we want our beliefs to be consistent not merely with one another but also with the facts; nor is it even clear that consistency is always advantageous; it may well be better to be sometimes right than never right. Nor when we wish to be consistent are we always able to be: there are mathematical propositions whose truth or falsity cannot as yet be decided. Yet it may humanly speaking be right to entertain a certain degree of belief in them on inductive or other grounds: a logic which proposes to justify such a degree of belief must be prepared actually to go against formal logic*».

[102] RAMSEY (1926: 198): «*we choose the simplest law that fits the facts, but unless we found that laws so obtained also fitted facts other than those they were made to fit, we should discard this procedure for some other*».

(por exemplo, na coerência ou em outros conceitos equivalentes) um critério final para a justificação epistémica alcançada na decisão.

Essa admissão é fruto da importância da fundamentação (interna e externa) da decisão, mas não só. O próprio julgador não fica de facto imune à pressão que internamente sente de justificar para si (e não apenas para os outros) o caminho percorrido até à decisão de facto, tendo certamente consciência das suas limitações e inclusive dos juízos inferenciais que é capaz de por si só realizar[103]. Sente o julgador no fundo a premência de recorrer a certas ferramentas que simplifiquem ou permitam até representar de forma expressiva o raciocínio probatório por si percorrido. Porém, em muitos casos de recurso a ferramentas visuais ou de natureza formal estar-se-á perante meros esboços hipotéticos de algo supostamente real e não como traduzindo um esquema ou uma representação (gráfica, simbólica ou outra) da forma como a chamada "controvérsia probatória" se desenrola ou pode desenrolar num processo judicial. Tais ferramentas não são impostas por qualquer sistema jurídico. E, na medida em que a controvérsia probatória se insere na controvérsia geral, ficarão essas ferramentas sempre sujeitas ao crivo da reflexão jusmetodológica[104].

V. A referência e a ponderação do lugar das probabilidades no Direito não suscitam nesse caso um verdadeiro problema.

Não impactam nem beliscam sequer com a autonomia do Direito. Demonstram apenas que o Direito encontra também no campo epistemológico (e, em especial, da prova jurídica) alguns limites, os quais são sobretudo fruto da dificuldade de simplificar e traduzir a linguagem jurídica e de tornar claros para o leigo certas formas de raciocínio e certos argumentos usados no processo judicial. As teorizações sobre as probabilidades, na medida em

[103] Ramsey, seguindo Peirce, aludia às limitações da mente humana e àquilo que dela poderia ser obtido (1926: 194) da seguinte forma: «*The human mind works essentially according to general rules or habits; a process of thought not proceeding according to some rule would simply be a random sequence of ideas; whenever we infer A from B we do so in virtue of some relation between them. We can therefore state the problem of the ideal as "What habits in ageneral sense would it be best for the human mind to have?" This is a large and vague question which could hardly be answered unless the possibilities were first limited by a fairly definite conception of human nature. We could imagine some very useful habits unlike those possessed by any men*».

[104] Pereira (2016: 455-456).

que possam dar algum contributo (e não seja exagerada a sua relevância – por exemplo, uma suposta inteligibilidade das relações de probabilidade[105]), poderão então ser chamadas a depor. Podem vir a ser usadas para dar suporte a decisões jurídicas baseadas em regras da experiência.

Se assim for, poderá nesse caso dizer-se que, tal como sucede em muitos outros domínios, também no Direito as probabilidades, mesmo que não passem efetivamente de probabilidades (e as teorizações acerca delas não possam afinal servir de "guia para a vida" ou como restrições acabadas para uma crença racional[106]), manifestam ainda num certo sentido a sua lei.

Referências

AA.VV.,

(2019) *Legal Transplants in East Asia and Oceania* (ed. Vitor Breda), Cambridge: Cambridge University Press.

ALFTER, Philipp,

(2019) *Das Beweismaß in der internationalen Handelsschiedsgerichtsbarkeit: Auswirkungen der best practice der document production auf den Beweis*, Wiesbaden: Springer.

ALLEN, Ronald J.,

(2013) "Taming complexity: rationality, the law of evidence and the nature of the legal system", in *Law, Probability and Risk*, vol. 12, 2, pp. 99-113.

(2017) "The nature of juridical proof: Probability as a tool in plausible reasoning", in *International Journal of Evidence and Proof*, vol. 21, 1-2, pp. 133-142.

(2020) "Debate: Legal Probabilism—A Qualified Rejection: A Response to Hedden and Colyvan", in *The Journal of Political Philosophy*, vol. 28, 1, pp. 117–128.

ALLEN, Ronald J. / Alex STEIN,

(2013) "Evidence, probability, and the burden of proof", in *Arizona Law Review*, vol. 55, pp. 557-602.

[105] Em crítica à teoria das probabilidades de KEYNES, escreveu RAMSEY (1926: 161): *«But let us now return to a more fundamental criticism of Mr. Keynes' views, which is the obvious one that there really do not seem to be any such things as the probability relations he describes. He supposes that, at any rate in certain cases, they can be perceived; but speaking for myself I feel confident that this is not true. I do not perceive them, and if I am to be persuaded that they exist it must be by argument; moreover I shrewdly suspect that others do not perceive them either, because they are able to come to so very little agreement as to which of them relates any two given propositions»*.

[106] Como parece ter equacionado HOEFER (2019: 237).

ALLEN, Ronald J. / Michael S. PARDO,
(2007) "The Problematic Value of Mathematical Models of Evidence", in *The Journal of Legal Studies*, vol. 36, 1, pp. 107-140.
(2019) "Relative plausibility and its critics", in *International Journal of Evidence and Proof*, vol. 23, pp. 5-59.

ALMEIDA, Carlota Pizarro de,
(2010) *O dever de cuidado como modelo de gestão do risco*, dissertação de doutoramento, inédita, Universidade de Lisboa-FDUL.

BACON, Michael,
(2012) *Pragmatism: an introduction*, Cambridge, UK: Polity Press.

BARBOSA, Mafalda Miranda,
(2013) *Do Nexo de Causalidade ao Nexo de Imputação – contributo para a compreensão da natureza binária e personalística do requisito causal ao nível da responsabilidade civil extracontratual*, 2. vols., Cascais: Principia.
(2014) *Responsabilidade Civil Extracontratual – Novas Perspetivas em Matéria de Nexo de Causalidade*, Cascais: Principia.
(2017) "Causalidade alternativa incerta: a solução da responsabilização solidária dos agentes", in *Estudos Comemorativos dos 20 anos da FDUP* (org.: Helena Mota et al.), vol. II, Coimbra: Almedina, pp. 145-173.

BARNES, Victoria / Emily WHEWELL,
(2019) "English Contract Law Moves East: Legal Transplants and the Doctrine of Misrepresentation in British Consular Courts", in *The Chinese Journal of Comparative Law*, vol. 7, 1, pp. 26-48.

BELLO, Marcello di,
(2019) "Trial by Statistics: Is a High Probability of Guilt Enough to Convict?", in *Mind*, vol. 128, 512, pp. 1045-1084.
(2021) "Legal probabilism", in *The Stanford Encyclopedia of Philosophy* (Fall 2021 Edition), Edward N. Zalta (ed.), URL = https://plato.stanford.edu/archives/fall2021/entries/legal-probabilism/.

BERG, Thomas,
(1995) *Beweismaß und Beweislast im öffentlichen Umweltrecht: Instrumente eines verantwortungsvollen Umgangs mit technologiebedingten Risiken*, Baden-Baden: Nomos.

BERGER-STEINER, Isabelle,
(2008) *Das Beweismass im Privatrecht – Eine dogmatische Untersuchung mit Erkenntniswert für die Praxis und die Rechtsfigur der Wahrscheinlichkeitshaftung*, Basel: SwissLex; Bern: Stämpfli Verlag AG.

BERNSTEIN, Richard J.,
(2010) *The Pragmatic Turn*, Cambridge, UK: Polity Press.

BRINKMANN, Moritz,
(2005) *Das Beweismaß im Zivilprozess aus rechtsvergleichender Sicht*, Köln; Berlin; München: Heymann.

BRITO, Bárbara Sousa e,
(2015) *A negligência inconsciente: entre a dogmática penal e a neurociência*, Coimbra: Almedina.

CARRIER, Richard,
(2016) "Bayesian Epistemology vs. Susan Haack", disponível em https://www.richardcarrier.info/archives/11244.

CLERMONT, Kevin M.,
(2015) "Trial by Traditional Probability, Relative Plausibility, or Belief Function?", in *Case Western Reserve Law Review*, vol. 66, 2, pp. 353-391.
(2019) "Staying Faithful to the Standards of Proof", in *Cornell Law Review*, vol. 104, pp. 1457-1511.

COHEN, L. Jonathan,
(1977) *The Probable and the Provable*, Oxford: Oxford University Press.

DAMASKA, Mirjan R.,
(1997) "The Uncertain Fate of Evidentiary Transplants: Anglo-American and Continental Experiments", in *The American Journal of Comparative Law*, vol. 45, pp. 839-852.
(2018) *Evaluation of Evidence – Premodern and Modern Aproaches*, Cambridge: Cambridge University Press.

DÜRIG, Julia,
(1990) *Beweismaß und Beweislast im Asylrecht*, München: Beck.

DUTTIG, Andreas,
(2019) *Comfortably satisfied?: das Beweismaß in internationalen Doping- und Spielmanipulationsverfahren vor dem Internationalen Sportschiedsgerichtshof CAS unter besonderer Berücksichtigung des Standards comfortable satisfaction*, Baden-Baden: Nomos.

FUCHS, Bianca,
(2005) *Das Beweismaß im Arzthaftungsprozess*, Frankfurt am Main; Berlin; Bern; Wien: Lang.

GERRARD, Bill,
(2023) "Ramsey and Keynes revisited", in *Cambridge Journal of Economics*, vol. 47, 1, pp. 195–213.

Greco, Luís,
(2021) "O que podem os penalistas aprender dos neurocientistas", in *Professor Augusto Silva Dias in Memoriam* (org. Catarina Abegão Alves et al.), vol. 1, Lisboa: AAFDL, pp. 81-90.

Haack, Susan,
(1993) *Evidence and Inquiry: Towards Reconstruction in Epistemology*, Oxford: Blackwell.
(2009) *Evidence and Inquiry: A Pragmatist Reconstruction of Epistemology*, Amherst, NY: Prometheus Books.
(2014) "Legal Probabilism: An Epistemological Dissent", in *Evidence Matters – Science, Proof and Truth in the Law*, Cambridge: Cambridge University Press, pp. 47-77.
(2018) "The Pragmatist Tradition: Lessons for Legal Theorists", in *Washington University Law Review*, vol. 45, pp. 1049-1082.

Hacking, Ian,
(2006) *The emergence of probability*, 2nd ed., Cambridge: Cambridge University Press.

Harcourt, Bernard,
(2018) "The Systems Fallacy: A Genealogy and Critique of Public Policy and Cost-Benefit Analysis", in *The Journal of Legal Studies*, vol. 47, 2, pp. 419-447.

Hedden, Brian / Mark Colyvan,
(2019) "Legal Probabilism: A Qualified Defence", in *The Journal of Political Philosophy*, vol. 27, 4, pp. 448-468.

Hoefer, Carl,
(2019) *Chance in the world: a humean guide to objective chance*, New York, NY: Oxford University Press.

Huber, Michael,
(1983) *Das Beweismaß im Zivilprozeß*, Köln: Heymann.

Jackson, John,
(2007) "Taking Comparative Evidence Seriously", in *Innovations in Evidence and Proof Integrating Theory, Research and Teaching* (ed. Paul Roberts and Mike Redmayne), Oxford: Hart, pp. 291-330.

Jaffee, Leonard,
(1984-1985) "Of probativity and probability: statistics, scientific evidence, and the calculus of chances at trial", in *University of Pittsburgh Law Review*, vol. 46, pp. 925-1083.

Kaye, David H.,
(2017) "Digging into the Foundations of Evidence Law", in *Michigan Law Review*, vol. 115, pp. 915-934.

Keynes, John Maynard,
(1921) *Treatise on Probability*, London: Macmillan & Co.

Konek, Jason / Benjamin A. Levinstein,
(2019) "The Foundations of Epistemic Decision Theory", in *Mind*, vol. 128, 509, pp. 69–107.

Lai, Ho Hock,
(2015) "The Legal Concept of Evidence", disponível em *The Stanford Encyclopedia of Philosophy (Winter 2021 Edition), Edward N. Zalta (ed.)*, URL = https://plato.stanford.edu/archives/win2021/entries/evidence-legal/.

Langbein, John H.,
(1996) "Historical Foundations of the Law of Evidence: a view from the Ryder sources", in *Columbia Law Review*, vol. 96, pp. 1168-1202.

Langer, Máximo,
(2004) "From Legal Transplants to Legal Translations: The Globalization of Plea Bargaining and the Americanization Thesis in Criminal Procedure", in *Harvard International Law Journal*, vol. 45, 1, pp. 1-65.

Laudan, Larry,
(2008) *Truth, Error, and Criminal Law: An Essay in Legal Epistemology*, Cambridge: Cambridge University Press.

Leiter, Brian / Ronald J. Allen,
(2001) "Naturalized epistemology and the law of evidence", in *Virginia Law Review*, vol. 87, 8, pp. 1491-1550.

Lempert, Richard O.,
(1977) "Modeling Relevance", in *Michigan Law Review*, vol. 75, pp. 1021-1057.
(1986) "The New Evidence Scholarship: Analyzing the Process of Proof", in *Boston Law Review*, vol. 66, pp. 439-477.

Leopold, Dieter,
(1985) *Beweismaß und Beweislast im Zivilprozeß: Vortrag gehalten vor der Juristischen Gesellschaft zu Berlin am 27. Juni 1984*, Berlin: de Gruyter.

Linhares, José Aroso,
(2007) *Constelação de discursos ou sobreposição de comunidades interpretativas? A caixa negra do pensamento jurídico contemporâneo*, Porto: Edição do Instituto da Conferência.
(2009) "Imaginação Literária e "Justiça Poética". Um discurso da «área aberta»?", in *Boletim da Faculdade de Direito da Universidade de Coimbra*, vol. 85, pp. 111-149.

(2010a) "Jurisdição, diferendo e área aberta. A caminho de uma "teoria" do direito como moldura?", in *Estudos em Homenagem ao Prof. Doutor Jorge de Figueiredo Dias*, vol. IV (org. Manuel da Costa Andrade et al.), Coimbra: Coimbra Editora, pp. 443-477.
(2010b) "Law in/as Literature as Alternative Humanistic Discourse. The Unavoidable Resistance to Legal Scientific Pragmatism or the Fertile Promise of a *Communitas* Without Law?", in *Law and Literature, A Discussion on Purposes and Method. Proceedings of the Special WS on Law and Literature held at 24th IVR World Conference in Beijing, September 2009* (ed. M. Paola Mittica), pp. 22-42.

MacCormick, Neil,
(1980) "The Coherence of a Case and the Reasonableness of Doubt", in *Liverpool Law Review*, vol. 2, pp. 45-50.

Martins, João Marques,
(2017) *Presunções Judiciais na Responsabilidade Civil Extracontratual*, Cascais: Principia.
(2020) "A system of communication rules for justifying and explaining beliefs about facts in civil trials", in *Artificial Intelligence and Law*, 28, pp. 135-150.

Mendes, João de Castro / Miguel Teixeira de Sousa,
(2022) *Manual de Processo Civil*, vol. I, Lisboa: AAFDL.

Mendes, Paulo de Sousa,
(2016) "A incerteza factual e a prova no processo penal", in *Liber Amicorum: Manuel Simas Santos* (coord. André Paulino Piton e Ana Teresa Carneiro), Lisboa: Rei dos Livros, pp. 1057-1079.
(2018) *Causalidade complexa e prova penal*, Coimbra: Almedina.
(2019a) "A medida da prova", in *Prova Penal Teórica e Prática* (coord. Paulo de Sousa Mendes e Rui Soares Pereira), Coimbra: Almedina, pp. 19-40.
(2019b) "Causalidade (563.º)", in *Código Civil – Livro do Cinquentenário* (coord. António Menezes Cordeiro), vol. II, Coimbra: Almedina, pp. 585-614.

Mendes, Paulo de Sousa / Rui Soares Pereira,
(2013) "As Tetralogias de Antifonte no contexto forense grego do século V a.C.", in *Estudos Dedicados ao Professor Doutor Espinosa Gomes da Silva*, vol. II, Lisboa: UCE, pp. 255--277.

Mengler, Till,
(2017) *Die lückenhafte Beweiswürdigung im tatgerichtlichen Urteil: eine Untersuchung zum System der Beweiswürdigungsfehler*, Zurich; St. Gallen: DIKE; Baden-Baden: Nomos.

Misak, Cheryl,
(2000) *Truth, Politics, Morality*, London and New York, Routledge.
(2004a) *Truth and the End of Inquiry: A Peircean Account of Truth*, Oxford: Oxford University Press, 2004 (mas edição anterior de 1991 da editora Clarendon Press).

(2004b) "Charles Sanders Peirce (1839–1914)", in *The Cambridge Companion to Peirce* (ed. Cheryl Misak), Cambrige: Cambridge University Press, pp. 1-26.
(2013) *The American Pragmatists*, Oxford: Oxford Universy Press.
(2015) "The Subterranean Influence of Pragmatism on the Vienna Circle: Peirce, Ramsey, Wittgenstein", in *Journal of the History of Analytic Philosophy*, vols. 4/5, pp. 1-15.
(2016) *Cambridge Pragmatism – From Peirce and James to Ramsey and Wittgenstein*, Oxford: Oxford University Press, 2016.
(2019) "Ramsey, Pragmatism, and the Vienna Circle", in *European Journal of Pragmatism and American Philosophy*, vol. 11, 11, 1-16.
(2020) *Frank Ramsey: A Sheer Excess of Powers*, Oxford: Oxford University Press.

Moss, Sarah,
(2018) *Probabilistic Knowledge*, Oxford: Oxford University Press.

Moustaira, Elina,
(2017) "Explicit – Implicit Legal Pluralism", in *Comparazione e Diritto Civile*, 2, pp. 50--55.
(2018) "Who Needs Comparative Law?! What a Question!", in *Comparazione e Diritto Civile*, Special issue: "who needs comparative law?", 2.

Myrvold, Wayne C.,
(2021) *Beyond chance and credence: a theory of hybrid probabilities*, Oxford: Oxford University Press.

Nance, Dale,
(2016) *The Burdens of Proof: Discriminatory Power, Weight of Evidence, and Tenacity of Belief*, Cambridge: Cambridge University Press.

Neves, António Castanheira,
(1999) "O Problema da Autonomia do Direito no Actual Problema da Juridicidade", in *O Homem e o Tempo, Liber Amicorum para Miguel Baptista Pereira*, coord. J.A. Pinto Ribeiro, Porto: Fundação Eng. António de Almeida, pp. 87-114.

Nierhaus, Michael,
(1989) *Beweismaß und Beweislast: Untersuchungsgrundsatz und Beteiligtenmitwirkung im Verwaltungsprozeß*, München: Vahlen.

Norton, John D.,
(2003) "A material theory of induction", in *Philosophy of Science*, vol. 70, 4, pp. 647--670.
(2021) *The Material Theory of Induction*, Calgary: University of Calgary Press.

OPLUSTIL, Krzysztof / Arkadiusz RADWAN,
(2010) "Company Law in Poland: Between Autonomous Development and Legal Transplants", in *Private Law in Eastern Europe* (ed. Ch. Jessel-Holst, R. Kulms, A. Trunk), Tubingen, pp. 445-494.

PALMA, Maria Fernanda,
(2020) "O Direito como universo de sentido para a interface cérebro e inteligência artificial", in *Anatomia do Crime*, n.º 12, pp. 37-50.

PARDO, Michael S. / Ronald J. ALLEN,
(2008) "Juridical Proof and the Best Explanation", in *Law and Philosophy*, vol. 27, 3, pp. 223-268.

PEREIRA, Rui Soares,
(2016) "Modelos de prova e Prova da Causalidade", in: AA.VV., *VI Jornadas de Teoria do Direito, Filosofia do Direito e Filosofia Social – Juízo ou decisão? O problema da realização jurisdicional do direito*, Coimbra: ATFD e Instituto Jurídico da Faculdade de Direito da Universidade de Coimbra, pp. 447-483.
(2017) *O Nexo de Causalidade na Responsabilidade Delitual: Fundamento e Limites do Juízo de Condicionalidade*, Coimbra: Almedina.
(2019a) "Modelos de prova", in *Prova Penal Teórica e Prática* (coord. Paulo de Sousa Mendes e Rui Soares Pereira), Coimbra: Almedina, pp. 41-76.
(2019b) "A crença/convicção no contexto judicial: diálogos com a filosofia pragmatista", in *Jurist's Law and European Identity: Dogmatic-Institutional, Methodological and Legal--Philosophical Problems* (ed. J.M. Aroso Linhares et al.), Coimbra: Instituto Jurídico, pp. 253-289.

PIZZI, William T.,
(1999) *Trials without Truth – Why Our System of Criminal Trials Has Become an Expensive Failure and What We Need to Do to Rebuild It*, New York and London: New York University Press.

POSNER, Richard,
(1996) "Pragmatic Adjudication", in *Cardozo Law Review*, vol. 18, 1, pp. 1-20.

PUTNAM, Hilary / Ruth Anna PUTNAM,
(2017) *Pragmatism as a Way of Life – The Lasting Legacy of William James and John Dewey* (ed. David Macarthur), Cambridge, Massachusetts: The Belknap Press of Harvard University Press.

RAMSEY, Frank Plumpton,
(1922) "Mr Keynes on probability", *The Cambridge Magazine*, vol. 11, 3–5, Reprinted in *British Journal for the Philosophy of Science*, vol. 40 (1989), pp. 219–222.
(1926) "Truth and Probability", in *The Foundations of Mathematics and Other Logical Essays* (ed. R.B. Braithwaite), London: Kegan Paul, Trench, Trubner, & Co., 1931, pp. 156-198.

Rego, Margarida Lima,
(2013) "Decisões em ambiente de incerteza: probabilidade e convicção na formação das decisões judiciais", in *Julgar*, n.º 21, pp. 119-147.

Rein, Johannes,
(2021) *Die Zweckmäßigkeit der arzneimittelrechtlichen Gefährdungshaftung: Valsartan und die Folgen*, Baden-Baden: Nomos.

Rommé, Oliver,
(1989) *Der Anscheinsbeweis im Gefüge von Beweiswürdigung, Beweismass und Beweislast*, Köln; Berlin: Heymann.

Scherer, Inge,
(1996) *Das Beweismaß bei der Glaubhaftmachung*, Köln; Berlin; Bonn; München: Heymann.

Schweizer, Mark,
(2015) *Beweiswürdigung und Beweismaß: Rationalität und Intuition*, Tübingen: Mohr Siebeck.

Siems, Mathias,
(2018) "Malicious Legal Transplants", in *Legal Studies*, vol. 38, pp. 103-119.

Silva, Paula Costa e / Nuno Trigo dos Reis,
(2012) "Estabilidade e caso julgado no direito da obrigação de indemnizar", in *Estudos em Homenagem a Miguel Galvão Teles* (org. Jorge Miranda et al.), vol. 2, Coimbra: Almedina, pp. 287-325.
(2014) "Acção modificativa do caso julgado arbitral: um meio de impugnação esquecido", in *ROA*, ano 74, vol. 2, pp. 425-442.
(2016) "Revisitando a estabilidade e a modificação do caso julgado arbitral: quando o futuro desmente a prognose: anotação ao Acórdão processo n.º 660/15.8YRLSB.L1.S1 do Supremo Tribunal de Justiça", in *ROA*, ano 76, vols. 1-4, pp. 517-563.

Sousa, Miguel Teixeira de,
(2015) Comentário à obra *Estándares de prueba y prueba científica / Ensayos de epistemología jurídica* (ed. C. Vázquez), Madrid/Barcelona/Buenos Aires/São Paulo: Marcial Pons, 2013), disponível em https://blogippc.blogspot.com/2015/02/bibliografia-63_14.html.
(2018) "Comentário ao Ac. RL de 08.02.2018", disponível em https://blogippc.blogspot.com/2018/06/jurisprudencia-2018-43.html.
(2019a) "Por que razão a "probabilidade prevalecente" não é uma medida da prova aceitável no ordenamento probatório português", de 17.07.2019, disponível em https://blogippc.blogspot.com/2019/07/por-que-razao-probabilidade.html.
(2019b) "Comentário ao Ac. RG de 19.09.2019", disponível em https://blogippc.blogspot.com/2019/10/jurisprudencia-2019-100.html.

SPOTTSWOOD, Mark,
(2014) "Bridging the Gap Between Bayesian and Story-Comparison Models of Juridical Inference", in *Law, Probability and Risk*, vol. 13, 1, pp. 47-64.
(2019) "On the limitations of a unitary model of the proof process", in *The International Journal of Evidence & Proof*, vol. 23, 1-2, pp. 75-81.

STEFANIAK, Małgorzata / Rafal URBANIAK,
(2018) "Varieties of legal probabilism: a survey", in *Decyzje*, vol. 30, pp. 33–52.

STEIN, Alex,
(2015) "Inefficient Evidence", in *Alabama Law Review*, vol. 66, 3, pp. 423-470.

TILLERS, Peter,
(2011) "Trial by Mathematics – Reconsidered", in *Law, Probability and Risk*, vol. 10, 3, pp. 167–173.

TRIBE, Laurence H.,
(1971) "Trial by Mathematics: Precision and Ritual in the Legal Process", in *Harvard Law Review*, vol. 84, 6, pp. 1329-1393.

TWINING, William,
(1980) "Debating probabilities", in *Liverpool Law Review*, vol. 2, pp. 51-64.

VÁZQUEZ ROJAS, Carmen,
(2019) "Less probabilism and more about explanationism", in *The International Journal of Evidence & Proof*, 23 (1–2), pp. 68–74.

VICENTE, Dário Moura,
(2017) *Direito Comparado*, vol. II, Coimbra: Almedina.
(2021) *Direito Comparado*, vol. I (4.ª ed.), Coimbra: Almedina.

VIEIRA, Renato Stanziola,
(2018) "O que vem depois dos "legal transplants"? Uma análise do processo penal brasileiro atual à luz de direito comparado", in *Revista Brasileira de Direito Processual Penal*, vol. 4, 2, pp. 767-806.

WATSON, Alan,
(1993) *Legal transplants. An Approach to Comparative Law*, 2nd ed., London: University of Georgia Press.

WEBER, Helmut,
(1997) *Der Kausalitätsbeweis im Zivilprozeß – Kausalität, Beweiswürdigung und Beweismaß, Beweiserleichterungen; vornehmlich im Blick auf den Schadensersatzprozeß wegen unerlaubter Handlungen*, Tübingen: Mohr Siebeck.

Wood, Roderick J.,
(2019) "Transplanted Legal Controversies: Buyer Status Under Secured Transactions Law", in *Texas International Law Journal*, vol. 54, 2, pp. 305-326.

Wörner-Schönecker, Maximilian,
(2022) *Rechtstransfers: Eine Analyse anhand von Typologien*, Tübingen: Mohr Siebeck.

CAPÍTULO III – PROCESSO

Sumário

§ 7. SOBRE O USO DE SISTEMAS DE IDENTIFICAÇÃO BIOMÉTRICA (E DE TECNOLOGIAS DE RECONHECIMENTO FACIAL) PARA FINS DE SEGURANÇA PÚBLICA E DE APLICAÇÃO COERCIVA DA LEI: REFLEXÕES A PROPÓSITO DA PROPOSTA DE REGULAMENTO EUROPEU SOBRE A INTELIGÊNCIA ARTIFICIAL*

1. Introdução

I. A Proposta de Regulamento Europeu sobre a Inteligência Artificial, apresentada pela Comissão em 21 de abril de 2021[1], tem diversas implicações em matéria de segurança.

Uma dessas implicações diz respeito às discussões acerca do uso de sistemas de identificação biométrica e tecnologias de reconhecimento facial para fins de segurança pública e de aplicação coerciva da lei.

Este importante tema é especificamente enfrentado, não apenas pela Proposta de Regulamento Europeu sobre a Inteligência Artificial, mas

* Publicada versão anterior em *RFDUL*, vol. LXIII, 2022, 2, pp. 839-865.

[1] Proposta de Regulamento do Parlamento Europeu e do Conselho que estabelece regras harmonizadas em matéria de inteligência artificial (Regulamento Inteligência Artificial) e altera determinados atos legislativos da União, COM(2021) 206 final, disponível em https://eur-lex.europa.eu/legal-content/PT/TXT/HTML/?uri=CELEX:52021PC0206&from=EN.

também por outros relevantes regimes jurídicos europeus. A Carta de Direitos Fundamentais, o Regulamento Geral de Proteção de Dados (doravante, RGPD), a Resolução do Parlamento Europeu sobre a inteligência artificial no Direito Penal e a sua utilização pelas autoridades policiais e judiciárias em casos penais (2020/2016(INI))[2] e o regime europeu de não discriminação incluíram já regras rígidas quanto à utilização de sistemas de identificação biométrica.

Não obstante, uma vez que a efetividade do atual quadro normativo da União Europeia sobre o tema dos sistemas de identificação biométrica (e tecnologias de reconhecimento facial) foi posta em causa por vários autores, a Proposta apresentada pela Comissão, e tornada pública em 21 de abril de 2021, estabeleceu várias outras normas para limitar a utilização de sistemas de identificação biométrica na União Europeia, incluindo tecnologias de reconhecimento facial. A preocupação central é a de evitar que esses sistemas e tecnologias possam conduzir àquilo que tem sido designado como "vigilância omnipresente" ("*ubiquitous surveillance*") na União Europeia[3].

II. A estratégia incluída na Proposta do Regulamento Europeu nesta matéria, apesar de não excluir *in totum* a utilização de sistemas de identificação biométrica, parece ser bastante mais restritiva do que as abordagens encontradas noutros países e jurisdições.

Não apenas se compararmos o quadro jurídico europeu com o caso da China (um dos primeiros países a fazer uso de tecnologias de reconhecimento facial para diversas e discutíveis finalidades)[4] ou se compararmos com a situação dos EUA em que se assistiu a uma rápida evolução da utilização da tecnologia de reconhecimento facial. Além disso, o uso de sistemas de identificação biométrica, tais como tecnologias de reconhecimento facial, constitui

[2] Iniciativa apresentada em 2020 (disponível em https://www.europarl.europa.eu/doceo/document/LIBE-PR-652625_PT.pdf), aprovada em 6 de outubro de 2021 e publicada no Jornal Oficial da União Europeia em 24 de março de 2022 (disponível em https://eur-lex.europa.eu/legal-content/PT/TXT/PDF/?uri=CELEX:52021IP0405&from=PT).

[3] Madiega/Mildebrath (2021: I).

[4] Por exemplo, foi recentemente difundida a existência de vigilância através de reconhecimento facial visando jornalistas - https://www.welt.de/newsticker/dpa_nt/infoline_nt/netzwelt/article235365936/Ueberwachung-mit-Gesichtserkennung-in-China-auch-fuer-Reporter.html.

uma realidade em diversos outros países e a expansão do seu uso no futuro, para fins de segurança pública e de aplicação coerciva da lei, é (ou deveria ser) amplamente discutida.

III. O presente artigo visa identificar os aspetos fundamentais da estratégia da União Europeia no que respeita ao uso de sistemas de identificação biométrica e tecnologias de reconhecimento facial para fins de segurança pública e de aplicação coerciva da lei e também comparar a regulamentação da União Europeia nesta matéria com a regulamentação existente noutros países e jurisdições.

A sequência do artigo é a seguinte:

Em primeiro lugar, faremos uma breve explicação da utilização de sistemas de identificação biométrica e de tecnologias de reconhecimento facial para fins policiais (**2.**).

Em segundo lugar, apresentaremos um esboço breve das preocupações principais quanto ao uso de sistemas de identificação biométrica mesmo para fins de segurança pública e de aplicação coerciva da lei (**3.**).

Em terceiro lugar, faremos referência às experiências de outros países e jurisdições no que respeita ao uso e regulamentação de sistemas de identificação biométrica e de tecnologias de reconhecimento facial para fins de segurança pública e de aplicação coerciva da lei (**4.**).

Em quarto lugar, apresentaremos os aspetos fundamentais da estratégia da União Europeia para a Inteligência Artificial e para os sistemas de identificação biométrica (**5.**).

No final, faremos algumas considerações finais, incluindo uma sintética avaliação da Proposta da Comissão, e concluiremos que, comprovando-se o alinhamento da Proposta com outros regimes e requisitos jurídicos europeus, a mesma poderá ser vista como uma fonte de inspiração para outros países e jurisdições que pretendam aprovar legislação (ainda que de uma forma restritiva) nesta matéria (**6.**).

2. O uso de sistemas de identificação biométrica (e de tecnologias de reconhecimento facial) para fins policiais

2.1. As características dos sistemas de identificação biométrica e das tecnologias de reconhecimento facial

I. Podemos começar por caracterizar os sistemas de identificação biométrica e as tecnologias de reconhecimento facial.

Em síntese, os sistemas de identificação biométrica operam à distância sem que se saiba de antemão se a pessoa relevante estará presente numa certa área, recolhem dados biométricos (incluindo através do reconhecimento da imagem facial), comparam esses dados com uma amostra existente ou com uma base de dados sem atraso significativo e são usados especificamente para identificar um indivíduo.

Com as tecnologias de reconhecimento facial torna-se possível usar uma base de dados de imagens e vídeos, tais como a dos cartões de identificação, das cartas de condução, das câmaras de segurança, das imagens de cartões da escola e de outras bases de dados, para identificar pessoas na vida real ou em filmes e imagens de segurança.

II. O facto de os sistemas de identificação biométrica e de reconhecimento facial possuírem estas características torna-os ferramentas muito interessantes para agentes públicos e privados[5].

Em virtude da sua componente de vigilância e controle, as tecnologias de reconhecimento facial têm um vasto campo de aplicação, incluindo centros comerciais, aeroportos, estádios, concertos e controlo policial. A tecnologia de reconhecimento facial possui também o potencial de prevenir o crime, identificar criminosos, encontrar crianças perdidas e apoiar outros objetivos de segurança nacional. Por assim ser, não deve constituir surpresa que (também) as autoridades policiais estejam profundamente interessadas em usar tais sistemas.

[5] Sublinhando esse aspeto em relação às tecnologias de reconhecimento facial, cfr. Raposo (2022a).

2.2. A distinção entre a segurança pública e a atividade de perseguição criminal

A utilização de sistemas de identificação biométrica (e de tecnologias de reconhecimento facial) para fins policiais é habitualmente discutida em relação à atividade que o Estado tem de levar a cabo para enfrentar o cometimento de crimes.

Porém, uma distinção deve ser traçada entre a atividade do Estado no que respeita àquilo que pode ser considerado como segurança pública (prevenir a ocorrência de riscos ou o cometimento de crimes que ainda não tiveram lugar) e a atividade do Estado ligada à perseguição criminal (após os crimes terem sido cometidos)[6].

2.3. A utilização de sistemas de identificação biométrica (e de tecnologias de reconhecimento facial) como uma questão jurídica primeiramente respeitante à segurança pública

I. Os sistemas de identificação biométrica (e as tecnologias de reconhecimento facial) são habitualmente vistos como ferramentas importantes para a prevenção de crimes.

O seu uso para fins policiais está assim relacionado com a atividade de segurança pública do Estado (incluindo – uma outra das aplicações de inteligência artificial que podem ser usadas pelas autoridades policiais – o chamado "policiamento preditivo" ou "previsão policial"[7])[8] e não com a atividade estatal envolvendo a perseguição de crimes[9].

[6] Para esta distinção e a sua importância no que respeita ao Direito da Proteção de Dados, cfr. Gleizer/Montenegro/Viana (2021: 22-27).

[7] Sobre o policiamento preditivo ou previsão policial, cfr., *inter alia*: Egbert/Leese (2021); Hofmann, (2020); Sommerer (2020); Thüne (2020); Wischmeyer (2020); Gless (2018); Rademacher (2017). Suscitando dúvidas sobre a respetiva eficácia, cfr. Gstrein/Bunnik/Zwitter (2019).

[8] No ponto 24 da Resolução do Parlamento Europeu, aprovada em 6 de outubro de 2021 (disponível em https://eur-lex.europa.eu/legal-content/PT/TXT/PDF/?uri=CELEX:52021IP0405&from=PT), apontam-se algumas reservas quanto ao uso do policiamento preditivo. De facto, a Resolução: «*adverte que, embora o policiamento preditivo possa analisar os conjuntos de dados fornecidos para a identificação de padrões e correlações, não pode dar resposta ao problema da causalidade e não pode fazer previsões fiáveis sobre o comportamento individual, pelo que não pode constituir*

II. Naturalmente, o uso de sistemas de identificação biométrica e de tecnologias de reconhecimento facial para a atividade do Estado de perseguição de crimes também é possível.

Alguns poderão aceitar que, por exemplo, as tecnologias de reconhecimento facial sejam vistas como ferramentas de investigação úteis para a identificação de suspeitos através da comparação das suas imagens ou fotografias com as incluídas em bases de dados (em especial, as públicas).

Porém, o facto dessa possibilidade ter de ser confrontada com princípios jurídicos e garantias fundamentais do Direito Processual Penal recomenda que o tema dos sistemas de identificação biométrica e das tecnologias de reconhecimento facial seja primeiro discutido no domínio da segurança pública.

Não por acaso, as questões e os problemas colocados pelos sistemas de identificação biométrica e pelas tecnologias de reconhecimento facial são muitas vezes caracterizados como questões de segurança pública e são analisados tendo em vista legítimas preocupações de segurança (*v.g.*, de segurança nacional).

a única base para uma intervenção; salienta que várias cidades dos Estados Unidos puseram termo à utilização de sistemas de previsão policial após auditorias; relembra que durante a missão da Comissão LIBE aos Estados Unidos, em fevereiro de 2020, os deputados ao Parlamento foram informados pelos departamentos de polícia de Nova Iorque e de Cambridge/Massachusetts que haviam gradualmente posto fim aos seus programas de previsão policial, devido à falta de eficácia, ao impacto discriminatório e a falhas práticas, optando, antes, pelo policiamento de proximidade; relembra que o policiamento de proximidade conduziu a uma diminuição das taxas de criminalidade; opõe-se, por conseguinte, à utilização da IA pelas autoridades policiais para fazer previsões comportamentais sobre indivíduos ou grupos com base em dados históricos e comportamentos passados, pertença a grupos, localização ou quaisquer outras características semelhantes, tentando, assim, identificar pessoas suscetíveis de cometer um crime».

[9] Distinguindo entre "policiar" ("*policing*") e "perseguir" ("*prosecuting*"), embora reconhecendo que os poderes policiais se expandiram significativamente e que a linha entre segurança ("*security*") e aplicação coerciva da lei ("*law enforcement*") se esbateu, cfr. Momsen/Rennert (2020).

3. As preocupações essenciais com a utilização de sistemas de identificação biométrica (e de tecnologias de reconhecimento facial) mesmo para fins de segurança pública e de aplicação coerciva da lei

I. As preocupações suscitadas quanto ao uso de sistemas de identificação biométrica e de tecnologias de reconhecimento facial são normalmente o resultado da combinação de 2 (duas) diferentes (embora interrelacionadas) ideias.

Temos, em primeiro lugar, as características específicas deste tipo de sistemas e tecnologias e, em segundo lugar, os impactos potenciais destes sistemas e tecnologias nos direitos fundamentais.

II. Uma primeira fonte de preocupação diz respeito às características técnicas e precisão dos sistemas e tecnologias[10].

Por um lado, é possível referir a difusão da tecnologia de reconhecimento facial e as dificuldades de implementação de controlo humano. Por outro lado, é possível mencionar os riscos de segurança quanto à recolha e retenção de dados de reconhecimento facial, combinados com o risco de violação e mau uso de dados de reconhecimento facial. Finalmente, é possível sublinhar o risco de erros nas tecnologias de reconhecimento facial: quer por não serem capazes de identificar um rosto que está presente numa imagem, quer por identificarem uma estrutura não facial como sendo um rosto real. Este risco de erro conduziu empresas importantes a retirarem-se do mercado das tecnologias de reconhecimento facial[11].

III. Outras fontes de preocupação relacionam-se com os direitos fundamentais[12-13].

[10] Haddad (2021). Porém, fazendo menção a possíveis mecanismos para garantir a precisão das tecnologias de reconhecimento facial, cfr. Raposo (2022b).

[11] Madiega/Mildebrath (2021: 5-6).

[12] Para uma discussão adicional, cfr., *colorandi causa*: Dushi (2020); O'Flaherty (2020).

[13] Preocupações adicionais, mas que não podem nesta sede ser desenvolvidas, poderão também surgir da forma como cada ordenamento jurídico proceda à configuração da tutela dos direitos de personalidade e de certos direitos constitucionalmente assegurados, nomeadamente, no que tange às tecnologias de reconhecimento facial, o direito à imagem (cfr. em Portugal o art. 79.º do CC e o art. 26.º, n.º 1 da CRP). Sobre o direito à imagem, em Portugal,

Por um lado, a ideia segundo a qual mais dados, incluindo dados pessoais, estão constantemente a ser recolhidos e analisados através de dispositivos (*v.g.*, câmaras de vigilância ou veículos autónomos), fazendo uso de tecnologia de IA aprimorada (*v.g.*, reconhecimento facial), o que pode levar a resultados mais invasivos para a privacidade individual e a proteção de dados. Por outro lado, alguns especialistas transmitiram a sua forte convicção de que a tecnologia de reconhecimento facial poderá ter percentagens elevadas de falsos positivos/falsos negativos e que o viés desta tecnologia pode conduzir a diferentes tipos de discriminação contra certas categorias de população (*v.g.*, menor precisão para mulheres e pessoas não brancas[14] do que para homens brancos). Em particular, o risco de tratamento discriminatório é bastante elevado no contexto de aplicação coerciva da lei. Finalmente, têm sido identificados vários riscos relacionados com a possível utilização generalizada de tecnologias de reconhecimento facial: existe uma forte possibilidade dos sistemas de reconhecimento facial serem usados para além do fim inicialmente autorizado e controlado e, consequentemente, este facto poderá: (i) colocar em risco a possibilidade de movimentação no espaço público de forma anónima; (ii) determinar um conformismo prejudicial ao livre-arbítrio; (iii) afetar as liberdades religiosas e os direitos das crianças; (iv) interferir com a liberdade de opinião e expressão da pessoa e ter um efeito negativo no direito de reunião e de associação; (v) ter um forte impacto no comportamento social e psicológico dos cidadãos; e (vi) sublinhar questões éticas importantes[15].

IV. Os receios quanto à fiabilidade e precisão e em relação às possíveis violações de direitos fundamentais não parecem reduzir-se no domínio da aplicação coerciva da lei e da justiça penal.

cfr. Cordeiro (2020), e Gonçalves (2022: 150-151), que insere o direito à imagem no domínio dos bens jurídicos periféricos da personalidade. Para um enquadramento geral e constitucional do registo de imagem (a partir da Alemanha e acentuando a autonomização face à reserva da intimidade da vida privada) e uma análise dos regimes vigentes em Portugal sobre a captação de imagens de pessoas e do aproveitamento das provas obtidas para processos-crime, cfr. Caires (2019).

[14] Com esta argumentação, cfr. https://elpais.com/tecnologia/2022-07-19/policia-predictiva-el-peligro-de-saber-donde-habra-mas-delincuencia.html.

[15] Madiega/Mildebrath (2021: 6-9).

Na exposição de motivos da Proposta de Resolução do Parlamento Europeu, de 8 de junho de 2020[16], referia-se que os riscos potenciais associados à utilização de aplicações de inteligência artificial, incluindo tecnologias de reconhecimento facial, «*seriam ainda mais graves no setor da aplicação coerciva da lei e da justiça penal, uma vez que podem afetar a presunção de inocência e os direitos fundamentais à liberdade e à segurança do indivíduo, bem como a vias de recurso efetivas e a um julgamento justo*».

Do considerando M. da Resolução do Parlamento Europeu, aprovada em 6 de outubro de 2021[17], também decorre que as aplicações usadas pelas autoridades policiais, incluindo as tecnologias de reconhecimento facial, «*podem ter graus de fiabilidade e precisão muito variados e um impacto na proteção dos direitos fundamentais e na dinâmica dos sistemas de justiça criminal*».

4. Uma perspetiva comparada sobre o uso e a regulamentação de sistemas de identificação biométrica (e de tecnologias de reconhecimento facial) para fins de segurança pública e de aplicação coerciva da lei

A utilização de sistemas de identificação biométrica (e de tecnologias de reconhecimento facial) permite às autoridades policiais fazer uma comparação entre os dados biométricos de qualquer pessoa com o rosto de uma pessoa procurada e essa comparação tem sido considerada útil em diferentes ocasiões.

Diversos países fazem atualmente uso de sistemas de identificação biométrica, tais como tecnologias de reconhecimento facial. Podem ser encontradas diferentes abordagens quanto à admissibilidade de utilização destes sistemas e tecnologias e respetiva regulamentação. Globalmente, não é possível falar em enquadramentos e em exigências regulatórias estandardizados que possam ser aplicados[18].

[16] Disponível em https://www.europarl.europa.eu/doceo/document/LIBE-PR-652625_PT.pdf.

[17] Disponível em https://eur-lex.europa.eu/legal-content/PT/TXT/PDF/?uri=CELEX:52021IP0405&from=PT.

[18] Almeida/Shmarko/Lomas (2022).

4.1. A ausência de regulamentação nos EUA no que respeita à utilização de tecnologia de reconhecimento facial

I. Os EUA são uma das principais regiões do mundo onde a tecnologia de reconhecimento facial evoluiu rapidamente[19].

Porém, a regulamentação do uso do reconhecimento facial não se desenvolveu[20].

Os governos locais e estaduais tomaram a dianteira[21], mas alguns optaram por adotar uma abordagem restritiva.

Também não surgiu legislação a nível federal, regulamentando a utilização desta tecnologia por empresas privadas ou no contexto da aplicação coerciva da lei.

Mesmo a nível estatal e local surgiram discussões sobre o uso de tecnologias de reconhecimento facial. Algumas cidades americanas baniram a tecnologia de reconhecimento facial nos espaços públicos[22]. Porém, o Estado da Califórnia adotou uma abordagem diferente: no início de 2020 foi aprovada legislação que impôs uma moratória de três anos a qualquer tecnologia de reconhecimento facial usada em *body cams* de policiais. Além disso, o *Facial Recognition and Biometric Technology Moratorium Act* de 2020[23] foi introduzido no Senado para proibir a vigilância biométrica sem autorização legal. Essa posição foi reafirmada com o *Facial Recognition and Biometric Technology Moratorium Act* de 2021, que proíbe o governo federal usar tecnologia de reconhecimento facial salvo se legalmente autorizado, retira o apoio federal a entidades policiais estaduais e locais que façam uso da tecnologia e concede um direito privado de ação[24].

[19] Almeida/Shmarko/Lomas (2022: 377).

[20] Lin (forthcoming).

[21] Vidyarthi (2022: 679).

[22] Por exemplo, Berkeley, Boston, Cambridge, Minneapolis, New Orleans, Oakland, Pittsburgh, Portland, e San Francisco – Vidyarthi (2022: 680).

[23] Disponível em https://www.congress.gov/bill/116th-congress/senate-bill/4084.

[24] Disponível em https://www.congress.gov/bill/117th-congress/house-bill/3907/text?r=7&s=1.

II. A falta de regulamentação federal nos EUA cria um vazio jurídico no que respeita à utilização crescente de tecnologias de reconhecimento facial pelas agências nacionais de segurança.

Por exemplo, o FBI usa tecnologia de reconhecimento facial para possíveis pistas de investigação e o *Department of Home Security* e a CIA também usam essa tecnologia.

Além disso, alguma literatura tem apontado que a manta de retalhos da legislação existente não é suficiente, pois dá menos ênfase à proteção de dados e à privacidade[25].

4.2. O uso indiscriminado de tecnologia de reconhecimento facial no Brasil sem regulamentação específica

I. No Brasil, as autoridades policiais têm feito uso crescente de tecnologias de reconhecimento facial, especificamente com o objetivo de localizar pessoas procuradas ou criminosos foragidos.

Por exemplo, durante o Carnaval de 2019 no Rio de Janeiro, quatro pessoas com mandados de prisão pendentes[26] foram presas com a ajuda de um sistema de reconhecimento facial. No mesmo ano, um sistema de reconhecimento facial instalado num dos acessos do Carnaval de Salvador ajudou a polícia brasileira a identificar um criminoso foragido[27]. Mais recentemente, em 2020, 42 foragidos da justiça foram capturados durante o Carnaval de Salvador com a ajuda de um sistema de reconhecimento facial capaz de indicar semelhanças acima dos 90%.

II. O uso da tecnologia de reconhecimento facial foi incentivado por uma portaria do ex-ministro da Justiça e Segurança Pública Sérgio Moro.

Foi iniciado um projeto-piloto para criar um programa nacional de investigação de casos mais graves, como homicídios e crimes violentos[28].

[25] ALMEIDA/SHMARKO/LOMAS (2022: 377).

[26] Todavia, mencionando o caso de uma mulher erradamente detida pela Polícia Militar do Rio de Janeiro, cfr.: VAZ E GRECO (2021); WERNERCK (2019).

[27] GLEIZER/MONTENEGRO/VIANA (2021: 94, nota 187).

[28] LEMOS (2021).

III. Embora o reconhecimento facial se enquadre no item da Lei Geral de Proteção de Dados Brasileira, que trata de dados pessoais sensíveis, e apesar de vários problemas relacionados com a eficiência da tecnologia, a transparência e o preconceito (especialmente para pessoas negras), a tecnologia de reconhecimento facial tem sido implementada em diferentes zonas do Brasil.

De acordo com um relatório, terão ocorrido pelo menos 22 casos de reconhecimento facial pelo governo brasileiro e os sistemas que foram utilizados tiveram as suas origens na China e em Israel[29]. Em todos os casos não havia regulamentação específica contendo critérios para a utilização do reconhecimento facial e, em vários casos, os sistemas não foram considerados transparentes e confiáveis[30].

4.3. Os avanços e recuos de regulamentação na Alemanha em relação ao uso de tecnologia de reconhecimento facial

I. A possibilidade de usar tecnologias de reconhecimento facial é menos clara na Alemanha.

Vários meios de comunicação social difundiram a ideia de que cada vez mais empresas e autoridades no mundo inteiro estariam a usar inteligência artificial para reconhecimento facial (em alemão, *künstliche Intelligenz zur Gesichtserkennung*) e, por isso, conseguiram semear a ideia no público de que o uso da tecnologia de reconhecimento para fins de segurança pública também se tornaria uma realidade na Alemanha num futuro próximo.

II. Embora vários especialistas alemães tenham apontado o facto de que tais sistemas são muitas vezes pouco confiáveis[31] e preconceituosos, foi anunciada, pelo Ministro Federal do Interior (Horst Seehofer da CSU) no início de 2020, uma proposta para o uso da tecnologia de reconhecimento facial em 135 estações de comboio e aeroportos.

O Ministro tentou introduzir a videovigilância biométrica por meio da nova Lei da Polícia Federal (em alemão, *Gesetz über die Bundespolizei*

[29] Lemos (2021).
[30] Lemos (2021).
[31] Há quem defenda que é possível contornar tais sistemas – cfr. https://www.deutschlandfunk.de/automatische-gesichtserkennung-es-ist-moeglich-die-systeme-100.html.

ou *Bundespolizeigesetz*)[32]. Queria que a Polícia Federal alemã (em alemão, *Bundespolizei*), que já havia examinado a tecnologia num projeto piloto realizado em 2017/2018 na estação Berlin-Südkreuz[33], pudesse comparar automaticamente as imagens escaneadas com dados biométricos[34]. No entanto, a proposta foi duramente criticada por importantes membros dos partidos políticos alemães, e foi posteriormente abandonada pelo Ministro, provavelmente por causa da pressão política[35].

III. O novo Governo Federal Alemão expressou imediatamente o seu desejo de proibir o reconhecimento facial e a vigilância em massa.

O acordo de coligação (em alemão, *Koalitionsvertrag*)[36] do novo Governo, apresentado em 24 de novembro de 2021, deixou esse desejo muito claro, através da seguinte passagem: «*Rejeitamos abrangente vigilância por vídeo e o uso de gravação biométrica para fins de vigilância. O direito ao anonimato tanto no espaço público quanto na Internet é para ser garantido*»[37].

[32] De 1994, cuja última alteração foi efetuada em 23 de junho de 2021.

[33] Cfr. http://rechtundnetz.com/gesichtserkennung-in-der-oeffentlichkeit-waere-automatisierte-gesichtserkennung-im-oeffentlichen-raum-zulaessig/.

[34] Cfr. https://www.zeit.de/politik/deutschland/2020-01/bundespolizeigesetz-gesichtserkennung-verzicht-horst-seehofer?utm_referrer=https%3A%2F%2Fwww.google.com%2F.

[35] A presidente do SPD, Saskia Esken, descreveu essa mudança numa rede social como uma «*excessiva interferência nas liberdades civis*» – „*Videoüberwachung mit Gesichtserkennung ist mein zu hoher Eingriff in die Freiheitsrechte. Die falsch positiven Fehlalarme schaden der Sicherheit mehr als die Überwachung ihr nutzt. Unschuldige Menschen geraten ins Visier*" (disponível em https://twitter.com/eskensaskia/status/1213512046957989888). Antes disso, em 21.11.2018, já tinha expressado um ponto de vista idêntico: „*Videoüberwachung und Datenabgleich für jedermann, um eine Ordnungswidrigkeit zu verfolgen, die nur begehen kann, wer von der Automobilindustrie betrogen und im Stich gelassen wurde? Ich halte das für unverhältnismäßig*" (disponível em https://mobile.twitter.com/eskensaskia/status/1065156838008733696).

[36] Disponível em https://www.bundeskanzler.de/resource/blob/1830100/1990812/04221173eef9a6720059cc353d759a2b/2021-12-10-koav2021-data.pdf?download=1.

[37] Cfr. https://www.euractiv.de/section/innovation/news/neue-bundesregierung-will-gesichtserkennung-und-massenueberwachung-verbieten/: „„*Flächendeckende Videoüberwachung und den Einsatz von biometrischer Erfassung zu Überwachungszwecken lehnen wir ab. Das Recht auf Anonymität sowohl im öffentlichen Raum als auch im Internet ist zu gewährleisten*", *heißt es in der Vereinbarung*". Na p. 109 do acordo de coligação está escrito: „*Videoüberwachung kann die Präsenz einer bürgernahen Polizei nicht ersetzen, sie aber an Kriminalitätsschwerpunkten ergänzen. Flächendeckende Videoüberwachung und den Einsatz von biometrischer Erfassung zu Überwachungszwecken lehnen wir ab. Das Recht auf Anonymität sowohl im öffentlichen Raum als auch im Internet ist zu gewährleisten*".

IV. Tanto quanto se julga saber, o uso de tecnologias de reconhecimento facial ainda não é permitido na Alemanha[38] e não parece provável que o novo Governo Federal alemão venha a apresentar qualquer proposta no sentido de favorecer o seu uso, mesmo que para fins de segurança pública.

É verdade que uma expansão da vigilância policial por vídeo[39] ocorreu em algumas partes da Alemanha, nomeadamente em Frankfurt. No entanto, a polícia de Frankfurt não está a fazer uso do reconhecimento facial automático (que integra a chamada "videovigilância inteligente" – *intelligente Videoüberwachung* – e não se confunde com a chamada "videovigilância clássica" – *klassische Videoüberwachung*)[40], embora o chefe de polícia de Frankfurt tenha expressado a opinião de que continuará monitorando os desenvolvimentos técnicos dos sistemas de reconhecimento facial[41]. No centro de Frankfurt, após alguma resistência inicial do Partido Político "Os Verdes" (em alemão, "*Die Grünen*"), tal expansão foi recentemente aprovada na sequência de terem ocorrido vários ataques contra pessoas LGBT[42].

[38] GLEIZER/MONTENEGRO/VIANA (2021: 94, nota 188). Para uma discussão mais ampla sobre o tema na literatura alemã, cfr., *inter alia*: SCHINDLER (2021); KOWALIK (2021); AA.VV. (2022).

[39] Isto apesar das dúvidas anteriormente colocadas sobre a eficácia da videovigilância para combater o crime, uma vez que se entendia que os seus efeitos permaneciam modestos e que a videovigilância só teria sucesso se conjugada com outros esforços policiais, tal como já sublinhado em AA.VV. (2007). Sobre essas dúvidas, com argumentos a favor e contra a utilização de videovigilância, cfr.: MAXIMINI (2010, em especial 14 e ss.); KETT-STRAUB (2011); e, mais recentemente, cfr. KUTSCHA (2018). Criticando alguns excessos na interpretação e aplicação do Direito da Proteção de Dados nesta matéria, cfr. BULL (2017).

[40] Sobre estas distinções e outras formas de videovigilância (incluindo a videovigilância clássica, o reconhecimento automático de matrículas, a videovigilância inteligente e os drones de vídeo – *klassische Videoüberwachung, automatisierte Kennzeichenerfassung, intelligente Videoüberwachung* e *Videodrohnen*), com desenvolvimento, cfr. STETTNER (2017, em especial, 74 e ss.). Especialmente sobre a videovigilância inteligente, cfr.: HELD (2014); DESOI (2018).

[41] Cfr. https://www.faz.net/aktuell/rhein-main/videoueberwachung-in-frankfurt-schlechte-zeiten-fuer-kriminelle-17499671.html. Os sistemas de reconhecimento facial, tal como outros sistemas de videovigilância inteligente, apresentavam algumas dificuldades técnicas, o que permitia a alguma doutrina contrapor benefícios e receios esperados com o uso de novas tecnologias em matéria de videovigilância – assim, por exemplo, cfr. MAXIMINI (2010: 194 e ss.).

[42] Cfr. https://ddrm.de/temporaerer-ausbau-der-polizeilichen-videoueberwachung-beim-christopher-street-day-in-frankfurt/.

4.4. As limitações decorrentes para o Reino Unido do caso *Edward Bridges v. The Chief Constable of South Wales Police*

I. A situação no Reino Unido parece mais favorável ao uso de sistemas de identificação biométrica para fins de segurança pública e de aplicação coerciva da lei do que a decorrente do previsto Regulamento da União Europeia.

Embora a adequação contínua do Reino Unido em termos de alinhamento com o RGPD da União Europeia continue a ser julgada pela União Europeia, mesmo após a saída do Reino Unido[43], costuma dizer-se que as forças policiais na Inglaterra usam o reconhecimento facial para combater a violência grave.

No entanto, um caso interessante sobre o uso do reconhecimento facial pela polícia surgiu no Reino Unido, mais precisamente no País de Gales, em 2019.

II. O caso é conhecido como o caso *Edward Bridges v. Chief Constable of South Wales Police* 2020.

Por vezes, diz-se que foi o primeiro caso no mundo a lidar com o reconhecimento facial automático[44]. O tribunal considerou ilegal o uso de reconhecimento facial na ausência de diretrizes claras.

III. O caso foi instaurado com base no RGPD europeu e no *Human Rights Act* de 1998.

Edward Bridges, um ativista dos direitos civis, argumentou que a ativa tecnologia de reconhecimento facial implementada pela Polícia de Gales do Sul em reuniões públicas infringiu o direito ao respeito pela vida humana de acordo com o *Human Rights Act* e os seus direitos de privacidade de acordo com o *Data Protection Act* de 2018 (DPA, de 2018), isto é, a implementação do RGPD no Reino Unido.

Também alegou que, como a polícia não respondeu por essa infração, a avaliação do impacto na proteção de dados (*Data Protection Impact Assessment* – DPIA) também não foi realizada corretamente.

[43] Almeida/Shmarko/Lomas (2022: 380).
[44] Gordon (2021: 2).

IV. O tribunal de recurso decidiu a favor de Bridges, concordando com a sua posição e, além disso, descobriu que a polícia dispunha de uma discricionariedade muito ampla em relação ao uso de tecnologias de reconhecimento facial[45].

O tribunal referiu que a aplicação coerciva da lei não está impedida de usar novas tecnologias, como o reconhecimento facial automatizado. Pelo contrário *«É de suma importância que as agências de aplicação coerciva da lei aproveitem ao máximo as técnicas disponíveis da tecnologia moderna e da ciência forense»*. No entanto, o agente de aplicação coerciva da lei deve permanecer dentro dos parâmetros da lei ao implementar qualquer nova tecnologia.

O tribunal de recurso reconheceu que os algoritmos de reconhecimento facial da Polícia de South Wales foram construídos em torno da proteção de dados. No entanto, isso não foi considerado suficiente pelo tribunal. As tecnologias de reconhecimento facial foram implementadas indiscriminadamente, o que violava a privacidade por definição. De facto, a quantidade de dados pessoais recolhidos foi vista como desproporcional em relação ao objetivo pretendido de identificar indivíduos em listas de vigilância (*watch lists*)[46].

Assim, o tribunal de recurso concluiu que: (i) a utilização do reconhecimento facial automatizado pela Polícia de South Wales não estava em conformidade com a lei para efeitos do art. 8.º, n.º 2 da Convenção Europeia dos Direitos Humanos; (ii) a Avaliação de Impacto de Proteção de Dados (DPIA) da parte demandada não cumpriu com a seção 64(3)(b) da Lei de Proteção de Dados de 2018 (DPA, de 2018); (iii) e a parte demandada não se desincumbiu do seu Dever de Igualdade no Setor Público (*Public Sector Equality Duty*).

4.5. O *National Automated Facial Recognition System* vigente na Índia

I. Um uso crescente de câmaras de reconhecimento facial em espaços públicos para fins de segurança pública também surge documentado na Índia.

O governo indiano colocou em vigor o *National Automated Facial Recognition System* (NAFRS), que foi desenvolvido pelo *National Crime Records Bureau*

[45] Almeida/Shmarko/Lomas (2022: 382).
[46] Almeida/Shmarko/Lomas (2022: 382).

(NCRB) sob os auspícios do Ministério da Administração Interna (*Ministry of Home Affairs*)[47], e aprovou a sua implementação a nível federal em 2020[48].

II. O *National Crime Records Bureau* da Índia teve como objetivo desenvolver e utilizar um banco de dados nacional de fotografias que deveria ser usado em conjunto com um sistema de tecnologia de reconhecimento facial pelas agências de segurança central e estadual.

Por esse motivo, lançou em 2019 um pedido de propostas para a criação de uma base de dados nacional de fotografias, que se destinava a ser utilizada para identificar rapidamente criminosos através da recolha de dados existentes de várias outras bases de dados, tais como: (i) Base de dados de passaportes do Ministério dos Negócios Estrangeiros (*Ministry of External Affairs*); (ii) Rede e Sistemas de Rastreamento Criminal e de Criminosos (*Crime and Criminal Tracking Network and Systems* – CCTNS) pelo *National Crime Records Bureau* (NCRB) sob o Ministério da Administração Interna; (iii) Sistema Interoperável de Justiça Criminal (*Interoperable Criminal Justice System* – ICJS) pelo NCRB sob o Ministério da Administração Interna; (iv) Portal KhoyaPaya do Ministério do Desenvolvimento da Mulher e da Criança; (v) Sistema Automatizado de Identificação de Impressões Digitais (*Automated Fingerprint Identification System* – AFIS) pelo NCRB sob o Ministério da Administração Interna; (vi) Qualquer outro banco de dados de imagens disponível com a polícia/outras entidades[49].

III. O objetivo de instituir um sistema de reconhecimento facial em todo o país resultou do teste de um *software* de reconhecimento facial, que foi usado pela polícia de Delhi em abril de 2018 para identificar e resgatar 3.000 crianças desaparecidas, em quatro dias[50].

[47] Cfr. https://internetfreedom.in/watch-the-watchmen-series-part-4-the-national-automated-facial-recognition-system/.

[48] Cfr. o comunicado de imprensa do Governo indiano de 4 de março de 2020, disponível em https://www.mha.gov.in/sites/default/files/PR_RSUSQ1495AFRS_03042020.pdf.

[49] Cfr. https://internetfreedom.in/watch-the-watchmen-series-part-4-the-national-automated-facial-recognition-system/.

[50] Cfr. https://en.wikipedia.org/wiki/Automated_Facial_Recognition_System.

O *National Automated Facial Recognition System* instituiu uma enorme rede de tecnologia de reconhecimento facial conhecida como sistema de reconhecimento facial automatizado (*automated facial recognition system* – AFRS), que torna o monitoramento de CCTV muito mais fácil ao extrair biometria facial de imagens e combiná-las com fotografias armazenadas num banco de dados. O AFRS usa registos policiais e é acessível apenas às agências de aplicação coerciva da lei.

IV. A justificação para a implementação de um tal sistema na Índia residiu em razões de segurança nacional[51].

Os beneficiários desse sistema seriam o *National Crime Records Bureau*, as forças policiais estaduais e o Ministério da Administração Interna.

V. Apesar da justificação e da restrição do círculo de beneficiários, a literatura tem apresentado vários argumentos contra o *National Automated Facial Recognition System*.

Alguns apontaram que o sistema representa uma ameaça à privacidade[52] (protegida pelo art. 21 da Constituição indiana) e aos direitos humanos fundamentais (como o direito à privacidade, proteção de dados, liberdade de expressão e liberdade de reunião e associação). Várias preocupações também foram manifestadas em relação ao facto de o uso do reconhecimento facial vir a permitir ao governo indiano identificar os pormenores dos manifestantes, prejudicando a liberdade individual de opinião e expressão, o direito de protesto e o direito de circulação da pessoa. Isso porque, embora os dados biométricos sejam vistos como dados pessoais sensíveis e ainda que existam procedimentos para a sua recolha, divulgação e troca, tais restrições aplicam-se apenas às "empresas" e não ao governo indiano[53].

[51] De acordo com o comunicado de imprensa do Governo indiano de 4 de março de 2020 (disponível em https://www.mha.gov.in/sites/default/files/PR_RSUSQ1495AFRS_03042020.pdf), «*This will facilitate better identification of criminals, unidentified dead bodies and missing/found children and persons. It will not violate privacy*».

[52] Alguns referiram que o NAFRS não cumpre os três testes indicados pelo Supremo Tribunal no caso *Justice K.S. Puttaswamy vs Union of India* (2017) - https://blog.forumias.com/national-automated-facial-recognition-system-nafrs-explained-pointwise/. Sobre a importância do caso Puttaswamy, cfr. Mangaldas (2019).

[53] Mehta/Jain (2021).

Outros também concluem que «*a implementação do NAFRS é ilegítima e não é proporcional à sua necessidade porque carece de autorização legal e diretrizes para limitar o seu uso a casos exaustivamente listados e estritamente definidos*» e que, «*na ausência de salvaguardas, como a lei de proteção de dados, tem o potencial de vigilância em massa que afetará significativamente os direitos fundamentais e as liberdades civis*»[54].

Outros até sugeriram que uma moratória sobre o uso da tecnologia de reconhecimento facial deveria ser imposta até que uma lei de proteção de dados forte e significativa fosse promulgada[55].

Uma crítica mais séria foi apresentada contra o uso de tal sistema para fins de aplicação coerciva da lei e judiciais: «*A lei indiana é desprovida de qualquer legislação abrangente que autorize, regule e determine o valor probatório das tecnologias automatizadas de reconhecimento facial (AFRTs) dentro dos nossos processos de aplicação da lei doméstica e do sistema de justiça criminal mais amplo*»[56].

Apesar das fortes críticas, o *National Automated Facial Recognition System* encontra-se ainda em vigor na Índia.

5. A estratégia da União Europeia para a Inteligência Artificial e para os sistemas de identificação biométrica

No contexto da União Europeia, os parâmetros críticos para o desenvolvimento e uso de sistemas de identificação biométrica e tecnologias de reconhecimento facial são fornecidos pelas regras de proteção de dados, privacidade e não discriminação, bem como pela Proposta de Regulamento sobre a Inteligência Artificial de 21 de abril de 2021.

No entanto, a abordagem da União Europeia não se restringe a esses quadros jurídicos. Vários outros requisitos da União Europeia também devem ser levados em consideração, tais como os direitos das crianças e dos idosos, a liberdade de expressão e a liberdade de reunião e associação, o direito a uma

[54] Mustafa/Leo (2021).

[55] Cfr. https://www.civilsdaily.com/news/the-national-automated-facial-recognition-system-in-india-lacks-adequate-safeguards/.

[56] Cfr. Jauhar (2021).

boa administração, bem como o direito a um recurso efetivo. Além disso, os sistemas de identificação biométrica suscitam questões relevantes para a segurança dos produtos, a responsabilidade do produtor e a proteção do consumidor. Por outro lado, as leis de controle das fronteiras devem ser consideradas no contexto da aplicação coerciva da lei.

5.1. A necessária articulação entre a Proposta da Comissão e outros regimes e requisitos jurídicos europeus

A Proposta de Regulamento sobre a Inteligência Artificial de 21 de abril de 2021, apresentada pela Comissão, deve ser entendida no contexto de vários outros (e anteriores) marcos e requisitos jurídicos europeus.

A este respeito, é possível dizer que existe um enquadramento multinível (*multi-level framework*) da União Europeia[57], que compreende vários enquadramentos jurídicos.

No entanto, não serão abordados nem discutidos outros enquadramentos jurídicos, já que importa concentrar a atenção na Proposta de 21 de abril de 2021.

5.2. As ideias fundamentais da Proposta da Comissão no que respeita aos sistemas de identificação biométrica

I. Os antecedentes da Proposta são o Livro Branco da Comissão Europeia sobre a Inteligência Artificial de 19 de fevereiro de 2020, bem como várias outras iniciativas do Parlamento Europeu relativas à definição de limites quanto ao uso de reconhecimento facial na União Europeia[58].

[57] Madiega/Mildebrath (2021: 9 e ss.).

[58] É o caso da Resolução do Parlamento Europeu, aprovada em 6 de outubro de 2021, iniciativa apresentada antes da Proposta da Comissão e que contém várias referências à utilização de dados biométricos e ao reconhecimento facial. Na exposição de motivos da Proposta já se reconhecia que a inteligência artificial oferece grandes oportunidades no domínio da aplicação coerciva da lei, permitindo nomeadamente melhorar os métodos de trabalho dos serviços policiais e das autoridades judiciais e combater mais eficazmente certos tipos de criminalidade, elencando um conjunto de aplicações, nas quais incluía as tecnologias de reconhecimento facial. Mas também se chamava a atenção para os riscos para os direitos

Ainda que não adote uma postura de total e permanente proibição tal como reclamada em algumas campanhas e iniciativas de cidadãos[59], a Proposta da Comissão desenvolve o tema e apresenta novas ideias para regulamentar a utilização de sistemas de identificação biométrica no contexto europeu.

A Proposta de 21 de abril de 2021 dá um passo adiante do ponto de vista da regulamentação, prevendo a sua aplicação a todos os sistemas remotos de identificação biométrica, incluindo tecnologias de reconhecimento facial[60].

II. Uma vez que a Comissão adotou uma abordagem baseada no risco (*risk-based approach*)[61], o elemento-chave da Proposta é a distinção entre sistemas de "alto risco" (ou de "risco elevado") e sistemas de "baixo risco" (ou de "risco baixo").

Tal distinção é essencial também para o uso de tecnologias de reconhecimento facial pelas autoridades policiais.

III. Em apertada síntese, a utilização de sistemas de alto risco ou é proibida pela Proposta da Comissão ou deverá cumprir requisitos apertados consagrados na Proposta, ao passo que os sistemas de baixo risco são amplamente admitidos pela Proposta e ficam sujeitos ao cumprimento de apenas alguns requisitos.

fundamentais. A Resolução aprovada em 6 de outubro de 2021 reitera essas preocupações, em especial nos pontos 25, 26, 27, 30 e 31.

59 Por exemplo, cfr. https://netzpolitik.org/2020/gesichtserkennung-kampagne-fuer-ein-dauerhaftes-europaweites-verbot/. Contra, porém, essa visão, fazendo uma apologia de 3 (três) pilares sobre os quais pode assentar um aumento da confiança pública nas tecnologias de reconhecimento facial (*stakeholder interests, legal and ethical considerations* e *implementation according to the varied contexts of use*) e da importância de se proceder a uma avaliação holística dos riscos e benefícios, a par de sugerir avanços no sentido da introdução de melhorias significativas nas tecnologias para reduzir imprecisões e vieses e de formação da vontade política para alcançar um consenso social sobre as salvaguardas jurídicas apropriadas, cfr. Chan (2021).

60 Madiega/Mildebrath (2021: 24).

61 Cfr. Proposta da Comissão, p. 9. Porém, para uma crítica a este tipo de abordagem da Comissão, cfr. Hidvegi/Leufer/Massé (2021).

Por exemplo, é proibido[62] o uso de sistemas de reconhecimento facial em tempo real em espaços acessíveis ao público para fins de manutenção da ordem pública, salvo se aplicáveis algumas exceções limitadas. É criada uma exceção caso os Estados-Membros decidam autorizar a utilização de tais sistemas por razões importantes de segurança pública e desde que sejam concedidas as autorizações judiciais ou administrativas adequadas[63].

O uso de tecnologias de reconhecimento facial para fins que não sejam de manutenção da ordem pública (por exemplo, controle de fronteiras, mercados, transporte público e até escolas) é permitido, mas sujeito a uma avaliação de conformidade e cumprimento com alguns requisitos de segurança antes de poderem entrar no mercado da União Europeia[64].

Os sistemas de baixo risco estão apenas sujeitos a limitados requisitos de transparência e informação. Esse pode ser o caso de sistemas de reconhecimento facial usados para fins de categorização[65].

5.3. A aceitação limitada de sistemas de identificação biométrica para fins de segurança pública e de aplicação coerciva da lei

I. A Proposta da Comissão apresenta outra distinção relevante.

Importa distinguir entre os sistemas de identificação biométrica remota (à distância) "em tempo real" e os sistemas de identificação biométrica remota (à distância) "em diferido"[66]. Além disso, diferentes conjuntos de regras são

[62] Sublinha Raposo (2022c: 94-95), que, neste particular, a Proposta da Comissão se desvia do Livro Branco, o qual se limitava a recomendar a introdução das necessárias cautelas no uso para fins de identificação biométrica remota, e igualmente vai mais longe do que a Diretiva (UE) 2016/680, do Parlamento Europeu e do Conselho, de 27 de abril de 2016, relativa à proteção das pessoas singulares no que diz respeito ao tratamento de dados pessoais pelas autoridades competentes para efeitos de prevenção, investigação, deteção ou repressão de infrações penais ou execução de sanções penais, e à livre circulação desses dados, e que revoga a Decisão-Quadro 2008/977/JAI do Conselho (disponível em https://eur-lex.europa.eu/legal-content/PT/TXT/PDF/?uri=CELEX:32016L0680&from=PT), a qual também não proíbe tecnologias de reconhecimento facial e limita-se a formular exigências.

[63] Madiega/Mildebrath (2021: 25).

[64] Madiega/Mildebrath (2021: I e 24-25).

[65] Madiega/Mildebrath (2021: 27).

[66] Cfr. considerando 8 da Proposta da Comissão.

fornecidos na Proposta, dependendo de o uso dos sistemas remotos ocorrer em tempo real ou em diferido.

II. Essa distinção surge claramente traçada na Proposta[67].

Com os sistemas de identificação biométrica remota (à distância) "em tempo real" é possível recolher dados biométricos e executar os processos de comparação e identificação instantaneamente (ou sem um atraso significativo), com base em material "ao vivo" ou "quase ao vivo", tais como imagens de vídeo, geradas por uma câmara ou outro dispositivo com funcionalidade semelhante.

Em contraste, os sistemas de identificação biométrica "em diferido" permitem a recolha de dados biométricos e executar processos de comparação e identificação, mas após um atraso significativo, com base em imagens ou imagens de vídeo geradas por câmaras de televisão em circuito fechado (CCTV) ou dispositivos privados.

III. Para fins de manutenção da ordem pública, a Proposta proíbe a utilização de sistemas de inteligência artificial para identificação biométrica remota (à distância) "em tempo real" ou "ao vivo" de pessoas singulares em espaços acessíveis ao público[68].

Assim, não é permitido o uso pela polícia de sistemas de reconhecimento facial para identificar pessoas que participem num protesto público, ou mesmo para localizar pessoas que tenham cometido apenas pequenos delitos. Estes sistemas seriam considerados sistemas de alto risco de acordo com a Proposta da Comissão e, consequentemente, estariam sujeitos a uma proibição geral[69].

IV. No entanto, nas subalíneas da al. *d)* do n.º 1 do art. 5.º, a Proposta da Comissão inclui 3 (três) situações em que podem ser permitidos sistemas de identificação biométrica remota (à distância) em tempo real de alto risco para fins de manutenção da ordem pública[70].

[67] Madiega/Mildebrath (2021: 25).
[68] Cfr. art. 5.º, n.º 1, al. *d)* da Proposta da Comissão.
[69] Madiega/Mildebrath (2021: 25).
[70] Cfr. art. 5.º, n.º 1, al. *d)* da Proposta da Comissão.

Em primeiro lugar, a busca direcionada de potenciais vítimas específicas de crime, incluindo crianças desaparecidas. Em segundo lugar, a prevenção de uma ameaça específica, substancial e iminente à vida ou à segurança física de pessoas ou de um ataque terrorista. Em terceiro lugar, a deteção, localização, identificação ou instauração de ação penal relativamente a um infrator ou suspeito de uma infração penal referida na Decisão-Quadro do Mandado de Detenção Europeu (ou seja, um crime grave)[71].

Subjacentes a estas 3 (três) exceções estão importantes razões de segurança pública que justificam o uso de sistemas de identificação biométrica remota (à distância) em tempo real para fins de manutenção da ordem pública[72]. Não obstante, a Proposta da Comissão deixa aos Estados-Membros a decisão de aplicar as exceções. Isto porque as questões de segurança nacional continuam, em grande medida, a ser da competência exclusiva dos Estados-Membros. Em qualquer dos casos, a utilização de sistemas de identificação biométrica deve respeitar os princípios consagrados no RGPD e deve ser acompanhada de salvaguardas processuais adequadas (por exemplo, em regra, deve ser concedida uma autorização expressa e específica por uma autoridade judiciária ou por uma entidade administrativa independente)[73].

V. Outras possíveis utilizações de sistemas de identificação biométrica por parte das autoridades responsáveis pela aplicação coerciva da lei podem cair nas limitações da Proposta, sempre que os sistemas sejam caracterizados como sistemas de "alto risco".

Por exemplo, o uso de sistemas remotos pelas autoridades policiais para identificar uma pessoa que cometeu um crime é limitado. Além disso, o uso de sistemas de tempo real pelas autoridades policiais, mesmo em espaços não acessíveis ao público (ou seja, locais privados), também é limitado. Tais sistemas não são proibidos por si só, mas o seu uso estará sujeito ao cumprimento de vários deveres de conformidade: certos requisitos obrigatórios para garantir que o seu uso não apresenta riscos inaceitáveis; requisitos rigorosos de pré-mercado; procedimentos rigorosos de avaliação da conformidade *ex ante*;

[71] Madiega/Mildebrath (2021: 25-26).

[72] No entender de Raposo (2022c: 95), as exceções estão possivelmente justificadas por potenciais benefícios para controlar o crime.

[73] Madiega/Mildebrath (2021: 26). Cfr. art. 5.º, n.ºs 2, 3 e 4 da Proposta da Comissão.

conformidade com os requisitos do RGPD; um sistema *ex post* de fiscalização do mercado e supervisão desses sistemas[74].

6. Considerações finais

I. Os sistemas de identificação biométrica, incluindo aplicativos ou tecnologias de reconhecimento facial, podem ser muito úteis para fins de verificação, identificação e categorização por parte de agentes públicos ou privados.

Muitos países estão fazendo ativamente uso de sistemas de reconhecimento facial na atualidade. Apesar das campanhas e iniciativas no sentido da sua proibição dentro e fora do espaço europeu, é improvável que pare o crescimento exponencial do uso desse tipo de sistemas no futuro, considerando a proliferação da inteligência artificial, das redes sociais, dos computadores, dos smartphones e das câmaras. O uso de tais tecnologias para fins de aplicação coerciva da lei também é geralmente reconhecido como uma realidade ou, pelo menos, considerado como uma forte possibilidade em vários países e jurisdições.

II. Ao mesmo tempo, várias preocupações têm sido suscitadas em relação ao risco de vigilância estatal ou de vigilância massiva e também no que respeita aos perigos para os direitos fundamentais.

Estas preocupações são crescentes e amplificadas pelo facto de, até à data, se detetar em vários países e jurisdições a falta de regras juridicamente vinculativas e, quando estas existem, apresentam-se, na verdade, muito limitadas ou até insuficientes. Falta uma legislação abrangente.

III. Diversas vantagens e desvantagens têm sido identificadas relativamente ao uso de sistemas de reconhecimento facial, as quais precisam de ser enfrentadas.

Com impacto jurídico mais direto, cumpre assinalar que as principais desvantagens estão relacionadas com a difusão e o caráter intrusivo desses sistemas, bem como com a sua propensão para a ocorrência de erros. Por esse

[74] Madiega/Mildebrath (2021: 26-27).

motivo, têm sido manifestadas várias preocupações com os direitos fundamentais, as quais não parecem reduzir-se (antes pelo contrário) no domínio da aplicação coerciva da lei e da justiça penal. Algumas dessas preocupações prendem-se com o facto de os sistemas de reconhecimento facial serem geradores de discriminação contra determinados segmentos da população, ao passo que outras preocupações se relacionam com a circunstância de tais sistemas poderem implicar claras violações ao direito à proteção de dados e à privacidade. Todas essas preocupações devem estar em cima da mesa, pois são relevantes para avaliar as possibilidades de uso de tecnologias de reconhecimento facial para fins de segurança pública e aplicação coerciva da lei.

IV. Tomando em consideração as vantagens e as desvantagens dos sistemas de identificação biométrica em geral e das tecnologias de reconhecimento facial, a Proposta de Regulamento sobre a Inteligência Artificial, divulgada pela Comissão em 21 de abril de 2021, incluiu novas e importantes regras sobre o tema.

Essas regras regulam a utilização de tecnologias de reconhecimento facial na União Europeia e a proposta apresentada pela Comissão propõe-se diferenciar os sistemas de identificação biométrica de acordo com as suas características de utilização de "alto risco" ou de "baixo risco". Alguns (mas não todos) os sistemas de reconhecimento facial são considerados na Proposta da Comissão como sistemas de "alto risco" e, consequentemente, a proibição do seu uso ou pelo menos a necessidade de cumprir requisitos rigorosos é proposta pela Comissão.

V. Embora seja adotada uma abordagem restritiva, a Proposta da Comissão representa um importante passo em frente para regulamentar a utilização na União Europeia de sistemas de identificação biométrica em geral e de tecnologias de reconhecimento facial também para fins de segurança pública e de aplicação coerciva da lei.

Feita a comparação com o caso de outros países e jurisdições (mesmo com aqueles que já aprovaram qualquer tipo de legislação ou regras sobre a matéria, ainda que insuficientes ou limitadas), deve concluir-se que a Proposta da Comissão procura fazer um esforço para estar alinhada com outros regimes jurídicos e requisitos europeus (*v.g.*, proteção de dados, regras de privacidade e não discriminação, direitos das crianças e dos idosos, liberdade de expressão e liberdade de reunião e associação, direito a uma boa administração e direito a um recurso efetivo). Se assim for, a Proposta poderá vir a ser vista como uma fonte de inspiração para outros países e jurisdições no sentido de virem a aprovar legislação abrangente que permita (ainda que de forma restritiva) o uso de tecnologias automatizadas de reconhecimento facial pelas autoridades policiais e a sua inclusão no sistema de justiça criminal.

Referências

AA.VV.,
(2007) *Polizeiliche Videoüberwachung öffentlicher Räume* (Hrsg. Hans-Jörg Bücking), Berlin: Duncker & Humblot.

AA.VV.,
(2022) *Algorithmic policing – Chancen und regulative Herausforderungen* (Hrsg. Kristin Pfeffer), Göttingen: Cuvillier.

Almeida, Denise / Konstantin Shmarko / Elizabeth Lomas,
(2021) "The ethics of facial recognition technologies, surveillance, and accountability in an age of artificial intelligence: a comparative analysis of US, EU, and UK regulatory frameworks", in *AI and Ethics*, vol. 2, pp. 377–387.

Bull, Hans Peter,
(2017) „Fehlentwicklungen im Datenschutz am Beispiel der Videoüberwachung", in *Juristen Zeitung*, vol. 72, 17, pp. 797-806.

Caires, João Gouveia de,
(2019) "O direito à imagem e a prova", in *Prova Penal Teórica e Prática* (coord. Paulo de Sousa Mendes e Rui Soares Pereira), Coimbra: Almedina, pp. 115-157.

Chan, Gary K. Y.,
(2021) "Towards a calibrated trust-based approach to the use of facial recognition technology", in *International Journal of Law and Information Technology*, 29, pp. 305-331, disponível em https://doi.org/10.1093/ijlit/eaab011.

Cordeiro, António Menezes,
(2020) *Código Civil Comentado* (coord. António Menezes Cordeiro), vol. I, Coimbra: Almedina, anotação ao art. 79.º, pp. 313-320.

DESOI, Monika,
(2018) *Intelligente Videoüberwachung – Rechtliche Bewertung und rechtsgemäße Gestaltung*, Wiesbaden: Springer.

DUSHI, Desara,
(2020) "The use of facial recognition technology in EU law enforcement: Fundamental rights implications", Global Campus of Human Rights.

EGBERT, Simon / Matthias LEESE,
(2021) *Criminal futures: predictive policing and everyday police work*, New York: Routledge.

GLEIZER, Orlandino / Lucas MONTENEGRO / Eduardo VIANA,
(2021) *O direito de proteção de dados no processo penal e na segurança pública*, São Paulo: Marcial Pons.

GLESS, Sabine,
(2018) "Predictive Policing – In Defense of 'True Positives'", in Bayamlıoğlu, Emre, Baraliuc, Irina / Janssens, Liisa / Hildebrandt, Mireille (eds). being profiled:cogitas ergo sum. 10 Years of Profiling the European Citizen, Amsterdam University Press, pp. 76-83.

GONÇALVES, Diogo Costa,
(2022) *Lições de Direitos de Personalidade*, Cascais: Principia.

GORDON, Barrie,
(2021) "Automated Facial Recognition in Law Enforcement: The Queen (On Application of Edward Bridges) v The Chief Constable of South Wales Police", PER / PELJ 2021(24) – DOI, 2021, disponível em https://perjournal.co.za/article/view/8923/16871.

GRECO, Mateus Vaz e,
(2021) "Vivendo 1984 no ano de 2020 – o reconhecimento facial e a democracia", in *Boletim IBCCrim*, 340 (March 2021), disponível em https://www.ibccrim.org.br/publicacoes/edicoes/741.

GSTREIN, Oskas J. / Anno BUNNIK / Andrej J. ZWITTER,
(2019) "Ethical, legal and social challenges of predictive policing", in *Católica Law Review*, vol. 3, 3, pp. 77-98.

HADDAD, Gabrielle M.,
(2021) "Confronting the Biased Algorithm: The Danger of Admitting Facial Recognition Technology Results in the Courtroom", in *Vanderbilt Journal of Entertainment and Technology Law*, 23, 4, pp. 891-918.

HELD, Cornelius,
(2014) *Intelligente Videoüberwachung – Verfassungsrechtliche Vorgaben für den polizeilichen Einsatz*, Berlin: Duncker & Humblot.

HIDVEGI, Fanny / Daniel LEUFER / Estelle MASSÉ,
2021) "The EU should regulate AI on the basis of rights, not risks", 17 de fevereiro de 2021, disponível em https://www.accessnow.org/eu-regulation-ai-risk-based-approach/.

HOFMANN, Henning,
(2020) *Predictive Policing – Methodologie, Systematisierung und rechtliche Würdigung der algorithmusbasierten Kriminalitätsprognose durch die Polizeibehörden*, Berlin: Duncker & Humblot.

JAUHAR, Ameen,
(2021) "Facial recognition in law enforcement is the litmus test for India's commitment to "Responsible AI for All", October 17, 2021, disponível em https://www.orfonline.org/expert-speak/facial-recognition-in-law-enforcement-is-the-litmus-test-for-indias/.

KETT-STRAUB, Gabriele,
(2011) „Dient die Technoprävention der Vermeidung von Kriminalität? – Insbesondere die Wirksamkeit der Videoüberwachung im öffentlichen Raum", in *ZStW*, vol. 123, pp. 110-133.

KOWALIK, Florian,
(2021) *Die hoheitliche Videoüberwachung des öffentlichen Raums zur Kriminalprävention: Rechtsgrundlagen, praktische Anwendungsbereiche und präventive Wirksamkeit*, Berlin, Münster: Lit.

KUTSCHA, Martin,
(2018) „Videoüberwachung öffentlicher Plätze – ein Allheilmittel?", in *Recht und Politik*, vol. 54, 1, pp. 1-3.

LEMOS, Amanda,
(2021) "Reconhecimento facial cresce no Brasil; vídeo explica como isso afeta você", disponível em https://www1.folha.uol.com.br/tec/2021/08/reconhecimento-facial-cresce-no-brasil-entenda-como-isso-afeta-voce.shtml.

LIN, Patrick K.,
(2023) "How to Save Face & the Fourth Amendment: Developing an Algorithmic Accountability Industry for Facial Recognition Technology in Law Enforcement", in *Albany Law Journal of Science and Technology* (forthcoming).

MADIEGA, Tambiama / Hendrik MILDEBRATH,
(2021) "Regulating facial recognition in the EU", EPRS | European Parliamentary Research Service, September 2021.

MANGALDAS, Cyril Amarchand,
(2019) "Right To Privacy: Surveillance In The Post-Puttaswamy Era", December 11, 2019, disponível em https://www.bloombergquint.com/law-andpolicy/right-to-privacy-surveillance-in-the-post-puttaswamy-era.

MAXIMINI, Dominique,
(2010) *Polizeiliche Videoüberwachung öffentlicher Straßen und Plätze zur Kriminalitätsprävention*, Saarbrücken: Alma Mater.

MEHTA, Naman / Naman JAIN,
(2021) "Rise in Facial Recognition Surveillance and its Implications for India in Coming Decades; Violation of Privacy and Human Right", June 30, 2021, disponível em SSRN: https://ssrn.com/abstract=3877325 ou http://dx.doi.org/10.2139/ssrn.3877325.

MOMSEN, Carsten / Cäcilia RENNERT,
(2020) "Big Data-Based Predictive Policing and the Changing Nature of Criminal Justice – Consequences of the extended Use of Big Data, Algorithms and AI in the Area of Criminal Law Enforcement", in *KriPoZ*, 3, pp. 160-172.

MUSTAFA, Faizan / Utkarsh LEO,
(2021) "On Facial Recognition and Fundamental Rights in India: A Law and Technology Perspective", December 29, 2021, disponível em SSRN: https://ssrn.com/abstract=3995958 or http://dx.doi.org/10.2139/ssrn.3995958.

O'FLAHERTY, Michael,
(2020) "Facial Recognition Technology and Fundamental Rights", in *European Data Protection Law Review*, vol. 6, 2, pp. 170-173.

RADEMACHER, Timo,
(2017) „Predictive Policing im deutschen Polizeirecht", in *Archiv des öffentlichen Rechts*, vol. 142, 3, pp. 366-416.

RAPOSO, Vera Lúcia,
(2022a) "(Do not) remember my face: uses of facial recognition technology in light of the general data protection regulation", in *Information & Communications Technology Law*, 2022, disponível em https://doi.org/10.1080/13600834.2022.2054076.
(2022b) "The Use of Facial Recognition Technology by Law Enforcement in Europe: a Non-Orwellian Draft Proposal", in European Journal on Criminal Policy and Research, Springer online, 01 June 2022, disponível em https://link.springer.com/content/pdf/10.1007/s10610-022-09512-y.pdf.
(2022c) "Ex machina: preliminary critical assessment of the European Draft Act on artificial intelligence", in *International Journal of Law and Information Technology*, 30, pp. 88-109.

SCHINDLER, Stephan,
(2021) *Biometrische Videoüberwachung – Zur Zulässigkeit biometrischer Gesichtserkennung in Verbindung mit Videoüberwachung zur Bekämpfung von Straftaten*, Baden-Baden: Nomos.

SOMMERER, Lucia M.,
(2020) *Personenbezogenes Predictive Policing – Kriminalwissenschaftliche Untersuchung über die Automatisierung der Kriminalprognose*, Baden-Baden: Nomos.

STETTNER, Elisa,
(2017) *Sicherheit am Bahnhof- Überwachungsmaßnahmen zur Abwehr terroristischer Anschläge*, Berlin: Duncker & Humblot.

THÜNE, Martin,
(2020) *Predictive Policing – Eine interdisziplinäre Betrachtung unter besonderer Berücksichtigung polizeirechtlicher Implikationen*, Dissertation zur Erlangung des Grads eines Doktors der Rechtswissenschaft (Dr. iur.) der Universität Erfurt, Staatswissenschaftliche Fakultät.

VIDYARTHI, Apratim,
(2022) "The Public Square Has Eyes (or Cameras): Anonymous Speech Under the First and Fourth Amendments in the Age of Facial Recognition", in *Fordham Intellectual Property, Media and Entertainment Law Journal*, vol. 32, 3, pp. 630-688.

WERNERCK, Antonio,
(2019) "Reconhecimento facial falha em segundo dia, e mulher inocente é confundida com criminosa já presa", in *O Globo*, 11 de julho de 2019, disponível em https://oglobo.globo.com/rio/reconhecimento-facial-falha-em-segundo-dia-mulher-inocente-confundida-com-criminosa-ja-presa-23798913.

WISCHMEYER, Thomas,
(2020) „Predictive Policing – Nebenfolgen der Automatisierung von Prognosen im Sicherheitsrecht", in *Der Terrorist als Feind? Personalisierung im Polizei- und Völkerrecht* (Hrsg. Andreas Kulick und Michael Goldhammer), Tübingen: Mohr Siebeck, pp. 193-213.

§ 8. A TRANSMISSIBILIDADE POR MORTE DO DIREITO À CONSTITUIÇÃO COMO ASSISTENTE*

1. O problema

I. Em 2000, CÉLIA REIS publicou um estudo intitulado "Dúvidas acerca da transmissão por morte do direito à constituição como assistente"[1], no qual procurava resolver as dúvidas interpretativas em torno das als. *b)* e *c)* do n.º 1 do art. 68.º do CPP[2].

* Publicada versão anterior em *O Direito*, 148.º, 2016, III, pp. 603-638.

[1] REIS (2000).

[2] O art. 68.º do CPP, com a epígrafe «Assistente», estatui:
«*1 – Podem constituir-se assistentes no processo penal, além das pessoas e entidades a quem leis especiais conferirem esse direito: a) Os ofendidos, considerando-se como tais os titulares dos interesses que a lei especialmente quis proteger com a incriminação, desde que maiores de 16 anos; b) As pessoas de cuja queixa ou acusação particular depender o procedimento; c) No caso de o ofendido morrer sem ter renunciado à queixa, o cônjuge sobrevivo não separado judicialmente de pessoas e bens ou a pessoa, de outro ou do mesmo sexo, que com o ofendido vivesse em condições análogas às dos cônjuges, os descendentes e adoptados, ascendentes e adoptantes, ou, na falta deles, irmãos e seus descendentes, salvo se alguma destas pessoas houver comparticipado no crime; d) No caso de o ofendido ser menor de 16 anos ou por outro motivo incapaz, o representante legal e, na sua falta, as pessoas indicadas na alínea anterior, segundo a ordem aí referida, ou, na ausência dos demais, a entidade ou instituição com responsabilidades de protecção, tutelares ou educativas, quando o mesmo tenha sido judicialmente confiado à sua responsabilidade ou guarda, salvo se alguma delas houver auxiliado ou comparticipado no crime; e) Qualquer pessoa nos crimes contra a paz e a humanidade, bem como nos crimes de tráfico de influência, favorecimento pessoal praticado por funcionário, denegação de justiça, prevaricação, recebimento ou oferta indevidos de vantagem, corrupção, peculato, participação económica em negócio, abuso de poder e de fraude na obtenção ou desvio de subsídio ou subvenção. 2 – Tratando-se de procedimento dependente de acusação particular, o requerimento tem*

Esse estudo, que passou praticamente despercebido na doutrina nacional[3], teve o inegável mérito de se debruçar *ex professo* sobre o tema da transmissibilidade por morte do direito à constituição como assistente.

Mais recentemente, Paulo de Sousa Mendes veio, nas suas "Lições de Direito Processual Penal", reanalisar o estado da questão e, após apreciação das posições defendidas por Germano Marques da Silva e Célia Reis, concluiu o seguinte: por um lado, que a letra da al. *c*) do n.º 1 do art. 68.º do CPP *«induz o intérprete a concluir que* [...] *só se aplicará aos crimes cujo procedimento dependa de queixa ou de acusação particular»* e que afinal não existirá norma que regule *«a transmissão do direito à constituição como assistente nos crimes públicos»*; por outro lado, que, embora o legislador não tenha pretendido esse resultado, não será possível *«integrar a lacuna por analogia legis com a alínea c) do n.º 1 do art. 68.º, desde logo porque se trataria de uma analogia contra reum, a qual é vedada pelo princípio da legalidade»* e que também não será admissível *«eliminar a expressão 'sem ter renunciado à queixa' daquele inciso, desde logo porque não é admitida a interpretação correctiva, mas também porque isso impossibilitaria a transmissão, por morte do ofendido, do direito à constituição como assistente aos seus familiares nos crimes semi-públicos e particulares»*[4].

Apesar desta conclusão de Paulo de Sousa Mendes, a questão não tem sido, ao que apurámos, suscitada na jurisprudência, nem terá dado origem na prática a dificuldades interpretativas.

Em geral, ou se continua a aplicar indistintamente a al. *c*) do n.º 1 do art. 68.º do CPP às situações de transmissão por morte do direito à constituição como assistente, seja qual for a natureza do crime em causa, ou se

lugar no prazo de 10 dias a contar da advertência referida no n.º 4 do artigo 246.º. 3 – Os assistentes podem intervir em qualquer altura do processo, aceitando-o no estado em que se encontrar, desde que o requeiram ao juiz: a) Até cinco dias antes do início do debate instrutório ou da audiência de julgamento; b) Nos casos do artigo 284.º e da alínea b) do n.º 1 do artigo 287.º, no prazo estabelecido para a prática dos respectivos actos. c) No prazo para interposição de recurso da sentença. 4 – O juiz, depois de dar ao Ministério Público e ao arguido a possibilidade de se pronunciarem sobre o requerimento, decide por despacho, que é logo notificado àqueles. 5 – Durante o inquérito, a constituição de assistente e os incidentes a ela respeitantes podem correr em separado, com junção dos elementos necessários à decisão».

[3] Não se lhe referem, por exemplo, Silva (2013: 282), Antunes (2016: 47-53), Ribeiro (2008), Gonçalves (2009), Magistrados do MP do DJP (2009), Albuquerque (2011), Gaspar e Outros (2014), e Lobo (2015).

[4] Mendes (2013: 135-136).

convocam ambas as als. *b*) e *c*) do n.º 1 do art. 68.º do CPP[5] sempre que estejam em causa situações de transmissão por morte do direito à constituição como assistente nos crimes semipúblicos e nos crimes particulares.

II. Contudo, cremos justificar-se uma nova reflexão sobre o tema da transmissibilidade por morte do direito à constituição como assistente.

Desde logo, não parece que aquela aplicação indistinta e aquela convocação simultânea de alíneas correspondam à invocação de uma base legal segura para as situações de transmissão por morte do direito à constituição como assistente, seja qual for a natureza do crime em causa, impondo-se, só por isso, uma reanálise dos dados normativos e a apresentação de uma perspetiva de solução interpretativa para o art. 68.º do CPP no que tange a essas situações de transmissão.

Além disso, em face da chamada de atenção feita por Paulo de Sousa Mendes, dúvidas se colocam sobre se existe ou não, afinal, uma base legal para sustentar a transmissibilidade por morte, nos crimes públicos, do direito à constituição como assistente, e parece que valerá a pena encetar uma nova reflexão sobre o tema da transmissibilidade por morte do direito à constituição como assistente.

III. Mais do que reanalisar o tema a uma luz completamente nova, importará fazer um esforço interpretativo sobre as diversas normas que têm sido convocadas para a discussão e esperar retirar, por via desse esforço, um sentido útil para as normas em questão e que permita compatibilizá-las.

Não sendo possível essa compatibilização, outras soluções poderão e deverão então ser encontradas, com vista a resolver o que parece configurar, como qualifica Paulo de Sousa Mendes, uma aporia (que se pressupõe ser resolúvel[6]) do direito à constituição como assistente e do direito de queixa.

[5] «*1 – Podem constituir-se assistentes no processo penal, além das pessoas e entidades a quem leis especiais conferirem esse direito: [...] b) As pessoas de cuja queixa ou acusação particular depender o procedimento; c) No caso de o ofendido morrer sem ter renunciado à queixa, o cônjuge sobrevivo não separado judicialmente de pessoas e bens ou a pessoa, de outro ou do mesmo sexo, que com o ofendido vivesse em condições análogas às dos cônjuges, os descendentes e adoptados, ascendentes e adoptantes, ou, na falta deles, irmãos e seus descendentes, salvo se alguma destas pessoas houver comparticipado no crime*».

[6] Embora tenham conhecido diferentes noções ao longo da história, as aporias têm sido entendidas como dificuldades teoréticas ou complexidades ou dificuldades lógicas insuperáveis.

2. As perspetivas tradicionais e recentes de solução

2.1. A posição de Germano Marques da Silva

Confrontado com a redação do art. 68.º, n.º 1, al. *c)* do CPP[7], Germano Marques da Silva vem defendendo que essa alínea se refere tanto aos crimes públicos como aos crimes semipúblicos e particulares e que o sentido da ressalva inicial, relativa à não renúncia ao direito de queixa por parte do ofendido, só pode ser o de o legislador se estar a referir aos crimes semipúblicos e particulares. Porém, essa ressalva não significa, segundo o mesmo autor, que a norma em questão não se aplique também às situações de transmissibilidade por morte do direito à constituição como assistente nos crimes públicos[8].

Essa posição, encabeçada por Germano Marques da Silva, também corresponde à posição adotada pela generalidade da doutrina e da jurisprudência nacionais.

2.2. A posição de Célia Reis

No entanto, Célia Reis chamou a atenção para as dificuldades interpretativas inerentes à posição sustentada por Germano Marques da Silva, nomeadamente no que se refere à tentativa de inclusão na al. *c)* do n.º 1 do art. 68.º do CPP de todas as situações de transmissibilidade por morte do direito à constituição como assistente, independentemente da natureza do crime que esteja em causa.

Não obstante, sobre o exame das aporias e a distinção entre, por um lado, as aporias autênticas ou irresolúveis (que «*coincidem momentaneamente com os limites da Razão humana no seu esforço de conhecimento teórico da realidade*») e, por outro lado, as aporias inautênticas ou resolúveis (que resultam «*da concorrência entre pensamento verdadeiro e pensamento falso, referida ao mesmo conteúdo objectivo*»), como parece ser o caso, cfr. Brandão (2001a: 292-296).

[7] «*1 – Podem constituir-se assistentes no processo penal, além das pessoas e entidades a quem leis especiais conferirem esse direito: [...] c) No caso de o ofendido morrer sem ter renunciado à queixa, o cônjuge sobrevivo não separado judicialmente de pessoas e bens ou a pessoa, de outro ou do mesmo sexo, que com o ofendido vivesse em condições análogas às dos cônjuges, os descendentes e adoptados, ascendentes e adoptantes, ou, na falta deles, irmãos e seus descendentes, salvo se alguma destas pessoas houver comparticipado no crime*».

[8] Silva (2013: 282): «*A al. c) do n.º 1 do art. 68.º refere-se tanto aos crimes públicos como aos semipúblicos e particulares, mas a ressalva da renúncia ao direito de queixa só respeita evidentemente aos crimes semipúblicos e particulares*».

Além disso, a investigação de CÉLIA REIS evidenciou a necessidade de atribuir um sentido útil à al. *b*) do n.º 1 do art. 68.º do CPP[9], tanto mais que, como a autora aliás também refere, se considera que «*o conceito de ofendido, para efeitos de legitimidade para constituição como assistente, coincide com o conceito consagrado no CP para aferir da legitimidade para apresentar queixa*»[10]. Para CÉLIA REIS, à al. *b*) do n.º 1 do art. 68.º do CPP caberia reger e atribuir de forma completa, por mera remissão para a titularidade do direito de queixa ou de acusação particular (arts. 113.º e 117.º do CP), a legitimidade para a constituição como assistente sempre que o crime seja semipúblico ou particular, devendo a utilização enigmática na al. *c*) do n.º 1 do art. 68.º do CPP da expressão «*sem ter renunciado à queixa*» ser vista como frontalmente contrária aos propósitos do legislador processual penal e solucionada mediante uma abrogação (lógica) da norma no sentido de limitar o seu alcance apenas aos crimes públicos[11].

2.3. A posição de PAULO DE SOUSA MENDES

I. Mais recentemente, PAULO DE SOUSA MENDES apresentou argumentos sólidos para rejeitar, quer a posição sustentada por GERMANO MARQUES DA SILVA[12], quer a posição defendida por CÉLIA REIS[13].

Segundo PAULO DE SOUSA MENDES, a al. *c*) do n.º 1 do art. 68.º do CPP só será aplicável aos crimes semipúblicos e particulares e não existirá norma que regule a transmissão do direito à constituição como assistente nos crimes públicos, podendo tal posição ser sustentada em dois argumentos principais: a) não ser admissível a *analogia legis*[14] com a al. *c*) do n.º 1 do art. 68.º do CPP,

[9] «*1 – Podem constituir-se assistentes no processo penal, além das pessoas e entidades a quem leis especiais conferirem esse direito: [...] b) As pessoas de cuja queixa ou acusação particular depender o procedimento*».
[10] Ac. TRC de 28.01.2010, Proc. 1208/08.6TDLSB.C1 (MOURAZ LOPES), disponível em www.dgsi.pt, e MENDES (2013: 135).
[11] REIS (2000: 9-18).
[12] SILVA (2013: 282).
[13] REIS (2000: 9-18).
[14] Apesar de ser tradicional a distinção entre a analogia *legis* e a analogia *iuris* (cfr. ANDRADE (1973: 30), Ac. TRL 18.04.2012, Proc. 4230/09.1TTLSB.L1-4 (LEOPOLDO SOARES) e Ac. TRP de 27.04.2015, Proc. 339/14.8TTMAI-A.P1 (EDUARDO PETERSEN SILVA), ambos disponíveis em www.dgsi.pt), alguns autores têm vindo a sustentar que a analogia *iuris*, supondo uma conclusão do especial para o geral (uma indução), já não será verdadeira analogia (cfr. CORDEIRO (2012: 759-761)). Noutro sentido, porém, NEVES (1993: 258-264), que critica

por se encontrar vedada pelo princípio da legalidade; b) não ser admissível a interpretação corretiva pretendida por Célia Reis[15] (apesar de esta autora, na verdade, sustentar uma interpretação abrogante lógica, que poderá fazer menos sentido caso se conclua que uma abrogação lógica não existe nesta hipótese ou que na situação em análise estará essencialmente em causa uma abrogação valorativa que alguns fazem equivaler na prática[16] a uma interpretação corretiva[17]), que, aliás, impossibilitaria a transmissão, por morte do

a distinção, referindo que, se de ambas as modalidades se tiver um entendimento apenas lógico-racional e sistemático-dedutivo, verdadeiramente não estaremos perante qualquer modalidade de analogia, e, em qualquer dos casos, que, reconduzindo-se a analogia *iuris «a um argumento judicativo a partir ou com fundamento em princípios jurídicos»*, não se tratará de analogia em sentido próprio, pouco importando discutir se se verifica ou não uma ver- dadeira indução. Criticando também a analogia *iuris*, por representar a aplicação de um princípio jurídico que não suscita então qualquer problema de integração por falta de lacuna, cfr. Sousa (2012: 408-409). Numa perspetiva próxima mas não inteiramente coincidente à de Neves, cfr. ainda Bronze (2012: 265-280), que sustenta que: as ponderações analógicas têm um carácter *iuris* e não meramente *legis*, porque o pano de fundo a ter em conta é, na sua totalidade, a constituenda normatividade jurídica e não um simples critério pontualmente considerado; é difícil compreender a distinção entre a analogia *legis*, segundo a qual uma norma legal que regula certo problema é utilizada para a resolução de um outro problema, e a analogia *iuris*, em que o critério mobilizado para solucionar o problema omisso é um princípio geral de direito, pois toda a realização do direito implica uma adequadamente compreendida analogia *iuris*, ou seja, um raciocínio analógico metodonomologicamente relevante e não se deteta qualquer diferença significativa entre ambas – toda a analogia é autêntica analogia *iuris*.

15 Reis (2000: 17-18).

16 Ascensão (2013: 429-430).

17 Nem sempre os autores distinguem a interpretação corretiva da interpretação abrogante e lhes atribuem conteúdo e função idênticos. Contudo, fazem aquela distinção, por exemplo, Sousa/Galvão (1994: 59-60), da seguinte forma: na interpretação corretiva (em princípio inadmissível) *«o sentido real é afastado, modificado ou corrigido pelo intérprete com fundamento em injustiça, inoportunidade ou inconveniência»*, ao passo que na interpretação abrogante *«o intérprete reconhece que o sentido da lei é indecifrável, que é impossível apreender o seu conteúdo»*. Cordeiro (2012: 730-731), refere-se à interpretação corretiva como forma de adequar a letra ao pensamento legislativo, ao passo que na interpretação abrogante se constata que, por razões genéticas ou supervenientes, certa disposição legal não tem conteúdo. Também o parece fazer Machado (1995: 186), ao distinguir, por um lado, a interpretação corretiva como forma de interpretação que pretende alcançar o fim visado pelo legislador em situações de *«fórmulas legislativas abortadas ou de verdadeiros lapsos»*, e, por outro lado, a interpretação abrogante *«quando entre duas disposições legais exista uma contradição insanável»*. Ainda que num sentido diferente, também Sousa (2012: 381-384), distingue a interpretação abrogante da interpretação corretiva, embora vendo ambas como hipóteses de desconsideração da regra jurídica e recusando a inclusão de conflitos normativos na interpretação abrogante: na interpretação abrogante a

ofendido, do direito à constituição como assistente aos seus familiares nos crimes semipúblicos e particulares[18].

II. Os argumentos de Paulo de Sousa Mendes legitimam o entendimento segundo o qual a redação do art. 68.º, n.º 1 do CPP, no que tange à transmissibilidade por morte do direito à constituição como assistente, está longe de ser considerada perfeita ou, se se preferir, terá sido criado *«um problema, que resulta de uma infelicidade legislativa»*[19].

Todavia, a posição que o autor assume conduz a uma solução que, aparentemente, será pouco aceitável – que consiste em sustentar a inexistência de uma base legal para a transmissão por morte do direito à constituição como assistente nos crimes públicos – e tem uma consequência que Paulo de Sousa Mendes também não parece aceitar – a de se verificar aqui um problema decorrente *«de uma infelicidade legislativa»* que não é solucionável e que é, até, contrária ao resultado pretendido pelo legislador.

Com efeito, a posição referida conduz à recusa da transmissibilidade por morte, nos crimes públicos, do direito à constituição como assistente, apesar

regra é desconsiderada por força de *«um acto de comunicação falhado»*; na interpretação corretiva (*contra legem sed secundum ius*) a regra é desconsiderada por via da *«aplicação da lei a um caso que ela exclui»* ou da *«não aplicação da lei a um caso que ela abrange»*, justificando-se essa desconsideração *«pela incompatibilidade da fonte com valores jurídicos fundamentais»*. De igual modo, Neves (1995a: 367-368), e Neves (1993: 107-108), refere-se de forma distinta a ambos os resultados da interpretação, escrevendo, a respeito da interpretação abrogante ou revogatória, que esta se justifica quando, por força do recurso a uma expressão absolutamente incorreta ou em virtude de o texto enunciar um sentido absolutamente incompatível (contraditório) com o pensamento normativo, seja de todo impossível a conciliação entre a expressão verbal ou a letra e o pensamento normativo ou o espírito e, a respeito da interpretação corretiva, que, através deste resultado, *«se admite que o intérprete sacrifique (corrija) o texto da lei para realizar a intenção prática da sua norma sempre que, em virtude desde logo da alteração das circunstâncias que houvessem sido determinantes da previsão e da formulação expressa da lei, o respeito pelo teor verbal implicasse a frustração daquela intenção prático-normativa»*. Este parece ser igualmente o sentido que Andrade (1973: 33) atribuía à interpretação corretiva: o legislador quis a norma como ela está no texto mas equivocou-se, já que a mesma abrange outros casos para os quais a estatuição é desapropriada, insatisfatória e injusta, como sucede nas situações de casos supervenientes ou de evolução posterior de que não se suspeitava, mas que o legislador, se o pudesse ter feito, certamente teria formulado a norma noutros termos.

[18] Mendes (2013: 135).

[19] Mendes (2013: 136).

de a transmissão ser claramente admissível em relação aos crimes semipúblicos e crimes particulares.

Ora, como referiu CÉLIA REIS, uma interpretação que leve à recusa de transmissão do direito à constituição como assistente em caso de morte do ofendido num crime público, para além de ser contrária à tradição do processo penal português, *«conduziria a uma inaceitável contradição teleológica»* decorrente da possibilidade de intervenção de particulares em crimes de menor gravidade e de recusa dessa possibilidade de intervenção em crimes mais graves[20].

3. Uma perspetiva de solução alternativa

3.1. Pontos de partida

I. Para PAULO DE SOUSA MENDES o problema não é ultrapassável, quer recorrendo à *analogia legis* com as situações de transmissão por morte nos crimes semipúblicos e particulares, quer adotando a proposta de correção da al. *c*) do n.º 1 do art. 68.º do CPP (seja por via da interpretação corretiva ou por intermédio da chamada "abrogação lógica") sustentada por CÉLIA REIS[21].

Contudo, não é certo que exista verdadeiramente uma lacuna jurídica e que, a existir tal lacuna, a via do recurso à analogia *legis* esteja, sem mais, afastada. Em geral, considera-se que uma lacuna apenas ocorre quando seja possível identificar uma situação que reclama uma solução jurídica, mas não se deteta uma norma ou regra jurídica que a permite resolver[22]. O problema surge no pressuposto de o sistema estar dotado de alguma abertura[23] e é identificável

[20] REIS (2000: 16-17).

[21] MENDES (2013: 135-136).

[22] JUSTO (2006: 339).

[23] CORDEIRO (2012: 737). Essa é também a forma como ANDRADE (1973: 28-29) colocou o problema que considera ser das inevitáveis lacunas da previsão ou da regulação legislativa. Sobre a abertura e o dinamismo do sistema jurídico, cfr. CANARIS (2002: 103-126), LARENZ (1997: 643) (*«é nítido que o sistema, mesmo o externo ou conceptual, nem é nem pode ser um sistema logicamente fechado; uma vez que tem de estar «aberto» para novas construções jurídicas, bem como para novos conhecimentos jurídicos, e que, por esse motivo, ele próprio tem por sua vez de ser comprovável enquanto padrão para uma determinada teoria, se se não chegar entrementes a uma resolução «plausível», terá de ser revisto»*), e ASCENSÃO (2013: 233). Já BRANDÃO (2001b: 291-297), depois de ponderar a aceção corrente e o significado do vocábulo latino, referiu o seguinte a respeito das diferentes

somente quando o caso não está abrangido por qualquer das interpretações que o texto comporta ou não existe norma jurídica aplicável[24]. Dito de outro modo, a lacuna só se verifica nas hipóteses em que não pode ser inferida de qualquer fonte de direito uma regra para regular um caso, sendo certo que o caso exige uma regulamentação[25] que se considera imprescindível por incidir sobre matéria que o direito não pode ignorar[26].

Se não existir verdadeira lacuna (casos para os quais a lei não dê resposta imediata[27] ou não forneça uma regra jurídica[28] e cuja falha é entendida como insuportável por ser contrária ao ordenamento jurídico, pois trata-se de matéria que tem de ser prevista e regulada pelo direito[29]) também não se impõe

perspetivas em relação às lacunas e que revelam uma posição favorável à abertura do sistema: segundo o realismo ingénuo, trata-se de casos que o legislador não previu na estruturação lógica dos acontecimentos reais, ontologicamente necessários, enunciados pela lei; segundo o empirismo científico, não existem lacunas, sob pena de o ordenamento jurídico ser impensável e de o sistema de direito positivo não poder ser visto como uma totalidade ou como possuindo uma plenitude lógica, sendo certo que do conceito de ordenamento jurídico parece fazer parte a interpretação jurisprudencial, ou seja, considera-se o juiz integrado no ordenamento jurídico; segundo uma terceira via intermédia, só a lei é lacunar, mas já não o direito, o que tornaria então justificável a proibição de denegação de justiça pelo juiz com fundamento em falta ou obscuridade da norma expressa aplicável, mas suscitaria a questão de saber qual a diferença entre direito e lei e como se poderia pensar a lei sem aludir ao direito; uma quarta via – pragmática – considera que embora o direito tenha lacunas, em virtude da falibilidade do legislador positivo, devemos atuar como se as mesmas não existissem, pelo que deverá o intérprete declarar o direito como se fosse legislador.

[24] Carvalho (2008: 165).

[25] Sousa (2012: 385 e 3879. Sobre o sentido dessa exigência, escreveu Engisch (1988: 281): *«não podemos falar duma lacuna no Direito (positivo) logo que neste não exista uma regulamentação cuja existência nós representamos. Não nos é lícito presumir pura e simplesmente uma determinada regulamentação, antes, temos que sentir a sua falta, se queremos apresentar a sua não-existência como uma «lacuna»»*.

[26] Sousa/Galvão (1994: 66).

[27] Castro Mendes (1994: 237).

[28] Sousa (2012: 385).

[29] Sousa/Galvão (1994: 65-66). Não se trata assim de um espaço livre de direito, mas de um espaço livre contrário ao sistema, na medida em que a ciência do direito para ele reclama uma saída jurídico-positiva – Cordeiro (2012: 740). Sobre o espaço livre de direito, aquilo que o mesmo inclui e a circunstância de constituir um valor em si mesmo e que deve ser defendido, cfr. Sousa (2012: 66), e, para uma discussão do tema com maior desenvolvimento, Neves (1993: 207 e ss.).

a necessidade de qualquer atividade de integração[30] (ou de interpretação em sentido amplo[31]), designadamente por recurso à analogia[32], bastando proceder, muitas vezes, a um alargamento da letra da lei através do recurso à chamada "interpretação extensiva" (ou *praeter literam*)[33]. Ainda que dificilmente se consiga distinguir, num plano lógico e num plano metodológico, as tarefas de interpretação e integração e também a interpretação extensiva e a analogia[34],

[30] Como refere Cordeiro (2012: 740-741), por vezes nem será necessária ou possível a intervenção do tribunal, por se tratar de um espaço livre de direito não lacunoso, sendo uma falha quando muito imputável a um juízo jurídico-político.

[31] Telles (2001: 237-238). Neste sentido, escrevia já Moncada (1995: 161): *«a actividade intelectual desenvolvida pelo jurisconsulto para realizar este fim, é ainda uma forma de interpretação; porém, só em sentido lato. Aquilo que se trata agora de interpretar, não é já uma lei determinada, mas todo um sistema jurídico e legislativo ao qual se vai pedir um princípio aplicável ao caso omisso»*.

[32] Engisch (1988: 280) referiu a esse propósito: *«Na medida em que a interpretação baste para responder às questões jurídicas, o Direito não será, pois, lacunoso. Pelo contrário, a «analogia» possui já uma função integradora. Ela não exclui as lacunas, mas fecha-as e colmata-as»*. Todavia, defendendo, na linha de Neves (1993: 272) – *«na interpretação, como no momento da concreta realização do direito e em todo o processo metodológico dessa realização, concorrem momentos analógicos e não se pode assim dispensar nunca a analogia»* –, que a analogia não releva apenas no âmbito da integração de lacunas, sendo *«um vector nuclear da própria realização judicativo-decisória do direito por mediação de redensificantes apoios (critérios os fundamentos) ... pré-disponibilizados pelo sistema jurídico»*, cfr. Bronze (2006: 951-952).

[33] Cordeiro (2012: 729). Não parece ser outro o sentido que Sousa/Galvão (1994: 64-65) atribuem à diferença entre interpretação e integração, ao escreverem: *«A interpretação supõe sempre a existência da lei. Busca-se o conteúdo ou o sentido real de algo que existe. Nem mesmo a interpretação extensiva, talvez a mais problemática das formas de interpretação, prescinde da lei porque nem mesmo ela se pode desenrolar à margem dos elementos da interpretação. Pretende-se ainda descobrir o sentido da norma que se sabe que aquela encerra. Não há, portanto, lacuna»*.

[34] Machado (1995: 191-193), Neves (1995a: 337-377) (a interpretação em sentido amplo ou global abrange a integração das lacunas, ao ponto de se poder dizer que não é possível separá-las formalmente e significando então que interpretação extensiva e analogia deixaram de ser rigorosamente delimitáveis; não há diferença de princípio entre interpretação extensiva e integração de lacunas através da analogia; os momentos da interpretação, integração e aplicação, embora sejam logicamente distintos em abstrato, encontram-se metodologicamente integrados em concreto, já que entre eles se verifica uma indivisível solidariedade), Neves (2003: 39-42) (a interpretação não é rigorosamente diferenciável da integração de lacunas), e Neves (1993: 265-272), e Bronze (2006: 952) (*«se o pensamento jurídico tradicional compartimentava estritamente a interpretação e a integração, hoje tende a sustentar-se um continuum entre ambas»*). Essa era já também de alguma forma a posição de Andrade (1973: 29), ao referir que o problema das lacunas *«se pode irmanar com o antecedente, num conceito amplo de interpretação»*. Na mesma linha, criticando a distinção rigorosa entre interpretação extensiva e analogia, cfr. Engisch (1988: 294): *«Seguramente* [...] *que a linha limítrofe entre a interpretação (especialmente*

a verdade é que só será necessário colmatar uma falha de previsão ou regulamentação, nomeadamente por via da analogia (ou *praeter legem*), quando se possa afirmar a ocorrência de uma lacuna, entendida esta como a ausência de uma resposta a uma questão jurídica[35] ou a falta de uma regra jurídica aplicável ao caso em matéria submetida à tutela jurídica[36].

Através da analogia procede-se a um alargamento do espírito da lei[37] e não apenas a um alargamento da letra (ou do texto) da lei como na interpretação extensiva[38], que, tendo em conta a possibilidade de formular um

a interpretação extensiva), por um lado, e a analogia, pelo outro, é fluída». A propósito da reforma do Direito Penal alemão, também o referiu Ferreira (1996: 76), sustentando que, além de ser difícil em teoria a separação entre a interpretação extensiva e a analogia, na prática é quase impossível demarcar rigidamente as respetivas fronteiras. Assim, ainda, Carvalho (2008: 166). A jurisprudência (Ac. TRC de 18.05.2012, Proc. 885/09.5T2AVR.C1 (Henrique Antunes), disponível em www.dgsi.pt), ainda que reconheça que se tratará do mesmo processo lógico, não deixa de referir: *«decerto que integração e interpretação são momentos, ambos, do processo metodológico de aplicação fundamentalmente unitário. Todavia, nada disto deve fazer esquecer que existem processos hermenêuticos cuja conclusão se mantém no quadro dos significados comuns atribuídos às palavras utilizados pelo legislador e processos cuja conclusão o ultrapassa».* Contudo, como bem acentuou Neves (1993: 265-270), a referência aos significados comuns atribuídos às palavras utilizadas pelo legislador faz recordar uma proposta de distinção assente numa hermenêutica determinação do espírito correspondente ao âmbito da norma, que se procura alcançar por referência à vontade do legislador e à letra da lei, sendo certo que não é possível atribuir à letra da lei um sentido pré-determinado, nem um valor hermenêutico autónomo; aquela visão esquece que a interpretação é resultado e pressuposto da analogia e que, embora distinguíveis provisoriamente, a interpretação e a analogia formam entre si uma unidade na dinâmica e no resultado.

[35] Machado (1995: 194).

[36] Moncada (1995: 163).

[37] Telles (2001: 262).

[38] Engisch (1988: 195): *«a interpretação se deve manter sempre de qualquer modo nos limites do «sentido literal» e, portanto, que pode quando muito «forçar» estes limites, mas nunca ultrapassá-los. Para além de tais limites já não há interpretação extensiva mas, quando muito, «analogia»».* Mais rigorosamente poderá dizer-se o seguinte sobre a diferença entre a analogia e a interpretação extensiva (Sousa (2012: 406)): *«mesmo com a interpretação extensiva da fonte imposta pelos elementos não literais da interpretação, a fonte não abrange o caso omisso; portanto, este caso só pode ser resolvido através da aplicação analógica da regra inferida da fonte. A interpretação extensiva da fonte possibilita a construção de uma regra para além do significado literal dessa fonte; esta regra tem, como todas as regras, um âmbito de aplicação; a aplicação analógica da regra que foi inferida da fonte reporta-se a um caso que está fora deste âmbito, ou seja, é utilizado para integrar uma lacuna. Portanto, a analogia que se utiliza para integrar a lacuna começa onde acaba a interpretação extensiva».*

juízo de similitude e a ocorrência de uma lacuna, se justifica, além do mais[39], por razões de coerência normativa ou justiça relativa e de certeza jurídica[40]. Esse alargamento constitui um processo geral do pensamento[41] e também um modo natural de resolver, da mesma forma, situações que (ainda que diversas[42]) podem ser consideradas idênticas do ponto de vista valorativo ou axiológico[43]. Localizado um caso análogo e a solução que para ele foi adotada, importa descortinar, na norma candidata à aplicação analógica, aquilo que se

[39] Alguma jurisprudência (Ac. TRL 18.04.2012, Proc. 4230/09.1TTLSB.L1-4 (Leopoldo Soares) e Ac. TRP de 27.04.2015, Proc. 339/14.8TTMAI-A.P1 (Eduardo Petersen Silva), ambos disponíveis em www.dgsi.pt) refere-se também, mas julga-se que sem pretensão de rigor e de limitar as justificações, à existência de razões de paz jurídica e à proibição do *non liquet* do art. 8.º do CC.

[40] Machado (1995: 202), e Cordeiro (2012: 758-759). Nesse sentido, já Engisch (1988: 293), referia que *«o argumento jurídico da analogia não se nutre apenas da sua segurança lógica e da sua aplicabilidade jurídico-prática baseada na «semelhança jurídica», mas mergulha as suas raízes ainda mais profundamente no chão do Direito»*. Sobre as divergentes posições acerca do fundamento normativo da analogia, mas insistindo, de acordo com uma visão de não identificação da juridicidade com a normatividade imanente ao sistema jurídico, que o fundamento verdadeiro e decisivo não pode deixar de ser o princípio da igualdade normativa ou da universalidade prática, cfr. Neves (1993: 255-256). Andrade (1973: 30-32) falava de uma ideia de igualdade-proporcionalidade, como ingrediente essencial do conceito de justiça, considerando que também teria intervenção um princípio de coerência racional e um princípio de acatamento pela vontade do órgão legiferante.

[41] Referindo também que a convocação da analogia integra uma característica de todos os tipos de pensamento, cfr. Neves (1993: 238), e ainda Bronze (2012: 267), que sustenta que a analogia é um tipo de raciocínio recorrente no pensamento humano em geral e no pensamento jurídico em particular.

[42] Essa diversidade entre o caso omisso e o caso previsto assenta em aspetos considerados irrelevantes para a regulamentação jurídica (cfr. Castro Mendes (1994: 239)). Como refere Cordeiro (2012: 756), *«os casos não são análogos por qualidades inatas ou intrínsecas de que, porventura, disfrutem; são-no porque, axiologicamente, a similitude é fixada»*.

[43] Ascensão (2013: 446-447). Andrade (1979: 35) escreveu que a analogia *«traduz-se fundamentalmente na transposição, para as hipóteses omissas, das estatuições formuladas na lei a propósito de casos previstos, quando uma e outros razoavelmente – atenta a semelhança dos interesses em jogo – mereçam a mesma regulamentação»*. Engisch (1988: 290) também escreveu: *«Para que exista uma conclusão de analogia juridicamente admissível, requer-se a prova de que o particular, em relação ao qual a regulamentação falha* [...], *tenha em comum com o particular para o qual existe regulamentação* [...] *aqueles elementos sobre os quais a regulamentação jurídica* [...] *se apoia»*. De igual modo, Sousa/Galvão (1994: 70) acentuam que a similitude material dos factos é irrelevante, mas já não a sua caracterização pelo direito. Não obstante, a analogia constitui uma operação simultaneamente lógico-formal e axiológica ou teleológica – Justo (2006: 346).

designa por "núcleo duro valorativo" e depois verificar *«se as similitudes entre o caso regulado e o caso eventualmente análogo se podem situar no núcleo duro em jogo»*[44].

Assim sendo, não parece que a proibição da analogia tenha de ter o alcance que lhe é assinalado[45].

Desde logo, porque tal proibição faz sentido sobretudo no domínio dos chamados "sistemas ou subsistemas completos ou fechados"[46], em que, devido ao facto de todo o caso neles encontrar solução (serem completos) ou de os mesmos conterem uma regra que exclui a aplicação analógica a casos omissos (serem fechados), não se consegue afirmar a existência de uma identidade de razões jurídicas[47].

Ora, no domínio do Direito Penal, em que, ao contrário do que sucede no Direito Civil, não se verificará uma potenciação da interpretação (e muito menos da integração) analógica[48] dos tipos incriminadores atentos a natureza fragmentária, o princípio do mínimo de intervenção e a função de garantia do tipo legal de crime[49], nem toda a doutrina admite vigorar (mesmo como

[44] Cordeiro (2012: 757-758).

[45] Ainda que, como referiu Ferreira (1996: 76), se tenha tentado estender a proibição à interpretação extensiva, a fim de evitar uma interpretação tendenciosa de aplicação universal. Parecendo, contudo, manter essa extensão da proibição às hipóteses de interpretação extensiva *in malam partem*, invocando, não só dificuldades (práticas e materiais) de distinção, como razões de garantia política (ou segurança jurídica) inerente ao princípio da legalidade, cfr. Brito (1999: 62) e Carvalho (2008: 166-167).

[46] Sousa (2012: 392-393). Os sistemas fechados são considerados imunes a lacunas – Cordeiro (2012: 742).

[47] Sousa/Galvão (1994: 70).

[48] Não obstante, refletindo sobre a proibição de analogia e a possibilidade de recurso à interpretação extensiva em matéria penal, Brito (1999: 58-63) escreveu o seguinte: a proibição de integração através da analogia seria uma consequência, *«além do mesmo princípio democrático e representativo que fundamenta a reserva de lei, a consideração de política criminal de que o julgamento a partir e sob a impressão emocional do caso concreto não garante a distância – e racionalidade – que a apreciação abstracta pelo legislador facilita»*, o que já não se verificaria em relação à possibilidade de utilização de raciocínios por analogia para a interpretação; em todo o caso, uma *«interpretação que vá além do sentido possível das palavras»* (a interpretação extensiva) deve considerar-se proibida, por ser *«incompatível com o fundamento da segurança jurídica do princípio nullum crimen nula poena sine lege, embora não esteja, em rigor, abrangido por ele»*.

[49] Costa (2012: 132-133). Ou, noutra formulação (cfr. Brito (1999: 58)), *«as fontes permitidas de direito penal regulam exclusivamente a fundamentação positiva de penas e de medidas de segurança»*, pelo que *«se diz que o direito penal não tem lacunas, tem carácter fragmentário, é uma ordem jurídica completa ou fechada»*.

regra ou restrita a uma interpretação desfavorável ao agente, ou seja, *in malam partem*) qualquer proibição geral da analogia[50] e, de qualquer modo, ainda que vigore essa proibição (dessa forma reforçando que as lacunas serão neste ramo do Direito intencionais e representarão um espaço livre de interpretação que não carece de integração)[51], poderá ser forçado estender o alcance dessa proibição ao domínio (estritamente) processual[52]. O que se costuma assinalar é sobretudo a existência de limites à analogia[53] nas chamadas "normas penais positivas"[54], identificadas com as normas incriminadoras (em sentido

[50] Ascensão (2013: 448, nota 676). Aliás, como refere Neves (1995b: 387-388), «[s]*ão efectivamente muitas as dúvidas sobre a viabilidade do cumprimento do princípio*», as quais decorrem: a) das dificuldades «*de definir aquém ou sem interpretação os limites prescritivos da norma legal incriminadora*»; b) das dificuldades «*quanto ao critério hermenêutico-metodológico que para tanto se haveria de considerar decisivo*» e «*mesmo quanto à possibilidade de delimitar ou pré-determinar* [...] *a interpretação da analogia no continuum metodológico da concreta realização do direito*»; c) das dificuldades relativas ao «*próprio sentido da distinção metodológica entre interpretação e analogia*»; d) das dificuldades inerentes à «*validade de identificar com a analogia ou a integração analógica toda a incriminadora integração constitutiva por que o juiz se decidisse, mesmo sem abandonar uma referência indirecta à norma*». Dando também nota da rejeição de uma proibição estrita de analogia no Direito Penal por Arthur Kaufmann, cfr. Engisch (1988: 346, nota 8). Interpretando de forma menos ampla a crítica de Castanheira Neves à proibição de analogia em Direito Penal, por considerar que o mesmo no rigor se limita, tal como Baptista Machado, a recusar a existência de uma diferença substancial entre analogia e interpretação extensiva, cfr. Costa (2012: 219 e nota 293). Criticando as posições de Kaufmann e Castanheira Neves no sentido de se relativizar a proibição de analogia em Direito Penal, por considerar que essa conclusão não é uma decorrência (antes pelo contrário) da dificuldade de distinguir entre interpretação e analogia e por entender que nas situações em que se verifica uma lacuna na incriminação ou na agravação da punibilidade a mesma terá um significado intencional (será espaço livre de Direito Penal) e não fará por isso sentido proceder à sua integração, cfr. Dias (2008: 415-419).

[51] Dias (2008: 418).

[52] Neves (1995b: 351, nota 7), que refere que o princípio da legalidade, «*ainda nas suas implicações mais rigorosas, como a proibição da analogia in malam partem continua a ser referido pelo pensamento dominante apenas ao direito criminal material e não já ao direito processual*» e que a questão deverá porventura antes «*resolver-se noutra sede, não por referência ao princípio nullum crimen, mas com fundamento no princípio da «reserva da lei» a impor a todo o direito público que envolva ataque ou diminuição de direitos ou interesses dos cidadãos*». Noutro sentido, Brito (1999: 12) parece reconduzir os aspetos judiciais e processuais da garantia dos direitos individuais a uma explicitação do princípio da jurisdicionalidade da aplicação do Direito Penal.

[53] Justificados por aquilo que pode ser designado por tessitura geral do Direito Penal (cfr. Cordeiro (2012: 762-763)).

[54] Aliás, Figueiredo Dias (2012: 192), e Carvalho (2008: 168), restringem a proibição da analogia à analogia *in malam partem*, que identificam com a analogia incriminatória e a

amplo – primárias e secundárias)[55] e que se encontram sujeitas à proibição decorrente do art. 1.º, n.º 3 do CP e do art. 29.º, n.ºs 1, 3 e 4 da CRP[56]. Tal não parece suceder no caso da al. *c*) do n.º 1 do art. 68.º do CPP, embora algumas normas relativas à constituição como assistente sejam por vezes entendidas pela doutrina, designadamente para efeitos da aplicação da lei processual no tempo e de determinação do regime aplicável, como exemplos de normas processuais materiais, o que permitiria nesse caso sujeitá-las ao princípio da legalidade criminal (e assim ao regime do art. 2.º do CP e do art. 29.º, n.º 4 da CRP e não do art. 5.º do CPP, que ficaria reservado apenas para as normas processuais em sentido estrito ou processuais formais[57]), por se entender então que, tal como as demais normas processuais materiais, representam *«uma verdadeira pré-conformação da penalidade a que o arguido poderá ficar sujeito»*[58]. Aliás, há mesmo quem assinale que fora das normas penais positivas é a própria legislação penal que se socorre da analogia[59] e que não será através de uma discriminação entre "analogia legítima" e "analogia ilegítima" que o princípio da legalidade criminal será garantidamente cumprido[60].

De igual modo, a proibição da analogia também não será decorrente de uma suposta excecionalidade da norma que prevê a transmissão por morte do direito à constituição como assistente, tanto mais que, embora o art. 11.º do CC sugira literalmente o afastamento da aplicação da analogia em caso de normas excecionais, a analogia pode ser exigida por princípios fundamentais a que o legislador também deve obediência mesmo tratando-se de normas

agravante da responsabilidade penal, ou seja, com a analogia que sirva para fundamentar ou agravar a responsabilidade penal.

55 Beleza (1984: 329, nota 421, e 405).

56 Justo (2006: 349). Cfr. Castro Mendes (1994: 241-242). Cordeiro (2012: 761), restringe a proibição no Direito Penal à qualificação de factos como crimes. No caso de Arthur Kaufmann, a visão assumida sobre o pensamento analógico conduz a restringir o limite da analogia mesmo no Direito Penal ao que consta do tipo de ilícito que está na base da hipótese legal (cfr. Engisch (1988: 346, nota 8)).

57 Apesar de o art. 5.º, n.º 2, al. *a*) do CPP também incluir um critério aparentemente material, embora distinto da pré-conformação da penalidade a que o arguido poderá ficar sujeito: o do *«agravamento sensível e ainda evitável da situação processual do arguido, nomeadamente uma limitação do seu direito de defesa»*.

58 Albuquerque (2011).

59 Sousa (2012: 399).

60 Neves (1995b: 348-473), e a conclusão do mesmo autor em (1993: 276).

excecionais[61] e esse afastamento só terá de ocorrer nas situações de excecionalidade substancial e não de excecionalidade meramente formal (em que a regra geral é contrariada, mas não o são os valores fundamentais do sistema jurídico, ou a solução encontra apoio em outros valores fundamentais), ou seja, a analogia só não será admissível quando se esteja perante regras singulares que visam alcançar uma utilidade especial ou particular e que, por isso, contrariam um princípio fundamental do Direito ou uma razão geral[62].

Ora, no caso em apreço, não parece que exista qualquer princípio fundamental ou razão geral que justifique a adoção de uma orientação restritiva em relação à constituição como assistente[63], verificando-se, ao invés, não só a inclusão da intervenção do ofendido nas garantias constitucionais do processo criminal e um certo estímulo à constituição como assistente promovido pelo legislador[64] (sem que isso deva significar esquecer que a atuação do assistente acresce à do acusador público, o que não favorece propriamente o arguido, que fica com dois potenciais acusadores contra si) possivelmente por se ver nele *«um agente na realização do princípio da separação de poderes»*[65], como também um tendencial reconhecimento da vigência de um conceito amplo de ofendido, com *«consideráveis vantagens político-criminais»* e que contribui *«para a realização de um processo penal mais justo, coerente e pacificador»*[66].

II. No que tange à proposta de Célia Reis de correção da al. *c*) do n.º 1 do art. 68.º do CPP (seja por via de uma interpretação corretiva ou através de uma abrogação lógica), vale a pena analisar com maior detalhe as possíveis razões para a sua recusa.

[61] Neves (1993: 274-276).

[62] Ascensão (2013: 451-452), e Sousa (2012: 400-401).

[63] Mesquita (2010: 184), refletindo sobre se a possibilidade conferida pelo art. 68.º, n.º 1, al. *e*) do CPP constitui um imperativo constitucional, responde negativamente mas conclui também o seguinte: *«as restrições à constituição de assistente não se apresentam como a via mais adequada para prevenir legislativamente desvios e disfunções proporcionados pela figura do assistente, nomeadamente a sua instrumentalização para fins estranhos aos objectivos político-criminais que presidiram à consagração desse sujeito processual, em especial enquanto instrumento de controlo dos poderes públicos e de impulso da acção penal relativamente a tipos criminais que protegem interesses difusos ou valores fundamentais da ordem jurídica nacional»*.

[64] Antunes (2016: 48 e 50).

[65] Cunha (1995: 157).

[66] Dias (2004).

Várias são as modalidades ou espécies de interpretação quando esta é analisada do ponto de vista do seu resultado (que pode ser convergente ou discordante[67]), importando aqui referir sumariamente apenas duas delas: a chamada "interpretação restritiva" (sobejamente conhecida e aplicada, sem rebelião contra o legislador e procurando reintegrar a sua vontade[68] através da coincidência da letra com o espírito, nos casos de falta de coincidência entre o resultado da interpretação literal, mais amplo, e o resultado da interpretação lógica, menos amplo), e as chamadas "interpretação corretiva" e "interpretação abrogante" (de princípio, ambas consideradas ilícitas por serem havidas pela generalidade da doutrina[69] como sinónimas, nomeadamente em termos de desconsideração da regra jurídica e da sua admissibilidade).

Só estas últimas interessam para a discussão visada, pois na interpretação restritiva mantém-se essencialmente íntegro o conteúdo normativo da lei[70] e o que se procura é, em obediência às valorações da lei[71], restringir o significado da letra da lei para o harmonizar com o respetivo pensamento, sendo certo que a interpretação corretiva e a interpretação abrogante procurarão levar, embora com fundamentos diferentes, essa restrição às últimas consequências quando a mesma se justifique por uma contradição que não é possível remover de outra forma[72].

[67] Telles (2011: 250). Ou seja, a reconstituição do pensamento legislativo pode originar situações de coincidência ou falta de coincidência entre o significado literal da lei e o espírito da lei – Sousa (2012: 373).

[68] Daí a sua inserção nas hipóteses de interpretação reconstrutiva do significado da lei a partir do texto com apoio no espírito da lei – Sousa (2012: 377-380).

[69] Não no caso, por exemplo, de Ascensão (2013: 429-430), que só considera uma das modalidades de interpretação abrogante (a abrogação valorativa), mas já não a outra (a abrogação lógica), ilegítima.

[70] Andrade (1973: 33).

[71] Ascensão (2013: 424).

[72] Referindo-se à interpretação corretiva e diferenciando-a da interpretação restritiva, escreveu Andrade (1973: 33-34): «*O remédio só pode ser este: consentir que o intérprete vá limitar essa norma, subtraindo-lhe os casos em vista, para depois serem regulados como couber – em geral, como casos omissos, e portanto segundo os critérios de integração já sabidos. Mas aqui não se trata de corrigir, restringindo-as, só as palavras da lei. Trata-se de lhe rectificar o próprio pensamento. O legislador quis na verdade a disposição em toda a largueza dos seus termos (assim, por ex., para os contratos em geral), mas ao pensá-la desse modo não se deu conta de que ia atingir certos casos (por ex., alguns contratos) para os quais a reputaria totalmente indesejável. Com base nisso o intérprete vai tirá-los do âmbito da disposição, corrigindo-lhe a própria substância do preceito e não apenas o enunciado verbal*».

A interpretação corretiva e a interpretação abrogante, ainda que tenham justificações distintas[73] ou sejam hipóteses diferentes[74], traduzem ambas, segundo doutrina recente, formas de desconsideração de uma regra jurídica[75], pelo que, no que a elas respeita, se podem apontar os perigos inerentes à substituição da lei pelos juízes, com fundamento em alegados equívocos da lei e do legislador, arvorando-se, assim, aqueles em legisladores[76], o que justifica, segundo alguns autores, a sua utilização prudente apenas em casos de exigência da consciência jurídica[77] ou até a sua rejeição quando se apresente como uma alteração do sistema normativo ou uma valoração em substituição do legislador não admitida pelo ordenamento jurídico[78].

III. Em todo o caso, julga-se ser possível encontrar uma solução alternativa, a qual passa, desde logo, por dar um sentido útil às normas habitualmente convocadas (em especial, às als. *a*), *b*) e *c*) do n.º 1 do art. 68.º do CPP[79]) e, ao mesmo tempo, por lhes atribuir um sentido que as torne compatíveis entre si.

Tal sentido deve ser construído tomando em consideração as chamadas de atenção feitas por Célia Reis em relação à posição tradicional[80] e as observações críticas de Paulo de Sousa Mendes relativamente à tentativa de

[73] Neves (1995: 367-368), e Neves (1993: 107-108).

[74] Cordeiro (2012: 730-731).

[75] Sousa (2012: 381-384).

[76] Daí que seja correta a afirmação de Engisch (1988: 340), segundo a qual *«aqui, a «interpretação» transforma-se sem dúvida numa correcção disfarçada das tendências do próprio legislador»*.

[77] Moncada (1995: 160-161, nota 1). Andrade (1973: 34) falava mesmo em situações em que a inadequação do resultado a que sem a correção se chegaria *«se mostra verdadeiramente intolerável, tudo fazendo crer que o mesmo legislador o arredaria escandalizado, sancionando pressuroso e agradecido aquele expediente»*.

[78] Ascensão (2013: 425-427 e 428-431).

[79] *«1 – Podem constituir-se assistentes no processo penal, além das pessoas e entidades a quem leis especiais conferirem esse direito: a) Os ofendidos, considerando-se como tais os titulares dos interesses que a lei especial- mente quis proteger com a incriminação, desde que maiores de 16 anos; b) As pessoas de cuja queixa ou acusação particular depender o procedimento; c) No caso de o ofendido morrer sem ter renunciado à queixa, o cônjuge sobrevivo não separado judicialmente de pessoas e bens ou a pessoa, de outro ou do mesmo sexo, que com o ofendido vivesse em condições análogas às dos cônjuges, os descendentes e adoptados, ascendentes e adoptantes, ou, na falta deles, irmãos e seus descendentes, salvo se alguma destas pessoas houver comparticipado no crime».*

[80] Reis (2000: 11 e ss.).

solução apresentada por Célia Reis e que aparentemente conduzem, na sua opinião, à conclusão segundo a qual não existirá uma base legal (segura) para sustentar a transmissibilidade por morte do direito à constituição como assistente nos crimes públicos, mesmo que esse não tenha sido, na verdade, o resultado pretendido pelo legislador[81].

3.2. A estratégia de compatibilização das posições em confronto

Uma perspetiva alternativa, em relação ao problema da transmissão por morte do direito à constituição como assistente, poderá passar por tentar compatibilizar as diversas posições doutrinárias em confronto, tendo em consideração os respetivos aspetos essenciais.

No caso de Germano Marques da Silva, o essencial da sua posição traduz-se em ver na al. *c*) do n.º 1 do art. 68.º do CPP a base legal para todas as situações de transmissão por morte do direito à constituição como assistente, seja qual for a natureza do crime em causa[82].

Por seu turno, Célia Reis procura atribuir um sentido útil à al. *b*) do n.º 1 do art. 68.º do CPP, a qual, na sua opinião, não pode deixar de conter a regulação das situações de transmissão por morte do direito à constituição como assistente nos crimes semipúblicos e particulares[83].

Por fim, Paulo de Sousa Mendes sustenta uma posição que, embora concluindo não existir base legal (segura) para as situações de transmissão por morte do direito à constituição como assistente nos crimes públicos, na verdade apela à identificação de uma solução para este problema (cujo resultado o legislador, aliás, não terá querido, em sua opinião) que não imponha o recurso a uma *analogia legis* proibida pelo princípio da legalidade ou à correção (mais ou menos extrema) da norma[84].

[81] Mendes (2013: 135-136).
[82] Silva (2013: 282).
[83] Reis (2000: 13-14).
[84] Mendes (2013: 135-136).

3.3. A al. *c)* do n.º 1 do art. 68.º do CPP como base legal das situações de transmissão por morte do direito à constituição como assistente

I. As posições de Germano Marques da Silva e de Célia Reis têm um mérito prático inegável quando confrontadas com a posição de Paulo de Sousa Mendes.

Para aqueles autores todas as situações de transmissão por morte do direito à constituição como assistente encontram base legal, assentando ela exclusivamente na al. *c*) do n.º 1 do art. 68.º do CPP, como defende Germano Marques da Silva[85], ou assentando ela, como sugere Célia Reis[86], na al. *b*) (para os crimes semipúblicos e particulares) ou na al. *c*) (para os crimes públicos) do n.º 1 do art. 68.º do CPP. Seguindo estes autores, parece que o ponto de partida para o problema não poderá deixar de ser o de tentar incluir numa das alíneas do n.º 1 do art. 68.º do CPP (em especial, a al. *c*)) as situações de transmissão por morte do direito à constituição como assistente nos crimes públicos. Porém, esse ponto de partida assume-se também de um outro prisma como necessário: é que, sem ele, chegar-se-ia a um resultado não pretendido e gerador de uma antinomia ou contradição valorativa ou normativa (o que justificaria então, no quadro de uma eventual interpretação abrogativa, o recurso à abrogação valorativa e já não à abrogação lógica) que importará superar, o que todos os autores parecem concordar.

II. Com efeito, e conforme Paulo de Sousa Mendes também reconhece, a solução de exclusão da intervenção do assistente no processo penal nos crimes públicos não traduzirá um resultado querido pelo legislador e esse problema, a existir, resultará de uma infelicidade legislativa.

Além disso, essa é também a solução admitida para os crimes semipúblicos e particulares e não parece ser justificável, em termos valorativos ou normativos, optar por uma solução de exclusão da intervenção do assistente no processo penal quando estejam em causa crimes habitualmente de maior gravidade (os crimes públicos) e de inclusão dessa intervenção quando se

[85] Silva (2013: 282).
[86] Reis (2000: 9-18).

trate de crimes normalmente de menor gravidade (os crimes semipúblicos e particulares)[87].

Caso contrário, teria de admitir-se a vigência no mesmo sistema jurídico de duas soluções que, apesar de idênticas materialmente, são incompatíveis entre si, o que, atenta a unidade normativa do sistema jurídico (que não será apenas lógica ou de sistémica consistência)[88], o tradicional princípio da não contradição normativa[89] ou o chamado "princípio da consistência do sistema jurídico" e os seus corolários[90], não poderá ser aceite[91].

Ora, a única alínea que se vislumbra como candidata a suportar a inclusão das situações de transmissão por morte do direito à constituição como assistente nos crimes públicos não pode deixar de ser a al. *c*) do n.º 1 do art. 68.º do CPP, como preconizam Germano Marques da Silva[92] e Célia Reis[93].

3.4. O sentido normativo da al. *b)* do n.º 1 do art. 68.º do CPP e a não adoção da solução de correção ou de abrogação da norma

I. Contudo, a inclusão das situações de transmissão por morte do direito à constituição como assistente nos crimes públicos não deverá ser feita à custa de um esvaziamento do sentido normativo da al. *b*) do n.º 1 do art. 68.º do CPP ou à consideração da al. *c*) do n.º 1 do art. 68.º do CPP como sendo especial em relação à al. *b*), como conduz a posição de Germano Marques da Silva[94] e Célia Reis muito justamente criticou, invocando que, se assim

[87] Costumam ser apontadas diversas razões (essencialmente de política criminal) para a circunstância de o legislador optar por qualificar alguns crimes como públicos, outros como semipúblicos e ainda outros como particulares, sendo a gravidade do crime uma, entre outras, dessas razões – Antunes (2016: 63-65) –, havendo inclusive quem sustente que o critério de distinção é essencialmente pragmático – Silva (2013: 249).

[88] Neves (1995c: em especial, 155-180).

[89] Marques (1994: 216-217).

[90] Sousa (2012: 260-261).

[91] Sobre o sistema jurídico e a relevância que a unidade valorativa possui como característica do sistema e emanação e postulado da ideia de Direito, cfr. Canaris (2002).

[92] Silva (2013: 282).

[93] Reis (2000: 17-18).

[94] Mesmo não sendo totalmente claro, parece ser isso que resulta do pensamento de Silva (2013: 282): embora afirmando a sua correspondência com o n.º 2 do art. 113.º do CP, sustenta a aplicação da al. *b*) só aos crimes semipúblicos e particulares, mas criando uma contraposição com a al. *c*), que considera aplicável a todos os crimes em situações de transmissão por morte.

fosse, o legislador teria criado uma norma traduzida em pura letra morta e a relação de especialidade teria de se verificar também em relação às als. *a*) e *d*) do n.º 1 do art. 68.º do CPP[95].

Além disso, essa inclusão também não deverá ser feita por recurso a uma (inadmissível) correção ou abrogação lógica (ou outra) da al. *c*) do n.º 1 do art. 68.º do CPP, como decorre da posição de CÉLIA REIS[96] que PAULO DE SOUSA MENDES justamente criticou, ao referir que uma interpretação corretiva (e também uma interpretação abrogante) não poderá ser admitida[97].

II. Em relação a este segundo aspeto, vale a pena referir que, em rigor, só a interpretação corretiva, enquanto interpretação contra a lei interpretada e, por vezes, também contra os critérios de interpretação da lei (daí a designação de interpretação *contra legem*, de *corrigendi causa* ou ainda de *contra legem sed secundum ius*), se encontrará vedada pelo art. 8.º, n.º 2 do CC[98].

[95] REIS (2000: 11-13).

[96] REIS (2000: 17-18), que no essencial conclui: «*Da análise conjugada das várias alíneas em apreço do art. 68.º, n.º 1, do CPP, bem como da consideração das normas do CP relativas à natureza processual dos crimes, resulta, como demonstrámos, que o alcance literal da al. c) do n.º 1 do art. 68.º do Código de Processo Penal se sobrepõe, parcial e inutilmente, ao da alínea anterior. Por isso, a fim de se evitar a redundância legal, deve proceder-se à abrogação lógica da norma agora interpretada, no sentido de limitar o seu alcance apenas aos crimes públicos*».

[97] Embora um dos argumentos utilizados por MENDES (2003: 136) para afastar a solução (de abrogação lógica) aventada por REIS não pareça proceder em relação à posição assumida por esta autora: a de que «isso *impossibilitaria a transmissão, por morte do ofendido, do direito à constituição como assistente aos seus familiares nos crimes semi-públicos e particulares*». Com efeito, recorde-se que, para REIS, a possibilidade de transmissão por morte do direito à constituição como assistente nos crimes semipúblicos e particulares resulta desde logo da al. *b*) do n.º 1 do art. 68.º do CPP. Em qualquer dos casos, deve reconhecer-se que a própria autora indicou (*idem*, 17-18 e nota 8) o ponto em que a sua construção fica exposta à crítica: citando ASCENSÃO (2013: 428-431), a autora refere que «*o problema não se coloca exactamente na existência de uma contradição lógica entre normas, mas antes na descoberta de uma redundância*», isto é, o recurso à solução de abrogação lógica neste caso não coincide com a hipótese descrita por ASCENSÃO (2013: 431), pois as normas não são contraditórias, sendo aquela solução apenas exigida pela obrigação que impende sobre o intérprete de descobrir o sentido útil da norma jurídica. Tal sucede porque, como dá nota JUSTO (2006: 337, nota 2), ASCENSÃO (2013: 429- 430) afasta a possibilidade de existir uma contradição valorativa, limitando assim a interpretação abrogante à modalidade de abrogação lógica. Restringindo também a interpretação abrogante no direito atual às situações que se fundam em razões lógicas, cfr. SOUSA/GALVÃO (1994: 60).

[98] SOUSA (2012: 382-384).

Tal sucede porque aquela forma de desconsideração da regra parece exigir um afastamento, uma modificação ou uma correção pelo intérprete do sentido real da lei com fundamento numa qualquer injustiça, em inoportunidade ou em inconveniência[99]. Por outras palavras, justifica-se, segundo alguns autores, a proibição de interpretação corretiva porque, através dela, dá-se uma inversão da *«estrutura geral da ordem jurídica, que assenta numa prioridade do dado normativo sobre apreciações de razoabilidade»*[100].

Já a interpretação abrogante, supondo e justificando-se a sua utilização pela ocorrência de um ato de comunicação falhado que torna o sentido da lei indecifrável e não tanto em virtude de uma contradição de regras[101], suscita menos limitações, mas, ainda assim, exige que se considere a fonte como não estando dotada de sentido, ou seja, deve tratar-se de um caso em que não é possível apreender o respetivo conteúdo[102].

A interpretação abrogante, como forma de desconsideração de uma regra e não como hipótese de interpretação reconstrutiva[103], verifica-se quando o intérprete recusa reconhecer uma determinada fonte como dotada de normatividade jurídica[104], sendo tal recusa consequência da deteção de uma contradição (lógica ou valorativa[105]) entre aquele que é o significado literal da lei e o seu espírito e de se considerar insanável essa contradição. Ao invés de se proceder à revogação da lei[106], o intérprete considera então a lei aparente

[99] Assim, por exemplo, Sousa/Galvão (1994: 59).

[100] Ascensão (2013: 426). Assim também, por exemplo, Engisch (1988: 340-341), referindo ainda a tendência de rejeição desta via interpretativa *contra legem* pela jurisprudência dos tribunais superiores.

[101] Sousa (2012: 381-382).

[102] Sousa/Galvão (1994: 60).

[103] Sousa (2012: 381).

[104] Noutra formulação, pode dizer-se que o intérprete se recusa a atribuir conteúdo válido ou sentido à norma (Castro Mendes (1994: 233)) ou nega valor a uma disposição legal (Telles (2001: 257)).

[105] Sobre a distinção entre as duas modalidades de interpretação abrogante, cfr. Ascensão (2013: 429): a primeira modalidade ocorre existindo uma impossibilidade prática de solução, ao passo que a segunda modalidade se verifica quando exista incompatibilidade entre as valorações subjacentes às disposições em causa.

[106] Moncada (1995: 158-159). Nesse sentido, escreveu também Telles (2001: 258): *«Não é que o intérprete revogue a lei. Aqui, o intérprete não é como o carrasco que mata, mas como o médico que atesta o nascimento sem vida. Certifica que o preceito nasceu morto, porque não pode viver dentro do sistema a que pertence. A "interpretatio abrogans" é como que uma interpretação restritiva levada às*

ou inexistente devido ao facto de conter palavras que levariam a concluir que o legislador se quis contradizer e exigir o cumprimento de normas que são antagónicas. Em certos casos, a contradição é fruto do recurso por parte do legislador às chamadas *«fórmulas legislativas abortadas»* ou que contêm *«verdadeiros lapsos»*, que impedem que se alcance o fim visado pelo legislador, caso em que se admite o recurso à interpretação corretiva[107]. A norma identificada como menos adequada é sacrificada em razão da impossibilidade de resolver a contradição, sendo tal solução imposta pelo elemento sistemático[108]. Mas, para a generalidade da doutrina[109], tem de haver uma contradição forte (que seja tida por insanável[110]) entre duas normas, isto é, as normas têm de se mostrar inconciliáveis, quer do ponto de vista literal, quer do ponto de vista lógico[111]. A contradição pode resultar da conclusão de que não é possível na prática chegar a uma solução (a contradição é então meramente lógica) ou que subjacentes às normas em questão encontram-se valorações que são incompatíveis entre si (a contradição será, então, valorativa)[112].

Em qualquer dos casos, admitindo que em ambas as situações se poderá vir a considerar como tendo ocorrido uma ultrapassagem clandestina da lei[113], tem-se entendido que, por princípio, a interpretação corretiva na ordem jurídica portuguesa deve ser recusada, salvo na hipótese rara de o sentido da fonte se revelar contrário à ordem natural, e que as situações de interpretação abrogante devem também ser consideradas como raríssimas e de

últimas consequências: tanto se restringe a letra que ela desaparece e o preceito fica sem conteúdo». Embora, por exemplo, Machado (1995: 186), Neves (1995a: 367), Neves (1993: 107), e Bronze (2006: 916), designem também a interpretação abrogante, tal como Moncada, como interpretação revogatória.

107 Machado (1995: 186).

108 Castro Mendes (1994: 234).

109 Sousa (2012: 381-382), que considera que as contradições entre regras jurídicas não constituem hipóteses para fazer operar a interpretação abrogante, mas sim para resolver no âmbito de conflitos normativos, solucionados através de uma ponderação de interesses para invalidar uma das normas em conflito.

110 Machado (1995: 186).

111 Telles (2001: 257).

112 Justo (2006: 336-337). Cfr. Ascensão (2013: 429).

113 Nesse sentido, por exemplo, Engisch (1988: 341-342), que acrescentou e questionou o seguinte: *«ao jogar a ideia de Direito contra a Lei, estamos sob a ameaça de ver desaparecer debaixo dos pés o frutuoso chão da experiência e nos aproximamos daquelas «altas torres da metafísica» (do Direito) em volta das quais, no dizer de KANT, «há muito vento». Poderemos ousá-lo?»*.

ultima ratio, exigindo-se, por isso, muita prudência na sua utilização, mesmo que tal exigência se reporte apenas a hipóteses de interpretação abrogante lógica[114].

Por tudo quanto se referiu, não será também adotada uma solução de correção ou de abrogação (lógica ou outra) da norma.

3.5. O sentido da ressalva da renúncia ao direito de queixa

Uma via alternativa seria sustentar, acompanhando a posição de GERMANO MARQUES DA SILVA[115], que a referência à renúncia ao direito de queixa, embora pareça apontar (pela referência ao direito de queixa) para uma aplicação da al. *c*) do n.º 1 do art. 68.º do CPP apenas aos crimes semipúblicos e particulares, não impede, afinal, a inclusão dos crimes públicos, desde que essa ressalva seja lida como relevando apenas quando estejam em causa crimes semipúblicos e particulares e não quando estejam em causa crimes públicos.

Para esse efeito, seria necessário chamar a atenção para o facto de a infelicidade legislativa se traduzir na circunstância de o legislador, por lapso, não ter incluído, entre vírgulas, na primeira parte da al. *c*) do n.º 1 do art. 68.º do CPP, logo a seguir a *«No caso de o ofendido morrer sem ter renunciado à queixa»*, uma expressão do tipo: *«nos casos em que esta seja legalmente exigível»*.

A aceitação deste pressuposto permitiria então concluir que a aplicação da referida alínea só depende da não renúncia pelo ofendido ao direito de queixa quando estejam em causa crimes semipúblicos e particulares, mas já não quando estejam em causa crimes públicos, pois, para estes, a queixa nunca é legalmente exigível, ou seja, não constitui uma condição de procedibilidade (arts. 48.º, 49.º, 50.º e 262.º, n.º 2 do CPP).

Deste modo, seria possível, na esteira de GERMANO MARQUES DA SILVA[116] e de CÉLIA REIS[117], ver na al. *c*) do n.º 1 do art. 68.º do CPP a base legal para a transmissão por morte do direito à constituição como assistente nos crimes

[114] ASCENSÃO (2013: 425-427 e 428-431). Menos limitativo em relação à interpretação corretiva e afirmando que esta pode ser encontrada já em ARISTÓTELES como manifestação da equidade e se considera hoje geralmente aceite, cfr. JUSTO (2006: 362-363).

[115] SILVA (2013: 282).

[116] SILVA (2013: 282).

[117] REIS (2000: 17-18).

públicos: essa base legal seria a al. *c*) do n.º 1 do art. 68.º do CPP, devido ao facto de a ressalva ter um sentido de aplicação que se dirige apenas aos crimes semipúblicos e particulares.

3.6. A existência de bases legais múltiplas para as situações de transmissão por morte do direito à constituição como assistente

Porém, a adoção daquela via alternativa também não pode significar, como pretendeu Germano Marques da Silva[118], que a única base legal para as situações de transmissão por morte do direito à constituição como assistente seja a al. *c*) do n.º 1 do art. 68.º do CPP.

Desde logo, porque, como referiu Célia Reis[119], não é possível desconsiderar o alcance da remissão efetuada pelo art. 68.º, n.º 1, al. *b*) do CPP para o art. 113.º do CP[120]. E essa remissão não poderá também significar que se podem constituir como assistentes apenas aqueles que podem ser designados como "titulares primários" do direito de queixa ou de acusação particular: «*a opção do legislador garante sempre que o titular do direito de queixa ou acusação particular,*

[118] Silva (2013: 282).

[119] Reis (2000: 13-14).

[120] O art. 113.º do CP, com a epígrafe «*Titulares do direito de queixa*», estabelece:
«*1 – Quando o procedimento criminal depender de queixa, tem legitimidade para apresentá-la, salvo disposição em contrário, o ofendido, considerando-se como tal o titular dos interesses que a lei especialmente quis proteger com a incriminação. 2 – Se o ofendido morrer sem ter apresentado queixa nem ter renunciado a ela, o direito de queixa pertence às pessoas a seguir indicadas, salvo se alguma delas houver comparticipado no crime: a*) *Ao cônjuge sobrevivo não separado judicialmente de pessoas e bens ou à pessoa, de outro ou do mesmo sexo, que com o ofendido vivesse em condições análogas às dos cônjuges, aos descendentes e aos adoptados e aos ascendentes e aos adoptantes; e, na sua falta b*) *Aos irmãos e seus descendentes. 3 – Qualquer das pessoas pertencentes a uma das classes referidas nas alíneas do número anterior pode apresentar queixa independentemente das restantes. 4 – Se o ofendido for menor de 16 anos ou não possuir discernimento para entender o alcance e o significado do exercício do direito de queixa, este pertence ao representante legal e, na sua falta, às pessoas indicadas sucessivamente nas alíneas do n.º 2, aplicando-se o disposto no número anterior. 5 – Quando o procedimento criminal depender de queixa, o Ministério Público pode dar início ao procedimento no prazo de seis meses a contar da data em que tiver tido conhecimento do facto e dos seus autores, sempre que o interesse do ofendido o aconselhar e: a*) *Este for menor ou não possuir discernimento para entender o alcance e o significado do exercício do direito de queixa; ou b*) *O direito de queixa não puder ser exercido porque a sua titularidade caberia apenas ao agente do crime. 6 – Se o direito de queixa não for exercido nos termos do n.º 4 nem for dado início ao procedimento criminal nos termos da alínea a*) *do número anterior, o ofendido pode exercer aquele direito a partir da data em que perfizer 16 anos*».

seja ele quem for (o ofendido, nos termos do art. 113.º, n.º 1, do CP, ou uma das pessoas referidas no art. 113.º, n.º 2 ou 3, do CP, se for de aplicar uma destas normas), tenha também a titularidade do direito a constituir-se como assistente. Nem outra solução faria sentido. [...] *Estabelecendo o direito à constituição como assistente, em crime semi-público ou particular, por mera remissão para a titularidade do direito de queixa ou acusação particular, garante o legislador que as qualidades de queixoso e assistente coincidem na mesma pessoa»*[121].

Com efeito, esses "titulares primários" já se poderão constituir como assistentes por força da al. *a*) do n.º 1 do art. 68.º do CPP: essa alínea admite que se constituam como assistentes os ofendidos titulares dos interesses que a lei especialmente quis proteger com a incriminação e o conceito de ofendido previsto na alínea em questão não parece divergir do conceito de ofendido relevante para efeitos da "titularidade primária" do direito de queixa ou de acusação particular.

Assim sendo, o sentido útil da al. *b*) do n.º 1 do art. 68.º do CPP não poderá, pois, ser o de permitir a constituição como assistente nos crimes semipúblicos e particulares de quem já se pode constituir como assistente por ser considerado ofendido para efeitos da al. *a*) do n.º 1 do art. 68.º do CPP.

A al. *b*) do n.º 1 do art. 68.º do CPP terá que ter uma vocação normativa expansiva em relação ao que já resulta da al. *a*), sendo certo que o único sentido configurável será, então, o de naquela alínea se prever a constituição como assistente daqueles que, embora sejam titulares do direito de queixa ou de acusação particular nos termos dos arts. 113.º e 117.º do CP, não coincidem com aqueles que podem ser considerados ofendidos nos termos e para os efeitos da al. *a*) do n.º 1 do art. 68.º do CPP. Os titulares do direito de queixa ou de acusação particular previstos na al. *b*) do n.º 1 do art. 68.º do CPP serão, então, aqueles que adquiriram esse direito em virtude da morte do "titular primário" do direito de queixa ou de acusação particular[122].

[121] Reis (2000: 13-14).

[122] Ou seja, seguindo Reis (2000: 10), são as pessoas que mantinham uma relação estreita com o ofendido e em relação às quais o legislador entendeu *«que aquela proximidade justificava a atribuição do direito de impulsionar, em termos iniciais, a acção penal»*.

3.7. A compatibilização das als. *b)* e *c)* do n.º 1 do art. 68.º do CPP

I. Em face do exposto, parece que se retoma a posição defendida por Célia Reis[123], segundo a qual a al. *c*) do n.º 1 do art. 68.º do CPP só constituiria a base legal para as situações de transmissão por morte do direito à constituição como assistente estando em causa crimes públicos, já que, tratando-se de crimes semipúblicos e particulares, a base legal residiria antes na al. *b*) do n.º 1 do art. 68.º do CPP.

Essa conclusão não é, no entanto, correta, pois, na perspetiva de solução alternativa aqui aventada, a al. *c*) do n.º 1 do art. 68.º do CPP é igualmente aplicável às situações de transmissão por morte do direito à constituição como assistente quando estejam em causa crimes semipúblicos e particulares.

II. Contudo, para evitar retirar o sentido útil à al. *b*) do n.º 1 do art. 68.º do CPP (aliás, como se viu, parcialmente já consumido em relação aos "titulares primários" do direito de queixa e de acusação particular pela al. *a*) do n.º 1 do art. 68.º do CPP), importará distinguir duas situações de transmissão por morte do direito à constituição como assistente quando estejam em causa crimes semipúblicos e particulares.

Em primeiro lugar, a situação em que o ofendido falece antes de exercer o seu direito de queixa, caso em que é aplicável a al. *b*) do n.º 1 do art. 68.º do CPP. Se a morte do titular do direito de queixa ou de acusação particular ocorreu antes de o mesmo ter tido a oportunidade de se constituir como assistente e aquele também não exerceu o seu direito de queixa, a base legal para a transmissão por morte do direito à constituição como assistente já será a al. *b*) do n.º 1 do art. 68.º do CPP.

Em segundo lugar, a situação em que o ofendido falece depois de exercer o seu direito de queixa mas antes de se ter constituído como assistente, caso em que é aplicável a al. *c*) do n.º 1 do art. 68.º do CPP. Se a morte do titular do direito de queixa ou de acusação particular ocorreu antes de aquele ter tido a oportunidade de se constituir como assistente, mas ainda assim exerceu o seu direito de queixa, a base legal para a transmissão por morte do direito à constituição como assistente é a al. *c*) do n.º 1 do art. 68.º do CPP.

[123] Reis (2000: 17-18).

III. Ficaríamos, portanto, com o seguinte cenário de compatibilização das als. *b*) e *c*) do n.º 1 do art. 68.º do CPP.

Na primeira situação, a transmissão por morte do direito à constituição como assistente ocorre por força da al. *b*) do n.º 1 do art. 68.º do CPP, uma vez que, sendo já titular do direito de queixa ou de acusação particular, por ter ocorrido a transmissão deste direito via arts. 113.º, n.º 2[124] e 117.º do CP, adquire o direito à constituição como assistente já na qualidade de titular do direito de queixa ou de acusação particular. Na segunda situação, a transmissão por morte do direito à constituição como assistente sustenta-se na al. *c*) do n.º 1 do art. 68.º do CPP, tendo aliás arrimo na letra dessa alínea, que pressupõe que o ofendido não tenha renunciado à queixa, o que aponta para a hipótese de já ter exercido o seu direito de queixa.

4. Duas possíveis críticas e as perspetivas de superação

I. É possível antecipar, desde já, duas críticas à perspetiva alternativa de solução aventada.

Em primeiro lugar, que a proposta de solução em relação aos crimes públicos redunda na inclusão das situações de transmissão por morte do direito à constituição como assistente na al. *c*) do n.º 1 do art. 68.º do CPP, o que sujeitará, naturalmente, essa proposta às críticas já apontadas por Paulo de Sousa Mendes[125] em relação às posições de Germano Marques da Silva[126] e Célia Reis[127].

Poderá concretamente dizer-se, então, que essa inclusão é feita à custa da desconsideração (de parte – o pressuposto da não renúncia ao direito de queixa) do sentido literal da al. *c*) do n.º 1 do art. 68.º do CPP (como preconizava

[124] *«2 – Se o ofendido morrer sem ter apresentado queixa nem ter renunciado a ela, o direito de queixa pertence às pessoas a seguir indicadas, salvo se alguma delas houver comparticipado no crime: a) Ao cônjuge sobrevivo não separado judicialmente de pessoas e bens ou à pessoa, de outro ou do mesmo sexo, que com o ofendido vivesse em condições análogas às dos cônjuges, aos descendentes e aos adoptados e aos ascendentes e aos adoptantes; e, na sua falta b) Aos irmãos e seus descendentes».*

[125] Mendes (2013: 135-136).

[126] Silva (2013: 282).

[127] Reis (2000: 17-18).

Germano Marques da Silva[128]) e é também realizável através do recurso a uma provável inadmissível interpretação corretiva (ou abrogante) da norma (como propunha Célia Reis[129]).

Em segundo lugar, que a proposta de distinção da base legal das situações de transmissão por morte do direito à constituição como assistente nos crimes semipúblicos e particulares, a qual ficaria então dependente da circunstância de o ofendido ter falecido antes ou depois (respetivamente, als. *b*) e *c*) do n.º 1 do art. 68.º do CPP) de ter exercido o seu direito de queixa, redunda numa proposta que não terá sido sequer equacionada pelo legislador processual penal, nem tão-pouco pelo legislador penal.

II. A essas duas críticas, julga-se poder responder da seguinte forma.

Por um lado, que é possível a inclusão das situações de transmissão por morte do direito à constituição como assistente na al. *c*) do n.º 1 do art. 68.º do CPP por se considerar subentendida, na ressalva da renúncia à queixa, uma expressão do tipo *«nos casos em que esta seja legalmente exigível»*.

Essa formulação estará implícita na norma (integrando o seu sentido literal possível) e, mesmo que seja vista como mais ampla do que a que foi utilizada pelo legislador, pode também considerar-se como traduzindo com correção a regra que se contém na lei, sendo assim uma exigência desta[130].

Com efeito, a mesma formulação contém-se no espírito do legislador e no escopo por ele visado com a previsão normativa, já que não terá certamente querido consagrar uma solução restritiva do direito à constituição como assistente, a saber: a exclusão da intervenção de particulares como assistentes no processo penal quando estejam em causa crimes públicos mas a inclusão da intervenção desses particulares quando estejam em causa crimes semipúblicos e particulares. Aliás, tal inclusão não deixa também de ter algum apoio na letra da lei.

Assim sendo, pode dizer-se, desde logo, que aquela inclusão não desconsidera o sentido literal da al. *c*) do n.º 1 do art. 68.º do CPP. No limite apontará para a ideia segundo a qual o legislador terá dito, afinal, menos do que

[128] Silva (2013: 282).
[129] Reis (2000: 17-18).
[130] Ascensão (2013: 423-424).

aquilo que porventura quereria dizer (a letra é mais restrita do que o seu espírito[131]), justificando-se, se assim for, o recurso à interpretação extensiva (ou interpretação *praeter literam*), permitida nos termos do art. 11.º do CC e a que não parece também obstar a proibição vigente em matéria penal de analogia ou de interpretação (criativa do direito) para além do sentido possível das palavras, tanto mais que não ocorre uma modificação de sentido da norma e nunca se poderia considerar estar em causa uma exclusão de intervenção de particulares como assistentes no processo penal pretendida pelo legislador e, por isso, com um significado intencional.

Recorde-se que, pela interpretação extensiva, o intérprete pode alargar ou estender as palavras da lei (a letra da lei) mediante a ponderação dos elementos não literais até as fazer coincidir com o seu espírito[132], desde que se conclua ser absurdo ou injusto não fazer aquele alargamento ou aquela extensão[133]. Ao interpretar extensivamente uma norma, o intérprete, tendo em mente a necessidade de explicitar algo que o legislador não explicitou[134], limita-se a induzir *«o campo de aplicação da lei para além da sua letra»*[135]. Sem prejuízo da cautela que se impõe no recurso à interpretação extensiva, para evitar proceder a verdadeira analogia ou interpretação criativa do direito designadamente

[131] Castro Mendes (1994: 232).

[132] Ac. TRC de 18.05.2012, Proc. 885/09.5T2AVR.C1 (Henrique Antunes), disponível em www.dgsi.pt: *«Um dos resultados possíveis da interpretação é, assim, a interpretação extensiva: o intérprete chega à conclusão de que a letra do texto da lei fica aquém do espírito da lei, que a fórmula verbal utilizada pelo legislador peca por defeito, pois diz menos do que aquilo que se pretendia dizer. Em face disso, o intérprete estende então o texto, imprimindo-lhe um alcance conforme com o pensamento legislativo, fazendo coincidir a letra da lei com o seu espírito. Não se tratará de uma lacuna da lei, porque os casos não directamente abrangidos pelo texto são indubitavelmente abrangidos pelo seu espírito: da própria ratio legis decorre, v.g., que o legislador se quis referir a um género; mas, numa perspectiva casuística, apenas se referiu a uma espécie desse género. A interpretação extensiva verifica-se, pois, sempre que a letra da lei se refira à espécie e o seu significado deva abarcar, por imposição dos elementos não literais da interpretação, o género ou sempre que a letra de uma tipologia taxativa diga respeito a um ou a alguns subtipos e o seu significado deva abranger, pelo mesmo motivo, outros subtipos do mesmo tipo. A interpretação extensiva é, portanto, uma interpretação praeter litterum, dado que a dimensão pragmática da lei vai além da sua dimensão semântica e tem subjacente um juízo de agregação – o que vale para a parte deve valer para o todo. Como daqui decorre, a interpretação extensiva, assume, regra geral, a forma de extensão teleológica: a própria razão de ser da lei reclama a aplicação aos casos que não são directamente abrangidos pela letra da lei, mas que indubitavelmente se compreendem na sua finalidade»*.

[133] Moncada (1995: 153), e Sousa/Galvão (1994: 59).

[134] Telles (2001: 252-253).

[135] Sousa (2012: 375).

quando as mesmas se encontrem vedadas (o que não ocorrerá forçosamente sempre que não exista uma rigorosa ou exata coincidência entre a dimensão semântica e a dimensão pragmática da interpretação ou entre a letra e o espírito)[136], importa sublinhar que o alargamento ou a extensão que se opera não implica que se venha a transcender o âmbito de aplicação da norma[137], pelo que, mesmo quando se detete na norma um significado que ultrapassa o chamado "âmbito nuclear" mas ainda se situa na chamada "franja marginal" do sentido literal possível[138], não se estará também a resolver nenhum problema de lacuna ou de falta de regra aplicável típico dos processos de integração[139]. Como ensinava Cabral de Moncada, não existe coincidência entre aplicar uma norma a casos diferentes daqueles para os quais se legislou (ou seja, para aqueles em que não existe regra aplicável, o que pode estar abrangido pela limitação estabelecida no art. 11.º do CC) e aplicar essa mesma norma a casos que, não estando especificados na letra, se acham, ainda assim, compreendidos no seu espírito (ou seja, estão abrangidos pela regra que se extrai da lei)[140]. Tão pouco terá a interpretação extensiva de representar um processo de integração de lacunas (ou de interpretação criativa do direito) que ultrapasse o sentido possível das palavras e que contrarie a intenção do legislador.

Uma outra possibilidade de solução, suportada por uma compreensão da interpretação jurídica diferente da sustentada pelo tradicional método jurídico e que também não conduz à necessidade de integração de uma lacuna, poderá consistir em recorrer às vias de adaptação extensiva ou de extensão teleológica da norma, as quais, estando focadas na intencionalidade problemático-normativa da norma e no mérito análogo do caso decidendo ou antes no específico fundamento teleológico da norma e no mérito análogo do caso

[136] Registe-se, aliás, que alguns autores, como Brito (1999: 61-63), que defenderam (no caso à luz do CP anterior e da CRP atualmente vigente) a proibição de interpretação extensiva em matéria penal, não deixam de reconhecer que, em rigor, essa proibição não estará abrangida pelo princípio *nullum crimen nulla poena sine lege*, embora seja aquela interpretação incompatível com o fundamento de segurança jurídica desse princípio.

[137] Por esse motivo, sublinhava já Engisch (1988: 298): *«Como critério decisivo para a determinação dos limites entre uma interpretação extensiva, ainda permitida, e uma aplicação analógica, que já não o é* [...], *temos de novo o sentido literal possível»*.

[138] Larenz (1997: 500-501).

[139] Ascensão (2013: 438).

[140] Moncada (1995: 154, nota 1).

decidendo, passam, respetivamente, ou pela realização de uma tarefa de *«comparação do mérito autonomamente reconhecido do caso decidendo e da 'intencionalidade problemático-normativa da norma'»* (adaptação extensiva) ou pelo *«alargamento do 'campo de aplicação de uma norma, definido pelo texto, com fundamento [...] na sua imanente teleologia, a casos que por aquele texto não estariam formalmente abrangidos'»* (extensão teleológica)[141].

Em qualquer dos casos (tenha-se em consideração o espírito da norma, a sua intencionalidade problemático-normativa ou o seu fundamento teleológico), ninguém sustentará que o legislador terá pretendido recusar a transmissibilidade por morte do direito à constituição como assistente quando estejam em causa crimes públicos. Ou seja, a opção legal não terá sido, certamente, a de consagrar uma solução restrita[142] em matéria de constituição como assistente, muito menos quando estão em causa crimes públicos em que habitualmente se tratará de crimes mais graves[143].

E, se assim é, então (até por identidade ou maioria de razão[144] ou, numa visão da interpretação jurídica menos tradicional, considerando a

[141] Bronze (2006: 919-924), e Justo (2006: 363). Distinguindo a adaptação extensiva (que pressupõe uma assimilação material indireta da relevância do caso pela da norma, em virtude de o sentido intencional ser análogo apesar da relevância material do caso ser mais ampla que a da norma) da interpretação extensiva (que se situa exclusivamente no plano da norma entre a letra e o pensamento legislativo), cfr. Neves (1993: 177-179), que esclarece: *«o que nós, no momento da «experimentação» da norma-hipótese que estamos a considerar, queremos referir não é qualquer relação lógico-hermenêutica, e situada exclusivamente no plano da norma (no plano do seu texto significante) entre a letra e o pensamento legislativos; o que temos por decisivo é o juízo juridicamente analógico entre a relevância material hipotética e a relevância material do caso jurídico concreto. Situamo-nos, assim, desde logo no plano da realização concreta do direito e o que perguntamos é em que medida e como a norma, compreendida no seu sentido problemático-normativo, poderá ser critério juridicamente adequado à normativa problematicidade jurídica do caso decidindo»*. Sobre a diferença entre a extensão teleológica e a interpretação extensiva, cfr. também Neves (1995a: 368), e Neves (1993: 108), referindo que na extensão teleológica já não se estará (apenas) perante uma procura de adequação ou de uma correspondência entre letra e espírito (num sentido puramente hermenêutico), mas sim perante uma correção do texto que tem um fundamento teleológico (num sentido verdadeiramente normativo).

[142] Ascensão (2013: 424).

[143] Antunes (2016: 63-65), e Silva (2013: 249).

[144] São estes os dois fundamentos que surgem convocados na jurisprudência para fundamentar a interpretação extensiva (Ac. TRC de 18.05.2012, Proc. 885/09.5T2AVR.C1 (Henrique Antunes), disponível em www.dgsi.pt): *«De harmonia com o primeiro, onde a razão de decidir seja a mesma, mesma há-de ser a decisão; de acordo com o segundo, se a lei contempla, explicitamente, certas*

intencionalidade problemático-normativa da norma, o específico fundamento teleológico da norma e o mérito análogo do caso decidendo) nada impede que se faça aquela inclusão por se entender que ela estará implícita na formulação adotada pelo legislador ou por via de uma interpretação extensiva, de uma adaptação extensiva ou de uma extensão teleológica da al. *c*) do n.º 1 do art. 68.º do CPP, tanto mais que tais operações metodológicas não são proibidas pelo art. 11.º do CC que tem aliás um alcance bem mais reduzido do que aquele que dele parece resultar e se costuma assinalar em matéria de exclusão e proibição da analogia mesmo em matéria penal[145].

Por outro lado, é possível dizer que a consideração como subentendida na ressalva da renúncia à queixa de uma expressão do tipo *«nos casos em que esta seja legalmente exigível»* não representa verdadeiramente uma interpretação corretiva ou uma interpretação abrogante (lógica ou outra), tal como propôs Célia Reis[146].

Com efeito, não se está a proceder por esta via ao afastamento de uma norma tida como inadequada por referência àquilo que o legislador teria querido se tivesse previsto o resultado (como sucede tipicamente nas situações de interpretação corretiva), nem tão pouco ao desaproveitamento da fonte por se considerar que dela nada útil resultou (como habitualmente se verifica nas situações de interpretação abrogante). Pela consideração daquela ressalva não se está a viabilizar uma alteração do sistema normativo por via interpretativa, à qual seriam certamente opostas razões de segurança e defesa contra o arbítrio que assim se alcançasse, sendo certo que a mesma também não representa um afastamento da regra contida na norma, mas sim verdadeiramente a captação do seu sentido útil[147].

situações para que estabelece um dado regime, há-de forçosamente pretender abranger também outra ou outras que, com mais fortes motivos, exigem ou justifiquem aquele regime». Não assim na doutrina, em que são qualificados como argumentos lógico-jurídicos que permitem inferir de um preceito *«conclusões normativo-jurídicas que ele virtualmente admita»* – Neves (1995a: 367), e Neves (1993: 107).

[145] Sublinhando e explicando os motivos pelos quais considera a exclusão da analogia prevista no art. 11.º do CC e a proibição da analogia no domínio das normas penais como dotadas de uma duvidosa eficácia, cfr. Neves (1993: 272-276).

[146] Reis (2000: 17-18).

[147] Ascensão (2013: 425-427 e 428-431).

Por outro lado ainda, é possível acrescentar que a distinção proposta em matéria de transmissão por morte do direito à constituição como assistente nos crimes semipúblicos e particulares tem algum apoio na letra da al. *c*) do n.º 1 do art. 68.º do CPP[148] e do n.º 2 do art. 113.º do CP[149] e, pressupondo que a lei é acertada, visa preservar o sentido útil de cada uma das três primeiras alíneas do n.º 1 do art. 68.º do CPP e compatibilizá-las.

III. Não obstante, reconhece-se que uma alternativa eventualmente mais consentânea, no sentido de evitar dificuldades interpretativas e discussões sobre a legitimidade do recurso à interpretação extensiva, à adaptação extensiva ou à extensão teleológica da norma em causa, passaria por melhorar a redação do n.º 1 do art. 68.º do CPP, o que poderá vir a ser feito (incidentalmente) numa futura alteração promovida ao CPP.

Desde logo, vale a pena clarificar se a redação da al. *a*) do n.º 1 do art. 68.º do CPP se aplica só aos crimes públicos ou também abrange os crimes semipúblicos e particulares, desde que não esteja em causa, seja qual for a natureza do crime, uma situação de transmissão por morte do direito à constituição como assistente.

Caso se entenda que deve ser escolhida a primeira solução (a aplicação da al. *a*) do n.º 1 do art. 68.º do CPP só aos crimes públicos), interessa esclarecer se a al. *b*) se aplica também às situações de transmissão por morte do direito à constituição como assistente nos crimes semipúblicos e particulares, devendo, neste caso, ser eliminado o inciso «*sem ter renunciado à queixa*» da al. *c*), ou não se aplica.

[148] «*1 – Podem constituir-se assistentes no processo penal, além das pessoas e entidades a quem leis especiais conferirem esse direito:* [...] *c) No caso de o ofendido morrer sem ter renunciado à queixa, o cônjuge sobrevivo não separado judicialmente de pessoas e bens ou a pessoa, de outro ou do mesmo sexo, que com o ofendido vivesse em condições análogas às dos cônjuges, os descendentes e adoptados, ascendentes e adoptantes, ou, na falta deles, irmãos e seus descendentes, salvo se alguma destas pessoas houver comparticipado no crime*».

[149] «*2 – Se o ofendido morrer sem ter apresentado queixa nem ter renunciado a ela, o direito de queixa pertence às pessoas a seguir indicadas, salvo se alguma delas houver comparticipado no crime: a) Ao cônjuge sobrevivo não separado judicialmente de pessoas e bens ou à pessoa, de outro ou do mesmo sexo, que com o ofendido vivesse em condições análogas às dos cônjuges, aos descendentes e aos adoptados e aos ascendentes e aos adoptantes; e, na sua falta b) Aos irmãos e seus descendentes*».

Admitindo como preferível a solução de aplicação da al. *a*) do n.º 1 do art. 68.º do CPP também aos crimes semipúblicos e particulares, poderá optar-se por restringir o âmbito de aplicação da al. *b*) aos crimes semipúblicos e particulares apenas quando esteja em causa uma situação de transmissão por morte do direito à constituição como assistente, eliminando-se consequentemente o inciso *«sem ter renunciado à queixa»* da al. *c*), ou, em alternativa, por revogar a al. *b*).

Optando-se por revogar a al. *b*) do n.º 1 do art. 68.º do CPP ou por excluir da sua aplicação as situações de transmissão por morte do direito à constituição como assistente nos crimes semipúblicos e particulares, valerá a pena aditar na al. *c*), entre vírgulas e logo a seguir à ressalva da renúncia à queixa, uma expressão do tipo *«nos casos em que esta seja legalmente exigível»*, para que se torne inequívoco o entendimento segundo o qual a al. *c*) constitui a base legal para todas as hipóteses de transmissão por morte do direito à constituição como assistente, seja qual for a natureza do crime em questão.

Referências

ALBUQUERQUE, Paulo Pinto de,
(2011) *Comentário ao Código de Processo Penal*, 4.ª ed., Lisboa: UCE, anotação ao art. 68.º, pp. 211-218.

ANDRADE, Manuel A. Domingues de,
(1973) *Sentido e Valor da Jurisprudência*, Coimbra.
(1979) *Noções Elementares de Processo Civil*, Coimbra: Coimbra Editora.

ANTUNES, Maria João,
(2016) *Direito Processual Penal*, Coimbra: Almedina.

ASCENSÃO, José de Oliveira,
(2013) *O Direito: Introdução e Teoria Geral*, 13.ª ed., Coimbra: Almedina.

BELEZA, Teresa Pizarro,
(1984) *Direito Penal*, 1.º vol., 2.ª ed., Lisboa: AAFDL.

BRANDÃO, António José,
(2001a) *Vigência e Temporalidade do Direito e outros ensaios de filosofia jurídica*, vol. I, Lisboa: Imprensa Nacional – Casa da Moeda.

(2001b) *Vigência e Temporalidade do Direito e outros ensaios de filosofia jurídica*, vol. II, Lisboa: Imprensa Nacional – Casa da Moeda.

Brito, José de Sousa e,
(1999) "A Lei Penal na Constituição", in *Textos de Direito Penal*, tomo II, Lisboa: AAFDL, pp. 5-63.

Bronze, Fernando José,
(2006) *Lições de Introdução ao Direito*, 2.ª ed., Coimbra: Coimbra Editora.
(2012) "O Problema da Analogia *Iuris* (algumas notas)", in *Analogias*, Coimbra: Coimbra Editora, pp. 265-280.

Canaris, Claus-Wilhelm,
(2002) *Pensamento Sistemático e Conceito de Sistema na Ciência do Direito*, 3.ª ed., Lisboa: Fundação Calouste Gulbenkian.

Carvalho, Américo Taipa de,
(2008) *Direito Penal: Parte Geral*, 2.ª ed., Coimbra: Coimbra Editora.

Cordeiro, António Menezes,
(2012) *Tratado de Direito Civil*, I, 4.ª ed., Coimbra: Almedina.

Costa, José de Faria,
(2012) *Noções Fundamentais de Direito Penal (Fragmenta iuris poenalis)*, 3.ª ed., Coimbra: Coimbra Editora.

Cunha, José Damião da,
(1995) "Algumas Reflexões sobre o Estatuto do Assistente e seu Representante no Direito Processual Penal", in *Revista Portuguesa de Ciência Criminal*, ano 5, II, pp. 153-171.

Dias, Augusto Silva,
(2004) "A Tutela do Ofendido e a Posição do Assistente", in *Jornadas de Direito Processual Penal e Direitos Fundamentais* (coord. Maria Fernanda Palma), Coimbra: Almedina, pp. 55-65.
(2008) *«Delicta in Se» e «Delicta Mere Prohibita»: Uma Análise das Descontinuidades do Ilícito Penal Moderno à Luz da Reconstrução de uma Distinção Clássica*, Coimbra: Coimbra Editora.

Dias, Jorge de Figueiredo,
(2012) *Direito Penal. Parte Geral*, I, 2.ª ed., Coimbra: Coimbra Editora.

Engisch, Karl,
(1988) *Introdução ao Pensamento Jurídico*, 6.ª ed., Lisboa: Fundação Calouste Gulbenkian.

Ferreira, Manuel Cavaleiro de,
(1996) "A Reforma do Direito Penal Alemão", in *Obra Dispersa*, vol. I, Lisboa: UCE, pp. 69-81.

Gaspar, António Henriques, e Outros,
(2014) *Código de Processo Penal Comentado*, Coimbra: Almedina, anotação ao art. 68.º, pp. 238-243.

Gonçalves, Manuel Maia,
(2009) *Código de Processo Penal Anotado*, 17.ª ed., Coimbra: Almedina, anotação ao art. 68.º, pp. 210-215.

Justo, António Santos,
(2006) *Introdução ao Estudo do Direito*, 3.ª ed., Coimbra: Coimbra Editora.

Larenz, Karl,
(1997) *Metodologia da Ciência do Direito*, 3.ª ed., Lisboa: Fundação Calouste Gulbenkian.

Lobo, Fernando Gama,
(2015) *Código de Processo Penal Anotado*, Coimbra: Almedina, pp. 96-100.

Machado, João Baptista,
(1995) *Introdução ao Direito e ao Discurso Legitimador*, Coimbra: Almedina.

Magistrados do Ministério Público do Distrito Judicial do Porto,
(2009) *Código de Processo Penal: comentários e notas práticas*, Coimbra: Coimbra Editora, anotação ao art. 68.º, pp. 180-185.

Marques, José Dias,
(1994) *Introdução ao Estudo do Direito*, 2.ª ed., Lisboa.

Mendes, João de Castro,
(1994) *Introdução ao Estudo do Direito*, Lisboa: Petrony.

Mendes, Paulo de Sousa,
(2013) *Lições de Direito Processual Penal*, Coimbra: Almedina.

Mesquita, Paulo Dá,
(2010) *Processo Penal, Prova e Sistema Judiciário*, Coimbra: Coimbra Editora.

Moncada, Luís Cabral de,
(1995) *Lições de Direito Civil*, 4.ª ed., Coimbra: Almedina.

Neves, António Castanheira,
(1993) *Metodologia Jurídica: Problemas Fundamentais*, Coimbra: Coimbra Editora.
(1995) "Interpretação Jurídica", in *Digesta*, vol. 2.º, Coimbra: Coimbra Editora, pp. 337-377.
(1995b) "O Princípio da Legalidade Criminal: o seu problema jurídico e o seu critério dogmático", in *Digesta*, vol. 1.º, Coimbra: Coimbra Editora, pp. 348-473.
(1995c) "A unidade do sistema jurídico: o seu problema e o seu sentido (Diálogo com Kelsen", in *Digesta*, vol. 2.º, Coimbra: Coimbra Editora, pp. 95-180.
(2003) *O Actual Problema Metodológico da Interpretação Jurídica – I*, Coimbra: Coimbra Editora.

Reis, Célia,
(2000) "Dúvidas acerca da transmissão por morte do direito à constituição como assistente", in *Questões avulsas de processo penal*, Lisboa: AAFDL, pp. 9-18.

Ribeiro, Vinício,
(2008) *Código de Processo Penal: notas e comentários*, Coimbra: Coimbra Editora, anotação ao art. 68.º, pp. 111-121.

Silva, Germano Marques da,
(2013) *Direito Processual Penal Português*, vol. I, Lisboa: UCE.

Sousa, Marcelo Rebelo de/Sofia Galvão,
(1994) *Introdução ao Estudo do Direito*, 3.ª ed., Mem Martins: Europa América.

Sousa, Miguel Teixeira de,
(2012) *Introdução ao Direito*, Coimbra: Almedina.

Telles, Inocêncio Galvão,
(2001) *Introdução ao Estudo do Direito*, vol. I, 11.ª ed., Coimbra: Coimbra Editora.

§ 9. O ACESSO (UNILATERAL E SEM RECURSO A MECANISMOS DE COOPERAÇÃO JUDICIÁRIA INTERNACIONAL) A DADOS ARMAZENADOS EM SISTEMAS INFORMÁTICOS LOCALIZADOS NO ESTRANGEIRO*

1. Introdução

I. O problema do acesso transfronteiriço a dados armazenados em sistemas informáticos situados em países estrangeiros ou também designado problema do acesso (de forma unilateral e sem recurso a mecanismos de cooperação judiciária internacional) a dados armazenados em sistemas informáticos localizados no estrangeiro não constitui uma temática nova.

Dela já se ocuparam inclusive de forma desenvolvida e muito atual alguns especialistas em prova digital.

Por exemplo, a posição de David Silva Ramalho, vertida nos diversos estudos que tem vindo a publicar desde 2013 a esta parte[1], vai, embora com algumas *nuances* ou clarificações e alguns acrescentos, no sentido de considerar admissível o acesso transfronteiriço a dados armazenados em sistemas informáticos

* Publicada versão anterior em *Revista de Estudios Europeos*, I (2019), número extraordinário monográfico sobre Cooperación judicial transfronteriza y garantías procesales, pp. 246-273, e em *Homenagem ao Professor Doutor Germano Marques da Silva* (coord. José Lobo Moutinho et al.), vol. IV, Lisboa: UCE, 2020, pp. 2685-2719.

[1] Ramalho (2013), Ramalho (2014), Ramalho (2017), e Ramalho (2018).

situados em países estrangeiros. Em primeiro lugar, no entender deste autor, a LCC portuguesa permite, malgrado o disposto na Convenção sobre o Cibercrime a esse respeito, a pesquisa de dados informáticos em sistemas informáticos ainda que não estejam situados em território nacional e sem necessidade de recurso à cooperação judiciária (e isto apesar de o acesso a sistemas informáticos situados em território nacional fora dos mecanismos de cooperação judiciária se encontrar vedado). Em segundo lugar, o autor em questão defende que, para além de eventuais problemas diplomáticos, o não recurso à cooperação judiciária por parte das autoridades portuguesas dificilmente se saldará num problema de invalidade da prova que possa vir a ser obtida em resultado da pesquisa efetuada.

Esta posição, fundamentada numa análise detalhada da Convenção sobre o Cibercrime, dos antecedentes dessa Convenção e das tentativas de criação de um protocolo adicional à Convenção por parte do *Transborder Group* e também de algumas experiências jurídicas comparadas (em especial, da Bélgica e de Espanha), tem sido acompanhada por outros autores portugueses, nomeadamente Duarte Rodrigues Nunes[2].

II. Recorrendo a argumentos jurídicos equivalentes aos utilizados por David Silva Ramalho (*v.g.*, intencionalidade do legislador de não restringir as pesquisas de dados informáticos, o facto de não poderem ser entendidas essas pesquisas como violação da soberania do Estado e a tendente não territorialidade da criminalidade informática), aponta ainda Duarte Rodrigues Nunes argumentos coadjuvantes no sentido da eliminação de eventuais barreiras ao acesso transfronteiriço.

Tais argumentos, de cariz mais pragmático, estão ligados essencialmente aos inconvenientes que uma solução contrária ao acesso transfronteiriço poderia ter para a investigação criminal, ao facto de não estar em causa uma diligência que pressuponha sequer a cooperação de terceiros ou a utilização de mecanismos coercitivos, e ainda à circunstância de os mecanismos de cooperação serem atualmente morosos e de se verificar uma abusiva falta de cooperação por parte de alguns Estados[3].

[2] Nunes (2018).
[3] Nunes (2018: 91-94).

III. Pareceria, pois, que, em face das investigações já realizadas, o problema do acesso transfronteiriço se encontraria afinal esvaziado de interesse em Portugal e que, com base nos argumentos jurídicos e argumentos de conveniência apresentados, a discussão, entre nós, sobre o acesso aos dados armazenados em sistemas informáticos localizados no estrangeiro deveria considerar-se finda ou, porventura, remetida em termos de possível relevância para o puro domínio da diplomacia ou dos incidentes diplomáticos.

Não discordando das conclusões daqueles autores sobre o sentido e alcance a dar à disposição da LCC portuguesa no sentido de dar guarida a pretensões das autoridades competentes de acesso transfronteiriço a sistemas informáticos situados em países estrangeiros sem recurso aos mecanismos de cooperação judiciária internacional, gostaríamos ainda assim de procurar discutir nesta ocasião se (e, em caso afirmativo, em que moldes) poderá considerar-se a referida disposição conforme com a CRP e se uma eventual invalidade da prova obtida poderia ser vislumbrada numa situação de acesso transfronteiriço realizada por aquelas autoridades.

IV. Atenta a importância que o método do caso tem tido na metodologia de investigação[4] e de ensino que temos vindo a seguir[5], propo-

[4] É clara nesse sentido a proposta apresentada sobre a probática, ciência da prova ou teoria da prova, em Pereira (2018: 357-365).

[5] Muito por influência também, importa dizê-lo, da perspetivação particularista e de crítica a certas formas de encarar a dogmática jurídica penal defendida por Mendes (*v.g.*, 2014 e 2016), e da perspetivação dogmática-problemática do crime sugerida por Dias (*v.g.*, 2008a: 541 e ss., e 2008b: 20 e ss.), com quem temos tido o privilégio de trabalhar e aprender. Naturalmente que a adoção para o Direito ou para a dogmática jurídica de uma perspetivação particularista (mesmo que de cariz racional e liberal como defende Mendes) poderia ser criticada se redundasse numa (pura) tópica sem qualquer referência ao sistema de normatividade – cfr. Pereira (2018: 363-364). Mas tal falta de referência ao sistema jurídico e ao sentido do Direito não tem necessariamente de suceder nem é desejável que suceda pela mera aceitação das ideias fundamentais da tópica jurídica apesar das críticas que lhe podem ser apontadas (cfr., por exemplo, a descrição e considerações críticas de Atienza (2014a: 37-54), nem tão pouco tal sucederá pela adoção de uma perspetivação particularista. No fundo o que um particularista racional e liberal dirá, do ponto de vista metodológico, é que deveremos atender à riqueza do caso e às suas particularidades (ou seja, partir do pressuposto que qualquer solução para um problema jurídico deverá ser sempre *case specific*) e mostrar-nos abertos às diferentes mundividências que apoiam as diversas metodologias, rejeitando desta forma as atitudes metodológicas de pendor absolutamente sistemático, que

mos fazê-lo a partir da referência a um caso real – o caso *United States v. Gorshkov-Ivanov*[6].

Procuraremos depois equacionar se, caso a situação descrita no caso tivesse porventura ocorrido em Portugal, a disposição do art. 15.º, n.º 5 da LCC poderia então, à luz da CRP, ser considerada norma habilitante para as autoridades competentes portuguesas realizarem um acesso transfronteiriço aos dados localizados em sistemas informáticos localizados no estrangeiro, como sugerem os autores já referidos.

Finalmente, procuraremos refletir sobre se, perante um acesso (de forma unilateral e sem recurso aos mecanismos de cooperação) a dados armazenados em sistemas informáticos localizado no estrangeiro, mas realizado ao abrigo da referida disposição da LCC, poderemos ainda assim equacionar a existência de uma invalidade da prova que por esse meio tenha sido obtida pelas autoridades competentes portuguesas.

recorrem a conceitos abstratos e deduções lógicas meramente formalistas. No domínio do Direito Penal podemos encontrar a adoção (ainda que eventualmente não consciente) de uma perspetiva particularista nos escritos de Roxin, como refere Mendes, sendo exemplo acabado disso mesmo o artigo daquele autor (2018), ao preferir o recurso a indícios para a distinção das situações em que existe dolo dos casos em que falta o dolo. Contudo, Dias (2016: 150, nota 411) chama a atenção para as limitações ou insuficiências da perspetiva particularista (moral) defendida por Mendes para a compreensão das sociedades contemporâneas multiculturais e dos crimes culturalmente motivados, referindo a esse propósito que o particularismo moral não se mostra capaz de escapar ao relativismo moral e que a compatibilização da diversidade cultural com a integridade da sociedade liberal exige algo mais do que a compreensão e a abertura sugeridas pelo particularismo: nas palavras de Dias, implica «*um esfoço de construção de uma cultura cívica comum, que, com respeito pela diversidade cultural, religiosa, etc., assegure a coesão social e trace consensualmente – e portanto de forma não autoritária – os limites da tolerância*». Essas críticas, na opinião de Mendes, dificilmente se justificam se tomarmos em consideração o estrito plano metodológico (ético e jurídico) onde a proposta particularista parece pretender (exclusivamente?) situar-se – Mendes (2018: 102, nota 270): «*o particularismo moral só tem a ver com a densidade dos problemas éticos e jurídicos*» e «*é defensável tanto no quadro de uma comunidade liberal capaz de integrar as minorias culturais como no interior de cada uma destas minorias culturais*».

[6] Uma descrição detalhada do caso surge em Ramalho (2017: 48-49).

V. Antecipando o resultado da exposição subsequente e as considerações finais, é nosso entender que (i) a disposição do art. 15.º, n.º 5 da LCC portuguesa é desconforme com a CRP, e que (ii) a prova obtida mediante acesso transfronteiriço (realizado de forma unilateral e sem recurso aos mecanismos de cooperação judiciária internacional) poderá vir a ser considerada inválida por falta de habilitação normativa suficiente e também no contexto do sistema constitucional de proibições de prova.

2. O caso *United States v. Gorshkov-Ivanov*

Tendo o FBI no final da década de 1990 recebido informação de que teria decorrido uma onde de ataques informáticos dirigidos a várias empresas norte-americanas mediante a realização de acessos ilegítimos, resolveu investigar.

Após ter conseguido identificar os locais de onde partiram os ataques (na Rússia) e localizar os autores (cidadãos russos), decidiu o FBI atrair os autores ao território norte-americano para proceder à sua detenção e julgamento, criando uma empresa fictícia que os contrataria na qualidade de *hackers*.

Estabelecido o contacto com os suspeitos, foi-lhes pedido que dessem provas das suas capacidades, o que estes fizeram, desta forma permitindo ao FBI documentar o *modus operandi* utilizado para o comparar com os ataques anteriormente realizados às empresas norte-americanas.

Feita essa comparação foram os suspeitos convidados para uma entrevista de emprego presencial nos EUA, para que pudessem demonstrar, através dos computadores que lhes foram facultados com *software* instalado de *keylogging*, as suas capacidades.

Tendo os suspeitos acedido através dos EUA aos servidores localizados na Rússia, ficou documentada toda a informação por eles introduzida, incluindo nomes de utilizador e palavras-passe. Os suspeitos foram então detidos e o FBI, munido dos nomes de utilizador e palavras-passe dos suspeitos, acedeu aos servidores na Rússia para obter os dados por aqueles armazenados, tendo recolhido uma quantidade muito significativa de informação.

Avaliemos agora este caso à luz da LCC portuguesa e da CRP.

3. A LCC portuguesa em matéria de acesso transfronteiriço e a discutível conformidade da solução aí prevista com a Constituição

3.1. A solução da LCC portuguesa e a tese da admissibilidade do acesso transfronteiriço

I. A LCC portuguesa contempla no art. 15.º, n.º 5 a possibilidade de, mediante autorização ou ordem da autoridade competente, nos termos dos n.ºs 1 e 2, ser estendida a pesquisa realizada a dados armazenados noutro sistema informático, ou numa parte diferente do sistema pesquisado, desde que sejam legitimamente acessíveis a partir do sistema inicial, não mencionando (de forma intencional e consciente ao que parece) se esse sistema informático se situa em território português ou no estrangeiro.

Tendo em conta esta disposição, alguma doutrina portuguesa tem entendido que nada impede o acesso transfronteiriço (unilateral e sem recurso aos mecanismos de cooperação judiciária internacional), podendo com base na referida norma considerar-se tal acesso por parte das autoridades competentes portuguesas legitimado por existência de uma base legal expressa, o que assume relevância decisiva, não apenas para a pesquisa de dados transfronteiriça, como também para a apreensão de dados e para a apreensão de correio eletrónico e de registos de comunicação de natureza semelhante que dependem desse acesso, assim entendido como legítimo.

De acordo com a mesma doutrina, não se tratará sequer de uma posição isolada na panorâmica da literatura especializada, uma vez que expressam idêntico entendimento em relação a disposições congéneres autores estrangeiros.

II. Considera essa doutrina que não existe um verdadeiro entrave ou uma justificação suficientemente forte (antes pelo contrário) para impedir o acesso a dados armazenados em sistemas informáticos localizados no estrangeiro fora do quadro dos mecanismos de cooperação judiciária.

Várias razões surgem invocadas: (i) a perceção da reduzida relevância da violação de soberania decorrente deste tipo de pesquisas e apreensões no contexto de processos-crime; (ii) a volatilidade da prova, especialmente tendo em consideração a possibilidade de o arguido, ou alguém a seu pedido, poder eliminá-la a partir de qualquer sistema informático seu enquanto os mecanismos de cooperação judiciária são desencadeados; (iii) a lentidão dos mecanismos de cooperação judiciária; (iv) a ideia segundo a qual a Internet é um espaço sem fronteiras; (v) a impossibilidade, em certos casos, de se descobrir o local onde a prova se encontra armazenada (o problema da *loss of location*); (vi) a ideia segundo a qual, estando em causa a violação de normas que regulam relações entre Estados e que não visam conferir específicos direitos aos cidadãos na sua relação com o Estado, as únicas consequências negativas que daí poderiam advir situar-se-iam no plano supranacional e não no da invalidade da prova[7].

III. No essencial estarão em causa razões fundamentalmente práticas, as quais não podem ser pura e simplesmente ignoradas ou desconsideradas, aceite-se ou não uma visão do Direito mais atenta às consequências práticas[8] ou até instrumentalista ou pragmatista[9].

Um tópico frequentemente invocado é o das dificuldades inerentes à cooperação judiciária internacional, que não constitui propriamente um argumento novo ou que deva por si só impressionar em demasia[10].

No entanto, importa sublinhar que mesmo a invocação da soberania dos Estados (utilizada no caso acima referido pelas autoridades russas para contestar a atuação do FBI) não é considerada argumento suficiente, de acordo

[7] Ramalho (2018: 58-59).

[8] Sobre a relevância da ponderação das consequências no âmbito do elemento teleológico da interpretação da lei, cfr. Cordeiro (2012: 727-728). A ponderação das consequências tem, aliás, sido entendida como uma das evoluções metódicas e dogmáticas demonstrativas da insuficiência do normativismo, exprimindo um sentido do Direito que tem na base uma "ética do futuro" e assentando por isso na criação de vínculos jurídicos à luz das fontes e dos princípios do Direito – Cortês (2010: 74-79).

[9] Por exemplo, o realismo jurídico norte-americano, caracteriza-se por ser uma conceção instrumentalista do direito (Lamego (2016: 201-206)), tendo como base filosófica o pragmatismo americano (Atienza (2014b: 312)). Sobre a corrente filosófica pragmatista, cfr. as obras de Bernstein (2010), e Bacon (2012). Sobre as relações entre a corrente filosófica pragmatista e o movimento do realismo jurídico norte-americano e, em particular, o contributo de Peirce para este movimento, cfr. Kevelson (1986).

[10] Nesta linha escreve Bachmaier Winter (2013: 127): «*Every criminal proceeding requiring cooperation by the authorities of another state represents a challenge: added complexity, probable delays, difficulties in communicating in another language, explaining what exactly is required for the criminal investigation and, above all, the differences which exist between the different legal systems involved in the judicial cooperation. All these issues are well known and have often been dealt with by scholars and practitioners*».

com a referida doutrina, para impedir o acesso transfronteiriço (unilateral e sem recurso aos mecanismos de cooperação judiciária internacional) e muito menos conduzir a consequências em termos de (in)validade no domínio da prova recolhida.

IV. Dois motivos costumam ser avançados para essa insuficiência.

Por um lado, refere-se que pelo desenvolvimento das novas tecnologias e pelo advento do ciberespaço foi alterado o paradigma subjacente aos conceitos clássicos de soberania e de jurisdição e veio a permitir-se que os Estados procedessem a uma definição (unilateral) do âmbito de aplicação das suas disposições processuais, independentemente das fronteiras do seu território[11].

Por outro lado, sustenta-se que, ainda que por força do acesso transfronteiriço se pudesse verificar uma violação dos princípios da territorialidade e da soberania, a única questão a ponderar seria a possibilidade de existirem normas no plano do direito interno do Estado que pretende aceder que proíbam esse acesso e cominando efeitos sobre a validade da prova assim recolhida[12].

Por assim ser, quando ocorra um acesso transfronteiriço (entenda-se: de forma unilateral e fora do quadro dos mecanismos de cooperação judiciária internacional), e ainda que em eventual violação de normas e princípios de Direito Internacional, deverá esse acesso, por exemplo no caso português, ser considerado legal e legitimado ao abrigo da disposição do n.º 5 do art. 15.º da LCC, que aliás intencionalmente (por opção do legislador nacional de suprimir a limitação territorial que resulta do art. 19.º da Convenção sobre o Cibercrime) não introduziu qualquer restrição do ponto de vista territorial.

3.2. Apreciação crítica da solução da LCC portuguesa: a relevância da soberania e do território e o papel dos Estados na proteção dos direitos

I. A conclusão da doutrina acima referida até poderá ser correta (aspeto que analisaremos com maior detalhe em **4.**) no que respeita à possível consequência que o acesso transfronteiriço (de forma unilateral e fora do quadro dos mecanismos de cooperação judiciária internacional) deverá ter no

[11] Ramalho (2017: 58-65).
[12] Ramalho (2017: 65-66).

domínio da validade da prova e mais concretamente no sistema constitucional de proibições de prova.

Porém, a visão de que por vezes se parte sobre a soberania e o território (ou jurisdição) e sobre o papel que os Estados desempenham hoje na proteção dos direitos (humanos) não corresponde em rigor à visão que vem sendo adotada pelos cultores do Direito Constitucional e da teoria das relações internacionais em relação a esses conceitos e categorias mesmo no quadro atual de uma intensificada globalização extensível até ao domínio penal[13].

A compreensão destas diferentes visões (independentemente da respetiva valia) não é inócua para o problema em discussão, pelo que não pode nem deve ser desconsiderada.

II. Desde logo, cumpre sublinhar que o território e a soberania (ou poder político soberano) continuam a ser considerados, a par do povo, elementos constitutivos fundamentais do conceito de Estado[14] e que a soberania mantém relevância mesmo no quadro da chamada "crise do constitucionalismo"[15] (estadual).

Com efeito, entende-se que sobre o seu território (verdadeiro pressuposto existencial) cada Estado exerce um direito de jurisdição, ou seja, tem um âmbito de competência para a imposição de normas jurídicas, que lhe permite exercer senhorio e domínio sobre as pessoas e as coisas[16]. É num determinado espaço territorial que se circunscreve o âmbito de aplicação da autoridade soberana do Estado[17].

No caso da soberania (ou poder político soberano) este conceito exprime, na ordem interna, a possibilidade de o Estado submeter todos os poderes aí existentes (prerrogativa de os governantes se fazerem obedecer pelos governados, nos limites fixados pela Constituição e na lei) e, na ordem externa,

[13] Sobre os traços dessa globalização no domínio penal, cfr., por exemplo, Torrão (2014: 59-96).

[14] Morais (2017: 20).

[15] Refletindo, em particular, sobre a possibilidade de o constitucionalismo ter sucumbido à globalização (económica) em virtude das "aberturas constitucionais" ao transconstitucionalismo dos direitos fundamentais, o que leva a equacionar se as constituições terão perdido a sua força e se os "catálogos nacionais" de direito terão sido substituídos pelas cartas de direitos e por um poder supranacional, cfr. Silva (2011).

[16] Alexandrino (2017: 113-115).

[17] Morais (2017: 28).

a colocação do Estado no mesmo plano dos poderes dos restantes Estados na ordem internacional (por razões de independência e igualdade jurídico-formal dos Estados)[18], acrescentando-se que, através dela, se consegue discernir entre os Estados que são plenamente soberanos e Estados com soberania limitada e ainda os Estados semi-soberanos ou de soberania diminuída[19].

Claro que a competência de imposição de normas jurídicas é por vezes exercida nos territórios dos Estados por outras entidades e também não é infrequente no contexto da globalização que a soberania de um Estado surja mitigada ou enfraquecida pelo exercício de poderes por outras entidades. Mas tal opera no quadro ou por força de organizações internacionais ou supranacionais de que os Estados fazem parte[20].

Importa também não exagerar o alcance das limitações à soberania decorrentes da participação em organizações desse tipo. A soberania encontra-se por vezes limitada quando um Estado integre uma organização supranacional, uma vez que aí se admite que o Estado possa, em condições de reciprocidade, inclusive delegar, mediante tratado, alguns poderes soberanos[21]. Em todo o caso, no quadro do constitucionalismo estadual atual não se assiste hoje a qualquer perda de centralidade da soberania e do princípio democrático.

Por força até da unidade valorativa que a expressão "Estado de direito democrático" encerra (cfr. art. 2.º da CRP), entende-se que certos princípios associados ao princípio fundamental do Estado de direito terão de interagir com outros princípios ligados ao princípio fundamental da democracia, de tal forma que o resultado em termos de perspetivação do constitucionalismo estadual na atualidade se faça tomando em consideração tanto a ideia de Estado de direito (de tendência liberal) como o princípio democrático (não necessariamente acolhido por um Estado liberal). Só assim se poderá vislumbrar a Constituição, quer como limite ao poder do Estado para salvaguarda da liberdade dos indivíduos (elemento do Estado de direito), quer como ponto de legitimação desse poder (elemento democrático)[22]. Ora, a soberania é atualmente entendida como uma garantia da democracia ou como uma forma de

[18] Alexandrino (2017: 117).
[19] Morais (2017: 32-33).
[20] Brito (2017a: 84-86).
[21] Morais (2017: 33-34).
[22] Medeiros (2015: 91-92 e nota 477, 96-97).

assegurar a legitimidade democrática do poder ao nível dos Estados. Não se trata, pois, de um conceito irrelevante ou desprezível. A soberania exprime aliás, na conceção discursiva por alguns adotada, uma pretensão de um poder ordenador supremo para uma comunidade política, visando estabelecer e sustentar a identidade dessa comunidade política e providenciar uma fonte contínua e um veículo da autoridade final quanto à ordem jurídica dessa comunidade[23].

A própria crise do constitucionalismo (estadual), que surgiu como consequência do reforço das instâncias internacionais e do triunfo do modelo de constituição liberal e que ganhou maior força com a fragmentariedade que a chamada *global law* impôs e a interculturalidade e globalização económica não têm conseguido evitar, apesar da centralização dos discursos na descrença generalizada na força das Constituições e no conteúdo material das normas jurídicas, não obsta a que surjam esforços de recuperação do sentido do constitucionalismo para refundação da força e do papel da Constituição na era global e que recebem o qualificativo de verdadeiros "testes de resistência" ao constitucionalismo baseados no reconhecimento do papel dos direitos fundamentais constitucionais no quadro da internormatividade[24]. Daí que, mesmo na "atual encruzilhada transnacional" (com uma forte dinâmica de desnacionalização no plano de Direito Internacional e a que não é nem poderá ficar também alheio o Direito Penal e o Direito Processual Penal), não se constata (nem sequer no contexto da União Europeia) o envio de conceitos tradicionais, como o conceito de soberania, para os anais da história ou o regresso desses conceitos a fases em que surgiam com um outro conteúdo (por exemplo, a soberania a uma era pré-Bodin)[25].

Seja como for, em matéria criminal não se verifica uma limitação à soberania dos Estados, nem sequer mesmo no contexto do Direito Penal Europeu onde as limitações à soberania poderiam ser mais intensas: no espaço europeu, ao invés de os cidadãos serem confrontados com uma força punitiva soberana da União Europeia como Direito Penal imediatamente aplicável, apenas encontramos algumas áreas esparsas e específicas de legislação penal europeia

[23] Brito (2017a: 86, 88-89).

[24] Silva (2011: 11-16).

[25] Medeiros (2015: 154-171). A expressão "atual encruzilhada transnacional" pode encontrar-se *idem*: por exemplo, 97, 103, 154 e 167.

e em rigor só se pode falar num sistema de justiça em sentido estrito (correspondente a formas de europeização do direito criminal levadas a cabo pela harmonização de direito substantivo e processual e por força de instrumentos normativos de reconhecimento mútuo de decisões em matéria penal)[26].

III. Também a visão sobre o Estado e o papel que ele continua a desempenhar na relação com os cidadãos apresentada por alguma doutrina favorável ao acesso transfronteiriço não se compadece com a discussão atualmente realizada a esse respeito.

Se as teorias dominantes das relações internacionais foram, no contexto de uma possibilidade sempre presente de uma guerra vir a eclodir e de recurso ao equilíbrio como mecanismo de segurança, efetivamente construídas à luz daquilo que se designa por "projeto totalizador ou totalizante", caracterizado por uma associação indissolúvel entre a soberania (poder político originário e incondicionado), a nacionalidade (exclusivismo identitário) e a territorialidade bem demarcada, os direitos e garantias dos cidadãos não se deixam hoje aprisionar por aquelas teorias[27].

Com efeito, esses direitos e garantias reclamam (até como reação ao potencial de violência e de desproteção da pessoa humana que a realidade internacional clássica revelou) a possibilidade de virem a ser afirmados no palco político mundial mesmo contra as pretensões dos respetivos Estados. Este tópico legitima que hoje se questione (como de algum modo vem fazendo parte da doutrina referida que considera legítimo o acesso transfronteiriço fora do quadro da cooperação judiciária internacional) a ideia de uma estrita internacionalidade ou se quisermos de uma internacionalidade nos exclusivos e insuficientes moldes da realidade internacional clássica[28].

Isto vale por dizer que os direitos dos cidadãos assumem atualmente importância, não tanto no quadro de uma ordem internacional ou sequer apenas de uma ordem interna, mas sobretudo de uma verdadeira ordem de direito cosmopolita que não se confunde com as duas anteriores e almeja ir para além destas[29]. No quadro desta nova ordem, os cidadãos, para além de uma

[26] Assim, por exemplo, Ambos (2018: 2-10).
[27] Coutinho (2017: 109-110).
[28] Coutinho (2017: 110).
[29] Coutinho (2017: 110-111).

proteção mediata (como beneficiários das obrigações dos Estados em sede de conformação da sua ordem interna), gozam também de uma proteção imediata (como verdadeiros titulares de direitos invocáveis perante o Estado ou justificadores de ações de proteção por parte de Estados distintos daqueles dos quais os mesmos são nacionais). Tal ocorre hoje no âmbito do Direito das Nações Unidas (no chamado instituto da "responsabilidade de proteger"), do Estatuto de Roma e da própria Convenção Europeia dos Direitos Humanos, permitindo-se desta forma atribuir aos direitos (humanos) uma relevância internacional de que antes não gozavam na sua plenitude[30].

No entanto, isto não significa de alguma forma subalternizar as ordens estaduais em nome de uma ordem global totalizadora, que implique na prática uma espécie de desmantelamento dos Estados. Desde logo, porque a implementação e garantia dos direitos continua a caber primordialmente aos Estados no âmbito de cada ordem interna, uma vez que está em causa pela convocação da ordem de direito cosmopolita sobretudo o aperfeiçoamento dos meios existentes internamente a esse respeito tendo em vista evitar ou corrigir as falhas dos Estados. Por outro lado, não se pode esquecer que a realidade internacional continua a ser caracterizada por uma realidade intercultural, o que significa a impossibilidade de se proceder a uma elaboração unívoca dos direitos (humanos) desligada dos referentes culturais de cada ordenamento jurídico[31].

IV. Um outro aspeto que vale a pena assinalar prende-se com a invocação das alterações de paradigma (em matéria de soberania e territorialidade) decorrentes do desenvolvimento das novas tecnologias e o advento do ciberespaço[32] ou com a não menos comum convocação dos tópicos da tendente aterritorialidade da criminalidade, dos riscos para a investigação criminal ou das vantagens que uma solução de permitir o acesso transfronteiriço comporta para o combate à cibercriminalidade[33].

A situação atual coloca efetivamente desafios novos que poderão justificar novas soluções ou diferentes modelos mesmo ao nível de cooperação judiciária

[30] Coutinho (2017: 112-117).
[31] Coutinho (2017: 117).
[32] Ramalho (2017: 65).
[33] Nunes (2018: 92-93).

até pelo facto de a atuação das sociedades modernas não se confinar hoje às fronteiras territoriais de um Estado soberano, o que terá de ter necessariamente impacto na perseguição criminal[34].

Porém, mesmo admitindo que num contexto global, como é o que hoje se vive, se verifica uma clara erosão dos conceitos e das categorias clássicas do Direito Público (como sejam o de Estado, soberania e constitucionalismo), bem como da intencionalidade classicamente neles envolvida, a verdade é que não é certo que os mecanismos de governança que têm vindo a ser criados por força da globalização (como se nota no caso da Convenção sobre o Cibercrime[35]) sejam, até pela erosão interna do constitucionalismo (e as dúvidas criadas acerca do futuro das Constituições de cada Estado), suficientes para assegurar a proteção dos direitos dos cidadãos[36].

É verdade que a intensificação do fenómeno da globalização coloca inegáveis pressões ao nível do desenvolvimento de mecanismos formais ou informais, mais ou menos institucionalizados, de gestão e regulação dos assuntos da governança internacional ou governança global. O que também significa que, por essa via, se abandona a realidade clássica das relações internacionais em que cada Estado seria autossuficiente nos mais variados planos e seria capaz de definir isoladamente o seu próprio rumo. Todavia, a dificuldade reside em saber se os mecanismos de governança, mesmo irrelevando as suas incongruências e disjunturas, estarão verdadeiramente em condições de criar um governo cosmopolita e uma democracia global[37].

Não parece que assim seja ou possa ser.

Desde logo, no domínio do que vem sendo designado por "direitos fundamentais em sentido amplo" coexistem vários tipos de discurso: uns estão ligados à matriz nacional dos direitos fundamentais constitucionais em sentido estrito (direitos individuais e garantias institucionais); outros encontram-se associados à arena internacional e aspiram a uma matriz universal (direitos

[34] Bachmaier Winter (2013: 127).

[35] Em virtude da limitação de objetivos da Convenção sobre o Cibercime, de nem todos os Estados serem Parte da Convenção sobre o Cibercrime e não se encontrarem por isso todos sujeitos às suas normas e ainda de mesmo os Estados que são Parte da Convenção sobre o Cibercrime fazerem interpretações unilaterais das normas dela constantes e dos princípios gerais nela plasmados – Ramalho (2017: 69-72).

[36] Medeiros (2015: 7 e ss.).

[37] Coutinho (2017: 119-121).

humanos); e outros ainda surgem ancorados no reconhecimento de certas comunidades de Estados (direitos fundamentais federativos ou de clube). Ora, não apenas subsistem diferenças metodológicas no momento da aplicação dos direitos fundamentais pelos diferentes tribunais (nacionais e não nacionais), como não é possível concluir que a proteção supranacional conferida hoje aos direitos fundamentais se traduza na prática numa garantia de maior proteção desses direitos[38].

No contexto criminal, apesar dos progressos verificados, em termos de consenso e de aplicação extraterritorial, em relação ao Direito Internacional aplicável aos direitos humanos, parecem ainda assim existir dificuldades de compatibilização do Direito Internacional e do Direito interno com os aspetos transnacionais da justiça criminal, quer na perspetiva de um real *enforcement* do direito, quer na perspetiva de assegurar as garantias dos direitos humanos[39].

Ora, é neste enquadramento que poderá residir uma das chaves para solucionar o problema do acesso transfronteiriço.

V. Com efeito, tem-se vindo a reclamar a existência, pelo menos ao nível europeu, de uma harmonização mínima no que se refere às normas e princípios fundamentais em matéria de prova, sugerindo-se inclusive que deverão existir esforços tendo em vista fornecer uma orientação clara ao nível da prova transnacional e para a sua inclusão em normas internas processuais penais dos diferentes Estados-membros[40].

No caso da Convenção sobre o Cibercrime, tornou-se evidente a incapacidade de esta, por si só, dar o seu contributo para a democracia global, mesmo pensando apenas nos objetivos centrais a que a Convenção se propôs e, em

[38] Silva (2011: 21 e ss.).

[39] Esse o diagnóstico de Gless/Vervaele (2013: 1), ao referirem: «*Due to the widespread ratification of various human rights treaties and their supervision by monitoring bodies and courts, certain procedural rules and fair trial guarantees do apply in the legal order of states and, furthermore, form part of an increasing consensus on international human rights law (IHRL). Despite this development and the increasingly well-accepted idea that human rights norms apply extraterritorially, we cannot state that IHRL and national law have been designed to cope with the transnational aspects of criminal justice, neither from the perspective of effective law enforcement nor from the perspective of ensuring human rights guarantees. We lack due process principles for cross-border investigations, prosecutions and subsequent trials*».

[40] Bachmaier Winter (2013: 145).

especial, no objetivo de estabelecer mecanismos para facilitar a recolha, conservação e transmissão rápida e eficaz da prova localizada em Estado diverso do Estado em que decorre o processo-crime: «*nesta fase, não seria ainda possível elaborar um regime global, legalmente vinculativo, que regulamentasse esta matéria*»[41].

A insuficiência do regime criado era já evidente à data da Convenção sobre o Cibercrime e veio a tornar-se ainda mais manifesta com a chegada da computação em nuvem e a conceção da internet como plataforma[42]. Esse diagnóstico surge também confirmado no quadro das conclusões a que chegou o *Transborder Group* em 2014 tendo em vista o desenvolvimento de um instrumento jurídico (um novo Protocolo Adicional à Convenção sobre o Cibercrime) que regulasse o acesso transfronteiriço a dados, já que nessa sede se admitiu que as diferentes soluções possíveis que foram avançadas dificilmente permitiriam alcançar um consenso alargado e vieram, por essa razão, a ser abandonadas[43]. Não certamente por acaso o referido grupo veio inclusive a admitir que seria expectável a adoção de medidas unilaterais por parte dos Estados, por forma a alargar o âmbito da legislação a dados armazenados em outros Estados, embora tal solução fosse, em sua opinião, indesejável até pelos riscos de os acessos não contemplarem as garantias de segurança necessárias[44].

Mais ainda: tal como refere alguma doutrina favorável à possibilidade de acesso transfronteiriço, será «*difícil que venha a formar-se um costume internacional sobre o tema do acesso transfronteiriço, em grande medida por questões de princípio dos Estados que não querem abdicar de qualquer parcela da sua soberania*»[45].

VI. Não existindo por ora o consenso necessário em matéria de acesso transfronteiriço, então não se pode afirmar a existência de um sistema de proteção de direitos fundamentais verdadeiramente cosmopolita ou global sequer no estrito campo da problemática do acesso transfronteiriço.

Daqui também decorre que o acesso transfronteiriço só deveria poder ocorrer no contexto da cooperação judiciária e, devido à falta de harmonização

[41] Ramalho (2017: 70-71).
[42] Ramalho (2017: 76-78).
[43] Ramalho (2017: 78-80).
[44] Ramalho (2017: 81).
[45] Ramalho (2018: 69).

existente, deveria continuar a ser respeitado o princípio do *forum regit actum*[46], o que significa que o acesso teria de observar ou, pelo menos, não ignorar, sob pena de violação dos direitos dos visados, o sistema processual vigente no local onde se situam os sistemas informáticos onde os dados se encontram armazenados.

VII. Há um outro argumento que pode ser convocado em defesa da possível desconformidade da solução acolhida na LCC com a CRP.

Esse argumento prende-se com o facto, muitas vezes desconsiderado e ignorado, da vigência, à luz da CRP, de um princípio constitucional implícito de alcance geral de abertura ao Direito Internacional e até de amizade pelo Direito Internacional, que assume uma importância decisiva, quer na avaliação de possíveis conflitos normativos envolvendo as autoridades portuguesas, quer no significado que tal princípio assume em torno de uma opção clara do legislador constitucional português por um Estado cosmopolita e por atribuir relevância às constelações internacionais[47].

4. As possíveis consequências em matéria de prova de um eventual acesso transfronteiriço realizado ao abrigo da LCC portuguesa, mas em possível desconformidade com a Constituição

4.1. Justificação e razão de ordem

Outro aspeto igualmente relevante será discutir as possíveis consequências em matéria de prova verificado um eventual acesso transfronteiriço realizado ao abrigo da LCC portuguesa, mas em possível desconformidade com a CRP.

[46] Bachmaier Winter (2013: 145): «*As long as such harmonization is not attained, judicial cooperation regarding witness evidence should be based on the principle of forum regit actum as a first step towards a European transnational criminal proceeding. Otherwise, the mutual recognition principle and the non-inquiry principle would hamper the protection of defence rights and efficiency would not be achieved at the cost of defence rights*».

[47] Medeiros (2015: 291-328).

Repare-se que, mesmo alguma doutrina que considera que o acesso se encontra (formalmente) legitimado pela existência de uma base legal expressa (o que é discutível pelas razões que de imediato iremos explicar), não deixa de equacionar a possibilidade de esse acesso ser analisado no plano das proibições de prova, embora o refira essencialmente[48] à luz do art. 126.º, n.º 3 do CPP[49].

Contudo, existe um ponto a discutir antes de ser convocado o plano das proibições de prova e que parece ser assumido como indiscutível por alguma doutrina favorável ao acesso transfronteiriço: a existência ou não de uma base legal suficiente que possa ser convocada pelas autoridades competentes portuguesas para procederem de forma legítima a esse tipo de acesso.

Essa dúvida integra um ponto prévio da discussão sobre a validade da prova obtida mediante acesso transfronteiriço porque a questão da legitimação deste acesso não se esgota na discussão das proibições de prova. Sobretudo, a legitimação daquele tipo de acesso não pode ser desligada da problemática da observância das condições de validade formuladas por um modelo de aquisição probatória genericamente proibitivo (na falta de permissão) ou de permissão condicionada por habilitação legal[50].

[48] É sabido que o sistema de proibições de prova nacional é, tal como sucede com outros de ordenamentos jurídicos continentais, de base constitucional, estando associado à tutela de direitos fundamentais, desta forma se diferenciando também claramente de ordenamentos jurídicos onde as proibições de prova configuram sobretudo regras de exclusão, ou seja, de regras de disciplina dirigidas (fundamentalmente) à atuação das entidades públicas. Uma explicação sobre o sentido das proibições de prova e as diferenças em relação a alguns ordenamentos jurídicos não continentais, como é o caso do ordenamento jurídico norte-americano, pode ser encontrada em Mendes (2013: 177-178), e, em especial no que tange à prova obtida por particulares, em Costa (2013).

[49] Ramalho (2017: 89). Não se pode, em todo o caso, daí concluir que o autor em questão restrinja as proibições de prova ao domínio infra-constitucional e ao art. 126.º, n.º 3 do CPP. Veja-se, *colorandi causa*, a caracterização e as considerações que o autor faz na mesma obra (2017: 186-202) das proibições de prova como proibições constitucionais.

[50] A expressão é de Beatriz Brito (2018: 27 e 36), que considera que aquele modelo impõe a observância do princípio da legalidade e do princípio da reserva de lei, sendo as proibições de prova um crivo de aplicação subsequente visando complementar aquele modelo.

4.2. A falta de habilitação normativa suficiente

I. No entender de alguns autores, o art. 15.º, n.º 5 da LCC portuguesa, ao não mencionar (de forma intencional e consciente) se o sistema informático se situa em território português ou no estrangeiro, permitiria concluir (e assim terá sido interpretado por outros autores portugueses e também pelo *Transborder Group*) que o legislador português teria então optado (atenta a letra e o espírito da referida disposição) por suprimir a limitação territorial inicialmente contida no art. 19.º da Convenção sobre o Cibercrime, desta forma consagrando (de forma unilateral) a admissibilidade do acesso transfronteiriço pelas autoridades competentes portuguesas. E, existindo então base legal expressa para o fazer (ainda que unilateral), o acesso transfronteiriço por parte dessas autoridades encontrar-se-ia (legalmente) legitimado, restando apenas analisar a questão do acesso transfronteiriço no plano das proibições de prova[51].

Não podemos acompanhar esta posição.

II. Ainda que suportada numa análise da LCC portuguesa e do processo de adaptação do direito interno português à Convenção sobre o Cibercrime, tal posição é sobretudo fruto de uma opção tomada entre duas interpretações vislumbradas como sendo as únicas possíveis para a citada disposição legal da LCC portuguesa.

Porém, em termos de legitimação (material) de qualquer interpretação de preceitos da legislação ordinária, não podem deixar de assumir relevância decisiva as imposições que surgem formuladas por certos princípios constitucionais (como o princípio da legalidade e da reserva de lei) e, caso certas disposições legais se mostrem em contradição com princípios constitucionais, deverão as mesmas ser consideradas inválidas se não puderem ser interpretadas em conformidade com a Constituição[52].

[51] Ramalho (2017: 83-89).

[52] No sentido de que toda a interpretação deve orientar-se por uma interpretação conforme à Constituição e que não sendo possível essa interpretação em concordância com os princípios da Constituição ocorrerá invalidade, cfr. Larenz (1997: 479-484). Cfr. ainda Sousa (2012: 363) (referindo que a interpretação conforme à Constituição integra o contexto vertical do elemento sistemático da interpretação da lei, impondo a interpretação do direito

De facto, não basta a existência de uma habilitação legal (nem sequer uma que seja expressa e específica) para que uma restrição de direitos fundamentais se considere legitimada: por um lado, exige-se densidade normativa da lei que habilita formalmente a restrição, uma vez que só assim se conseguirá determinar *«o conteúdo e extensão da medida restritiva de direitos fundamentais, e prescrever o respetivo regime, incluindo os seus pressupostos materiais, formais, orgânicos e procedimentais»*; por outro lado, exige-se qualidade de lei, no sentido (assumido pelo TEDH) de que *«a norma habilitante da restrição seja suficientemente acessível, precisa e previsível na sua aplicação para evitar o risco de arbitrariedade»*[53].

Esse, aliás, é também o sentido de outras investigações recentes em torno das novas tecnologias e legalidade da prova que sublinham: estando os direitos fundamentais abertos ao progresso tecnológico, surge a necessidade *«de reforçar o lastro de aplicação dos princípios jurídico-constitucionais pré-existentes»* e *«de promover novas formulações garantísticas»*, concluindo-se então (a respeito do GPS mas com vocação de aplicação genérica) que *«nenhuma restrição de direitos fundamentais implicada na utilização de métodos de aquisição probatória justifica a desproteção do mandato de reserva de lei e do princípio da legalidade»* e que hoje até se deverá procurar trilhar um caminho *«tendente à expansão da área típica de proteção de direitos fundamentais»*[54].

Ora, neste contexto, e estando em causa algo que pode corresponder, segundo alguma doutrina, a uma verdadeira busca (apesar da designação por vezes utilizada de "pesquisa de dados informáticos"[55]), não parece que se possam considerar cumpridas pelo art. 15.º, n.º 5 da LCC portuguesa as imposições constitucionais relevantes nesta matéria: sobretudo, faltará à referida

ordinário de acordo com os preceitos constitucionais e evitando dessa forma interpretações inconstitucionais de normas válidas e a inconstitucionalidade da lei a interpretar), e Brito (2017b: 222-228) (defendendo que a interpretação conforme à Constituição, não sendo um critério de interpretação autónomo, deve ser vista como uma regra de prioridade ou de preferência entre diferentes resultados interpretativos, fundamentando-se no dever dos tribunais de não aplicação de normas inconstitucionais que decorre do art. 204.º da CRP e também no princípio de constitucionalidade previsto no art. 3.º da CRP).

[53] Ramalho (2017: 223-226).

[54] Beatriz Brito (2018: 26-27 e 109-111).

[55] Nesse sentido, por exemplo, Mesquita (2010: 114), ao referir que, não obstante a peculiaridade terminológica do termo "pesquisa", não se altera a verdadeira natureza processual de busca.

disposição legal a densidade normativa e a qualidade de lei necessárias, que são ainda exigências constitucionais de legitimação à luz do princípio da legalidade e do princípio da reserva de lei.

4.3. A violação do sistema constitucional de proibições de prova

I. Importa agora equacionar as possíveis consequências em termos de proibições de prova de um acesso transfronteiriço realizado ao abrigo da LCC portuguesa, mas em possível desconformidade com a CRP, em especial se implicar a violação de normas e princípios de Direito Internacional.

Não estamos perante uma situação paradoxal ou desprovida de sentido. No fundo o que aqui se pretende discutir é se, ainda que o acesso transfronteiriço tenha sido realizado pelas autoridades competentes portuguesas ao abrigo de uma disposição legal que o preveja ou não o proíba, essa conduta poderá ser considerada (materialmente) legitimada, designadamente quando a mesma ponha em causa ou viole mesmo algumas normas ou princípios fundamentais de Direito Internacional acolhidos pela CRP.

II. As situações de violação de obrigações convencionais ou princípios de Direito Internacional tornam legítima a dúvida se não estaremos perante uma proibição de produção de prova e, por consequência, também de valoração de prova[56].

Essa dúvida parece inclusive dever resolver-se no sentido de afirmar a existência de uma proibição de prova quando se constata que estão em causa normas ou princípios da ordem jurídica internacional que se impõem aos próprios ordenamentos nacionais[57].

[56] Andrade (2009: 125-126). Sobre os diferentes sentidos de proibição de prova (como proibições de produção e proibições de valoração), cfr. Mendes (2013: 177-186). Aspeto relevante é também o da destrinça que se deve fazer entre as proibições de produção e as proibições de valoração no sentido de não fazer coincidir todas as situações de proibição de produção com todas as situações de proibição de valoração e vice-versa: há algumas proibições de produção não geradoras de proibições de valoração e existem algumas proibições de valoração que são independentes de prévias probições de produção.

[57] Ramos (2014: 328).

A primeira questão a enfrentar será então a de saber se e em que medida podemos considerar que o acesso (de forma unilateral e fora dos mecanismos de cooperação judiciária internacional) a dados armazenados em sistemas informáticos localizados no estrangeiro pode ser visto como uma violação de normas ou princípios de Direito Internacional.

III. Tendo até em consideração o que se disse sobre a vigência entre nós do princípio constitucional implícito de alcance geral de abertura ao Direito Internacional e até de amizade pelo Direito Internacional[58], em causa poderá estar desde logo o risco de essa solução poder representar uma violação da Convenção sobre o Cibercrime, em especial: a contrapartida do consenso obtido entre os Estados; a limitação territorial expressamente consagrada no art. 19.º; e a previsão da regra de recurso à cooperação internacional nos arts. 33.º e 34.º.

Repare-se que, mesmo a doutrina que entende que o recurso a medidas visando ultrapassar o obstáculo do acesso transfronteiriço não é vedado pela Convenção sobre o Cibercrime, não deixa de reconhecer que essas medidas se situarão à margem da Convenção e não dispõem de suporte jurídico internacional que as legitime[59].

E, no caso português, a violação da Convenção sobre o Cibercrime pode ser mais notória ainda tendo em consideração: (i) a intencional ampliação do âmbito de aplicação do art. 19.º da Convenção sobre o Cibercrime, mesmo estando o legislador nacional plenamente consciente de que estaríamos perante uma aplicação de medidas de natureza processual penal e que não têm apenas implicações nacionais; (ii) a aceitação pelo legislador nacional da correção das premissas da Convenção sobre o Cibercrime ao dispor de caso pensado no art. 25.º que o acesso transfronteiriço por autoridades estrangeiras de dados armazenados em território português só poderá ocorrer nas situações excecionalmente previstas também na Convenção ou mediante o recurso aos mecanismos de cooperação internacional[60].

[58] Medeiros (2015: 291-328).

[59] Ramalho (2017: 78, nota 126).

[60] Ramalho (2017: 84-87).

Assim, para a LCC portuguesa, ao contrário do que sucede com a Convenção sobre o Cibercrime, não releva a soberania e a jurisdição dos outros Estados, o que significa que o referido diploma desconsidera o sistema interno de proteção de direitos fundamentais eventualmente existente no ordenamento jurídico onde se situam os sistemas informáticos. Esta conclusão sobre a LCC portuguesa é legítima sobretudo se pensarmos que em parte alguma nela se prevê que as autoridades portuguesas que realizem o acesso transfronteiriço devem assegurar-se que no ordenamento onde se localizam os sistemas informáticos que armazenam os dados seria admissível o acesso pelas próprias autoridades nacionais.

Ao mesmo tempo, a LCC não admite – e bem pelas razões já explicadas – que o seu sistema interno de proteção de direitos fundamentais possa ser "franqueado" fora do quadro dos mecanismos de cooperação judiciária internacional. Mas tal significa que o legislador português, um pouco paradoxalmente, formula exigências para as autoridades competentes de outros países fundadas na relevância que atribui à soberania e à jurisdição do Estado português, mas que ele próprio intencional e expressamente declara não observar quando estejam em causa autoridades competentes portuguesas.

IV. Que o acesso a dados armazenados em sistemas localizados em território estrangeiro fora das exceções consagradas na Convenção sobre o Cibercrime (e na LCC portuguesa) e sem recurso a mecanismos de cooperação internacional se situa claramente fora da lógica e da economia da referida Convenção parece estar fora de dúvida.

Mais ainda no caso português, ao serem consagradas exigências pelo legislador para as autoridades competentes estrangeiras cujo cumprimento intencionalmente dispensa para as autoridades competentes nacionais.

A questão consiste, porém, em saber se a realização de atos processuais que têm implicação noutro Estado (como implica o acesso transfronteiriço) não torna, independentemente da bondade ou da justificação prática que se apresente para essa solução, a conduta (o acesso) inválida no plano das normas ou princípios de Direito Internacional e se essa invalidade não se projeta no plano das proibições de prova.

V. A falta de respaldo jurídico internacional das medidas estabelecidas para contornar as limitações da Convenção sobre o Cibercrime é reconhecida mesmo por alguma doutrina que considera legítimo o acesso transfronteiriço suportado apenas por uma disposição interna de caráter unilateral[61], como é o caso da LCC portuguesa, o que poderia ser visto como uma contradição ou um contrassenso.

No entanto, no quadro de pensamento de alguns autores que consideram legítimo esse acesso não existe qualquer contradição ou contrassenso. Isto sucede porque, por um lado, não acreditam verdadeiramente que o acesso transfronteiriço represente algo mais do que uma possível (mas nunca necessária) violação de normas ou princípios de Direito Internacional[62] e, por outro lado, não descortinam a possibilidade de existir uma proibição de prova fundada (exclusivamente?) na violação de normas ou princípios de Direito Internacional[63].

No entender de alguma doutrina favorável à admissibilidade do acesso transfronteiriço e à validade da prova que venha a ser obtida seria fundamentalmente correta a ideia segundo a qual *«os princípios jurídico-internacionais violados não encontram reflexo na legislação nacional em matéria de invalidade da prova, maxime no plano das proibições de prova»*[64].

VI. A descrença manifestada sobre a violação de normas ou princípios de Direito Internacional não encontra, a nosso ver, suporte suficiente na análise realizada do problema da admissibilidade do acesso transfronteiriço nos planos da soberania, da jurisdição e da legalidade[65].

Desde logo, as críticas que são dirigidas aos conceitos clássicos de soberania e de jurisdição não representam propriamente uma novidade no contexto do Direito Constitucional e do Direito Internacional e não parecem ser suficientemente profundas[66]. Tem-se assistido há várias dezenas de anos a uma

[61] RAMALHO (2017: 78, nota 126).

[62] RAMALHO (2017: 87) refere-se a *«potencial ilicitude desse acesso no plano internacional»* e a *«possível violação da soberania»*.

[63] RAMALHO (2017: 88-89).

[64] RAMALHO (2017: 87).

[65] RAMALHO (2017: 61-66).

[66] MORAIS (2017: 28-34). Acrescente-se a conclusão de ALEXANDRINO (2017: 113-115) a respeito da soberania: *«em maior ou menor medida, tanto por factores extra-jurídicos (globalização,*

despacialização do nosso viver e à perda de referências clássicas do espaço, sendo tal fruto da internacionalização massificada dos povos, procedendo-se ainda, por intermédio do pós-modernismo, a uma refutação dos grandes paradigmas da modernidade de forma a colocar em crise os modelos histórico-culturais anteriores (incluindo o iluminista) e eclipsar ou negar as grandes narrativas (unificadoras ainda que produzidas em determinada época) ou meta-narrativas (típicas dos sistemas filosóficos totalizantes)[67]. As objeções às teorias dominantes da realidade internacional não são novas nem exclusivas da realidade internacional contemporânea onde se pretendem situar as críticas de alguma doutrina favorável ao acesso transfronteiriço[68]. E, como se viu, mesmo no domínio da realidade internacional contemporânea subsiste a intenção de manter a proteção mediata concedida aos cidadãos pelo Estado-nação e conservam-se as reservas quanto à possibilidade de criar[69], através de mecanismos de governança internacional ou global desenvolvidos em resultado da intensificação da globalização, um governo cosmopolita e uma democracia global[70]. Não espanta, por isso, que alguma doutrina persista em contrariar a ideia segundo a qual os procedimentos de procura de provas em meio eletrónico, ainda que ocorrendo no "espaço" da internet, não se encontram subtraídos às vinculações da soberania territorial dos Estados, reclamando novos princípios de direito nacional e supranacional para o respetivo enquadramento jurídico e com reflexos no domínio das proibições de prova[71].

desregulação do capitalismo financeiro, neofeudalização, aumento da complexidade e interdependência, desafios da sustentabilidade), como jurídicos (internacionalização, europeização, direito transnacional, etc.), hoje em dia o Estado apresenta-se reconhecidamente com uma soberania fragmentada e "diminuída"».

[67] Torrão (2014: 63-68).

[68] Bastará pensar no difícil desafio que enfrentam as sociedades multiculturais, o qual obriga a colocar em causa *«a lógica do velho Estado-nação assente numa base homogénea constituída por povo, identidade, território e que força a um alargamento dos horizontes da vida pública e da política democrática»* – Dias (2014: 18). Sobre as sociedades contemporâneas multiculturais e a relevância dos crimes culturalmente motivados, cfr., do mesmo autor, e com significativo desenvolvimento, Dias (2016).

[69] Uma reserva surge formulada por Wade (2013), ao admitir que poderá ser considerada uma violação do contrato social a transferência de poderes de investigação e perseguição em contextos transnacionais levada a cabo pelos poderes executivos sem procurarem temperar essa atribuição com mecanismos que assegurem os direitos dos indivíduos que contrabalancem estes tal como exigido pelas tradições constitucionais dos respetivos países.

[70] Coutinho (2017: 117 e 119-121).

[71] Andrade (2009: 126).

Não existindo hoje um enquadramento jurídico global, mesmo no espaço europeu, têm surgido propostas ao nível da justiça criminal internacional de elaboração de princípios gerais em estreita conexão com os direitos humanos[72].

Igualmente improcedente parece ser a justificação, apresentada no (estrito) plano da legalidade, de que, por força deste princípio, de algum modo as normas internas que possibilitam a realização de pesquisas em sistemas informáticos tornariam as normas de cooperação internacional em meras normas de cortesia internacional[73]. Não cremos que seja esse o sentido ou o relevo que se deve atribuir aos princípios de enquadramento normativo supranacional que a doutrina vem reclamando para o domínio do processo penal transnacional[74]. Aliás, essa justificação quadra mal com propostas apresentadas por alguma doutrina favorável ao acesso transfronteiriço no sentido de aproximação do sistema português ao regime belga de acesso transfronteiriço, em especial quando se refere que *«uma solução de compatibilização possível entre os interesses em causa pressuporia que a única modalidade de apreensão a realizar nestes casos seria a cópia e não qualquer das outras previstas no artigo 16.º, n.º 7, da Lei do Cibercrime»*[75]. Essa necessidade de compatibilização parece surgir no contexto do reconhecimento de uma reduzida legitimação da disposição do n.º 5 do art. 15.º da LCC portuguesa ou da necessidade de a compatibilizar com as normas e os princípios de Direito Internacional. Ou seja, embora não o dizendo direta e expressamente, alguma doutrina, ao formular aquele tipo de propostas, indiretamente reconhece que o acesso transfronteiriço referido nessa disposição se salda numa violação de normas ou princípios de Direito Internacional.

VII. Sucede que, mesmo admitindo que a recolha da prova mediante acesso transfronteiriço poderá colocar em crise a violação de normas ou princípios de Direito Internacional (o que nos parece manifesto e fora de dúvida), o aspeto mais relevante talvez seja o de saber se e em que medida poderá a violação de tais normas ou princípios influir na validade da prova obtida.

[72] Gless (2013a).
[73] Ramalho (2017: 66).
[74] Gless/ Vervaele (2013). Nesse sentido também, por exemplo, Andrade (2009: 126-127), ao sublinhar as dificuldades decorrentes da falta de apoios significativos das instituições supra-nacionais e da própria intervenção tímida do TEDH neste domínio.
[75] Ramalho (2018: 69).

Alguma doutrina que considera legítimo o acesso transfronteiriço com base naquela disposição da LCC responde negativamente a esta questão por não vislumbrar a possibilidade de qualquer vício no domínio da validade da prova, concluindo, por exemplo, da seguinte forma: *«porque a prova assim recolhida encontra legitimidade na lei, o que, em face da inexistência de qualquer contrariedade com uma disposição de cariz constitucional, é condição bastante para a sua admissibilidade, nos termos do disposto no artigo 125.º do CPP»*[76].

Trata-se de uma conclusão em nossa opinião apressada (até porque o ónus de demonstrar concretamente que assim é sempre incumbiria àquela doutrina, não sendo suficiente para esse efeito, como já se explicou, afirmar que não existe violação da CRP ou que ocorre uma situação de atipicidade) e que exigiria uma reflexão adicional mesmo no quadro de uma crítica interna[77] ao sistema (argumentativo) utilizado por quem defenda a admissibilidade do acesso transfronteiriço por parte das autoridades competentes portuguesas.

VIII. Não havendo possibilidade de afirmar uma proibição de prova fundada (exclusivamente?) na violação de normas ou princípios de Direito Internacional então para a referida doutrina não existe também qualquer disposição constitucional que obstaculize à consagração de uma disposição interna de caráter unilateral e que dispensa o recurso aos mecanismos de cooperação internacional.

No caso do acesso transfronteiriço, a análise da sua admissibilidade (ou legitimação) deveria assim, na opinião daquela doutrina, ser feita apenas a um nível infraconstitucional (sendo nesse domínio então irrelevante uma

[76] Ramalho (2017: 89).

[77] Utiliza-se aqui a expressão "crítica interna" no sentido e com o alcance que lhe deu Georg Wilhelm Friedrich Hegel, quando diferenciou a crítica interna da crítica externa, considerando apenas legítimo o recurso à primeira forma de crítica. Para uma explicação desta contraposição em Hegel, cfr. Luft (1995: 12-16): por um lado, pode identificar-se a crítica interna como *«aquela que valoriza o passo dado pelo sistema precedente, aceita a sua forma de argumentação e, através das suas próprias suposições e de sua lógica interna, realiza a sua refutação (ou também sua correcção) e sua superação»*; por outro lado, pode referir-se a crítica externa, que *«é a refutação proveniente de fora, alheia às suposições e lógica do sistema a ser refutado. Ou seja, aquela que desconsidera o tratamento que o autor criticado deu à questão, e não consegue entrar em diálogo com tal sistema, e muito menos consegue, a partir de seus supostos e sua lógica própria, refutá-lo»*.

eventual base constitucional das proibições de prova) e tendo apenas em consideração a legislação interna do Estado que realiza o acesso transfronteiriço.

Porém, essa construção não parece justificar-se quando em causa está um sistema de proibições de prova como o português (muito menos sendo este de matriz continental)[78]. Tal sistema de proibições de prova não é de modo algum de cariz (exclusivo) infraconstitucional (fala-se inclusive e com toda a propriedade de "proibições constitucionais de prova"[79]), visa salvaguardar primacialmente direitos fundamentais (tanto de índole substantiva como de índole processual) e pode vir a ser convocado sempre que a ilegalidade das provas se reporte a valores constitucionalmente relevantes[80]. Por força de evoluções recentes, o sistema de proibições de prova continental evoluiu inclusive no sentido de comprometer a descoberta da verdade com o respeito pelas exigências de um processo justo e equitativo e também com o respeito pelo direito à privacidade e pela dignidade humana, estabelecendo claras limitações à referida descoberta[81].

Esse sistema de proibições de prova surge reforçado pela tutela concedida aos direitos fundamentais no contexto internacional através de instrumentos normativos de cariz internacional. Aliás, é também por assim ser que se entende que quando o Estado responsável pela recolha da prova não consagre, no seu direito interno, proibições de prova para uma determinada situação, essas proibições poderão decorrer da violação de uma convenção internacional, como sucede no caso da CEDH e da jurisprudência do TEDH, sendo em todo o caso as decisões que afirmem nesse contexto a existência de proibições na recolha de prova de cumprimento obrigatório e de aplicação direta na ordem interna que não as contém[82].

IX. Mas existe um outro argumento que costuma ser utilizado por alguma doutrina favorável à admissibilidade do acesso transfronteiriço contra

[78] Mais referências sobre o sistema de proibições de prova de matriz continental (ou alemão) podem ser encontradas em Gless (2013b).

[79] Morão (2006: 589).

[80] Ramos (2017: 769).

[81] Gless (2013b: 141-142).

[82] Ramos (2017: 771).

a eventualidade de a violação de normas ou princípios internacionais vir a influir na validade da prova obtida.

Para certa doutrina, *«estando em causa a violação de normas que regulam relações entre Estados e que não visam conferir específicos direitos aos cidadãos na sua relação com o Estado, as únicas consequências negativas que daí possam advir serão no plano supranacional e não no da invalidade da prova»*[83].

No fundo, a relevância de uma eventual violação de normas ou princípios internacionais pertenceria apenas à diplomacia ou ao foro diplomático.

Trata-se de um argumento aparentemente mais forte do que o anterior, mas que não resiste ao facto de na tradição da teoria das proibições de prova de Ernst von Beling[84], entendidas enquanto limites à descoberta da verdade (material) no processo penal que o Estado impõe a si mesmo uma proibição de prova se poder fundar no interesse (superior) do Estado, nos interesses do serviço público e nas relações de Direito Internacional[85]. Para Beling, os referidos limites justificar-se-iam *«em parte como forma de respeitar a esfera da personalidade do cidadão investigado»* e *«noutra parte também como forma de preservar certos interesses públicos»*[86]. Em particular no que se refere à relação do Estado com outros Estados concluiu Beling que estaríamos perante uma proibição de prova (inclusive de natureza absoluta)[87]. A correlação entre os Estados foi vista por Beling como um fator de cultura e de necessidade de convivência ordenada, razão pela qual, no seu entender, teria dado origem, a par de instrumentos normativos de cariz internacional, à regra segundo a qual cada Estado deveria respeitar os funcionários estrangeiros e abster-se de atos de jurisdição contra eles ou contra os seus bens. Não parece que se tenha tratado de uma afirmação duvidosa, pouco sustentada ou não desenvolvida por Beling, como por vezes se sugere[88]. Muito pelo contrário.

[83] Ramalho (2018: 58-59).

[84] A origem da teoria das proibições de prova germânica é atribuída a Ernst von Beling que a expressou numa conferência inaugural proferida em 1902, na cidade de Tübingen, e que se encontra vertida em *Die Beweisverbote als Grenzen der Wahrheitserforschung im Strafprozess*, Breslau, 1903.

[85] Beling (2009: 9).

[86] Mendes (2013: 177).

[87] Beling (2009: 13-14).

[88] Ramalho (2017: 88-89), ao referir: *«os termos em que a regra é formulada pelo Autor não permitem concluir com certeza se a violação de normas de Direito Internacional pode, na sua tese, gerar, em abstrato,*

Acrescentou BELING noutra passagem da sua conferência inaugural que o interesse do Estado em manter a boa convivência com outros Estados deveria considerar-se obviamente preponderante quando comparado com o interesse do Estado no processo penal: *«Es obvio que el interés estatal en conservar los vínculos de la comunidade de los estados es mucho más significativo que el interés en llevar hasta el final un proceso penal concreto»*[89].

X. Duas razões adicionais poderão ser apresentadas para rejeitar aquele argumento: uma apoiada nos desenvolvimentos da referida teoria das proibições de prova e outra suportada no papel que ainda hoje é atribuído à soberania e territorialidade no sistema interno de proteção dos direitos fundamentais de cada Estado.

A teoria das proibições de prova que remonta a BELING continua a vigorar em diversos ordenamentos jurídicos, como é o caso do ordenamento jurídico alemão, mas veio a ser complementada[90] pela abordagem do *fair trial* da jurisprudência do TEDH[91] e com uma preocupação acrescida pela privacidade e a dignidade humana. No contexto da tradição alemã das proibições de prova (outras perspetivas podem eventualmente apontar em sentido diverso, como será o caso das regras de exclusão dos EUA que funcionam num plano equivalente ao das proibições de valoração de prova[92], mas não interessa aqui convocá-las até pelas diferenças que apresentam), as limitações à descoberta da verdade em processo penal dependem principalmente da posição outorgada ao indivíduo pelo ordenamento jurídico, no quadro de um Estado de Direito, frente ao poder estatal[93]. Neste plano (que não é o único relevante como se viu ao referir-se BELING ao caso dos interesses do Estado, do serviço público

uma proibição de prova – e, assim sendo, qual o seu fundamento jurídico –, ou se, pelo contrário, apenas quando a prova recolhida afete a categoria de indivíduos em causa e as normas de Direito Internacional suscitadas é que se poderá sustentar a questão da proibiçao de prova».

89 BELING (2009: 51).

90 Nesse sentido, GLESS (2010).

91 Sobre essa abordagem em relação ao *fair trial* e o método comparatístico usado pelo TEDH, cfr. MENDES (2020), e GLESS/MARTIN (2013).

92 MENDES (2013: 178).

93 AMBOS (2009: 57).

e das relações de Direito Internacional[94] e podemos também confirmar se convocarmos certas proibições de valoração resultantes de temas de prova que são proibidos por estarem em causa interesses públicos a salvaguardar[95]), o que importa para que ocorra uma proibição de prova é que esteja em causa a violação de direitos ou valores ou interesses com dignidade constitucional. Isto sucede porque se admite que o próprio legislador democrático se encontra vinculado aos direitos fundamentais nos moldes que foram assumidos pelos estados liberais[96]. Por assim ser a CRP configura a conciliação das provas com a dignidade da pessoa humana como tratando-se de um verdadeiro direito fundamental[97]. Mais: no quadro de um Estado de Direito democrático, o respeito de direitos ou valores constitucionais poderá ser entendido como um fator essencial na credibilidade e integridade de qualquer sistema jurídico[98] e um papel não despiciendo tem vindo a ser atribuído um pouco por todo o mundo às proibições de prova na prevenção de violações de direitos humanos[99]. Aliás, quando não esteja em causa a violação de direitos ou interesses constitucionalmente assegurados (ou violações de relevância constitucional) poderá ainda assim ser admitida a existência de uma proibição de prova, embora nesse caso a discussão da admissibilidade da prova deva ficar sujeita aos critérios propostos pelas teorias da ponderação, o que não sucede no caso das proibições de proporções constitucionais, ou seja, de relevância constitucional, em que a utilização das ponderações se deve (malgrado a existência de posições e decisões que as utilizam) considerar vedada[100].

[94] Aliás, Beling (2009: 14-34) refere-se a outros planos para além destes, abordando um total de 6 grupos de proibições de prova.

[95] Por exemplo, factos abrangidos pelo segredo de Estado – Mendes (2013: 178).

[96] Ambos (2016: 16): *«éste se debe orientar (...) por las decisiones axiológicas constitucionales que en términos de derechos humanos han adoptado los Estados liberales de Derecho»*.

[97] Mendes (2013: 179).

[98] Schombourg (2009: 1).

[99] Gless (2018: 160).

[100] Explicando essas teorias da ponderação no domínio das proibições de prova e defendendo a restrição da sua utilidade ao campo das provas ilícitas que não contendem com direitos fundamentais constitucionais, Thaman (2013), que conclui (442): *«The area where true judicial balancing should have free rein, is where the violation is truly not of constitutional significance, such as errors in the execution of a search or wiretap warrant otherwise based on probable cause. Here the seriousness of the violation can be weighed against the seriousness of the offense, the intentionality of the violations, etc.»*.

Também não resiste o referido argumento à constatação de que atualmente, apesar da crítica às teorias dominantes da realidade internacional e da intensificação da globalização, a proteção mediata tradicionalmente concedida aos cidadãos pelos Estados-nação e que assenta na visão clássica da realidade internacional subordinada ao paradigma totalizante continua a não ser dispensada. Antes pelo contrário. Afirma-se muito claramente que essa proteção mediata *«tem provado bem como "abrigo moral e jurídico" em cujo quadro os direitos humanos conhecem real implementação e garantia no quadro de direitos fundamentais»*, sendo nesse pressuposto que assenta a responsabilidade de proteger, tanto mais que esta é assumida como um aperfeiçoamento ou complemento da tutela concedida pelos Estados[101]. Neste quadro, a soberania e a territorialidade (ou jurisdição) devem ser entendidas como fazendo parte e assumindo um papel relevante no sistema (interno) de proteção de direitos fundamentais de cada Estado, pelo que, tendo em conta este cenário, sempre se poderia considerar ocorrer, por via do acesso transfronteiriço, uma violação indireta dos direitos fundamentais passível de enquadramento nas proibições de prova.

5. Considerações finais

I. Ao longo da exposição realizada procurámos discutir, a partir de um caso (o caso *United States v. Gorshkov-Ivanov*), se (e, em caso afirmativo, em que medida) pode ocorrer o acesso a dados armazenados em sistemas informáticos localizados fora do território português, mais concretamente de forma unilateral e fora do quadro do recurso aos mecanismos de cooperação judiciária internacional.

Ao invés do que sugere alguma doutrina, não nos parece inequívoco que o n.º 5 do artigo 15.º da LCC deva ser considerado norma habilitante para a realização de um acesso transfronteiriço (de forma unilateral e sem recurso aos mecanismos de cooperação judiciária internacional) a dados armazenados em sistemas localizados no estrangeiro. Esse acesso pode ser considerado

[101] Coutinho (2017: 117).

inválido no plano das normas ou princípios de Direito Internacional e, portanto, ilegítimo à luz da CRP.

De igual modo, não cremos que não exista qualquer possibilidade de vislumbrar vícios no domínio da validade da prova obtida mediante tal acesso transfronteiriço. Essa possibilidade existe, tendo em consideração a falta de uma habilitação normativa suficiente e, determinando a violação de normas ou princípios de Direito Internacional, também no quadro do sistema constitucional de proibições de prova. Neste último caso, não só as proibições de prova de matriz continental que a CRP acolhe contemplam quaisquer violações a direitos fundamentais de natureza substantiva ou processual, como essas proibições assumem relevância no quadro da relação do Estado com outros Estados e se aplicam estando apenas em causa valores ou interesses de dignidade constitucional. Ademais, a proteção (ainda que mediata) concedida aos cidadãos em matéria de direitos pelos Estados-nação continua a não ser nos dias de hoje dispensada, sendo certo que essa proteção só poderá ser assegurada respeitando minimamente os conceitos em que assenta o paradigma totalizante tradicional, o que significa que integram e assumem um papel relevante no sistema (interno) de proteção de direitos fundamentais de cada Estado.

II. Estamos de acordo com alguns autores favoráveis à admissibilidade do acesso transfronteiriço quando referem que «*afigura-se (...) da maior importância que o debate seja alargado e que se procure explorar uma solução adequada à realidade digital, se necessário repensando conceitos tradicionais que neste foro são de difícil aplicabilidade e procurando uma compatibilização de interesses adaptada às especificidades deste ambiente*»[102].

Ignorar um problema (jurídico ou não) nunca se apresenta como uma solução adequada. Como também não será uma solução adequada no caso concreto do acesso transfronteiriço admitir a possibilidade de medidas unilaterais por parte dos Estados, remetendo eventuais conflitos decorrentes desse tipo de acesso para o puro domínio da diplomacia ou dos incidentes diplomáticos, como parece ter sucedido no caso descrito no início desta exposição (**2.**), atenta até a perspetiva que os EUA vieram a adotar. Para além

[102] Ramalho (2018: 69).

dos riscos de os acessos transfronteiriços não contemplarem as garantias de segurança necessárias, tal como já detetado pelo *Transborder Group* em 2014, cremos que será mais avisado continuar a fazê-lo no quadro dos mecanismos da cooperação judiciária internacional enquanto se aguarda pela elaboração (reclamada pela doutrina) de princípios gerais relevantes em matéria de perseguição criminal transnacional e de *standards* sobre a forma de lidar com a prova transnacional.

Já a forma de solucionar no futuro concretamente o problema do acesso transfronteiriço (unilateral e sem recurso aos mecanismos de cooperação judiciária internacional) e de formular uma possível proposta que o resolva em conformidade com a CRP (e sobretudo que mereça o consenso de todos os Estados para a edificação de um sistema de proteção de direitos fundamentais verdadeiramente cosmopolita ou global no estrito campo do acesso transfronteiriço) será toda uma outra história que em muito dependerá dos desenvolvimentos verificados nos próximos tempos em torno da elaboração dos referidos princípios gerais e *standards*, pelo que nada acrescentaremos a esse propósito neste momento.

Referências

ALEXANDRINO, José Melo,
(2017) *Lições de Direito Constitucional*, vol. I, 3.ª ed., Lisboa: AAFDL.

AMBOS, Kai,
(2009) "Las prohibiciones de utilización de pruebas en el proceso penal alemán", in *Las Prohibiciones Probatorias* (Ernst Beling, Kai Ambos e Óscar Julián Guerrero), Bogotá: Editorial Themis, pp. 57-121.
(2016) "Sobre el futuro de la ciencia jurídico penal alemana: apertura y metodo discursivo en lugar de provincianismo presuntuoso", in *Revista Penal México*, 9, pp. 1-18.
(2018) "European Criminal Law and Brexit", in *Justice Without Borders – Essays in Honour of Wolfgang Schombourg* (ed. Martin Böse et al.), Leiden/Boston: Brill | Nijhoff, pp. 1-22.

ANDRADE, Manuel da Costa,
(2009) *"Bruscamente no verão passado", a reforma do Código de Processo Penal: observações críticas sobre uma lei que podia e devia ter sido diferente*, Coimbra: Coimbra Editora.

ATIENZA, Manuel,
(2014a) *As Razões do Direito – Teoria da Argumentação Jurídica*, 2.ª ed, Rio de Janeiro: Editora Forense.
(2014b) *O Sentido do Direito*, Lisboa: Escolar Editora.

BACHMAIER WINTER, Lorena,
(2013) "Transnational Criminal Proceedings, Witness Evidence and Confrontation: Lessons from the ECtHR's Case Law", in *Utrecht Law Review*, 9 (4), pp. 127-146.

BACON, Michael,
(2012) *Pragmatism: an introduction*, Cambridge, UK: Polity Press.

BELING, Ernst von,
(2009) "Las prohibiciones de prueba como límite a la averiguación de la verdad en el proceso penal", in *Las Prohibiciones Probatorias* (Ernst Beling, Kai Ambos e Óscar Julián Guerrero), Bogotá: Editorial Themis, pp. 1-56.

BERNSTEIN, Richard J.,
(2010) *The Pragmatic Turn*, Cambridge, UK: Polity Press.

BRITO, Maria Beatriz,
(2018) *Novas Tecnologias e Legalidade da Prova em Processo Penal – Natureza e enquadramento do GPS como método de obtenção de prova*, Coimbra: Almedina.

BRITO, Miguel Nogueira de,
(2017a) *Lições de Introdução à Teoria da Constituição*, 2.ª ed, Lisboa: AAFDL.
(2017b) *Introdução ao Estudo do Direito*, Lisboa: AAFDL.

CORDEIRO, António Menezes,
(2012) *Tratado de Direito Civil*, I, 4.ª ed., Coimbra: Almedina.

CORTÊS, António,
(2010) *Jurisprudência dos Princípios: ensaio sobre os fundamentos da decisão jurisdicional*, Lisboa: UCE.

COSTA, José Neves da,
(2013) "Do aproveitamento em processo penal das provas ilicitamente obtidas por particulares", in *Revista de Concorrência & Regulação*, 4 (16), pp. 295-344.

COUTINHO, Luís Pereira,
(2017) *A Realidade Internacional – Introdução à Teoria das Relações Internacionais*, 2.ª ed., Lisboa: AAFDL.

Dias, Augusto Silva,
(2008a) *"Delicta in se" e "delicta mere prohibita": uma análise das descontinuidades do ilícito penal moderno à luz da reconstrução de uma distinção antiga*, Coimbra: Coimbra Editora.
(2008b) *Ramos Emergentes do Direito Penal relacionados com a protecção do futuro*, Coimbra: Coimbra Editora.
(2014) "O multiculturalismo como ponto de encontro entre Direito, Filosofia e Ciências", in *Multiculturalismo e Direito Penal: I encontro Nova-Direito* (org. Teresa Pizarro Beleza et al.), Coimbra: Almedina, pp. 15-31.
(2016) *Crimes Culturalmente Motivados – O Direito Penal ante a "Estranha Multiplicidade" das Sociedades Contemporâneas*, Coimbra: Almedina.

Gless, Sabine,
(2010) "Truth or due process? The use of illegally gathered evidence in the criminal trial", in *German national reports to the 18th International Congress of Comparative Law: Washington 2010* (org. Jürgen Basedow, Uwe Kischel and Ulrich Sieber), Tübingen: Mohr Siebeck, pp. 675-709.
(2013a) "Transnational Cooperation in Criminal Matters and the Guarantee of a Fair Trial: Approaches to a General Principle", in *Utrecht Law Review*, 9 (4), pp. 90-108.
(2013b) "Germany: Balancing Truth Against Protected Constitutional Interests", in *Exclusionary Rules in Comparative Law* (ed. Stephen C. Thaman), Dordrecht: Springer, pp. 113-142.
(2018) "Protecting Human Rights through Exclusionary Rules? Highlights on a Conflict in Criminal Proceedings from a Comparative Perspective", in *Justice Without Borders – Essays in Honour of Wolfgang Schombourg* (ed. Martin Böse et al.), Leiden/Boston: Brill | Nijhoff, pp. 159-179.

Gless, Sabine / Jeannine Martin,
(2013) "The comparative method in European Courts: A comparison between the CJEU and EctH", in *Bergen Journal of Criminal Law and Criminal Justice*, 1 (1), pp. 36-52.

Gless, Sabine / John A.E. Vervaele,
(2013) "Law Should Govern: Aspiring General Principles for Transnational Criminal Justice", in *Utrecht Law Review*, 9 (4), pp. 1-10.

Kevelson, Roberta,
(1986) "Semiotics and Methods of Legal Inquiry: Interpretation and Discovery in Law from the Perspective of Peirce's Speculative Rhetoric", in *Indiana Law Journal*, 61 (3), pp. 355-371.

Lamego, José,
(2016) *Elementos de Metodologia Jurídica*, Coimbra: Almedina.

Larenz, Karl,
(1997) *Metodologia da Ciência do Direito*, 3.ª ed., Lisboa: Fundação Calouste Gulbenkian.

LUFT, Eduardo,
(1995) *Para uma crítica interna ao sistema de Hegel*, Porto Alegre: EDIPUCRS.

MEDEIROS, Rui,
(2015) *A Constituição Portuguesa num Contexto Global*, Lisboa: UCE.

MENDES, Paulo de Sousa,
(2013) *Lições de Direito Processual Penal*, Coimbra: Almedina.
(2014) "Em defesa do particularismo e do pluralismo liberal: em especial no domínio do Direito Penal", in *Multiculturalismo e Direito Penal: I encontro Nova-Direito* (org. Teresa Pizarro Beleza et al.), Coimbra: Almedina, pp. 143-152.
(2016) "Sobre o estatuto não científico da dogmática jurídica no pensamento de Kelsen", in *Estudos em Homenagem ao Professor Doutor Carlos Pamplona Corte-Real*, Coimbra: Almedina, pp. 851-864.
(2018) *Causalidade Complexa e Prova Penal*, Coimbra: Almedina.
(2020) "O princípio do processo equitativo na jurisprudência do TEDH", in *Estudos Dedicados ao Professor Germano Marques da Silva* (org. José Lobo Moutinho et al.), vol. 4, Lisboa: UCE, pp. 2363-2377.

MESQUITA, Paulo Dá,
(2010) *Processo Penal, Prova e Sistema Judiciário*, Coimbra: Coimbra Editora.

MORAIS, Carlos Blanco de,
(2017) *O Sistema Político no Contexto da Erosão da Democracia Representativa*, Coimbra: Almedina.

MORÃO, Helena,
(2006) "O efeito-à-distância das proibições de prova no Direito Processual Penal português", in *Revista Portuguesa de Ciência Criminal*, 16 (4), pp. 575-620.

NUNES, Duarte Rodrigues,
(2018) *Os Meios de Obtenção de Prova Previstos na Lei do Cibercrime*, Coimbra: Gestlegal.

PEREIRA, Rui Soares,
(2018) "A probática na ciência do direito e a relevância do recurso ao método do caso para a teoria da prova", in *Revista de Direito Civil*, 2.º (II), pp. 351-366.

RAMALHO, David Silva,
(2013) "A investigação criminal na Dark Web", in *Revista de Concorrência & Regulação*, 4 (14-15), pp. 383-429.
(2014) "A recolha de prova penal em sistema de computação em nuvem", in *Revista de Direito Intelectual*, 2, pp. 123-162.
(2017) *Métodos ocultos de investigação criminal em ambiente digital*, Coimbra: Almedina.
(2018) "A recolha de prova digital através de pesquisas informáticas transfronteiriças",

in *O domínio do imaterial: prova digital, cibercrime e a tutela penal de direitos intelectuais* (org. CEJ), ebook, pp. 55-69.

Ramos, Vânia Costa,
(2014) "Introdução aos problemas da obtenção de prova em contexto transnacional e à proposta da instituição de uma decisão europeia de investigação", in *Direito da investigação criminal e da prova* (coord. Maria Fernanda Palma et al.), Coimbra: Almedina, pp. 323-363.
(2017) "Novos problemas em matéria de proibições de prova – a dimensão internacional – regras de exclusão da prova obtida em violação da Convenção Europeia dos Direitos Humanos na Jurisprudência do Tribunal Europeu dos Direitos Humanos", in *Estudos em Homenagem ao Professor Doutor Manuel da Costa Andrade* (org. José Faria Costa et al.), vol. II, Coimbra: Instituto Jurídico, pp. 739-773.

Roxin, Claus,
(2018) "Sobre la delimitación del dolo y la imprudencia, especialmente en los delitos de homicidio", in *Estudios jurídico penales y criminológicos: En homenaje a Lorenzo Morillas Cueva* (coord. José María Suárez López et al.), Madrid: Editorial Dykinson, pp. 1579-1598.

Schombourg, Wolfgang,
(2009) "The Role of International Criminal Tribunals in Promoting Respect for Fair Trial Rights", in *Northwestern Journal of International Human Rights*, 8 (1).

Silva, Suzana Tavares da,
(2011) *Direitos Fundamentais na Arena Global*, Coimbra: Imprensa da Universidade de Coimbra.

Sousa, Miguel Teixeira de,
(2012) *Introdução ao Direito*, Coimbra: Almedina.

Thaman, Stephen C.,
(2013) "Balancing Truth Against Human Rights: A Theory of Modern Exclusionary Rules", in *Exclusionary Rules in Comparative Law* (ed. Stephen C. Thaman), Dordrecht: Springer, pp. 403-446.

Torrão, Fernando,
(2014) "Direito penal, globalização e pós-modernidade – desconstrução do paradigma liberal?", in *Multiculturalismo e Direito Penal: I encontro Nova-Direito* (org. Teresa Pizarro Beleza et al.), Coimbra: Almedina, pp. 59-96.

Wade, Marianne,
(2013) "General Principles of Transnationalised Criminal Justice? – Exploratory Reflections", in *Utrecht Law Review*, 9 (4), pp. 165-183.

ÍNDICE FINAL